INDUSTRIALIZAÇÃO E DESINDUSTRIALIZAÇÃO NO BRASIL

TEORIAS, EVIDÊNCIAS E IMPLICAÇÕES DE POLÍTICA

Catalogação na Fonte
Elaborado por: Josefina A. S. Guedes
Bibliotecária CRB 9/870

I421i 2023	Industrialização e desindustrialização no Brasil : teorias, evidências e implicações de política / Eliane Araujo, Carmem Feijó (orgs.). – 1 ed. – Curitiba : Appris, 2023. 474 p. ; 23 cm. – (Ciências sociais). Inclui referências. ISBN 978-65-250-5425-4 1. Industrialização. 2. Desindustrialização. 3. Desenvolvimento econômico. . I. Feijó, Carmem. II. Araujo, Eliane. III. Título. IV. Série CDD – 338.9

Livro de acordo com a normalização técnica da APA

Appris editora

Editora e Livraria Appris Ltda.
Av. Manoel Ribas, 2265 – Mercês
Curitiba/PR – CEP: 80810-002
Tel. (41) 3156 - 4731
www.editoraappris.com.br

Printed in Brazil
Impresso no Brasil

Eliane Araujo
Carmem Feijó
(org.)

INDUSTRIALIZAÇÃO E DESINDUSTRIALIZAÇÃO NO BRASIL

TEORIAS, EVIDÊNCIAS E IMPLICAÇÕES DE POLÍTICA

AGRADECIMENTO

Os autores agradecem o apoio financeiro recebido do Conselho Nacional de Desenvolvimento Científico e Tecnológico (CNPq).

Este livro é um dos resultados do projeto de pesquisa aprovado pelo CNPq "Desindustrialização, heterogeneidade setorial e produtividade do trabalho nas economias mundial e brasileira no limiar do Século XXI" (Processo: 403059/2021-6, Chamada CNPq/MCTI/FNDCT N.º 18/2021 - Faixa B - Grupos Consolidados).

PREFÁCIO

Um livro sobre a industrialização e a desindustrialização do Brasil e seus pressupostos teóricos é sempre bem-vindo. O Brasil vem se desindustrializando desde meados dos anos 1980, mas os economistas brasileiros, habituados ao processo de acelerada industrialização desde 1930 até 1980, demoraram para se dar conta de que isso estava acontecendo no Brasil. Em 1999, ao sair do governo Cardoso e ir para a Oxford University, compreendi que a economia brasileira estava quase estagnada há 20 anos, mas creio ter sido eu o primeiro a falar na ameaça da desindustrialização, em 2007, em um pequeno artigo na *Folha de S. Paulo*, "Industrialização e Desindustrialização", e no livro *Macroeconomia da* Estagnação, desse mesmo ano. Sempre me lembro da primeira vez que encontrei André Nassif, em uma reunião da AKB, um pouco depois de ele ter publicado, em 2008, no *Brazilian Journal of Political Economy*, um artigo rejeitando a ideia de que o Brasil estivesse se desindustrializando. Ele sentou-se à minha frente, começou dizendo que não concordava comigo, mas tivemos uma ótima conversa e ficamos grandes amigos.

Os autores dos artigos deste livro e suas duas coordenadoras são, talvez, todos novo-desenvolvimentistas, mas falam pouco do Novo Desenvolvimentismo. Quando se referem a mim e à desindustrialização, falam sobre a doença holandesa – o que está certo, porque sempre afirmei que sua principal causa era a tendência à sobrevalorização da taxa de câmbio, cujas duas causas principais, por sua vez, são a não neutralização da doença holandesa e a política de crescimento com déficits em conta-corrente ou "poupança externa".

Quando se discute a relação entre industrialização e desenvolvimento, o grande herói é Nicholas Kaldor e seu artigo de 1966. André Nassif, no primeiro artigo desta coletânea, diz que:

> [...] nos modelos desenvolvimentistas (especialmente os de linhagem kaldoriana e neoschumpeteriana), o setor industrial, comparado aos demais, apresenta características intrínsecas que o tornam central na determinação do ritmo de crescimento econômico: comanda a acumulação de capital, gera e propaga progresso técnico, amplifica economias de escala estáticas e dinâmicas, determina o avanço da produtividade.

Eliane Araujo e Natalia Izelli Doré, em um excelente artigo, discutem e verificam empiricamente as duas leis de Kaldor: a existência de uma relação positiva entre o crescimento da indústria e o crescimento do produto agregado e o uso da taxa de crescimento do produto da indústria como variável explicativa da produtividade – esta última, a meu ver, muito discutível. Não é discutível, porém, o trabalho das duas economistas.

A meu ver, Kaldor foi um grande economista e merece esse destaque na explicação de por que desenvolvimento é industrialização ou, como prefiro dizer para incluir os serviços, é sofisticação produtiva. Mas Kaldor estava pensando na Inglaterra, que estava na fronteira do conhecimento técnico, e percebeu a importância dos rendimentos crescentes na indústria. Eu fico impressionado como os economistas brasileiros recentes se esquecem da contribuição de Raúl Prebisch, economista tão grande quanto Kaldor, que ofereceu uma explicação estruturalista mais relevante para os países em desenvolvimento, a qual foi completada por Arthur Lewis. Prebisch, em 1949, percebeu que o desenvolvimento estava sempre acompanhado de forma causal pela industrialização. Ele criticou a tese ortodoxa que os benefícios da produtividade eram transferidos para todo o mundo, e, por isso, os países não precisavam se preocupar com a industrialização, argumentando de forma desenvolvimentista que era necessária a intervenção do Estado. Arthur Lewis, por sua vez, logo depois deixou claro que uma maneira de aumentar a produtividade que era típica dos países em desenvolvimento é a da transferência de mão de obra da agricultura para a indústria. Ou, usando-se uma linguagem mais moderna, é a transferência de mão de obra de setores com baixo valor adicionado per capita para setores mais sofisticados que produzem bens com alto valor adicionado per capita e pagam melhores salários.

Ele também formulou o modelo original de restrição externa e deixou claro que só a industrialização poderia mudar as duas elasticidades-renda perversas que representavam um custo elevado para os países subdesenvolvidos na medida em que exigiam que a taxa de câmbio fosse mais depreciada do que precisaria ser, se não existisse a restrição externa. Essa interpretação da restrição externa como um custo extra para os países subdesenvolvidos eu a formulei recentemente, e ficam meus colegas economistas novo-desenvolvimentistas mais jovens encarregados de formulá-la mais precisamente e justificá-la empiricamente.

Não é o caso, aqui, de passar por todos os artigos deste ótimo livro. Limito-me a citar o artigo de Carmem Feijó, que escreveu sobre o modelo de substituição de importações, e de Hugo Iasco-Pereira e Fabrício Missio, sobre a macroeconomia da desindustrialização e a necessidade de um projeto de desenvolvimento para o Brasil. Carmem fez um estudo que há muito estava faltando, mas valia a pena ela acrescentar que, nessa época, o Brasil não foi tão protecionista quanto se diz – porque cerca de metade das tarifas destinavam-se a neutralizar pragmaticamente a doença holandesa –, nem foi tão voltado para o mercado interno: quando, em 1969, o governo neutralizou a doença holandesa para efeito de mercado externo com subsídios, as exportações brasileiras de manufaturados explodiram. Iasco-Pereira e Missio entendem que a desindustrialização prematura da economia brasileira está associada a uma alteração da condução das políticas macroeconômicas do país – de políticas alinhadas à industrialização do país, à condução de políticas macroeconômicas alinhadas à lógica neoliberal do Consenso de Washington. Tanto para entender a macroeconomia necessária quanto o projeto a ser formulado, dizem eles, seu estudo foca na condução macroeconômica da política fiscal (com ênfase nos investimentos públicos e em infraestrutura) e da política cambial. São esses dois, realmente, os dois pontos de qualquer projeto de desenvolvimento do Brasil, não se devendo, naturalmente, esquecer uma política industrial estratégica.

Neste prefácio, não me limitei a elogiar *Industrialização e desindustrialização no Brasil*, eu fiz também algumas cobranças. A teoria econômica é uma teoria muito complexa, cheia de contradições e de interrogações que sugerem sempre o debate. Sempre me lembro do prefácio que pedi a meu tio, Barbosa Lima Sobrinho, um grande nacionalista, quando, em 1968, publiquei meu primeiro livro. Ele amavelmente escreveu o prefácio, mas não deixou de me criticar por não ser suficientemente nacionalista. Aqui discordei de meus caros autores por serem excessivamente kaldorianos.

Julho de 2023

Luiz Carlos Bresser-Pereira
Doutor e livre-docente pela Faculdade de Economia e Administração, FEA/USP. Atualmente é professor titular da Fundação Getulio Vargas (FGV), presidente do Centro de Economia Política e editor da Revista de Economia Política. Tem experiência de ensino e pesquisa e trabalhos publicados em Economia, Sociologia, Ciência Política e Administração Pública.

SUMÁRIO

INTRODUÇÃO

Este livro contribui para o debate atual sobre os possíveis caminhos para uma retomada do crescimento da indústria brasileira, em outras palavras, para a sua reindustrialização ou neoindustrialização – visto que este processo deverá estruturar-se sob novas bases, tais como as tecnologias limpas, sustentáveis e aderentes aos elevados padrões tecnológicos e de competitividade no contexto das cadeias globais de valor. O reconhecimento da importância da indústria manufatureira e dos serviços a ela associados para o desenvolvimento econômico, debate antigo na literatura e com raízes na escola estruturalista da CEPAL e, mais recentemente, na escola Novo Desenvolvimentista, são as principais fontes teóricas que inspiram a elaboração deste livro que, além de atualizar o debate em termos da teoria estruturalista do desenvolvimento, também apresenta conteúdo empírico relevante para a análise do fenômeno da desindustrialização da economia brasileira em seus diversos aspectos.

Atualmente, a proposta de reindustrializar, num contexto de transição energética e de atraso de nossa indústria em termos tecnológicos, traz grandes desafios de política econômica (monetária, fiscal, cambial, industrial e tecnológica) que o livro busca retratar, tanto em termos teóricos, como empíricos, a partir de quatro seções. A primeira seção apresenta os argumentos teóricos que defendem o processo de industrialização como estratégia para superação do subdesenvolvimento. O objetivo é atualizar o debate sobre as externalidades positivas do processo de industrialização e apontar as externalidades negativas da desindustrialização. A segunda seção contextualiza historicamente o auge e o declínio do processo de industrialização brasileiro, bem como identifica o retrocesso no esforço de industrializar o país no contexto da abertura econômica e financeira nos anos 1990. A terceira seção situa o processo de industrialização brasileiro em relação às demais economias, apontando os aspectos relativos à sua inserção em cadeias globais de valor, e avalia, comparativamente, o *gap* tecnológico em relação à fronteira. A última seção traz *insights* para a neoindustrialização, destacando aspectos relativos ao financiamento das atividades industriais e inovativas, além do debate sobre o desenvolvimento sustentável e da "Economia Verde e Circular", como uma fonte de oportunidades para o Brasil.

O termo neoindustrialização foi introduzido recentemente pelo presidente da república, Luiz Inácio Lula da Silva, e pelo vice-presidente, Geraldo Alckmin, em artigo veiculado na grande imprensa no primeiro semestre de 2023, para sinalizar a necessidade de se reindustrializar e modernizar o parque industrial, desta vez, adotando uma nova perspectiva, aderente à agenda global de transição climática. Espera-se que, nos próximos anos do atual governo, o processo de desindustrialização venha a ser revertido e seja constituído um setor industrial moderno, diversificado e inserido de forma competitiva no comércio internacional. Desse modo, o setor pode vir a liderar o crescimento da economia brasileira, bem como ser o protagonista na melhoria quantitativa e qualitativa dos postos de trabalho. Se a neoindustrialização for bem-sucedida, o país contribuirá de forma decisiva para o maior desafio da atual geração, que é a transformação produtiva para mitigar os efeitos negativos do aquecimento global.

O livro conta com 14 capítulos distribuídos em quatro seções. Na primeira seção, constam três capítulos. No capítulo de André Nassif, "Industrialização e desindustrialização: o que a literatura tem a dizer?", o autor introduz o leitor no debate sobre a importância da indústria para o desenvolvimento econômico e o contexto em que a desindustrialização é um fenômeno "natural" ou "precoce". A análise do processo de desindustrialização setorial avança no entendimento sobre as consequências da desindustrialização em economias subdesenvolvidas. O capítulo de Eliane Araujo e Natália Doré, "Industrialização e crescimento econômico: uma análise das leis de Kaldor aplicadas ao Brasil no longo prazo", apresenta uma revisão teórica das leis de Kaldor para investigar, empiricamente, sua aplicabilidade para a economia brasileira em uma perspectiva de longo prazo (1909-2020). Concluem que as leis de Kaldor continuam atuais quando testadas para o Brasil, reforçando que o crescimento da indústria é fundamental para o crescimento econômico e para a elevação da produtividade e na geração de empregos de qualidade. No capítulo de Helis Cristina Zanuto Andrade Santos, Marta dos Reis Castilho e Fábio Neves Peracio de Freitas, "Estrutura de produção, comércio internacional e fragmentação da produção: aspectos teóricos e algumas aplicações", o tema da desindustrialização é tratado no contexto de fragmentação da produção em cadeias globais de valor para destacar duas questões: a importância do setor de serviços e a necessidade da análise desagregada conforme etapas da produção. Atualmente, as etapas da cadeia de valor de um produto estariam atuando sequencial ou paralelamente e ocorrendo em diferentes países. Entender o processo de fragmentação é fundamental para orientar políticas industriais específicas.

A seção 2, com quatro capítulos, inicia com o capítulo de Carmem Feijó, "A industrialização por substituição de importações: (1930-1979)", que realiza um resgate histórico do processo de industrialização acelerada, com políticas industriais protecionistas, para concluir, à luz dos estágios de desenvolvimento de Kaldor, que a industrialização brasileira ainda não havia alcançado, no final da década de 1970, o estágio "maduro", e, portanto, o processo de desindustrialização, que se observa nas décadas seguintes, ocorre prematuramente. O capítulo de Fábio Henrique Bittes Terra e Fernando Ferrari Filho, "Novo Consenso Macroeconômico, estagnação econômica e desindustrialização: o caso brasileiro", toma como ponto de partida a implementação do Regime de Metas de Inflação e das demais políticas macroeconômicas para analisar seus efeitos sobre o crescimento econômico e, em particular, do setor da indústria. Concluem pelo equívoco das políticas fiscal, monetária e cambial, que foram responsáveis por uma dinâmica de crescimento econômico pífio, entre 1999 e 2021, e contribuíram para acelerar o processo de desindustrialização do país nos últimos 25 anos. O capítulo de Hugo Carcanholo Iasco Pereira e Fabrício Míssio, "Macroeconomia da desindustrialização e a necessidade de um projeto desenvolvimento econômico para o Brasil", discute as causas fundamentais da pobre *performance* econômica brasileira desde os anos 1990, enfatizando a macroeconomia da desindustrialização e as suas consequências. As conclusões vão no sentido de apontar os parâmetros macroeconômicos adequados para um projeto de desenvolvimento econômico brasileiro alinhado à industrialização e diversificação produtiva.

O capítulo de Carlos Eduardo Caldarelli, "A (Des)Industrialização Brasileira em uma perspectiva regional: a dinâmica regional da (des)industrialização no Brasil", levanta a questão se há, no Brasil, uma dinâmica de desindustrialização ou uma reordenação espacial da atividade industrial. Conclui que a desconcentração industrial não é acompanhada de aumento de produtividade e conteúdo tecnológico na indústria, configurando, assim, um movimento de desconcentração industrial e de desindustrialização.

A seção 3, com três capítulos, se dedica a questões mais específicas do processo de desindustrialização. O capítulo de Rinaldo Aparecido Galete, Mara Lucy Castilho e Ana Cristina Lima Couto, "Estrutura produtiva brasileira e heterogeneidade estrutural: algumas evidências", discute a heterogeneidade estrutural da matriz produtiva brasileira por meio dos diferenciais de produtividade média do trabalho. As evidências analisadas para os anos 2000 e 2010 mostram tanto a existência de acentuada heterogeneidade estrutural, como a não convergência da produtividade no setor industrial, situação que aponta para a necessária e urgente a reindustrialização do país. O capítulo de Marília Bassetti Marcato e Pedro Dias de Oliveira, "Desindustrialização e cadeias globais de valor: considerações sobre o caso brasileiro", aprofunda o entendimento sobre o fenômeno da desindustrialização, considerando o padrão de especialização comercial no contexto de cadeias globais de valor. Com uma análise empírica cuidadosa, utilizando fonte estatística da OECD/WTO, constatam que a manufatura brasileira retrocedeu, tanto em termos da composição industrial em direção às indústrias de caráter mais avançado, quanto na pauta de exportação para bens com maior conteúdo tecnológico e no crescimento do valor adicionado doméstico na produção como mecanismos de *catching up* e consolidação de um processo de crescimento sustentado no longo prazo. Desse modo, o Brasil se encontra na "armadilha da renda média" e enfrenta o desafio de sair da armadilha tecnológica de renda média. O capítulo de Samuel Peres, "Sistemas Nacionais de Inovação e Mudança Estrutural: A Economia Brasileira em Perspectiva Comparada", contrasta indicadores de capacidade produtiva, competitividade do setor manufatureiro e de capacidades tecnológicas do Brasil com os de economias avançadas e algumas do Leste Asiático. Os dados sugerem que um sistema nacional de inovação bem desenvolvido é essencial para o Brasil e os demais países que desejam obter sucesso em termos de mudança estrutural e *catching-up*. E, embora não haja uma receita de política que possa ser aplicada a todos os países, as experiências recentes de *catching-up* mostram que o compromisso com a transformação estrutural e o desenvolvimento tecnológico de um país requer o apoio e a intervenção do Estado, além de uma interação criativa entre Estado e mercado.

A seção final, com quatro capítulos, adianta temas na fronteira do debate sobre o papel da indústria no desenvolvimento brasileiro. O capítulo de Elisangela Araújo, Murilo Andriato e Roberto Rodrigues, "Financing público como política para o desenvolvimento industrial no Brasil: Auge e declínio no limiar do Século XXI", traz a discussão sobre políticas para a industrialização brasileira no século XXI, em particular as ligadas ao *financing* para o setor industrial e ao papel do Banco Nacional de Desenvolvimento Econômico e Social (BNDES). A parte empírica, com análise de dados em painel, considera o impacto do crédito industrial no desenvolvimento dos municípios brasileiros entre 2004 e 2015, pelo qual se observa a centralidade da indústria e, consequentemente, do *financing* para este setor, como uma política na promoção do crescimento de longo prazo. O capítulo de João Prates Romero, Alexandre de Queiroz Stein, Cinthia Santos Silva e Gustavo Britto, "Uma análise regionalizada dos desembolsos do BNDES por nível de complexidade das atividades e regiões", investiga se os desembolsos do BNDES foram direcionados a atividades de complexidade superior à média de cada região. As discussões evidenciam a importância da incorporação das evidências recentes oriundas da abordagem da complexidade para a formulação de políticas de desenvolvimento para o Brasil. O capítulo de Mateus Terentin, Tiago Couto Porto e Nelson Marconi, "Mudança estrutural para um desenvolvimento sustentável: uma análise multidimensional dos setores econômicos", discute o papel de políticas setoriais para o desenvolvimento de países como o Brasil, que têm crescido abaixo da média mundial, buscando identificar setores que devem ser alvo de diferentes instrumentos de política setorial. A análise conclui, em linha com autores que estudam economias estagnadas e em processo de desindustrialização prematura, que políticas macroeconômicas, sobretudo as que levam à apreciação do câmbio, têm impactado negativamente países de renda média, em acelerar o crescimento. Por fim, o capítulo de Lourenço Galvão Dinis Faria e Paulo César Morceiro, "Economia Verde e Circular: tendências globais e oportunidades para o Brasil", traz para o centro do debate da reindustrialização do país a questão dos investimentos em processos e produtos industriais com foco na transição climática. O país, dotado de riqueza natural e com uma matriz energética considerada limpa, está diante de uma janela de oportunidade para recuperar seu parque industrial, com a adoção de uma "política industrial verde", que combine instrumentos tradicionais de política industrial, agora direcionados para a criação e adensamento de cadeias produtivas e de serviços cujas atividades estejam relacionadas à transição rumo a uma economia verde.

Por último, agradecemos o apoio do Conselho Nacional de Desenvolvimento Científico e Tecnológico (CNPq) para a confecção deste livro, que é um dos resultados do projeto de pesquisa "Desindustrialização, heterogeneidade setorial e produtividade do trabalho nas economias mundial e brasileira no limiar do Século XXI" (Processo: 403059/2021-6). Os capítulos 1, 2, 4, 5, 7, 8, 10 e 11 foram escritos por pesquisadores do projeto; já os capítulos 3, 6, 9, 12, 13 e 14, por pesquisadores convidados, de acordo com as suas especialidades, para tratar de temas complementares ao livro.

Capítulo 1

INDUSTRIALIZAÇÃO E DESINDUSTRIALIZAÇÃO: O QUE A LITERATURA TEM A DIZER?

André Nassif

1.1 Introdução

Na literatura estruturalista-desenvolvimentista, é ponto comum o destaque conferido à indústria de transformação como motor do crescimento econômico. Na literatura teórica neoclássica – inclusive nos modelos de crescimento endógeno de Romer (1986) e Lucas (1988), em que, a despeito de o setor de pesquisa e desenvolvimento (P&D) ou o estoque disponível de capital humano operarem sob retornos crescentes de escala, a função agregada de produção opera sob retornos constantes –, cada valor adicionado (digamos, cada real) gerado nos setores primário, secundário e terciário teria o mesmo peso no ritmo de crescimento do PIB no longo prazo. Em contraste, nos modelos desenvolvimentistas (especialmente os de linhagem kaldoriana e neoschumpeteriana), o setor industrial, comparado aos demais, apresenta características intrínsecas que o tornam central na determinação do ritmo de crescimento econômico: comanda a acumulação de capital, gera e propaga progresso técnico, amplifica economias de escala estáticas e dinâmicas, determina o avanço da produtividade e, no final das contas, acelera a trajetória de convergência relativa da renda per capita dos países em desenvolvimento para os níveis elevados dos países desenvolvidos (*catching up*).

Na literatura desenvolvimentista, a indústria de transformação não é tratada como um conjunto disforme de subsetores, mas como um "macrossetor" que, em face dos vínculos existentes entre cadeias produtivas correlacionadas ou não, deflagra e sustenta o processo de desenvolvimento econômico, bem como, em caso de êxito, viabiliza o *catching-up* entre os países de renda média e os desenvolvidos. Como argumenta Amsden (2001, p. 2-3, tradução nossa):

> [...] é no setor manufatureiro que os ativos baseados em conhecimento são absorvidos e mais intensivamente utilizados, de tal sorte que quanto maior a disponibilidade

relativa desses ativos, mais acelerada será a realocação do valor agregado gerado no setor primário para o setor industrial e, mais adiante, para a oferta de serviços modernos.

Com evidências empíricas, Felipe, Mehtae Rhee (2019) mostram que, em todas as experiências históricas de desenvolvimento bem-sucedidas, os países contaram com intenso processo de industrialização.

O problema é que, se o processo de industrialização for prematuramente interrompido antes que o estágio de maturidade industrial tenha sido alcançado, a economia perde tração estrutural para continuar crescendo com avanços positivos e sustentáveis da produtividade no longo prazo. Ou seja, a desindustrialização prematura atua como fator estrutural de estagnação econômica.

Este capítulo, que sintetiza a literatura teórica e empírica sobre industrialização e desindustrialização, tem dois objetivos principais: analisar o papel da industrialização – processo por meio do qual o setor manufatureiro opera como motor de crescimento do PIB e da produtividade no longo prazo –, como principal força explicativa do desenvolvimento econômico e *catching-up*; e discutir como o processo de industrialização, se interrompido prematuramente, pode levar as economias em desenvolvimento a períodos longos de estagnação.

Além desta Introdução, o capítulo contém cinco seções adicionais. A seção 2 analisa o desenvolvimento econômico como processo de industrialização. A seção 3 discute o problema da desindustrialização, distinguindo o fenômeno da desindustrialização "natural" da desindustrialização "prematura".[1] A seção 4 apresenta evidências empíricas sobre a industrialização e a desindustrialização, com ênfase em indicadores subsetoriais do setor manufatureiro. As evidências disponíveis atestam que, em nível subsetorial, **não** há desindustrialização nos segmentos de maior capacidade inovativa e intensidade tecnológica do setor manufatureiro, notadamente no de máquinas e equipamentos e nos subsetores *high-tech*, baseados em ciência e conhecimento. A seção 5 sintetiza as principais conclusões.

1.2 Industrialização e desenvolvimento econômico

O fenômeno da industrialização não deve ser entendido como a mera existência de segmentos industriais na estrutura produtiva de uma economia, mas como um processo em que a indústria de transformação

---

[1] As seções 2 e 3 deste capítulo baseiam-se em Nassif (2023, especialmente Capítulo II).

(também denominada setor manufatureiro) cresce, diversifica, estabelece interrelações dinâmicas (*feedbacks*) entre cadeias e segmentos produtivos e comanda o processo de crescimento ao longo do período em que um país transita de estágio subdesenvolvido para desenvolvido. A importância da industrialização no processo de desenvolvimento econômico tem sido foco de análise teórica desde Adam Smith e é, hoje, largamente confirmada pelas evidências empíricas e históricas, como discutirei mais adiante.

Smith (1776) inaugura uma tradição cujos insights a respeito do avanço do setor manufatureiro em favor do aprimoramento das técnicas produtivas e dos ganhos proporcionados por maiores economias de escala terão influência capital no chamado desenvolvimentismo clássico dos anos 1940, 1950 e 1960. A percepção de que as indústrias nascentes na Revolução Industrial contassem com tecnologias sujeitas a retornos crescentes de escala estava implícita no argumento smithiano de que a divisão social do trabalho é limitada pela extensão do mercado. Assim, Smith concebe o desenvolvimento econômico como resultado de uma sequência de fatores causais, o qual deve ser entendido como reflexo do incremento da produtividade. Este, por sua vez, depende do avanço da especialização, proporcionado pela maior divisão social do trabalho. Mas, no final das contas, é a dimensão do mercado (ou, como se diz hoje, a demanda agregada) o fator mais relevante para impulsionar a produtividade do trabalho e, portanto, o desenvolvimento. Diz Smith (1776, p. 53):

> Como é o poder de troca que leva à divisão do trabalho, assim a extensão dessa divisão deve sempre ser limitada pela extensão desse poder, ou, em outros termos, pela extensão do mercado. Quando o mercado é muito reduzido, ninguém pode sentir-se estimulado a dedicar-se inteiramente a uma ocupação, porque não poderá permutar toda a parcela excedente de sua produção que ultrapassa seu consumo pessoal pela parcela de produção do trabalho alheio, da qual tem necessidade.

Note-se que Smith argumenta em favor das vantagens da especialização, não porque elas proporcionem maior eficiência relativa na alocação de recursos – como postularia Ricardo (1817), precursor da tradição neoclássica –, mas porque, ao **diversificarem** a estrutura produtiva nas atividades do setor manufatureiro e **ampliarem** as escalas de produção, compatibilizando-as com as dimensões da demanda, os países poderiam reduzir custos unitários absolutos de produção com o avanço da produtividade.

Mutatis mutandis, a visão smithiana seria retomada por Marx e Schumpeter, autores que analisaram com profundidade o desenvolvimento econômico, concebendo-o como um processo induzido pela acumulação de capital e pelo progresso tecnológico. O ponto comum das análises de Smith, Marx e Schumpeter é a afirmação e reafirmação da industrialização no processo de desenvolvimento econômico. Entretanto, o foco analítico desses três autores é o desenvolvimento do capitalismo, tendo como cenário economias já em processo relativamente avançado de maturidade industrial. Não tinham como principal preocupação o entendimento das forças que levam uma economia subdesenvolvida, caracterizada por uma precária estrutura industrial e reduzido nível de renda per capita, a transitar para uma economia com ampla diversificação industrial, enorme potencial de capacitação tecnológica e nível médio elevado de renda per capita. Essa tarefa foi empreendida pelos chamados desenvolvimentistas clássicos (Rosenstein-Rodan, Lewis, Hirschman, Myrdal, Kaldor, dentre outros) e cepalinos (notadamente Prebisch e os principais economistas da Comissão Econômica para a América Latina e Caribe – Cepal), entre os anos 1940 e 1960.

As teses centrais dos desenvolvimentistas clássicos e cepalinos ancoram-se na hipótese de que a indústria de transformação atua como motor de crescimento (*engine of growth*). Diferentemente da maioria dos desenvolvimentistas clássicos, Kaldor (1966, 1967) não foca seu trabalho teórico na análise da dicotomia subdesenvolvimento versus desenvolvimento, mas nas causas das diferentes taxas de crescimento entre os países, nas forças que levam uma economia a sustentar o processo de desenvolvimento e nos fatores que podem conduzi-la à estagnação. No entanto, é ele que demonstra, com maior precisão, como o setor manufatureiro atua como núcleo endógeno da acumulação de capital e do progresso técnico na economia. Se, nos modelos neoclássicos formulados por Solow (1956), Romer (1986) e Lucas (1988), cada valor adicionado (digamos, cada real) nos setores primário, secundário e terciário teria o mesmo peso no ritmo de crescimento do PIB no longo prazo, nos modelos kaldorianos, ao contrário, o setor industrial, comparado aos demais, apresenta características intrínsecas que o tornam central na determinação do ritmo de crescimento econômico: comanda a acumulação de capital, gera e propaga progresso técnico, amplifica economias de escala estáticas e dinâmicas, determina o avanço da produtividade e, no final das contas, acelera a trajetória de *catching up*. Até o final da década de 1950, a produção teórica de Kaldor analisava as questões concernentes ao desenvolvimento como "modelos de crescimento econômico", seguindo a tradição dos modelos dinâmicos keynesianos iniciada por Harrod (1939) e Domar (1946)[2].

Numa guinada teórica a partir da década de 1960, Kaldor abandona os "modelos de crescimento" para, em seu lugar, incorporar e aprimorar, a meu juízo de forma mais completa, a perspectiva teórica dos desenvolvimentistas clássicos, na qual o desenvolvimento econômico se concretiza como um processo de profundas mudanças estruturais. Nos artigos seminais de 1966, 1967 e 1970, ao identificar diversas regularidades empíricas observadas no processo de desenvolvimento, ele formula uma série de proposições que a literatura econômica posterior passou a taxar de leis de crescimento de Kaldor. Para o que nos interessa, vou limitar-me às quatro leis fundamentais.[3]

A primeira lei de Kaldor assevera que as taxas de crescimento do PIB e do setor manufatureiro são fortemente correlacionadas no longo prazo. Isso significa que, quanto maior o crescimento do produto da indústria de transformação, mais expressivo e sustentável é o crescimento econômico no longo prazo. A justificativa é a mesma do desenvolvimentismo clássico: nas fases iniciais e intermediárias do desenvolvimento, à medida que os recursos produtivos são deslocados dos setores de baixa produtividade e sujeitos a retornos constantes ou decrescentes de escala (os setores agrícola e de serviços tradicionais) para a indústria de transformação, que conta com elevada produtividade, retornos crescentes de escala e maior poder de encadeamento produtivo para a frente e para trás, o produto agregado tende a aumentar e a se sustentar no longo prazo. Na ausência da indústria como motor de crescimento, a economia estaria fadada à estagnação secular. Quando o setor manufatureiro passa, no entanto, a atuar como força indutora do crescimento, o transbordamento dos seus ganhos de produtividade para o restante da economia faz com que a queda paulatina do emprego nos setores de menor produtividade em relação ao emprego total não afete adversamente o crescimento do produto nesses setores. Em outras palavras, o crescimento do produto industrial assegura e sustenta o crescimento do PIB no longo prazo.

---

[2] Diferentemente dos modelos de desenvolvimento, em que as hipóteses são baseadas nas regularidades empíricas observadas no funcionamento das economias capitalistas, e a análise contém maior contextualização do mundo real, os modelos de crescimento desdobram-se em análise mais pura e formalizada, em que a interação entre pressupostos, hipóteses e conclusões resultam de abstrações do mundo real.

[3] As três primeiras leis são extraídas de Kaldor (1966), ao passo que a quarta lei, de Kaldor (1970). Thirlwall (1983) analisa, com maiores detalhes, as leis kaldorianas.

A segunda lei, também conhecida como lei de Kaldor-Verdoorn, justifica e complementa a anterior.[4] Ela estabelece uma forte correlação empírica entre as taxas de crescimento da indústria de transformação e da produtividade média do trabalho nesse setor. Ressalte-se que essa correlação diz respeito às respectivas **taxas de variação**, e não à **escala** produzida ou ao **valor** da produtividade por trabalhador. A razão principal, bastante enfatizada por Kaldor, é que a indústria manufatureira, por operar sob retornos crescentes estáticos e dinâmicos de escala, à medida que cresce, diversifica e amplia sua participação (medida em valor agregado) no PIB, faz avançar o desenvolvimento econômico.

Dada a importância da lei de Kaldor-Verdoorn para o desenvolvimento, McCombie e Thirlwall (1994) detalham os resultados dos diversos testes empíricos que foram feitos para corroborar ou não sua validade. Muitos confirmam a relação de causalidade proposta pela lei. Como a maioria dos resultados depende das especificações das variáveis contidas nos testes econométricos,[5] os autores (Mccombie & Thirlwall, 1994, p. 167) concluem que o debate a respeito da lei "daria um bom livro-texto exemplificando os problemas que afetam a confiabilidade da inferência estatística!" e arrematam: "a despeito dos diversos testes alternativos, não há consenso quanto à seriedade das várias críticas existentes" à validade da lei de Kaldor-Verdoorn.

Assim, em termos práticos, ao postular que a expansão e diversificação do setor industrial tende a irradiar suas taxas de incremento da produtividade para todo o sistema, com isso sustentando o ritmo de crescimento no longo prazo, a lei de Kaldor-Verdoorn corrobora o papel central da industrialização no desenvolvimento econômico. Baseando-se em evidências empíricas, Kaldor mostra como a sustentação de taxas significativas de investimento (expressas pela razão investimento/PIB) é fator responsável por taxas mais substanciais e sustentáveis de crescimento do PIB no longo prazo. Aliás, como é o setor manufatureiro o lócus principal da acumulação de capital e da geração-difusão de progresso técnico, o efeito cumulativo

---

[4]   No artigo de 1966, Kaldor reconhece que foi Verdoorn (1949), um economista italiano pouco conhecido nos círculos acadêmicos, quem mostrou empiricamente a validade dessa lei.

[5]   Embora seja uma controvérsia teoricamente complicada, vale a pena informar ao leitor que ela surgiu após a crítica de Rowthorn (1975). Para este autor, a maioria das regressões econométricas especifica a taxa de crescimento da produtividade do trabalho como variável explicada ("endógena"), que depende da taxa de crescimento do produto manufatureiro (em valor adicionado). No entanto, como a primeira variável nada mais é do que a diferença entre a segunda e a taxa de crescimento do emprego no setor manufatureiro, emerge um problema estatístico de endogeneidade. De acordo com Rowthorn (1975), o correto seria usar a taxa de crescimento da produtividade do trabalho como variável endógena, tendo como variável explicativa a taxa de crescimento do emprego. Para detalhes, ver McCombie e Thirlwall (1994, p. 181-184).

dinâmico dessas duas forças conjuntas é a elevação da produtividade média agregada, a redução dos custos unitários de produção e a sustentação do crescimento econômico.

A terceira lei de Kaldor, já prenunciada por Lewis, assegura que, quanto maior a taxa de crescimento do produto industrial, maior o ritmo de transferência, para o setor manufatureiro, de trabalhadores desempregados ou subempregados nos setores que operam sob retornos decrescentes (agricultura e serviços nas etapas iniciais do desenvolvimento). Com isso, a eliminação paulatina do excedente de trabalhadores improdutivos nesses setores induz ao incremento da produtividade média dos que ali permanecem empregados. Os impactos simultâneos desse resultado, combinados com os associados à lei de Kaldor-Verdoorn, tendem a acelerar e sustentar taxas expressivas de crescimento da produtividade na economia como um todo.

Kaldor toma emprestado o princípio myrdaliano da causação cumulativa e circular[6] para formular sua quarta lei, que, em última instância, resulta da interação dos efeitos simultâneos das três leis já mencionadas: se o sistema produtivo de um país passa a se beneficiar dos avanços de produtividade proporcionados por mudanças estruturais que forjam a criação e diversificação de uma indústria manufatureira, maiores taxas de crescimento do produto desse "macrossetor" implicam taxas positivas e sustentadas de variação da produtividade média agregada e de crescimento. Como esse processo de mudanças estruturais no sistema produtivo doméstico é acompanhado de queda dos preços relativos dos bens manufaturados, observa-se, simultaneamente, uma expansão do volume e de diversificação das exportações desses bens, cujo dinamismo nos mercados globais passa a atuar como um componente autônomo da demanda agregada, que acaba por sustentar maiores taxas de crescimento do PIB e da produtividade. No final das contas, ter-se-ia um processo cumulativo virtuoso, por meio do qual maior crescimento econômico acarreta maior produtividade, que sustenta maior crescimento econômico, e assim por diante.[7]

Essa causação cumulativa e circular não deve ser interpretada como uma tendência linear e sempre virtuosa. Isso significa não apenas que há fatores de curto prazo que operam na direção contrária, como os que

---

[6] De acordo com Myrdal (1957, p. 29), "em virtude da causação circular, as variáveis econômicas são tão interrelacionadas que a mudança em uma delas provoca variações similares nas demais, reforçando, de forma cumulativa, as mudanças ocorridas nas variáveis originais e nas demais que foram afetadas por elas".

[7] Para o leitor interessado, ver Dixon e Thirlwall (1975), que formalizaram matematicamente o modelo kaldoriano de causalidade cumulativa e circular.

deflagram ciclos econômicos recessivos, mas também que pode haver forças suficientemente capazes de gerar círculos viciosos de causalidade cumulativa, como estados de subdesenvolvimento ou longa estagnação econômica. Assim, pode-se afirmar que economias ricas, pobres ou que enfrentem décadas de estagnação – como a experiência brasileira desde 1980 – tendem a autorreforçar tais condições por causa do princípio da causalidade cumulativa e circular.

É preciso lembrar que o surgimento e a diversificação de diversos segmentos *high tech* no setor de serviços, desde a década de 1980, englobados no que se convencionou chamar de indústria da informação e comunicação (TIC), bem como a erupção em curso da quarta revolução industrial (ou Indústria 4.0), capitaneada pelas tecnologias digitais e de automação (robótica, inteligência artificial, *IoT*, *big data* etc.), poderão modificar, mas não eliminar, o papel da indústria de transformação como motor que permite que economias pobres e ainda em estágios intermediários de desenvolvimento percorram o difícil caminho em direção à convergência tecnológica relativa e ao desenvolvimento.

Algumas razões me levam a alimentar tal perspectiva. A primeira é que, como argumentam Bianchi e Labory (2018), a nova revolução tecnológica em curso aponta para forte integração da indústria manufatureira com os serviços provenientes da economia digital, de tal sorte que é mais apropriado projetar a difusão de um ecossistema de tecnologias complexas para o conjunto do sistema econômico. Com isso, pode-se esperar enorme expansão da produtividade nas atividades produtivas nos três setores da economia, decorrente não somente da absorção passiva dessas novas tecnologias irradiadas dos serviços *high tech*, mas também dos *feedbacks* dinâmicos que emergirão da integração das atividades produtivas com o referido ecossistema de tecnologias digitais. Além disso, segundo Kaldor (1967), como os retornos de escala dinâmicos operam predominantemente como um "macrofenômeno", não há qualquer razão para duvidar de que a "economia do conhecimento", impulsionada por essa integração, tenda a potencializá-los. Comenta Kaldor (1967, p. 14, grifos meus), baseando-se no artigo clássico de Young (1928):

> As economias de escala não resultam apenas da expansão de uma indústria específica, mas, sobretudo, da expansão industrial geral [inclusive dos segmentos *high tech* do setor de serviços sujeitos a retornos crescentes, eu acrescentaria], que deve ser vista, como já proposto por Young, como um todo interrelacionado.

A segunda razão que me leva a acreditar que a indústria de transformação continuará jogando um papel fundamental na dura travessia dos países de renda baixa e média para padrões de países desenvolvidos é que os primeiros não podem simplesmente saltar para segmentos *high tech* da economia digital sem contar com um setor manufatureiro relativamente diversificado e pujante. Isso significa que países em desenvolvimento que sofreram intenso processo de regressão econômica nas últimas décadas – caso também do Brasil – terão, necessariamente, de reciclar sua indústria "velha" como condição complementar para avançar tecnologicamente nos segmentos que ficaram para trás e nas novas tecnologias da economia digital. Entretanto, esse processo de reindustrialização não significa reposicionar os segmentos que sofreram regressão tecnológica à condição anterior. Mais do que isso, implica retomar a industrialização – que também inclui a reindustrialização – como motor do processo de desenvolvimento nesses países. Consequentemente, esse esforço requer a substituição de tecnologias emissoras de gases de efeito estufa por tecnologias de baixo carbono, aproveitando tal oportunidade para, simultaneamente, promover inovações no campo energético e contribuir para a redução do aquecimento global.

Assim, Kaldor (1967, p. 54) sentenciava que aos países pobres "não resta outra alternativa para o desenvolvimento econômico que envolva o domínio de modernas tecnologias e o incremento da renda per capita ao longo do tempo senão o caminho da industrialização". Nos tempos atuais, esse diagnóstico continua sendo compartilhado por autores como Aiginger e Rodrik (2020, p. 200), segundo os quais "o setor manufatureiro continua crucial para o desenvolvimento e melhora do bem-estar de países de todos os estratos de renda per capita, já que constitui a principal fonte de progresso tecnológico".

1.3 O problema da desindustrialização, natural e prematura

Kaldor (1966, 1967) foi o autor que, pioneiramente, identificou uma tendência à retração do emprego no setor industrial em relação ao emprego total, fenômeno conhecido como desindustrialização. Na concepção de Kaldor, se um país alcançar nível de renda per capita em torno da média mundial e continuar perseguindo sua trajetória de *catching up*, o emprego excedente na agricultura tende a ser eliminado, fazendo com que a absorção de progresso técnico neste setor passe a ser sua principal fonte propulsora de produtividade. Em contrapartida, a participação do emprego relativo no setor industrial tende a se estabilizar, ao passo que o setor de serviços passa a ser a principal fonte geradora de emprego em termos absolutos e relativos. Já quando o país alcança *status* de desenvolvido e elevado nível de renda per capita, as transformações tecnológicas capitaneadas pela indústria manufatureira tendem a contrair expressivamente o emprego relativo no setor e a deflagar um processo de desindustrialização que, a essa altura, deve ser avaliado como um fenômeno "natural", porque resultante do efeito do progresso técnico no longo prazo.

Posteriormente, com base em evidências empíricas, Rowthorn e Ramaswamy (1999, p. 30) sugeriram que a desindustrialização poderia ser expressa por um U invertido. Nele, a participação do emprego no setor manufatureiro em relação ao emprego total cresce à medida que avança a renda per capita, alcança um nível máximo e, a partir de determinado nível de inflexão da renda per capita, contrai-se expressivamente. No caso dos países desenvolvidos, a desindustrialização tem se manifestado menos pela queda da participação da indústria de transformação no PIB (medida em valor adicionado a preços constantes) e mais pela retração relativa do emprego industrial. As estimações de Rowthorn e Ramaswamy indicam que a elasticidade-renda da demanda dos produtos manufaturados é significativamente maior do que 1, quando países pobres deflagram e sustentam o processo de industrialização (ou seja, cada aumento de 1% na renda per capita acarreta incremento de mais de 1% na demanda desses produtos), mas é significativamente menor do que a unidade a partir da renda per capita de *turning point*, quando a elasticidade-renda dos serviços ultrapassa a dos produtos industrializados.[8] No entanto, esse efeito dinâmico adverso na demanda de bens manufaturados tende a ser compensado pela queda de seus preços relativos, bem como pela expansão e diversificação de suas exportações, ambos reflexos do aumento da competitividade induzida pelo progresso tecnológico.

Se a desindustrialização nos países desenvolvidos costuma ser avaliada como um fenômeno "natural", não necessariamente ruim, o mesmo não se pode dizer da chamada "desindustrialização prematura", pioneiramente concebida por Palma (2005) para se referir ao fenômeno que tem acometido os países latino-americanos nas últimas décadas. Ancorando-se também em

---

[8]   Generalizando, a elasticidade-renda da demanda mede o efeito proporcional da quantidade demandada de um bem, serviço, ou grupo de produtos, decorrente da variação percentual ocorrida na renda dos consumidores. Embora só seja possível estimá-la empiricamente, ela tende a ser baixa (menor do que a unidade) para produtos essenciais, como alimentos, e mais elevada (superior à unidade) para produtos sofisticados, como uma ampla gama de bens de consumo duráveis e serviços.

evidências empíricas, Palma observa que a renda per capita média de *turning point,* a partir da qual os países têm entrado em processo de desindustrialização, diminuiu drasticamente de US$20.645 para US$8.691, entre 1980 e 1998 (em US$ a preços de paridade do poder de compra de 1985). Ou seja, segundo o autor, muitos países em desenvolvimento, especialmente na América Latina, têm sofrido desindustrialização prematura, não por causa do avanço tecnológico nas três últimas décadas, mas devido ao impacto adverso das reformas excessivamente liberalizantes sobre o ritmo de crescimento, a estrutura produtiva e a composição das exportações. O autor acrescenta que tais reformas, centradas em rápida liberalização comercial, liberalização dos mercados financeiro e de crédito, abertura aos fluxos de capitais de curto prazo, dentre outras, representaram, em contraste com os países em desenvolvimento da Ásia, a substituição de uma agenda em prol da industrialização por outra concentrada apenas na estabilização de preços. Posteriormente, a expressão "desindustrialização prematura" foi replicada por Dasgupta e Singh (2006) e consagrada por Rodrik (2016).

No Brasil, por exemplo, um dos países mais afetados pelo processo de desindustrialização prematura desde meados dos anos 1980, o fenômeno se consubstanciou, predominantemente, na queda relativa da participação do valor adicionado da indústria no PIB e no aumento dramático da especialização internacional em *commodities,* isto é, produtos primários e industrializados intensivos em recursos naturais, cujos preços são altamente voláteis e flutuam ao sabor dos descompassos entre a oferta e demanda globais. De acordo com os cálculos de Morceiro e Guilhoto (2019), entre 1980 e 2018, a participação do valor adicionado da indústria de transformação no PIB brasileiro recuou de 19,7% para 11,3%, em valores constantes de 2018. De acordo com Nassif e Castillo (2020), a participação de bens primários e produtos industrializados intensivos em recursos naturais ("*commodities*"), no total das exportações brasileiras, aumentou, em média, de 49,6% para 66,3%, entre 1990-1995 e 2011-2016. Nas palavras dos autores (Morceiro & Guilhoto, 2019, p. 696), esses resultados revelam inequívoca reprimarização da cesta de exportações e "especialização regressiva" do comércio exterior brasileiro. A desindustrialização prematura é particularmente grave, porque a perda relativa de musculatura do tecido manufatureiro, antes que o país tenha logrado alcançar a renda per capita média dos países ricos, acaba por sacrificar o potencial de desenvolvimento tecnológico, de crescimento econômico e de geração de empregos qualificados com salários elevados no futuro.

O diagnóstico de desindustrialização prematura no Brasil já havia sido confirmado por diversos estudos empíricos, como os de Oreiro e Feijó (2010), Cano (2012) e Nassif, Bresser-Pereira, e Feijó (2018).[9] Em um estudo empírico baseado na metodologia proposta por McMillan e Rodrik (2011), mostramos (Nassif, Morandi, Araújo, & Feijó, 2020) evidências de que os principais fatores explicativos para a persistência da desindustrialização prematura e estagnação da economia brasileira no período posterior à estabilização inflacionária (pós-1995) é, nesta ordem, a tendência à sobrevalorização do real brasileiro frente à cesta de moedas dos principais parceiros, a reprimarização da pauta de exportações, o reduzido nível de abertura comercial e as elevadas taxas de juros reais prevalecentes no período.[10]

1.4 Industrialização e desindustrialização em perspectiva subsetorial

Antes de analisar a dinâmica do setor manufatureiro em nível subsetorial, é preciso ressaltar que estudos empíricos revelam que não há evidências de desindustrialização em nível **global**, inclusive nos países em desenvolvimento que têm conseguido sustentar seus respectivos processos de *catching-up*. Segundo Felipe e Mehta (2016), entre 1970 e 2016, a participação do setor manufatureiro no PIB mundial conservou relativa estabilidade, em torno de 16%, a preços constantes de 2005. Já nos países em desenvolvimento, em trajetória exitosa de *catching-up*, como documentado por Haraguchi, Cheng, e Smeets (2017), não se observou reversão do processo de industrialização em curso; a retração do valor agregado manufatureiro no PIB e do emprego industrial no emprego total nos países em desenvolvimento que se desindustrializaram prematuramente foi acompanhada pelo deslocamento dessas atividades industriais para um grupo reduzido de países em desenvolvimento, os quais têm sido capazes de sustentar o desenvolvimento econômico em curso. Ou seja, o fenômeno da desindustrialização, seja natural, seja prematura, é circunscrito a países específicos.

Como mostrei anteriormente, Kaldor apresenta argumentos teóricos e empíricos acerca do papel-chave da indústria de transformação como um todo (como "macrossetor") na determinação do sucesso ou fracasso do pro-

---

[9] Em um dos estudos pioneiros sobre o fenômeno no Brasil (Nassif, 2008), avaliei, com base nos dados disponíveis até então, que não havia evidências robustas de desindustrialização prematura no país, embora alertasse, conclusivamente, que a tendência em curso de sobrevalorização cambial, pudesse fomentar e acelerar o referido processo, o que, de fato, ocorreu posteriormente.

[10] A base de dados cobre o período 1995-2011.

cesso de desenvolvimento dos países. Mas o que dizer da dinâmica do setor manufatureiro em nível intrassetorial? Afinal, nem todos os subsetores da indústria de transformação são dotados das peculiaridades intrínsecas que os tornem capazes de atuar como motor do crescimento no longo prazo, tais como potencial gerador e difusor de progresso técnico, tecnologias sujeitas a expressivas economias de escala, maior poder de produzir efeitos-renda direta e indireta para outros setores (isto é, poder de encadeamento para frente e para trás) etc.

É certo que a industrialização se manifesta pelo avanço relativo das atividades industriais e de serviços, acompanhado do declínio relativamente acelerado do valor agregado da agricultura no PIB (Chenery, 1975 Adelman & Morris, 1984), corroborando as hipóteses teóricas do desenvolvimentismo clássico (Rosenstein-Rodan, 1943; Lewis, 1954; Hirschman, 1958). Ou seja, o desenvolvimento econômico envolve mudanças estruturais. Entretanto, uma vez que o avanço da industrialização não ocorre de forma homogênea, as transformações estruturais se manifestam também no interior da indústria de transformação à medida que o processo de desenvolvimento sustenta-se no longo prazo.

Como mostraram Chenery e Syrquin (1975), em seu estudo clássico, as mudanças estruturais observadas no interior do setor manufatureiro refletem a conjugação de três forças simultâneas: a primeira, a que os autores denominam forças universais, porque caracterizam todos os processos exitosos de desenvolvimento, diz respeito ao dinamismo da demanda e oferta de bens manufaturados à medida que aumenta a renda per capita; a segunda reflete as peculiaridades demográficas e geográficas de cada país (tamanho da população, abundância ou escassez de recursos naturais, dentre outras); e a terceira está relacionada às características institucionais (inclusive, as escolhas de políticas públicas) de cada país. Enquanto a primeira força implica que o progresso econômico tende a deslocar a demanda e oferta relativas para os subsetores industriais de maior elasticidade-renda da demanda (e para níveis muito elevados de renda per capita, para serviços sofisticados), as demais forças são associadas às especificidades de cada país. Por exemplo, em países com abundância de recursos naturais, o papel da política econômica é crucial para evitar que a doença holandesa culmine com maldição de recursos naturais, já que a excessiva dependência de exportações de *commodities*, ao apreciar a taxa de câmbio real, aumentar artificialmente os salários reais e os preços relativos dos bens e serviços não comercializáveis, acaba por bloquear o processo de industrialização.

Num estudo empírico cobrindo 182 países (dos quais 112 estão em desenvolvimento) no período 1970-2010, Haraguchi (2016) estima, separadamente, o impacto de cada uma dessas três forças sobre as mudanças estruturais observadas dentro do setor manufatureiro. Limito-me aqui aos impactos decorrentes da evolução da renda per capita sobre a dinâmica da demanda observada nos diversos subsetores da indústria de transformação. Os resultados revelam as seguintes tendências: nos estágios iniciais de desenvolvimento econômico, quando os países ainda registram níveis baixos de renda per capita (abaixo de US$3.000 em PPP de 2005), há concentração das atividades industriais nos subsetores intensivos em trabalho, notadamente alimentos e bebidas, têxteis e vestuário & calçados; nos estágios intermediários de renda per capita (entre US$3000 e US$18.000 em PPP de 2005), a desaceleração dos subsetores intensivos em trabalho é acompanhada pela rápida ampliação da participação (em valor agregado) de diversos subsetores intensivos em capital no valor manufatureiro total, como máquinas e equipamentos em geral, metalurgia básica e química; para níveis elevados de renda per capita (acima de US$18.000 em PPP de 2005), é notória a proeminência relativa dos subsetores intensivos em capital e/ou conhecimento (borracha e plástico, automotiva, máquinas e equipamentos em geral; máquinas, equipamentos e materiais elétricos, química, bens e instrumentos de precisão, entre outros). Assim, se o desafio dos países em desenvolvimento é conseguir promover, de forma exitosa, mudanças estruturais em direção aos subsetores intensivos em capital e conhecimento, o dos países desenvolvidos é não apenas conseguir reter a maior participação desses subsetores no total do PIB manufatureiro, mas também continuar promovendo inovações dentro e fora deles (inclusive, mediante o aparecimento de atividades até então inexistentes), no bojo do processo schumpeteriano de destruição criativa.

É curioso que as evidências empíricas sobre desindustrialização ficaram, até há bem pouco tempo, restritas aos indicadores agregados do setor manufatureiro, mormente às mudanças ocorridas em termos de participação do valor industrial no PIB, do emprego industrial no emprego total ou em ambas. Apenas recentemente a literatura tem se voltado para a análise do fenômeno também em nível subsetorial, com base em dados de painéis de diversos países na economia mundial.

Vale ressaltar que, antes disso, Morceiro (2018) apresentou, em sua tese de doutoramento na Universidade de São Paulo, um estudo pioneiro sobre o fenômeno da desindustrialização no Brasil, com base em dados subsetoriais do setor manufatureiro brasileiro. Cobrindo 258 subsetores da indústria de transformação no período 1980-2015, a pesquisa demonstra que os subsetores mais afetados pela desindustrialização prematura no Brasil foram os intensivos em capital e/ou mais sofisticados tecnologicamente, como os subsetores de máquinas e equipamentos, química e petroquímica. Também desindustrializaram prematuramente subsetores que, segundo a classificação de Haraguchi (2016), deveriam manter a participação relativa nos estágios intermediários de desenvolvimento, casos de borracha e plástico, mas também de metalurgia e produtos de metal, subsetores cuja participação no PIB atingiu o ápice em níveis de renda per capita inferiores a US$12.000 em PPP. Já nos subsetores intensivos em capital e/ou conhecimento, como farmacêutica, material elétrico, informática e eletrônica automobilística e outros equipamentos de transporte, segundo Morceiro (2018, p. 33), não se verificou "uma trajetória de industrialização robusta que se espera para um país de renda per capita intermediária", como o Brasil.

Com respeito à análise da desindustrialização sob a ótica subsetorial na economia mundial, Tregenna e Andreoni (2020) e Dosi, Riccio e Virgilitto (2021) apresentaram estudos pioneiros, cujos resultados, além de bastante similares, foram também surpreendentes. Com base em uma amostra de 67 países e no agrupamento do setor manufatureiro nos subsetores de baixa, média e alta tecnologias no período 1993-2010, Tregenna e Andreoni (2020) concluem que a trajetória em U-invertido (isto é, desindustrialização natural) só se verifica nos subgrupos de baixa tecnologia e em alguns poucos de média tecnologia; nos subgrupos de alta tecnologia, essa tendência não é observada. Ao contrário, nos subgrupos mais especializados e de maior grau de sofisticação tecnológica, observa-se intenso grau de industrialização no período analisado.

Com base em metodologias e taxonomias distintas, Dosi et al. (2021) mostram resultados similares. Embora reconheçam que a globalização tenha acentuado a desindustrialização em diversos países desde a década de 1990, os autores refutam o argumento de que o fenômeno deva ser tratado como uma tendência natural, induzida pelo crescimento da renda per capita ou pelo progresso técnico. Argumentam os autores (Dose et al., 2021, p.17, tradução nossa):

> Se houvesse uma tendência natural à desindustrialização induzida pelo progresso técnico, seria observado um padrão inverso de correlação entre participações em valor adicionado [no PIB] e participações em emprego industrial [no

emprego total]. Entretanto, esse resultado não é observado: na verdade, ambas as variáveis se movem na mesma direção tanto nos países desenvolvidos e em desenvolvimento. Além disso, alguns setores com elevada capacidade de inovação mostram tendência de manter ou até aumentar o emprego com o crescimento da renda.

Dosi et al. (2021) apresentam evidências de que, tanto em termos agregados quanto subsetoriais, há formas diversas em que se manifesta o fenômeno da desindustrialização. Amparando-se na abordagem evolucionária neoschumpeteriana, a principal contribuição do estudo é apresentar evidências empíricas sobre a desindustrialização em nível subsetorial. Com base na taxonomia proposta por Pavitt (1984), os subsetores da indústria manufatureira são agrupados de acordo com os coeficientes tecnológicos e de fatores de produção utilizados, grau de intensidade das economias de escala, posição competitiva nas cadeias de oferta e nível de conhecimento tecnocientífico. Assim, as evidências empíricas contemplam os seguintes subgrupos: "comandados pela oferta" (basicamente subsetores intensivos em recursos naturais e em trabalho); "intensivos em escala" (indústrias intensivas em capital, como papel, plástica, derivados refinados de petróleo, metalurgia básica e automotiva); "fornecedores especializados" (máquinas e equipamentos, maquinaria elétrica e outros equipamentos de transporte); e "baseados em ciência" (química, máquinas e equipamentos de computação, equipamentos de comunicação, instrumentos médicos e instrumentos de precisão).

Com base em dados de 23 subsetores manufatureiros de 173 países no período 1963-2013, Dosi et al. (2021) apresentam as seguintes evidências empíricas: i) apenas os subgrupos de subsetores "comandados pela oferta" e "intensivos em escala" mostram a forma canônica de U invertido, ao passo que o subgrupo "baseado em ciência" figura como notória exceção em que se observa aumento das participações tanto em termos de valor agregado como em termos de emprego; ii) tanto nos países desenvolvidos quanto nos em desenvolvimento, se há desindustrialização nos subsetores "comandados pela oferta", o mesmo não se pode dizer nos subsetores "baseados em ciência" e "fornecedores especializados", que registram tendência de incremento das participações relativas em valor agregado e em emprego; iii) nos subsetores "intensivos em escala", houve tendência de realocação da produção dos países desenvolvidos (que experimentaram robusta desindustrialização nesse subgrupo) para os países em desenvolvimento – os que, evidentemente, não se desindustrializaram –, que registraram notório incremento da participação do valor agregado no total, enquanto a participação no emprego permaneceu constante. Em suma, as evidências empíricas não constatam desindustrialização (natural ou prematura) nos subsetores mais inovativos do setor manufatureiro ("fornecedores especializados" e "baseados em ciência"), que registraram aumentos das participações relativas em valor agregado e em emprego, embora, paradoxalmente, a contribuição dessas indústrias *high-tech* para a geração de emprego seja relativamente menor do que a dos subgrupos "comandados pela oferta" e "intensivos em escala".

Essas evidências empíricas sugerem que os novos segmentos *high--tech* do setor de serviços podem complementar, mas não anular, o papel da indústria de transformação como motor de crescimento no longo prazo. Não por acaso, segundo dados da OECD,[11] o setor industrial é responsável por cerca de 53% dos gastos em P&D no mundo e, segundo Manyika et al. (2012), por 73% do total de patentes registradas nos países mais inovadores, como Estados Unidos, Japão e Alemanha. Isso significa que a indústria de transformação continuará atuando como principal fator estrutural de promoção da convergência relativa (*catching-up*) dos países em desenvolvimento para padrões elevados de renda per capita observados nos países desenvolvidos.

1.5 Conclusão

O desenvolvimento não se limita apenas ao crescimento econômico ("mais do mesmo"), mas se desdobra num processo em que este último, para se sustentar no longo prazo, deve ser acompanhado por expressivas mudanças na estrutura produtiva. Isso implica que o desenvolvimento é um processo pelo qual os recursos produtivos (especialmente força de trabalho) se deslocam paulatinamente dos setores tradicionais de baixa produtividade (notadamente, a agricultura tradicional) para os setores modernos de elevada produtividade (a indústria de transformação, acompanhada, de forma simultânea ou não, pelo incremento da participação relativa do setor de serviços).

Desde o último quartel do século XX, com as revoluções tecnológicas radicais deflagradas na microeletrônica, informática e telecomunicações, observa-se crescente integração entre a indústria de transformação e os serviços *high-tech* digitais associados às tecnologias de informação e comunicação (TICs). Esse processo tem feito com que o dinamismo dessas indústrias determine a taxa de crescimento da economia e, consequentemente, o ritmo

---

[11] OECD's Analytical Business Enterprise Research and Development Database.

de incremento da produtividade no longo prazo. Esses benefícios tendenciais ocorrem porque os impactos sucessivos do progresso tecnológico e da acumulação de capital fazem com que as referidas indústrias obtenham retornos crescentes de escala, estáticos e dinâmicos.

No entanto, a experiência histórica confirma que somente quando um país alcança o estágio de maturidade industrial, a tendência de realocação de recursos dos setores agrícola e industrial para o de serviços refletiria um processo de desindustrialização que poderia ser entendido como benéfico e natural. A essa altura, com o setor agrícola já mecanizado e com níveis de produtividade significativamente maiores do que na fase tradicional ou intermediária, os *gaps* de produtividade intersetoriais terão sido reduzidos substancialmente. Caso o processo de desenvolvimento seja interrompido pela desindustrialização prematura, antes que o estágio de maturidade industrial tenha sido alcançado, a economia perde tração estrutural para continuar crescendo com avanços positivos e sustentáveis da produtividade no longo prazo.

Embora evidências mais detalhadas sobre o caso brasileiro sejam discutidas nos demais capítulos deste livro, os dados disponíveis (quer em termos agregados, quer subsetoriais) confirmam que o Brasil enfrenta um dos mais crônicos processos de desindustrialização prematura na economia mundial. Em trajetória oposta à perseguida pelo Brasil nas últimas décadas, as evidências empíricas disponíveis não registram desindustrialização, seja natural, seja prematura, nos subsetores que comandam o progresso técnico e o ritmo de crescimento econômico e da produtividade no longo prazo (máquinas, equipamentos e os subsetores baseados em ciência e conhecimento). Entretanto, apesar de crônico, o processo de desindustrialização no Brasil pode ser revertido. Ainda que fuja ao escopo deste capítulo discutir propostas de política de reindustrialização, é certo que esse objetivo não será logrado se ancorado em estratégias de quase *laissez-faire,* ou mesmo em políticas tímidas para correção de falhas de mercado. Mais do que isso, será preciso desenhar e adotar planos nacionais mais ambiciosos de desenvolvimento.

Referências

Adelman, I., & Morris, C. T. (1984). Patterns of economic Growth, 1850-1914, or Chenery-Syrquin in Historical Perspective. In: M. Syrquin, L. Taylor, & L. Westphal (Ed.). Economic Structure and Performance. (pp. 205-248). Orlando: Academic Press.

Aiginger, & Rodrik (2020, junho). Rebirth of industrial policy and an agenda for the Twenty-First century. *Journal of Industry, Competition and Trade*, 20(2), 189-207.

Amsden, A. H. (2001). *The Rise of 'the Rest': Challenges to the West from Late-Industrializing Economies*. Oxford: Oxford University Press.

Bianchi P., Labory S. (2018). *Industrial Policy for the Manufacturing Revolution*, (Vol.1, 1ª ed., 192). Edward Elgar, Cheltenham.

Cano, W. (2012). A desindustrialização no Brasil. *Economia e Sociedade*, v. 21, Número Especial: 831-851.

Chenery, H. (1975). *Structural Change and Economic Policy*. London: Oxford University Press.

Chenery, H. e Syrquin, M. (1975). *Patterns of Development, 1950-1970*. London: Oxford University Press.

Dasgupta, S., & Singh, A. (2006). Manufacturing, Services and Premature Deindustrialization in Developing Countries: A Kaldorian Analysis. In *Anais do 2006/49 UNU-WIDER*. United Nations University, Helsinki, Finland.

Dixon, R & Thirlwall, A P, (1975). A Model of Regional Growth-Rate Differences on Kaldorian Lines, *Oxford Economic Papers*, vol. 27(2), pages 201-214.

Domar, E. (1946). Capital expansion, rate of growth, and employment. *Econometrica*, vol. 14 (2): 137-147.

Dosi, G., Riccio, F., & Virgilitto, M.E. (2021). —Varieties of deindustrialization and patterns of diversification: why microchips are not potato chips‖. *Structural Change and Economic Dynamics*, vol. 57: 182-202.

Felipe, J. e Mehta, A. (2016). *Deindustrialization? A global perspective. Economics Letters, vol. 149: 148-151.*

Felipe, J., Mehta, A., & Rhee, C. (2019). —Manufacturing matters…but it's the Jobs that count‖. *Cambridge Journal of Economics*, vol. 43: 139–168.

Haraguchi, N. (2016). Patterns of structural change and manufacturing development In: J. Weiss e M. Tribe. *Routledge Handbook of Industry and Development*. (pp. 38-64). London: Routledge.

Haraguchi, N., Cheng, C.F.C., & Smeets, E. (2017). *The importance of manufacturing in economic development: has this changed? World Development, vol.93: 293-315.*

Harrod, R. F. (1939). An essay in dynamic theory. *The Economic Journal*, vol. 49 (193): 14-33.

Hirschman, A. (1958). *The Strategy of Economic Development*. New Haven: Yale University Press.

Kaldor, N. (1966). Causes of the Slow Rate of Economic Growth of the United Kingdom: An Inaugural Lecture. In: N. Kaldor. *Further Essays on Economic Theory*. London: Duckworth: 100-138, 1978.

Kaldor, N. (1967). *Strategic Factors in Economic Development*. Ithaca, New York: Cornell University.

Kaldor, N. (1970). The case for regional policies. In: N. Kaldor. *Further Essays on Economic Theory*. London: Duckworth: 139-154, 1978.

Lewis, W. A. (1954). Economic Development with Unlimited Supplies of Labor. The Manchester School, Vol. 22 (2): 139–91.

Lucas Jr., R. E. (1988). On the Mechanics of Economic Development. *Journal of Monetary Economics* 22: 3-42. July.

Manyika, J., Sinclair, J., Dobbs, R., Strube, G., Rassey, L., Mischke, J., Remes, J., Roxburgh, C., George, K., O'Halloran, D., & Ramaswamy, S. (2012). *Manufacturing the future*: the next era of global growth and innovation. McKinsey Global Institute.

McCombie, J. S. L., & Thirlwall, A. P. (1994). *Economic growth and the balance-of--payments constraint*, London: St Martin's Press.

McMillan, M.S. e Rodrik, D. (2011). Globalization, structural change and productivity growth. *NBER Working Paper Series*, 17.143. Cambridge, MA.: National Bureau of Economic Research.

Morceiro, P. C. (2018). *A Indústria Brasileira no Limiar do Século XXI: uma Análise da sua Evolução Estrutural, Comercial e Tecnológica*. Tese de doutorado. Programa de Pós-Graduação em Economia: Universidade de São Paulo.

Morceiro, P. e Guilhoto, J. (2019). Desindustrialização setorial no Brasil. São Paulo: Instituto de Estudos para o Desenvolvimento Industrial (IEDI). https://iedi.org.br/media/site/artigos/20190418_desindustrializacao_t3rPaHz.pdf. Acessado em 29/07/2020.

Myrdal, G. (1957). *Teoria Económica y Regiones Subdesarrolladas*. México: Fondo de Cultura Económica (ed. 1959).

Nassif, A. (2008). Há evidências de desindustrialização no Brasil? *Revista de Economia Política*, vol. 28, no 1 (109): 72-96, janeiro-março.

Nassif, A. (2023). *Desenvolvimento e Estagnação: o Debate entre Desenvolvimentistas e Liberais Neoclássicos*. São Paulo: Editora Contracorrente.

Nassif, A. e Castilho, M. (2020). Trade patterns in a globalised world: Brazil as a case of regressive specialization. *Cambridge Journal of Economics*, vol.44: 671-701.

Nassif, A., Bresser-Pereira, L.C. e Feijó, C. (2018). The case for reindustrialisation in developing countries: towards the connection between the macroeconomic regime and the industrial policy in Brazil. *Cambridge Journal of Economics,* vol.42:385-381.

Nassif, A., Morandi, L., Araújo, E. e Feijó, C. (2020). Economic development and stagnation in Brazil (1950-2011). *Structural Change and Economic Dynamics*, vol.53: 1-15.

Oreiro, J. L. e Feijó, C. A. (2010). Desindustrialização: conceituação, causas, efeitos e o caso brasileiro. *Revista de Economia Política*, v. 30, n. 2: 219–232.

Palma, J. G. (2005) "Four sources of "de-industrialization" and a new concept of the "Dutch disease"." In: Ocampo, J. A. (Ed.). Beyond reforms: structural dynamics and macroeconomic vulnerability. Washington, DC: Staluesnford University Press: The World Bank, p. 71-116.

Pavitt, K. (1984). Sectoral patterns of technical change: towards a taxonomy and a theory‖. *ResearchPolicy*, n. 13: 343-373.

Ricardo, D. (1817). *Princípios de Economia Política e Tributação*. São Paulo: Editora Abril Cultural (edição de 1982).

Rodrik, D. (2016). Premature deindustrialization. *Journal of Economic Growth*, vol. 21(1): 1-33, March.

Romer, P. M. (1986). Increasing Returns and Long-Run Growth. *Journal of Political Economy* 94: 1001-1037.

Rosenstein-Rodan, P. N. (1943). Problemas de industrialização da Europa do Leste e do Sudeste. In: A.N. Agarwala e S.P. Singh (org.). *A Economia do Subdesenvolvimento*. 2. ed. (pp. 265-276). Rio de Janeiro: Editora Contraponto, 2010.

Rowthorn, R. (1975). What remains of Kaldor's laws? *The Economic Journal*, Vol. 85:10-19.

Rowthorn, R. e Ramaswamy, R. (1999). Growth, trade and de-industrialization. *IMF Staff Papers,* Vol.46, no 1, March:18-41. Washington, DC: International Monetary Fund.

Smith, A. (1776). *A Riqueza das Nações,* Vol. I e II. Série Os Economistas. São Paulo: Editora Abril Cultural, 1983.

Solow, R. M. (1956). A Contribution to the Theory of Economic Growth. *Quarterly Journal of Economics* 70: 65-94. February.

Thirlwall, A.P. (1983). A plain man's guide to Kaldor's growth laws. *Journal of Post Keynesian Economics,* Vol.5, no. 3, Spring: 345-358.

Tregenna, F., Andreoni, A. (2020). —Deindustrialisation reconsidered: structural shifts and sectoral heterogeneity‖. Working Paper 2020-06. London: Institute for Innovation and Public Purpose, University College London.

Verdoorn PJ (1949). Fattori che regolano lo sviluppo della produttivitá del lavoro. *L'Industria,* no 1: 45-53.

Young A. A. (1928). Increasing Returns and Economic Progress. *The Economic Journal* 152 (XXXVIII), December: 527-542.

Capítulo 2

INDUSTRIALIZAÇÃO E CRESCIMENTO ECONÔMICO: UMA ANÁLISE DAS LEIS DE KALDOR APLICADAS AO BRASIL NO LONGO PRAZO

Eliane Araujo
Natalia Izelli Doré

2.1 Introdução

A abordagem neoclássica do crescimento econômico, bem como seus desdobramentos, não distingue a importância de determinado setor de atividade para o crescimento econômico, que, para ela, é explicada pela acumulação dos fatores de produção e progresso tecnológico. Segundo essa abordagem, os setores que sobressairão são aqueles nos quais o país possui maiores vantagens comparativas, sendo irrelevante os diferentes impactos que cada setor pode gerar sobre o emprego e a atividade nos demais setores.

Já a abordagem com inspiração keynesiana-estruturalista destaca a importância setorial na determinação do crescimento econômico, mais especificamente a centralidade do setor industrial, que recebe destaque em virtude de várias características especiais que possui: capacidade de gerar e propagar mudanças tecnológicas; crescimento da produtividade; externalidades positivas; sinergias; sustentabilidade do balanço de pagamentos e ganhos de comércio; e, no caso dos países emergentes e em desenvolvimento, o fato de estar intensamente relacionado ao processo de convergência de renda para níveis semelhantes aos dos países desenvolvidos.

A abordagem setorial traz consigo a preocupação com a tendência à desindustrialização, um fenômeno associado ao declínio da participação do setor industrial na produção e no emprego total da economia. Nos países mais avançados, isso acontece como um processo natural do crescimento da renda per capita, enquanto nas economias em desenvolvimento é considerado prematuro, no sentido de que ocorre em níveis mais baixos de renda, com implicações importantes para o desenvolvimento de longo prazo (Palma, 2014). Esse caso de perda de participação da indústria no produto interno bruto (PIB) tem sido uma característica marcante do Brasil nas últimas décadas. Morceiro (2021) mostra que a contribuição da indústria brasileira no PIB, que representava 27% na década de 1980, em 2019, caiu para 11%.

É nesse contexto que a presente pesquisa está inserida, com o objetivo de investigar a aplicabilidade das leis de Kaldor para o Brasil em uma perspectiva de longo prazo. O referido autor, em seu artigo de1966, discutiu que as causas da redução na taxa de crescimento do Reino Unido estavam na perda de vigor da indústria quando comparada a economias de mesmo nível de renda. Kaldor ressaltava que a região havia exaurido seu potencial de crescimento antes mesmo de alcançar altos níveis de produtividade ou de renda média per capita.

O artigo se propõe a entender se a tese estabelecida por Kaldor sobre a centralidade do setor industrial é relevante para o entendimento do crescimento econômico no Brasil atualmente, numa perspectiva de muito longo prazo. As principais contribuições do artigo são duas. A primeira é a construção de um banco de dados de séries temporais de longo prazo para o Brasil, desde 1909, com dados sobre indústria, emprego, produtividade, crescimento econômico e outros. A segunda é a estimação das leis de Kaldor para o Brasil, com a utilização de um modelo não linear que considera a possibilidade de diferentes regimes para a variável dependente, com o intuito de contemplar endogenamente a existência de quebras estruturais nas relações de longo prazo que serão investigadas.

O artigo está dividido em três partes principais, uma teórica, outra histórica e, por fim, a parte empírica. Na parte teórica, resgatamos o artigo seminal de Nicholas Kaldor, *Causes of the slow rate of economic growth in the United Kingdom*, de 1966, no qual o autor enfatiza a centralidade da indústria para o crescimento econômico e apresenta fatos estilizados que ficaram conhecidos como "leis de Kaldor". Na parte histórica, o artigo traz um breve resumo do processo de industrialização e desindustrialização no Brasil. Por fim, o artigo apresenta um exercício econométrico, cujo objetivo é estimar a primeira e a segunda lei de Kaldor para o Brasil, partindo de uma perspectiva de longo prazo (1909-2020) e utilizando o modelo de cadeias de Markov ou *Markov Regime Switching* (MS).

2.2 Fundamentação teórica

2.2.1 A importância da estrutura produtiva para o crescimento econômico

A relação entre crescimento e mudança estrutural tornou-se recentemente um debate central em economia, tendo em vista que um dos fatos estilizados mais notáveis das últimas décadas foi o rápido declínio da participação relativa do setor industrial na geração de valor agregado e de emprego, tanto nas economias desenvolvidas como nas em desenvolvimento.

No entanto, algumas teorias consideram a contribuição dos diferentes setores produtivos como indiferentes para o crescimento econômico, enquanto outras destacam a centralidade do setor industrial para o crescimento econômico de longo prazo. Sobre isso, Palma (2014) destaca que é possível classificar as teorias de crescimento econômico em três grupos principais. O primeiro grupo é representado, principalmente, pelos modelos neoclássicos tradicionais, que tratam o crescimento econômico como um processo que é, ao mesmo tempo, "indiferente à atividade" e "indiferente ao setor". Esses modelos, com destaque para Solow (1956), não distinguem a importância de um determinado setor ou atividade para o crescimento econômico, sendo a acumulação dos fatores de produção e o progresso tecnológico, exógenos por hipótese, responsáveis pelo crescimento econômico. Assim, setores como agricultura, indústria e serviços, bem como atividades ligadas à pesquisa e ao desenvolvimento, ou à educação, seriam indiferentes em termos de suas contribuições para o crescimento das economias no longo prazo.

Um segundo grupo mencionado por Palma (2014) é representado pelas novas teorias de crescimento econômico, ou as teorias de crescimento endógeno, que, ao contrário dos modelos neoclássicos, postulam que o crescimento econômico é específico à atividade, ainda que indiferente ao setor, podendo-se citar como exemplo o modelo apresentado por Romer (1986). Nesse tipo de modelo, embora os retornos crescentes sejam gerados por atividades específicas, como as intensivas em pesquisa, não é possível, por exemplo, que a acumulação de capital no setor industrial possa ter maiores efeitos sobre as atividades de pesquisa e desenvolvimento (P&D).

Por fim, o autor destaca as teorias de crescimento econômico específicas ao setor, as quais podem ser neutras ou específicas em relação às atividades econômicas. Em tais modelos, encontram-se efeitos próprios da acumulação de capital originada do setor industrial sobre o crescimento econômico. São exemplos dessa abordagem as teorias propostas por Kaldor (1966), Kalecki (1983), Thirlwall (1979) Pasinetti (1981) e outros.

Destacar que o crescimento econômico se relaciona com o setor industrial foi a tônica do artigo seminal de Kaldor (1966), ao tentar entender as causas da redução da taxa de crescimento econômico no Reino Unido. Seus resultados deram origem às leis de Kaldor, que serão revisadas e, na sequência, estimadas em uma análise empírica de longo prazo para a economia brasileira.

2.2.2 A importância do setor manufatureiro para o crescimento econômico na teoria de Kaldor

Conforme relata Kaldor (1966), na época da publicação de seu artigo, as explicações para as baixas taxas de crescimento econômico no Reino Unido fundamentavam-se em questões como: a ineficiência da gestão empresarial nacional; a natureza da educação que dava pouca ênfase à ciência e tecnologia; o excesso de trabalhadores e práticas restritivas dos sindicatos; a aversão nacional ao trabalho árduo; a insuficiência de investimento; as políticas econômicas muito inflacionárias, ou deflacionárias; e muitas outras explicações.

Kaldor (1966) contesta a validade de tais ideias e sugere que as taxas de crescimento econômico estão associadas às rápidas taxas de crescimento do setor manufatureiro, o que é um atributo de um país em estágio intermediário de desenvolvimento econômico. Assim sendo, o problema com a economia britânica era que ela havia esgotado seu potencial de crescimento precocemente antes de atingir níveis particularmente altos de produtividade ou renda real per capita, sofrendo do que ele denominou de "maturidade precoce".

Para sustentar o seu diagnóstico, o autor apresenta evidências empíricas de 12 nações industriais (Japão, Itália, Alemanha Ocidental, Áustria, França, Holanda, Bélgica, Dinamarca, Noruega, Canadá, Reino Unido e Estados Unidos), entre 1953 e 1964, que mostram que há uma correlação muito alta entre a taxa de crescimento do PIB e a taxa de crescimento da produção manufatureira, e ainda que, quanto mais rápida é a taxa geral de crescimento, maior é o excesso da taxa de crescimento da produção manufatureira sobre a taxa de crescimento da economia como um todo. Essa constatação ficou conhecida como a primeira lei de Kaldor.

O autor esclarece que poderia parecer obvio que o crescimento da produção manufatureira se correlaciona com o crescimento do PIB, já que este é um componente muito importante daquele. Entretanto, as evidências empíricas apresentadas pelo autor indicam que taxas de crescimento econômico elevadas (e.g., acima de 3% ao ano) são encontradas apenas nos casos em que a taxa de crescimento da produção manufatureira excede a taxa global de crescimento da economia. Isso significa que há uma correlação positiva entre a taxa geral de crescimento econômico e o excesso da taxa de crescimento da produção manufatureira sobre a taxa de crescimento dos setores não manufatureiros. Tal fato seria decorrente da relação entre o crescimento da produtividade e o crescimento da produção, conhecida como a "Lei de Verdoorn" (Verdoorn, 1949). Esta seria uma relação dinâmica entre as taxas de variação da produtividade e da produção, principalmente atribuída ao progresso tecnológico, e não apenas as economias de escala na produção.

Para entender essa relação, Kaldor (1966) investiga empiricamente os efeitos da produtividade sobre a produção, bem como do emprego sobre a produção. Ao observar a mesma relação de duas maneiras diferentes, o autor encontra evidências que sugerem que o crescimento da produção desempenha um papel importante na determinação das taxas de crescimento da produtividade.

Essa constatação é conhecida como a segunda lei de Kaldor, ou lei de Kaldor-Verdoorn. Vale lembrar que Kaldor observa que essa adaptação não significa que a lei de Verdoorn poderia ser aplicada apenas à atividade manufatureira, ou a todas as atividades industriais individualmente. Seu ponto é o de que a taxa de crescimento do produto industrial (também o de atividades ciliares como utilidades públicas e construção) tem maior chance de exercer influência principal sobre o crescimento do produto, devido à sua influência sobre o crescimento da produtividade na própria indústria e nos outros setores indiretamente.

Uma vez destacada a importância do crescimento da manufatura na determinação das taxas de crescimento econômico, Kaldor (1966) se volta para entender as explicações para a diferença entre as taxas de crescimento do produto industrial em diferentes países, partindo de perspectivas de demanda e oferta.

Do ponto de vista da demanda, Kaldor destaca três fontes de crescimento principais: o consumo, o investimento doméstico e as exportações líquidas. No caso do consumo, uma alta elasticidade-renda para manufaturas é característica de uma zona intermediária de renda. Então, o crescimento tende a ser maior, pois a expansão do setor de transformação alavanca a taxa de crescimento de renda real, o que aumenta a demanda por produtos industriais de forma geral. O investimento, entretanto, é a variável mais fundamental sob o ponto de vista do autor. Países desenvolvidos têm uma indústria de bens de capital mais consolidada, gerando uma demanda por seus próprios bens durante o processo de elevação da oferta, por meio do investimento. Já no que tange às exportações líquidas, Kaldor enumera quatro estágios de desenvolvimento da estrutura industrial da economia e das exportações. Iniciam com a industrialização leve, envolvendo importações de bens de capital e exportações de *commodities* e bens manufaturados de baixo valor agregado. O processo de industrialização somente evolui se o país substituir importações e se tornar exportador líquido de produtos manufaturados cada vez mais sofisticados, até conseguir formar uma indústria de bens de capital doméstica (terceiro estágio) e depois exportar esses produtos (quarto estágio). Nos três casos, quando consumo, investimento e exportações líquidas de manufaturados alcançarem uma fase madura, o crescimento da demanda tende a diminuir.

Sob a perspectiva de oferta, Kaldor argumenta que, ao longo do processo de industrialização, é possível que o ritmo de crescimento diminua devido às restrições de oferta de bens, em geral, remediadas por importações, que, por sua vez, podem levar à restrição externa no balanço de pagamentos (mais comum em países em estágios iniciais de desenvolvimento). A outra restrição de oferta está relacionada à força de trabalho. Segundo o autor, evidências históricas sugerem que uma taxa rápida de crescimento industrial tem sido associada a um ritmo acelerado de crescimento do emprego. A principal fonte dessa mão de obra tende a ser o excedente de trabalhadores da agricultura, de forma que a persistência desse processo implicará menor força de trabalho remanescente até o ponto em que a reserva de mão de obra se esgote.

Diante da crítica de Rowthorn (1975), de que isso significaria dizer que a restrição ao crescimento do produto seria oriunda do lado da oferta, Kaldor (1975) se corrige afirmando que a demanda tem primazia na determinação do produto, como bem elucida Libânio e Moro (2011).

2.2.3 Representação funcional das leis de Kaldor e algumas considerações recentes

Com base na seção anterior, as equações para a primeira e segunda lei de Kaldor são apresentadas na presente seção, que também pretende incorporar algumas críticas ressaltadas ao trabalho original do autor e servirá de referência para a estimação econométrica da próxima seção.

A primeira lei estabelecida por Kaldor, a qual destaca que existe uma relação positiva entre o crescimento da indústria e o crescimento do produto agregado, pode ser representada da seguinte forma:

$$q = b_0 + b_1 m + \varepsilon \tag{1}$$

em que q *é a taxa de crescimento do valor adicionado total da economia*, e m, a taxa de crescimento do valor adicionado da indústria. É esperada uma relação positiva entre q e m, de forma a indicar que o crescimento do valor adicionado na manufatura estimula o crescimento do valor adicionado agregado da economia.

Para contornar o fato de que tal relação possa ser uma mera correlação positiva, já que o valor adicionado da manufatura é uma parte importante do valor adicionado total, **é preciso testar se** existe uma relação positiva entre a taxa de crescimento total da economia e o excesso da taxa de crescimento da atividade manufatureira em relação às outras atividades da economia. É **nesse ponto que reside a** contribuição de Thirlwall (1983), que reescreve a primeira lei de Kaldor contemplando esse aspecto:

$$q = b_2 + b_3 (m - nm) + \varepsilon \tag{2}$$

em que nm representa a taxa de crescimento de outras atividades da economia (i.e., todos os setores não manufatureiros). Neste caso, é esperada uma relação positiva entre q e $m\text{-}nm$, de forma a indicar que um crescimento do valor adicionado na manufatura superior ao crescimento do valor adicionado nos demais setores tende a estimular o crescimento do valor adicionado de toda a economia.

A interpretação da relação estabelecida pela equação 2 é a de que, uma vez aceito o argumento segundo o qual as diferenças de crescimento entre os setores de atividade derivam de diferenças em produtividade, o setor industrial teria aumentos de produtividade mais expressivos (retornos crescentes de escala), tendo em vista sua maior facilidade em incorporar o progresso técnico (Pons-Novell & Viladecans-Marsal, 1999).

No que tange à segunda lei de Kaldor (lei de Kaldor-Verdoorn), existe uma relação dinâmica entre a taxa de crescimento da produtividade e a taxa de crescimento do produto a partir da qual se demonstra a centralidade do setor industrial. O autor explica essa relação de duas formas distintas, porém equivalentes: na primeira, a taxa de crescimento do produto da indústria é usada como variável explicativa da produtividade, enquanto, na segunda, regride o crescimento da taxa de emprego total em relação à taxa de crescimento do produto da indústria.

$$pt = b_4 + b_5 m + \varepsilon \qquad (3)$$

em que pt é a taxa de crescimento da produtividade. Espera-se uma relação positiva entre pt e m, de forma a comprovar a veracidade da lei de Verdoorn, na qual o crescimento da produção manufatureira (no caso, do valor adicionado) estimula a produtividade no mesmo setor, o que implica retornos crescentes de escala.

No entanto, essa segunda lei, doravante lei de Kaldor-Verdoorn, é alvo de diversas críticas. Uma delas está relacionada à omissão do estoque de capital como variável de controle. Wolfe (1968), por exemplo, argumenta contra a omissão do estoque de capital na equação 3, pois, segundo ele, é logicamente razoável supor que a acumulação de capital impacte a produtividade do trabalho, sendo o outro fator essencial da produção. Fingleton e MacCombie (1998), por sua vez, relativizam essa crítica, argumentando que a ausência da variável estoque de capital pode ser justificada esta ter sido relativamente constante no período do pós-Guerra nas economias avançadas, o que, a princípio, **não viesaria o resultado da estimação.**

Outra contestação relevante sobre a equação 3 é referente ao caráter endógeno ou exógeno das taxas de crescimento. Originalmente, Kaldor estabelece que a taxa de crescimento do produto é exógena e a do emprego, endógena. Assim, conforme explica Libânio e Moro (2011), embora a equação 3 seja equivalente à equação 4 (a seguir), esta última seria preferível, haja vista a correlação entre a produtividade e o produto industrial da equação 3.

$$e = b_6 + b_7 m + \varepsilon \qquad (4)$$

em que *e* representa a taxa de crescimento do emprego. Também é esperada uma relação positiva entre *e* e *m*. Isso porque, dada a existência de retornos crescentes de escala, se espera que o crescimento do valor adicionado (e da produção, que deve guardar relação com esta última) estimule o emprego no setor manufatureiro.

Formalizadas as relações funcionais das leis de Kaldor, o exercício econométrico que será realizado neste artigo utilizará um conjunto de variáveis de controle relevantes para as relações propostas, nomeadamente o estoque de capital (que busca contemplar umas das críticas colocadas *à* segunda lei de Kaldor), o capital humano, a taxa de câmbio, a taxa de investimento e a exportação de manufaturados.

2.3 Desenvolvimento econômico no Brasil: um balanço de longo prazo

Do ponto de vista científico, uma visão de longo prazo auxilia a compreensão de fatores determinantes para o crescimento de um país. De acordo com Maddison (1995), ao aumentar a "lente" para o passado, dispõem-se de informações e instrumentos que possibilitam um melhor planejamento do futuro. Com efeito, esta seção provê uma breve revisão estruturada do crescimento econômico e industrialização do Brasil desde a primeira república, sumariado por períodos de desenvolvimento, segundo Doré e Teixeira (2022): a República Oligárquica (1889-1930); a era desenvolvimentista (1930-1980); o período de crise (1980-1990); o Neoliberalismo (1990-2020).

2.3.1 A República Oligárquica (1889-1930)

Após a proclamação da república, em 1889, o Brasil embarcou num rápido crescimento econômico, alcançando taxas de crescimento do PIB real de 2.92% ao ano, em média. Nesse período, muitos bancos comerciais foram fundados, favorecendo, assim, a concessão de crédito tanto para os grandes produtores rurais (setor primário) como para os donos de fábricas (setor secundário).

Primeiramente, esses créditos beneficiaram em larga escala o setor primário, em especial, o setor cafeeiro, que, valendo-se da grande disponibilidade de terra e mão de obra, pôde aumentar a sua oferta. No entanto, o aumento da concorrência internacional e a baixa demanda interna contribuíram para uma ligeira queda no setor nesse período (Furtado, 1987). Em contrapartida, esse cenário, atrelado ao crédito facilitado e à dificuldade de acesso aos produtos industrializados estrangeiros, possibilitou a expansão da indústria no país, em especial, do setor manufatureiro têxtil (Fishlow, 1980). Suzigan (1986), que sugere a existência de quatro diferentes teorias para explicar o desenvolvimento da indústria brasileira a partir de uma base agrícola exportadora, a saber: i) a teoria dos choques adversos; ii) a teoria do capitalismo tardio; iii) a abordagem da industrialização intencionalmente promovida por políticas governamentais; e a ii) a ótica da industrialização liderada pela expansão das exportações.

2.3.2 A era desenvolvimentista (1930-1980)

Um dos períodos mais estudados na literatura econômica brasileira, a era desenvolvimentista é assim conhecida pelo robusto crescimento do PIB real observado no Brasil entre os anos 1930 e 1980, i.e., 6.32% ao ano em média (Doré & Teixeira, 2022). Dois subperíodos merecem destaque: i) 1955-1960, quando o país experimentou um processo de industrialização acelerado amparado pelo Plano de Metas (coordenado pelos estados da federação) e expressivos investimentos nacionais e estrangeiros; e ii) 1968-1973, anos em que o Brasil acompanhou o *boom* internacional associado a políticas fiscais e monetárias sob a tutela da ditadura militar (Marquetti, Morrone, Miebach, & Ourique, 2019).

Durante a primeira década da era desenvolvimentista, o setor manufatureiro brasileiro cresceu mais de 10% ao ano empregando, em 1939, cerca de 9,5% de toda a força de trabalho nacional (Fishlow, 1980). Tais resultados foram impulsionados, em grande medida, pelo mercado interno que, a exemplo dos anos entre 1947 e 1949, representava cerca de 61% do consumo de bens industrializados nacionais (Leff, 1969). Isso possibilitou que o Brasil aumentasse a quota da indústria no PIB de 25% para 44%, enquanto o setor primário apresentou uma queda de 10% no mesmo período (1930-1980).

Alguns dos arranjos progressistas experienciados após 1950 tiveram grande influência de economistas estruturalistas como Raul Prebisch e Celso Furtado. Ambos contribuíram para estabelecer as políticas de industrialização por substituição de importação que prevaleceram no país até 1980 (Doré & Teixeira, 2022). Tais políticas foram um marco para a economia brasileira e envolveram estratégias atreladas a crescimento do consumo de produtos nacionais, aumento das tarifas de importação, subsídios às novas indústrias e alavancagem das exportações de bens manufaturados em detrimento às *commodities* e produtos primários (Nassif, Morandi, Araujo, & Feijó, 2020). Não obstante, Bresser-Pereira (2021) argumenta que essas políticas foram adotadas de maneira a neutralizar a doença holandesa (um problema comum de países exportadores de *commodities*) e, assim, garantir condições equitativas para ambos os setores da economia.

2.3.3 A crise (1980-1990)

É na década de 1980 que o crescimento econômico do Brasil perde força e embarca em um período de crise, marcado por políticas de austeridade, elevada dívida externa e inflação inercial. Conhecida como "década perdida", os anos compreendidos entre 1980 e 1990 foram palco de mudanças significativas na estrutura produtiva do país, alavancadas, primordialmente, pela desregulamentação financeira, redução da participação estatal nas atividades econômicas e consequente diminuição do investimento público (Doré & Teixeira, 2022). Tanto as atividades do setor primário como as industriais desaceleraram e afetaram suas participações no PIB (em valor adicionado), que caíram de 10-7% e de 45-32%, respectivamente (Lourenço & Cardoso, 2018).

Apontado por muitos como uma das causas da estagnação econômica do Brasil após 1980 (Oreiro & Feijó, 2010; Oreiro, D'agostini, Vieira, & Carvalho, 2018; Feijó & Lamônica, 2019; Marquetti et al., 2019; Nassif et al., 2020), o processo de desindustrialização[12] foi impulsionado, primordialmente, pela desvalorização cambial, ruptura do financiamento externo e hiperinflação (Lamônica & Feijó, 2011). Em certa medida, essas mudanças foram acompanhadas por uma alavancagem do setor de serviços (sua participação no valor agregado do PIB subiu de 45% para 65%), embora muito associado à mão de obra menos qualificada e de baixa produtividade, que, por sua vez, não promove um crescimento econômico robusto e sustentável.

2.3.4 O Neoliberalismo (1990-2020)

Neste período, o Brasil buscou recuperar-se dos anos de estagnação econômica que marcaram a década de 1980, porém certas políticas não contribuíram para a retomada do crescimento em patamares elevados

---

[12] Para mais sobre este conceito, ver Oreiro e Feijó (2011).

anteriormente observados. Submetido a uma agenda neoliberal imposta pelos Planos Brady e às recomendações do Consenso de Washington, o crescimento do PIB real registrado no período foi, em média, de 2% ao ano.

Entre 2002 e 2015, uma nova onda de intervenção estatal norteou o Brasil com consideráveis resultados econômicos. Vale ressaltar que, entre 2003 e 2010, o país se beneficiou do aumento internacional do preço das *commodities* (185%), o que configurou as exportações desses produtos o grande propulsor do crescimento econômico brasileiro (Spolador & Roe, 2013). Alguns autores ressaltam que essa excessiva dependência do setor exportador em recursos naturais produz um crescimento frágil e, portanto, facilmente afetado por choques externos e apreciação da taxa real de câmbio (Bresser-Pereira, 2015; Feijó & Lamônica, 2019). Com efeito, a crise financeira de 2008 e o colapso da bolha de *commodities* levaram à depressão da exportação e à diminuição dos investimentos.

A desindustrialização e "servicificação" observadas no período anterior (1980-1990) ecoaram para o século XXI. Sem um processo de especialização e expansão de setores intensivos em tecnologia e produtos de alto valor adicionado, o Brasil não conseguiu dinamizar sua economia e impulsionar um crescimento sustentável do PIB, conforme se assentam os argumentos das leis de Kaldor.

2.4. Resultado das estimativas para a primeira e segunda lei de Kaldor para o Brasil

Nesta seção, são resumidos os elementos centrais do exercício econométrico deste artigo, cujo objetivo é estimar a primeira e segunda lei de Kaldor para o Brasil, partindo de uma perspectiva de longo prazo. Antes da apresentação dos resultados, serão tecidos breves comentários sobre a metodologia econométrica e a descrição das séries construídas pelo artigo.

2.4.1 O modelo Markov Regime Switching (MS)

A análise tradicional de séries temporais baseia-se em pressupostos de linearidade e estacionariedade. Entretanto, há um interesse crescente em modelar problemas práticos reais que não satisfazem esses pressupostos (Umar & Adeoye, 2020). O modelo econométrico com Cadeias de Markov ou *Markov Switching* (MS) surge à luz dessa necessidade, sendo um dos mais populares da literatura ao analisar séries temporais de maneira não linear (Clements & Krolzig, 2003; Doğan & Bilgili, 2014). O modelo se torna superior a outros não lineares, nomeadamente o *Threshold Autoregressive* (TAR) e o *Smooth Transition Autoregressive* (STAR), por ser mais flexível na designação da dependência do regime/estado, seja pela média, seja pelo intercepto, seja pela variância e/ou termos autorregressivo das séries, ou por uma combinação destes.

Ao observar mudanças discretas de regime por meio dos quais o comportamento dinâmico da série é marcadamente diferente, Hamilton (1989) adapta o modelo de Goldfeld e Quandt (1973) para acomodar essas mudanças em um processo autorregressivo, i.e., o modelo MS-AR. Essa classe de modelo é notavelmente valiosa na identificação das variações macroeconômicas por acomodar assimetrias, mudanças de regime/estado e possíveis quebras estruturais. Nesse sentido, o modelo MS-AR se torna apropriado para atingir os objetivos do artigo, nomeadamente, examinar, segundo a primeira e segunda lei de Kaldor, o impacto não linear[13] do setor industrial no crescimento econômico do Brasil, numa perspectiva de longo prazo.

O modelo-base em nossa análise, MS(M)-AR(P), assume que as variáveis macroeconômicas dependentes (q_t, pt_t e e_t) são geradas por um processo autorregressivo com *P lags* e *M* regimes/estados. Diversas especificações podem ser feitas ao modelo-base, permitindo sua extensão conforme o modo como é observada a troca de regimes, bem como outros arranjos multivariados. Clements e Krolzig (2003) apresentam algumas dessas extensões, tal como o modelo *Markov switching mean* (MSM), *Markov switching intercept* (MSI) e *Markov switching intercept heteroskedasticity* (MSIH). Enquanto o modelo MSM representa cadeias markovianas, em que a média varia, o modelo MSI considera que as mudanças de regime são causadas por variações no intercepto. Já o modelo MSIH considera que, não só o intercepto, mas também a variância dos erros depende do regime, ou seja, o modelo acomoda heterossedasticidade. Diante do exposto, os modelos a serem aplicados no presente estudo seguem a seguinte especificação:

---

[13] O modelo MS permite analisar a dinâmica das variáveis macroeconômicas segundo diferentes regimes. Tal foi adaptado ao nosso caso, a fim de contemplar dois regimes ($s_t \in \{1,2\}$): maior e menor crescimento da economia, em valor adicionado (equações 1 e 2), da produtividade (equação 3) e do emprego (equação 4).

Modelo MSIH(M)-AR(P) -

(I) $q_t = b_{0,St} + b_{1,St} \cdot m_t + b_{n,St} \cdot c_t + \sum_{i=1}^{p} \gamma_i \cdot q_{t-i} + \varepsilon_{St}, \varepsilon_{St} N(0, \sigma_{St})$

(II) $q_t = b_{2,St} + b_{3,St} \cdot (m - nm)_t + b_{n,St} \cdot c_t + \sum_{i=1}^{p} \gamma_i \cdot q_{t-i} + \varepsilon_{St}, \varepsilon_{St} N(0, \sigma_{St})$

Modelo MSI(M)-AR(P) -

(III) $pt_t = b_{4,St} + b_{5,St} \cdot m_t + b_{n,St} \cdot c_t + \sum_{i=1}^{p} \gamma_i \cdot pt_{t-i} + \varepsilon_t, \varepsilon_t N(0,1)$

(IV) $e_t = b_{6,St} + b_{7,St} \cdot m_t + b_{n,St} \cdot c_t + \sum_{i=1}^{p} \gamma_i \cdot e_{t-i} + \varepsilon_t, \varepsilon_t N(0,1)$

em que t representa o tempo; b_0, b_2, b_4 e b_6 são os interceptos; c representa o vetor das variáveis de controle, como o capital humano (*hc*), a taxa de câmbio real (*rer*), a taxa de investimento (*fktva*), as exportações dos produtos manufaturados (*expliqmanva*) e o estoque de capital (*k*); ε é o ruído branco; e σ a variância. As estimações desses modelos serão conduzidas pela máxima verosimilhança, utilizando o algoritmo da maximização das expectativas descritas por Hamilton (1989).

Vale ressaltar que as variáveis de estado não observáveis (s_t) são geradas pela primeira ordem da cadeia de Markov, em que as mudanças de estado são dadas com base nas probabilidades de transição entre os regimes, tal que:

$$p_{ij} = Pr(s_t = j | s_{t-1} = i), \sum_{j=1}^{n} p_{ij} = 1 \forall i, j \in \{1, ..., n\}$$

No exercício implementado deste artigo, como todos os modelos abrangem dois regimes, existem duas possibilidades de transição: p_{21}=Pr (maior crescimento/ expansão em t | menor crescimento/ contração em t-1) e p_{12}= Pr (menor crescimento em t | maior crescimento em t-1). Também são apresentados no presente estudo as probabilidades quando o regime não se altera entre t e t-1, considerado como o estado de permanência. Em resumo, a probabilidade de mudança de um regime para o outro dependerá apenas do regime atual e do seu antecessor imediato.

2.4.2 Descrição dos dados

Para a aplicação do modelo apresentado anteriormente, o presente estudo utiliza dados anuais da economia brasileira entre 1909 e 2020.[14] A descrição das variáveis (dependentes, explicativas e de controle), suas

---

14 Com exceção das variáveis *expliqmanva* (1962-2020) e *k* (1947-2020).

fontes e alguns componentes podem ser apreciados na Tabela 1. Apesar de as variáveis serem apresentadas em nível, as estimações se valeram das mesmas expressas em logaritmo natural e em primeira diferença (taxas de crescimento). Para tal, o software utilizado foi o STATA 17.1.

Tabela 1 – Descrição das variáveis e fonte de dados

Var. dep.	Description	Source of data	Obs	Mean	Min	Max
q	Valor total adicionado, em 2015 US$	IPEA; IBGE; UN Statistics Division	112	5,07 10^11	8,37 10^9	1,61 10^12
pt	Estimativa do valor da produtividade da força de trabalho no setor manufatureiro	GGDC 10-Sector Database; IBGE	112	9634,83	1303,52	22188,10
e	Nível de emprego no setor manufatureiro	GGDC 10-Sector Database; IBGE	112	0,172	0,123	0,239
Varariáveis explicativas						
m	Valor adicionado no setor manufatureiro, em 2015 US$	IPEA; IBGE; UN Statistics Division	112	1,03 10^11	1,62 10^9	3,04 10^11
m_nm	A diferença entre o crescimento do setor manufatureiro e dos outros setores, em valor adicionado	IPEA; IBGE; UN Statistics Division	112	-0,002	-0,473	0,474
Variáveis de control						
hc	Anos de escolaridade média	Barro e Lee (2015); Lee e Lee (2016)	112	3,531	0,979	8,170

Var. dep.	Description	Source of data	Obs	Mean	Min	Max
rer	Taxa de câmbio real	Abreu (2014); IMF	112	311.27	0,92	19.322,80
fktva	Taxa de investimento (como % do total do valor adicionado), em 2015 US$	IPEA	112	0.205	0.086	0.340
explimanva	Valor da exportação de produtos manufaturados, em 2015 US$	World Bank Database	59	2.46 10^10	6011230	7.91 10^10
k	Estimativa de estoque de capital na economia, em 2015 US$	IPEA	74	1847376	120821,5	4090249

Fonte: elaborado pelas autoras

2.4.3 Análise dos resultados

Preliminarmente à estimação dos modelos, alguns testes de diagnósticos devem ser considerados, tais como a seleção do número de *lags*, teste de não linearidade e teste de raiz unitária. Este último, apensar de elevada importância para outros modelos de séries temporais, não configura um ponto crítico para o modelo Bayesiano em estudo, o MS (Araújo, Araújo, Fonseca, & Silva, 2020). Deste modo, apenas os dois primeiros testes de diagnósticos serão aplicados.

A defasagem, ou número de *lags* (P=1), foi selecionada baseando-se nos critérios de informação de Akaike (AIC) e Schwarz (SBIC), aplicados aos quatro modelos sob análise. Na posse dessa informação, a representação dos modelos a serem estimados levam em conta a defasagem ótima P, bem como o número de regimes possível – M, já definido anteriormente como 2, por supormos a existência de dois regimes para o crescimento econômico brasileiro.

Em seguida, o teste BDS (Brock-Dechert-Scheinkman) foi aplicado para verificar a relação não linear entre as séries temporais. O teste, desenvolvido por Brock et al. (1996), foi originalmente apresentado como um método não paramétrico para testar a dependência serial e estrutura não linear em séries temporais. Na prática, o teste vem sendo largamente aplicado para examinar se os erros do modelo estimado são independentes e identicamente distribuídos (hipótese nula). Ao rejeitar a hipótese nula, consideram-se as séries não linearmente dependentes, ou seja, o modelo adequado a ser adotado para estimação é de natureza não linear. A Tabela 2 apresenta os resultados do teste BDS, que, por sua vez, identificam a existência de efeitos não lineares em todas as relações testadas, sendo adequado, portanto, prosseguir com a estimação dos modelos MS.

Tabela 2 – Teste BDS de não-linearidade de Brock et al. (1996)

Modelo	m=2	m=3	m=4	m=5	m=6
I	1.126	2.147**	2.263**	2.307**	2.509**
II	1.050	1.400	1.560	1.664*	1.727*
III	1.934*	3.493***	4.172***	4.979***	5.740***
IV	4.123***	4.705***	5.644***	6.476***	7.203***

Nota.*** (**) [*] estatisticamente significativo a 1% (5%) [10%]; m indica a dimensão máxima de integração.
Fonte: elaborado pelas autoras a partir da computação por meio do STATA 17.1®.

De acordo com diagnósticos e discussões realizados anteriormente, os modelos propostos (I à IV) são compostos por 2 Regimes ('Menor crescimento/contração', Regime 1, e 'Maior crescimento/expansão', Regime 2) e uma defasagem. As Tabelas 3 e 4 resumem as estimações dos Modelos I e II, e as Tabelas 5 e 6 resumem as estimações dos Modelos III e IV. Os Modelos I e II são referentes à primeira lei de Kaldor, para três períodos: 1909-2020, 1947-2020 e 1962-2020. Os dois períodos de menor janela temporal introduzem novas variáveis de controle (estoque de capital e exportação de produtos manufaturados) e servem como testes de robustez para a análise principal, de 1909-2020. Já os Modelos III e IV são referentes à segunda lei de Kaldor, seguindo o mesmo padrão temporal e as justificativas dos modelos anteriores.

Na Tabela 3, é possível destacar que o Regime 1 apresenta o valor mais baixo de intercepto (b_0) e de σ comparados ao Regime 2. Tal resultado evidencia que o Regime 1 corresponde a um crescimento menos acentuado/contração da economia brasileira com menor volatilidade durante os períodos estudados, ao passo que o Regime 2 representa o regime de maior crescimento e maior volatilidade. Similar análise pode ser conferida ao Modelo II.

Tabela 3 – Estimativas de MSIH(2)-AR(1), Modelo I

	(1909-2020)	(1947-2020)	(1962-2020)
Regime 1 (menor crescimento/ contração de q)			
Intercept ($b_{0,1}$)	0.040***	0.006	-0.046***
	(0.004)	(0.010)	(0.005)
$b_{1,1}$ [m]	0.152***	0.298***	0.359***
	(0.043)	(0.052)	(0.052)
σ_1	0.034	0.023	0.008
Regime 2 (maior crescimento de q)			
Intercept ($b_{0,2}$)	0.082*	0.021	0.001
	(0.046)	(0.026)	(0.006)
$b_{1,2}$ [m]	0.629***	0.671***	0.467***
	(0.167)	(0.131)	(0.060)
σ_2	0.108	0.080	0.043
fktva	-0.017	-0.114***	-0.087***
	(0.021)	(0.041)	(0.025)
hc	-0.211	-0.012	0.196**
	(0.269)	(0.224)	(0.076)
rer	0.003	0.009**	0.004
	(0.008)	(0.004)	(0.003)
k		0.588***	0.890***
		(0.157)	(0.075)
expliqmanva			0.019*
			(0.011)
γ_{t-1} [AR(1) q]	0.257**	0.222*	-0.314***
	(0.114)	(0.128)	(0.103)
P_{11}	0.975	0.933	0.819
P_{21}	0.195	0.747	0.100
P_{12}	0.025	0.067	0.181
P_{22}	0.195	0.253	0.900
AIC	-3.215	-3.459	-3.468
LogLike	190.436	137.521	112.834

Nota. *** (**)[*] estatisticamente significativo a 1% (5%) [10%]; o valor entre parênteses abaixo dos coeficientes estimados é o desvio padrão; todas as variáveis estão em logaritmo natural às primeiras diferenças. Fonte: elaborada pelas autoras.

As probabilidades de transição indicam que, se considerarmos todo o período (1909-2020), o processo de menor crescimento/contração da economia brasileira é mais estável que o regime de maior crescimento, ou seja, $p_{11} > p_{22}$. Os resultados mostram que a probabilidade de a economia se manter em um patamar de baixo crescimento é de 97,5%, ao passo que a probabilidade de sustentar um maior crescimento é de apenas 19,5%, ou seja, o regime é facilmente revertido (não sustentável).

Considerando os parâmetros de regressão, observa-se o contributo positivo da manufatura para o crescimento da economia brasileira, em termos de valores adicionados, e seu impacto é tão maior, dependendo do regime em que se encontra a economia. Em uma trajetória de maior crescimento (regime 2), o efeito do setor manufatureiro no crescimento econômico chega a ser quase quatro vezes maior quando comparado ao seu impacto durante um período de menor crescimento (regime 1). Tal resultado pode ser explicado pelo próprio comportamento da economia brasileira e seu mercado doméstico em momentos de expansão. O progresso econômico eleva o nível de vida da população, que, por sua vez, demanda produtos mais complexos e tecnologicamente mais avançados, contribuindo para as mudanças estruturais associadas à industrialização (Oreiro et al., 2018; Teixeira & Queirós, 2016). Os testes de robustez corroboram com o resultado previamente obtido.

Ao analisar o efeito da diferença entre as taxas de crescimento da manufatura e outras atividades da economia no crescimento econômico brasileiro (ver Tabela 4), observa-se um impacto positivo em ambos os regimes, porém apenas significativo no regime 1, de menor crescimento. O teste realizado para o período 1947-2020 sugere robustez no que diz respeito aos efeitos desejados dos parâmetros, enquanto, para o período entre 1962-2020, o impacto da variável m_nm é positivo e significativo no regime 1 e negativo e significativo no regime de maior crescimento. De qualquer forma, os demais resultados reforçam a validade da primeira lei de Kaldor. Sobre essa questão, Marconi, Reis, e Araújo (2016), ao estimarem a primeira e segunda lei de Kaldor para um conjunto de países desenvolvidos e em desenvolvimento, encontraram que a diferença entre as taxas de crescimento do setor manufatureiro em relação aos demais tem maior impacto sobre a produção total nos países de renda mais alta e sugerem que uma possível explicação reside no fato de que os efeitos irradiadores do crescimento da manufatura sobre os demais setores da economia podem ser mais acentuados nos países mais ricos, devido à maior disseminação de tecnologia e conhecimento em virtude de estágio mais avançado de desenvolvimento.

Tabela 4 – Estimativas do MSIH(2)-AR(1), Modelo II

	(1909-2020)	(1947-2020)	(1962-2020)
	Regime 1 (menor crescimento/ contração de q)		
Intercept ($b_{2,1}$)	0.047***	0.003	0.002
	(0.008)	(0.010)	(0.016)
$b_{3,1}$ [m-nm]	0.052**	0.042	0.418**
	(0.021)	(0.040)	(0.188)
σ_1	0.039	0.028	0.024
	Regime 2 (maior crescimento de q)		
Intercept ($b_{2,2}$)	0.117	0.050	0.012
	(0.137)	(0.048)	(0.012)
$b_{3,2}$ [m-nm]	0.535	0.270**	-0.358**
	(0.863)	(0.137)	(0.107)
σ_2	0.220	0.135	0.116
fktva	-0.010	-0.062	-0.056
	(0.023)	(0.044)	(0.048)
hc	-0.309	-0.070	-0.004
	(0.276)	(0.220)	(0.245)
rer	0.019***	0.006	0.004
	(0.004)	(0.004)	(0.006)
k		0.835***	0.676***
		(0.153)	(0.215)
expliqmanva			0.064***
			(0.024)
γ_{t-1} [AR(1) q]	0.209**	0.176*	0.385**
	(0.081)	(0.101)	(0.176)
P_{11}	0.974	0.959	0.978
P_{21}	0.466	0.212	0.122
P_{12}	0.026	0.041	0.022
P_{22}	0.534	0.788	0.878
AIC	-3.060	-3.088	-3.358
LogLike	181.836	124.155	109.698

Nota. *** (**)[*] estatisticamente significativo a 1% (5%) [10%]; o valor entre parênteses abaixo dos coeficientes estimados é o desvio padrão; todas as variáveis estão em logaritmo natural às primeiras diferenças. Fonte: elaborada pelas autoras.

Os Modelos III e IV visam a comprovar a veracidade da segunda lei de Kaldor (lei de Kaldor-Verdoorn) para a economia brasileira, entre 1909 e 2020. De acordo com os resultados apresentados na Tabela 5 (Modelo III), é possível identificar a relação positiva entre a taxa de crescimento do valor adicionado da produção industrial e a taxa de crescimento da produtividade. Esse impacto sofre pequenas alterações, dependendo da trajetória de produtividade experienciada. Caso a economia se encontre em um regime de maior crescimento da produtividade, o setor manufatureiro terá um efeito mais positivo quando comparado a uma trajetória de menor produtividade. Visto que ambos os testes de robustez confirmam o impacto positivo supracitado, podemos afirmar que os resultados são consistentes com a lei de Verdoom, na qual o crescimento da produção manufatureira (em valor adicionado) estimula a produtividade no mesmo setor por meio do mecanismo de retornos crescentes de escala, o que estimula a produtividade geral da economia.

Tabela 5 – Estimativa de MSI(2)-AR(1), Modelo III

	(1909-2020)	(1947-2020)	(1962-2020)
Regime 1 (menor crescimento/ contração de pt)			
Intercept (b$_{4,1}$)	-0.031	0.015	-0.002
	(0.017)	(0.010)	(0.022)
b$_{5,1}$[m]	0.977***	0.628***	0.206
	(0.017)	(0.120)	(0.165)
Regime 2 (maior crescimento de pt)			
Intercept (b$_{4,2}$)	0.059***	0.054***	0.022
	(0.022)	(0.018)	(0.015)
b$_{5,2}$[m]	1.359***	0.972***	1.012***
	(0.059)	(0.051)	(0.055)
σ	0.023	0.029	0.031
fktva	-0.007	-0.039	-0.108*
	(0.010)	(0.037)	(0.065)
hc	-0.288	-0.786***	-0.627*
	(0.306)	(0.250)	(0.362)
rer	0.002	0.004	0.002
	(0.001)	(0.003)	(0.004)
k		-0.907***	-0.555**
		(0.229)	(0.241)
expliqmanva			-0.020
			(0.028)
Y_{t-1} [AR(1) pt]	0.888***	-0.086	0.324*
	(0.047)	(0.172)	(0.193)
P$_{11}$	0.933	0.885	0.000
P$_{21}$	0.343	0.080	0.173
P$_{12}$	0.067	0.115	1.000
P$_{22}$	0.657	0.920	0.827
AIC	-3.958	-3.501	-3.321
LogLike	230.656	138.023	107.656

Nota. *** (**)[*] estatisticamente significativo a 1% (5%) [10%]; o valor entre parênteses abaixo dos coeficientes estimados é o desvio padrão; todas as variáveis estão em logaritmo natural às primeiras diferenças. Fonte: elaborada pelas autoras.

Uma segunda relação dinâmica prevista pela lei Kaldor-Verdoorn considera a taxa de crescimento do emprego como variável dependente, a qual Marconi et al. (2016) considera ser mais adequada que a relação anterior para o caso de economias emergentes ou em desenvolvimento como o Brasil. Os resultados das estimações do Modelo IV são apresentadas na Tabela 6 e comprovam a relação positiva entre crescimento do valor adicionado no setor manufatureiro e sua correspondente taxa de crescimento de emprego, embora se mostre significativa apenas na trajetória de maior crescimento deste último. Ao analisar os testes de robustez para os períodos entre 1947-2020 e 1962-2020, evidencia-se uma dinâmica negativa e significativa quando a economia brasileira experimenta uma contração (intercepto negativo) da taxa de emprego.

Tabela 6 – Estimativa de MSI(2)-AR(1), Modelo IV

	(1909-2020)	(1947-2020)	(1962-2020)
Regime 1 (menor crescimento/ contração de e)			
Intercept ($b_{6,1}$)	-0.007	-0.016	-0.015
	(0.007)	(0.030)	(0.023)
$b_{7,1}$ [m]	0.012	-0.573***	-0.578***
	(0.015)	(0.136)	(0.158)
Regime 2 (maior crescimento de e)			
Intercept ($b_{6,2}$)	0.074***	-0.013	-0.014
	(0.011)	(0.009)	(0.009)
$b_{7,2}$ [m]	0.183***	0.054	0.085*
	(0.056)	(0.039)	(0.044)
σ	0.018	0.023	0.023
fktva	0.007	0.061**	0.113***
	(0.008)	(0.032)	(0.037)
hc	-0.245	-0.078	-0.098
	(0.220)	(0.214)	(0.195)
rer	-0.001	-0.004	-0.005*
	(0.001)	(0.002)	(0.003)
k		0.395***	0.465***
		(0.126)	(0.141)
expliqmanva			0.003
			(0.021)
γ_{t-1} [AR(1) e]	0.667***	-0.009	-0.310
	(0.076)	(0.226)	(0.211)
P_{11}	0.952	0.367	0.376
P_{21}	0.826	0.064	0.094
P_{12}	0.048	0.633	0.624
P_{22}	0.174	0.936	0.906
AIC	-4.582	-4.108	-3.972
LogLike	265.277	159.902	126.186

Nota. *** (**)[*] estatisticamente significativo a 1% (5%) [10%]; o valor entre parênteses abaixo dos coeficientes estimados é o desvio padrão.
Fonte: elaborada pelas autoras a partir da computação por meio do STATA 17.1®.

Vale destacar que o coeficiente estimado do estoque de capital é expressivo como variável explicativa da taxa de crescimento do emprego, o que, de certa forma, contempla a crítica sobre a importância de considerar o estoque de capital nas equações da segunda lei de Kaldor.

Conclui-se, afinal, que a primeira e a segunda lei de Kaldor continuam atuais, revelando que o crescimento da indústria é fundamental para o crescimento econômico e para a elevação da produtividade, sobretudo em regimes de crescimento da economia, do emprego e da produtividade no Brasil.

2.5 Considerações finais

A temática da desindustrialização, nas últimas décadas, tem sido bastante explorada na literatura de desenvolvimento econômico nacional e internacional, discutindo-se a sua relação com menores taxas de crescimento em algumas economias nos períodos recentes, como é o caso do Brasil.

Entretanto, o questionamento da relevância do setor industrial para o crescimento econômico antecede essa discussão. E é nesse contexto que o presente artigo assenta seu objetivo de maneira a avaliar a atualidade das leis de Kaldor para o Brasil, aplicando uma metodologia aperfeiçoada para analisar se seus resultados se comprovam quando aplicados para a economia brasileira. Para tanto, o artigo parte de uma revisão teórica das leis de Kaldor, mediante seu artigo seminal de 1966, considerando também contribuições mais recentes que foram importantes para o aperfeiçoamento dessas.

Na sequência, o trabalho resume as linhas gerais do processo de industrialização e do processo de desindustrialização que está assolando a economia brasileira desde fins dos anos 1980, destacando-se o contexto econômico nacional, de modo particular, as políticas – ou "escolhas" – econômicas que foram adotadas e seus reflexos sobre a trajetória da indústria doméstica.

Por fim, o artigo estima empiricamente a primeira e segunda lei de Kaldor para o Brasil no longo prazo, desde 1909. Um ponto relevante dessa análise empírica foi a identificação da existência de efeitos não lineares nas quatro relações econômicas testadas, sendo adequado, portanto, prosseguir com a estimação dos modelos de Markov Switching.

O principal resultado do modelo econométrico foi a evidencia da relação positiva entre o crescimento da indústria e o crescimento do produto agregado, bem como da relação positiva entre a taxa de crescimento da produtividade e do emprego na indústria e o crescimento do produto industrial no contexto brasileiro. Essas relações se mostraram, principalmente, importantes em regimes de maior crescimento das variáveis dependentes: taxa de crescimento da economia, da produtividade e do emprego.

Esse reconhecimento da centralidade do setor industrial, comprovada empiricamente nesta pesquisa, reforça a preocupação com a tendência à desindustrialização da economia Brasileira, iniciada em meados dos anos 1980, acelerada nas décadas seguintes por políticas macroeconômicas que priorizavam a estabilização de preços em detrimento de políticas para o crescimento econômico sustentado, que implicaram distanciamento do processo de *catching up*, estagnação da produtividade e estagnação econômica. O artigo conclui destacando a necessidade de políticas econômicas e industriais que restaurem o crescimento da indústria e da economia brasileira de forma geral.

Referências

Abreu, M. P. (2014) *A Ordem do Progresso*. Rio de Janeiro: Elsevier Editora Ltda.

Araújo, E. L.; Araújo, E. C.; Fonseca, M. R., & Silva, P. P. (2020). Inflation targeting regime and the global financial cycle: An assessment for the Brazilian economy. *PSL Quarterly Review*, 73(292), 27-49.

Barro, R. J., & Lee, J. (2015). *Education Matters. Global Schooling Gains from the 19th to the 21st Century*. Oxford: Oxford University Press.

Bresser-Pereira, L. C. (2015). The Macroeconomic Tripod and the Workers' Party Administration. In Pereira A.W., Mattei L., & LeCouteur A. (Eds.). *The Brazilian Economy Today*. (pp. 121-134). London: Palgrave Macmillan.

Bresser-Pereira, L. C. (2021). Brazil's quasi-stagnation and East-Asia growth: A new-developmental explanation. *Structural Change and Economic Dynamics*, 58(C), 500-508.

Brock, W. A.; Dechert, W. D.; Scheinkman, J. A., & Lebaron, B. (1996). A test for independence based on the correlation dimension. *Econometric Reviews*, 15(3), 197-235.

Clements, M. P. & Krolzig, H. M. (2003). Business cycle asymmetries: Characterization and testing based on Markov-switching autoregressions. *Journal of Business and Economic Statistics*, 21(1), 196-211.

Doğan, I., & Bilgili, F. (2014). The non-linear impact of high and growing government external debt on economic growth: A Markov Regime-switching approach. *Economic Modelling*, 39, 213-220. http://doi.org/10.1016/j.econmod.2014.02.032

Doré, N. I., & Teixeira, A. A. C. (2022). Brazil's economic growth and real (div)convergence from a very long-term perspective (1822-2019): An historical appraisal. *Brazilian Journal of Political Economy*, 42(4), 934-956.

Feijó, C., & Lamônica, M. T. (2019). Policy space in a financially integrated world: The Brazilian casein the 2000s. *Panoeconomicus*, 66(1), 51-68.

Fingleton, B., & Mccombie, J. (1998). Increasing returns and economic growth: Some new evidence from manufacturing from the European Union regions. *Oxford Economic Papers*, 50(1), 89-105.

Fishlow, A. (1980). Brazilian development in long-term perspective. *American Economic Review*, 70(2), 102-108.

Furtado, C. (1987). *Formação Económica do Brasil*. 22. ed. São Paulo: Companhia Editora Nacional.

Goldfeld, S., & Quandt, R. (1973). A Markov model for switching regressions. *Journal of Econometrics*, 1(1), 3-15.

Hamilton, J. D. (1989). A new approach to the economic analysis of nonstationary time series. *Econometrica*, 57(2), 357-384.

Kaldor, N. (1966). *Causes of the Slow Rate of Economic Growth of the United Kingdom.* An inaugural lecture. Cambridge: Cambridge University Press.

Kaldor, N. (1975, dezembro). Economic Growth and the Verdoorn Law: A Comment on Mr. Rowthorn's Article. *Economic Journal*. vol. 85, n. 340, 891-96.

Kalecki, M. (1983). *Teoria da Dinâmica Econômica: Ensaio sobre as mudanças cíclicas e a longo prazo da economia capitalista*. São Paulo: Abril S.A.

Lamônica, M. T., & Feijó, C. (2011). Crescimento e industrialização no Brasil: Uma interpretação à luz das propostas de Kaldor. *Revista de Economia Política*, 31(1), 118-138.

Lee, J., & Lee, H. (2016). Human capital in the long run. *Journal of Development Economics*, 122: 147-169. doi: 10.1016/j.jdeveco.2016.05.006.

Leff, N. H. (1969). Long-term Brazilian economic development. *Journal of Economic History*, 29(3), 473-493.

Libânio, G. A., & Moro, S. (2011). Manufacturing Industry and Economic Growth in Latin America. In *Anais do XXXVII Encontro Nacional de Economia*. Proceeding of the 37th Brazilian Economics Meeting, ANPEC – Associação Nacional dos Centros de Pós-Graduação em Economia, Foz do Iguaçu.

Lourenço, A., & Cardoso, F. A. (2018). Crescimento econômico, padrões de especialização e industrialização: Um estudo comparativo das exportações do BRIC (1980-2013). *Novos Cadernos NAEA*, 21(1), 9-33.

Maddison, A. (1995). *Monitoring the World Economy*. Paris: OECD Development Centre.

Marconi, N.; Reis, C. F. B., & Araújo, E. C. (2016). Manufacturing and economic development: The actuality of Kaldor's first and second laws. *Structural Change and Economic Dynamics*, 37, 75-89. https://doi.org/10.1016/j.strueco.2015.12.002

Marquetti, A. A.; Morrone, H.; Miebach, A., & Ourique, L. E. (2019). Measuring the profit rate in aninflationary context: the case of Brazil, 1955-2008. *Review of Radical Political Economics*, 51(1), 52-74.

Morceiro, P. C. (2021). Influência metodológica na desindustrialização brasileira. *Revista de Economia Política*, 41(4), 700-722.

Nassif, A.; Morandi, L.; Araujo, E., & Feijó, C. (2020). Economic development and stagnation in Brazil (1950-2011). *Structural Change and Economic Development*, 53(C), 1-15.

Oreiro, J. L., & Feijó, C. (2011). Desindustrialização: Conceituação, causas, efeitos e o caso brasileiro. *Revista de Economia Política*, 30(2), 219-232.

Oreiro, J. L.; D'agostini, L. M.; Vieira, F., & Carvalho, L. (2018). Revisiting the growth of Brazilian economy (1980-2012). *PSL Quarterly Review*, 71(285), 203-229.

Palma, J. G. (2014). De-industrialisation, 'premature' de-industrialisation and the Dutch-disease. *Revista NECAT*, 3(5), 7-23.

Pasinetti, L. (1981). *Structural Change and Economic Growth: A Theoretical Essay on the Dynamics of the Wealth of Nations*. New York: Cambridge University Press.

Pons-Novell, J., & Viladecans-Marsal, E. (1999). Kaldor's Laws and Spatial Dependence: Evidence for the European Regions. *Regional Studies*, 33(5), 443-451.

Romer, P. M. (1986). Increasing returns and long-run growth. *Journal of Political Economy*, 94(5), 1001-1037.

Rowthorn, R. (1975). What Remains of Kaldor's Law. *The Economic Journal*, 85(337), 10-19.

Solow, R. M. A. (1956). A Contribution to the theory of economic growth. *Quarterly Journal of Economics*, 70(1), 65-94.

Spolador, H. F., & Roe, T. L. (2013). The role of agriculture on the recent Brazilian economic growth: how agriculture competes for resources. *The Developing Economies*, 51(4), 333-359.

Suzigan, W. (1986). *Indústria Brasileira: Origem e Desenvolvimento*. São Paulo: Brasiliense.

Teixeira, A. A. C., & Queirós, A. S. S. (2016). Economic growth, human capital and structural change: A dynamic panel data analysis. *Research Policy.*, 45(8), 1636-1648.

Thirlwall, A. P. (1979). The balance of payments constraint as an explanation of international growth rates differences. *Banca Nazionale del Lavoro Quarterly Review*, 32(128), 45-53.

Thirlwall, A. P. (1983). A Plain Man's Guide to Kaldor's Growth Laws. *Journal of Post Keynesian Economics*, 5(3), 345-358.

Umar, Y. H., & Adeoye, M. (2020). A Markov regime switching approach of estimating volatility using Nigerian stock market. *American Journal of Theoretical and Applied Statistics*, 9(4), 80-89.

Verdoorn, P. (1949). Factors that determine the growth of labour productivity'. In Mc Combie, J., Pugno, M., & Soro, B. (Eds.). *Productivity Growth and Economic Performance – Essays on Verdoorn's Law.* (pp.64-114). New York: Palgrave Macmillan.

Wolfe, T. (1968). Productivity and Growth in Manufacturing Industry: Some Reflections on Professor Kaldor's Inaugural Lecture. *Economica*, 35(138), 117-126.

Capítulo 3

UMA ANÁLISE DA ESTRUTURA DE PRODUÇÃO EM UM CONTEXTO DE FRAGMENTAÇÃO INTERNACIONAL DA PRODUÇÃO: ASPECTOS TEÓRICOS E IMPLICAÇÕES[15]

Helis Cristina Zanuto Andrade Santos
Marta dos Reis Castilho
Fabio Neves Peracio de Freitas

3.1 Introdução

O entendimento acerca da estrutura de produção de um país e das possibilidades de mudança estrutural pode passar por diferentes abordagens teóricas, a depender do contexto histórico e das características desse país a ser estudado. No que se refere ao contexto atual, observa-se uma produção que, muitas vezes, é fragmentada internacionalmente, e, assim, a análise da estrutura de produção torna-se conjunta à compreensão do comportamento do comércio internacional.

Diante desse cenário recente, Medeiros (2010) destaca um novo padrão de indústria e de produção, em que há uma desintegração vertical da produção dispersa em diferentes locais do mundo. A modificação do comércio internacional que acompanhou esse processo proporcionou maior importância relativa do comércio de bens intermediários em relação aos bens finais, resultando em uma divisão do trabalho dentro do que ficou conhecido como cadeias globais de valor (Milberg & Winkler, 2013).

Contudo, quando se argumenta sobre uma análise de estrutura de produção, muitas vezes, ainda permanece o olhar habitual diretamente para as teorias de desenvolvimento e crescimento econômico. Em Chenery (1988), explica-se que é justamente nos estudos sobre desenvolvimento econômico dos países que surgiram as pesquisas acerca de mudanças estruturais. O

[15] Este trabalho se baseia na tese de doutorado da primeira autora, realizada com apoio da Coordenação de Aperfeiçoamento de Pessoal de Nível Superior – Brasil (CAPES) – Código de Financiamento 001.

autor argumenta sobre a preocupação dessas pesquisas em entender como a alocação dos fatores entre os setores da economia estaria relacionada com o desenvolvimento econômico. Esse tipo de literatura teria surgido ao observar limitações nos pressupostos neoclássicos, como é o caso de não argumentar sobre a necessidade de desagregar os setores econômicos, o que, por sua vez, prejudicaria, por exemplo, o entendimento das implicações para o crescimento econômico (Chenery, 1988).

Nesse sentido, em termos gerais e mais simplistas, pode-se entender a mudança na estrutura de produção conforme as alterações na configuração de produção que prevalecem nos países segundo o setor ou macrossetores predominantes em determinado período de tempo. Se os macrossetores que passam a predominar como de maior importância para o crescimento da produção, por exemplo, são os relacionados à indústria, então haveria um processo de industrialização. Caso esses macrossetores passem a ter sua importância reduzida em relação aos demais, poderia haver, então, um processo de desindustrialização, termo que pode resultar, às vezes, em uma interpretação negativa desse fenômeno. Além disso, se os macrossetores que passam a obter destaque são relacionados aos serviços, por exemplo, pode estar ocorrendo um processo de servitização[16].

Para o cenário de fragmentação da produção, essa análise habitual de setores dá lugar aos estudos que focam nas etapas da produção. As cadeias globais de valor apresentam uma dispersão geográfica da produção que não mais depende de um setor como um todo para ser investigado, mas, sim, de atividades ou etapas da produção que são distribuídas dentre diferentes países.

Dessa forma, este capítulo tem como objetivo confrontar diferentes contribuições teóricas acerca do entendimento das particularidades da estrutura de produção de um país. Uma vez que essa temática como um todo envolve uma ampla literatura, optou-se por selecionar alguns dos principais autores para representar o arcabouço teórico que a embasa.

Inicialmente, será feita uma breve apresentação da discussão acerca do tipo de especialização produtiva associada à especialização comercial presente nas teorias de comércio internacional, seguida de uma concisa exposição do fenômeno de mudança estrutural como característica do desen-

---

[16] Kuznets subdivide em agricultura, indústria e serviços, cuja origem remonta aos setores primário, secundário e terciário de Clark (1940), explica Chenery (1988). Clark (1940, p. 182, tradução nossa) subdivide a produção nestes três setores, apresentando-os como uma definição da produção, com o propósito de "conveniência para comparações internacionais".

volvimento econômico. A fim de chamar atenção para as peculiaridades do cenário atual, serão evidenciadas, também, algumas características acerca do processo de desindustrialização, devido ao importante debate sobre isso nos anos 2000. Em sequência, destaca-se, para essas teorias, a lacuna existente acerca de uma aproximação com o fenômeno mais recente de fragmentação internacional da produção e como este se tornou importante para entender uma especialização em etapas, e não mais necessariamente em setores.

3.2 A caracterização da estrutura de produção sob as perspectivas das teorias de comércio e de crescimento e desenvolvimento econômico

Uma mudança estrutural pode ser definida segundo critérios distintos e mensurada por diversos indicadores. As pesquisas sobre mudança estrutural contemplam, por exemplo, indicadores que seriam modificados caso houvesse mudança estrutural, o que contribui para investigar se ocorreu ou está ocorrendo transformações na estrutura de produção de determinado país em um período de tempo. E em outros casos, junto da verificação sobre a ocorrência de mudança estrutural, as pesquisas podem investigar os fatores que ocasionam essa mudança, ou seja, fatores que estimulariam uma transformação na estrutura de produção da economia. Nesse último sentido, pode-se encontrar as explicações acerca de como o comércio internacional impacta em alterações na estrutura produtiva, ou, ainda, especificamente, no que diz respeito aos seus impactos em algum setor ou alguma etapa de produção específica.

Para atingir o objetivo deste capítulo de comparar as diferentes contribuições teóricas, o que inclui a abordagem das cadeias globais de valor e a consequente maior importância relativa do comércio internacional de bens e serviços intermediários, esta seção busca apresentar as teorias conforme suas explicações dos determinantes de uma mudança estrutural. Essas teorias abrangem, inclusive, as diferentes teorias de comércio internacional, que articulam a especialização comercial com a especialização produtiva.

As teorias tradicionais do padrão de comércio apresentam uma construção teórica acerca de como o comércio internacional se relaciona com a especialização produtiva das economias. Em termos gerais, essa especialização seria determinada a partir dos custos relativos, decorrentes, por exemplo, das diferenças existentes nas tecnologias, na formulação de D. Ricardo, ou na dotação dos fatores, segundo E. Hecksher e B. Ohlin, que determinam as vantagens comparativas dos países refletidas nas diferenças dos preços entre os países. Conforme aponta Shaikh (2007), a especialização das economias, na presença de livre comércio, dar-se-ia em direção às vantagens comparativas de cada país – ou seja, naquele(s) setor(es) em que o país apresentasse menores custos relativos.

Muitas críticas foram feitas às teorias tradicionais de comércio, tanto por seus pressupostos teóricos, quanto por tentativas falhas de sua aplicação empírica, como explica Schumacher (2013) a respeito da teoria das vantagens comparativas. Dentre as críticas apresentadas pelo autor, têm-se, por exemplo: a falta de empirismo de uma imobilidade internacional de fatores de produção como o trabalho e o capital e do pleno emprego desses fatores; as distorções teóricas resultantes da possibilidade de haver equilíbrio entre as exportações e as importações do país e sua excepcionalidade empírica; e a falta de consideração a respeito de ganhos dinâmicos a partir do comércio internacional, ao mesmo tempo que não considera a possibilidade de progresso tecnológico (Schumacher, 2013).

Em sua análise a respeito do livre comércio, Shaikh (2007) também expõe críticas acerca do pleno emprego da força de trabalho e do equilíbrio entre as exportações e importações. Xie (2019), por sua vez, argumenta sobre uma aplicação empírica limitada da teoria das vantagens comparativas na política econômica, pois ela até poderia contribuir nos estágios iniciais de desenvolvimento do país, mas, em estágios mais avançados do desenvolvimento, uma estratégia voltada às vantagens comparativas resultaria em efeitos negativos.

Sendo assim, percebe-se a dificuldade empírica de ocorrer uma especialização segundo a teoria das vantagens comparativas, e, portanto, a abertura comercial não necessariamente resulta em uma ótima alocação dos recursos para a especialização dos países. A teoria das vantagens comparativas e a superioridade dos ganhos associados ao livre comércio, após as críticas, evoluíram ao longo do tempo e voltaram a aparecer em algumas interpretações mais recentes.

Nos anos 1980, a concorrência imperfeita foi introduzida nos modelos de comércio, como foi o caso da "Nova Teoria de Comércio" (*New Trade Theory*), segundo Helpman (2011, p. 10, tradução nossa), em que, por exemplo, as economias de escala e a concorrência monopolística passaram a ser pressupostos da análise. Esses modelos permitiram tratar a diferenciação de produtos, o que contribuiria para justificar por que países com características semelhantes podem apresentar grandes fluxos de comércio internacional (Helpman, 2011). Desse modo, a partir dessas alterações, seria possível identificar que não ocorreria apenas especialização em certo tipo de indústria, mas seria possível ocorrer, também, a especialização em produtos diferenciados (Shaikh, 2007).

Mais recentemente, ainda dentro da tradição neoclássica, alguns novos modelos surgiram a partir do reconhecimento da heterogeneidade de firmas no interior de um mesmo setor ou país, como as diferentes características relacionadas à composição dos insumos, ao tamanho das firmas, à sua participação no comércio internacional, dentre outras, apontadas, por exemplo, por Helpman (2011). Também, buscaram explicar as decisões dessas firmas a respeito de sua atuação internacional, como exportar ou investir no exterior (Helpman, 2011), ao combinar a análise de suas características individuais com as características dos mercados e dos custos de internacionalização. Desse modo, há uma argumentação diferente daquela desenvolvida nas teorias tradicionais de comércio, pois não será o comércio que determina a produção unicamente, sugerindo que a produção da firma também poderá influenciar o comércio internacional. Essa constatação de presença de heterogeneidade entre as firmas de uma indústria e sua entrada ou saída do mercado associar-se com uma seleção endógena fundamentaram, de acordo com Inomata (2017, p. 16, tradução nossa), o que ficou conhecido como "Nova-Nova Teoria de Comércio" (*New-New Trade Theory*).

As teorias de comércio internacional apresentam, também, visões alternativas que tratam da relação entre o comércio e a produção. Dentre os modelos não tradicionais, têm-se, por exemplo, os modelos de M. Posner, de R. Vernon e de S. Linder, que já consideravam em suas análises as possibilidades de haver economias de escala e concorrência imperfeita, como apontam Nassif e Castilho (2018). Para este último, por exemplo, os autores argumentam que sua principal contribuição a respeito das causas do comércio intraindústria relaciona-se ao destaque que Linder proporciona à importância do mercado doméstico para caracterizar os bens que serão produzidos e comercializados. Para o caso do modelo de Posner, busca-se entender, por exemplo, a decisão das firmas em imitar ou sair do mercado diante de inovações implementadas por determinado país, o que permitiria vincular uma análise schumpeteriana à temática do comércio internacional, conforme explica Nassif (2003).

Portanto, percebe-se que as próprias teorias de comércio já proporcionam algumas implicações importantes a respeito da relação entre comércio internacional e estrutura de produção, como a própria possibilidade bidirecional da influência entre o comércio e a produção. Também, as análises de concorrência imperfeita, a heterogeneidade das firmas, as características do mercado doméstico e o fato de ser uma firma que inova ou que imita as demais resultam distintas opções de especialização que definirão a estrutura de produção de um país e o que será comercializado internacionalmente.

Em conjunto com essas implicações apresentadas sobre as teorias de comércio internacional[17], o entendimento acerca da especialização produtiva ou a predominância do tipo de estrutura de produção de uma economia requer uma análise com base em proposições feitas também pela literatura que estuda o crescimento e o desenvolvimento econômico[18]. Nesse sentido, tem-se, por exemplo, Hirschman (1958), Kaldor (1978[1966], 1978[1970], 1978, 1979[1981]), Chenery (1979,1980, 1988) e Cornwall (1977), dentre um amplo conjunto de outros autores.

Hirschman (1958) argumenta sobre a importância da industrialização para gerar setores econômicos fortemente interdependentes. Mesmo no caso de países mais atrasados, poderia haver possibilidade de industrialização, por exemplo, a partir de produtos importados para serem processados ou finalizados domesticamente. Ainda de acordo com o autor, possíveis restrições na capacidade de importação seriam motivo de estímulo na ampliação industrial e criação de encadeamentos para trás. O comércio internacional seria importante para alterar o tipo de produção do país e a divisão do trabalho. Especificamente, as exportações contribuiriam para a capacidade de importação, necessária para a "preparação do caminho para o próximo movimento de desenvolvimento" (Hirschman, 1958, p. 124, tradução nossa), permitindo eventualmente uma substituição das importações.

As considerações de Kaldor (1978[1966]) sobre a importância do crescimento da indústria de manufatura para a taxa de crescimento dos países[19] foram de grande contribuição na literatura, embora ele próprio reconheça, em Kaldor (1978), que tenha concluído erroneamente sobre algumas de suas observações feitas no escrito de 1966. Tanto fatores de oferta quanto fatores de demanda seriam importantes para a taxa de crescimento da manufatura, assim como para o crescimento econômico, sendo o investi-

---

[17] Inomata (2017, p. 16, Figura 1.1) apresenta um "mapa genealógico" da abordagem das cadeias globais de valor a partir das teorias de comércio.

[18] Embora o processo de industrialização possa ter como sinônimo o termo desenvolvimento (Hallward-Driemeier, & Nayyar, 2018), neste capítulo, o termo desenvolvimento se referirá ao conceito amplo e comum para a economia no sentido dela se desenvolver.

[19] Posteriormente, em Kaldor (1978[1970]), ele vai tratar da mesma problemática, porém para casos regionais, e fará uso do princípio da causação circular cumulativa de Myrdal.

mento, o consumo e as exportações líquidas os três principais componentes pelo lado da demanda no que se refere à sua influência sobre a manufatura (Kaldor, 1978[1966]). A partir de sua análise, pode-se considerar que há um processo de amadurecimento na produção industrial, que, conforme o autor, poderia passar de um foco na produção de bens manufaturados de consumo no início na industrialização para uma substituição de importações dos próprios bens de capital. Entretanto, Kaldor (1989[1981]) alerta que restrições pela capacidade de pagamento diante de desequilíbrios no balanço de pagamentos poderiam limitar a possibilidade de crescimento das economias.

Com base em testes empíricos[20], Chenery (1979) contribuiu no campo do desenvolvimento econômico e argumentou que o processo de industrialização pode resultar de uma combinação de fatores, como devido a alterações no comportamento da demanda doméstica e estrangeira. Ele também evidencia as relações interindustriais como relevantes para entender a industrialização, o que foi argumentado por Hirschman. Chenery (1979) também destaca o tamanho e as características dos países como condições importantes para a determinação da estrutura de produção[21]. Ademais, poder-se-ia pensar em uma possível "sequência" que ocorreria na mudança estrutural, em que inicialmente haveria uma concentração de produção, emprego e exportações no setor agrícola, porém, a níveis mais avançados de desenvolvimento, haveria destaque para a indústria e, posteriormente, para o setor de serviços (Chenery, 1988).

Em Cornwall (1977), por sua vez, podem ser observadas diferentes formas de suas contribuições para a literatura, conforme são expostas reflexões críticas sobre o pensamento neoclássico e visões alternativas acerca do crescimento e de transformações estruturais, além da formulação de modelo econômico e exposição de fatos estilizados. Assim como os demais autores desta seção, também se remete à importância da demanda para a industrialização e à possibilidade de uma imitação, por parte do país doméstico, dos bens importados. Cabe ressaltar que essas e outras questões trazidas pelos diferentes autores acerca de um processo de substituição das importações também podem ser encontradas em mais outras vertentes de análises, como em Prebisch (1952), com o arcabouço cepalino.

---

[20] Em Chenery (1980), é formulado um modelo de insumo-produto especificamente para tratar do crescimento e da mudança estrutural.

[21] No caso de uma especialização primária, esta poderia ser caracterizada como uma "industrialização atrasada" (CHENERY, 1979, p. 102, tradução nossa).

Percebe-se, então, que, enquanto alguns dos autores apresentados explicam sobre a importância do processo de substituição de importações, outros elaboram argumentos que remetem à importância de eventualmente seguir para estratégias guiadas pelas exportações. Sendo assim, podem ocorrer diferentes estratégias adotadas pelos países para que se tornem industrializados e consigam alcançar maiores níveis de desenvolvimento, portanto, para que consigam alterar sua estrutura de produção de maneira benéfica.

No entanto, o processo de desindustrialização também corresponde a uma mudança estrutural e tem atingido países de diferentes níveis de desenvolvimento. Desde o final do século XX, as estruturas das economias desenvolvidas vêm apresentando mudanças no sentido de perda de importância do setor industrial, o que, inclusive, foi frequentemente associado com a industrialização acelerada de países em desenvolvimento. Contudo, após o início do século XXI, as pesquisas passaram a apresentar possíveis tendências de desindustrialização, inclusive, nos países em desenvolvimento.

Nesse contexto, a abordagem das cadeias globais de valor passou a ser evidenciada, como será discutido posteriormente, de modo que a fragmentação da produção poderia ter influenciado em etapas de produção especializadas em setores ou tarefas menos sofisticadas tecnologicamente nesses países. Em vista dessas diferentes perspectivas, a subseção a seguir busca evidenciar alguns estudos acerca da desindustrialização, uma vez que tem sido um tema de mudança estrutural bastante discutido nos anos 2000 para diferentes países desenvolvidos ou em desenvolvimento. Na sequência, apresenta-se a discussão acerca da abordagem das cadeias globais de valor.

3.2.1 Desindustrialização como uma forma de mudança estrutural

Diferentes autores, como Sarti e Hiratuka (2010), Taglioni e Winkler (2016) e Hallward-Driemeier e Nayyar (2018), argumentam sobre as modificações ocorridas na produção e comercialização de bens e serviços no cenário mundial. Conforme será apresentado na próxima seção, a partir da discussão de alguns autores, entende-se que a direção do eixo industrial a países em desenvolvimento parece ter ocorrido por meio das etapas manufatureiras de menor valor adicionado ou menor intensidade tecnológica. Nesse sentido, muito tem sido discutido sobre possíveis processos de desindustrialização em diferentes países. Seguem-se, então, alguns aspectos teóricos a respeito desse processo.

No que diz respeito às modificações que ocorrem na importância dos setores econômicos ao longo do tempo como representação do fenômeno de mudança na estrutura de produção dos países, Rowthorn e Ramaswamy (1997) discorrem explicitamente sobre o processo de desindustrialização e sobre este processo não ser necessariamente algo negativo, pois seria uma "característica inevitável" (Rowthorn & Ramaswamy, 1997, p. 6, tradução nossa) do desenvolvimento, geralmente atribuído a economias mais avançadas. Rowthorn e Wells (1987) também partem da mesma explicação e chamam esse processo de "desindustrialização positiva" (Rowthorn & Wells, 1987, p. 5, tradução nossa). Contudo, poderia ocorrer também uma "desindustrialização negativa" (Rowthorn & Wells, 1987, p. 6, tradução nossa), quando o país e o setor industrial enfrentassem dificuldades, resultando em aumento do desemprego.

A desindustrialização é considerada por Rowthorn e Ramaswamy (1997) como geralmente é sugerido na literatura, sendo uma redução na parcela de mão de obra da manufatura[22], e haveria uma crescente produtividade do setor de manufaturas em relação ao de serviços. Esse aspecto contribuiria para disponibilizar mão de obra para outros setores e seria a "base para a desindustrialização" (Rowthorn & Ramaswamy, 1997, p. 20, tradução nossa). O estudo desse fenômeno, conforme apontam os autores, contempla também outros elementos importantes a serem considerados, como as alterações no comércio internacional e a alteração que ocorre na classificação de atividades que passam a ser subcontratadas, tornando-se pertencentes ao setor de serviços, mas que originalmente seriam realizadas em empresas manufatureiras.

Algumas particularidades no entendimento do processo de desindustrialização são evidenciadas em Tregenna (2009) e Tregenna e Andreoni (2020). No primeiro caso, a autora argumenta que a discussão sobre a desindustrialização requer uma análise sobre a produção manufatureira, além das observações a respeito do emprego nesse setor, pois esses indicadores podem apresentar comportamentos diferentes diante de situações relacionadas ao processo de desindustrialização. No segundo caso, os autores alertam sobre a heterogeneidade presente dentro do setor manufatureiro quando diferenciado em subsetores conforme intensidade tecnológica, sendo que também ocorreria heterogeneidade dentro de cada próprio subsetor. Nesse sentido, Dosi, Riccio, e Virgillito (2021) também argumentam sobre

---

[22] Os autores se baseiam no caso dos Estados Unidos e da União Europeia para formularem suas conclusões.

a presença de heterogeneidade no setor manufatureiro, evidenciando ainda sobre os possíveis diferentes comportamentos que podem ocorrer em um processo de desindustrialização.

Outra particularidade, apresentada por Tregenna (2011), se refere à possibilidade de ocorrer uma reindustrialização. Contudo, ao comparar uma desindustrialização com uma reindustrialização, os comportamentos desses processos seriam assimétricos, não garantindo mesma magnitude nas alterações dos indicadores. Aliás, embora possa ser necessária em casos de países que passaram por desindustrialização prematura, ela argumenta que seria menos provável ocorrer uma reindustrialização do que uma desindustrialização.

A desindustrialização, assim como a própria industrialização, não ocorreu de forma uniforme para todos os países. Por um lado, a industrialização foi possibilitada, inicialmente, em países europeus e acabou alcançando os países em desenvolvimento mais de um século depois. Por outro, a desindustrialização desses mesmos países em desenvolvimento acabou por ocorrer poucas décadas mais tarde do que dos países desenvolvidos. Ao considerar esse contexto, Palma (2014) elabora e organiza algumas conceituações a respeito das diferenças entre o processo "comum" de desindustrialização, a desindustrialização prematura e o fenômeno da Doença Holandesa. Diferentemente de como é abordado em Kaldor (1978[1966]), ele caracteriza a desindustrialização prematura a partir da comparação da renda *per capita* média dos países que estariam passando por desindustrialização, e esta fosse considerada muito inferior à renda dos países industrializados quando estes passaram por processos de desindustrialização. Outro caso possível seria a desindustrialização reversa, quando quedas na renda *per capita* e no emprego manufatureiro estão relacionadas ao processo de desindustrialização (Palma, 2014).

A desindustrialização prematura[23] também é abordada em Rodrik (2016), em que se argumenta conforme aspectos semelhantes ao de Palma (2014) acerca de um menor nível de renda dos países em desenvolvimento no momento da desindustrialização, quando comparados com outros países que passaram por esse processo anteriormente. Rodrik (2016) explica que não haveria, portanto, uma industrialização completa nesse caso de desindustrialização prematura. Para os países em desenvolvimento, o autor ressalta que, a depender dos impactos de uma abertura comercial e dos

---

[23] Sobre a origem desse termo, ver Rodrik (2016, p. 2, n. 4).

preços relativos internacionais, haveria a possibilidade de o país reverter processos anteriores de substituição de importações que tenha passado, ou também "importar desindustrialização" (Rodrik, 2016, p. 4, tradução nossa).

3.3 Estrutura de produção e perspectiva da abordagem das cadeias globais de valor

Os autores apresentados na seção anterior destacam importantes características e análises a respeito da estrutura de produção. Entretanto, há uma lacuna em suas argumentações quando elas são observadas sob a realidade atual do século XXI. Dadas as particularidades e mudanças introduzidas pelo surgimento e pela generalização do fenômeno da fragmentação internacional da produção na organização e distribuição da produção e comércio mundiais, esta seção se dedica a trazer essa discussão acerca do novo contexto.

Embora as teorias de comércio em geral sugiram que a especialização produtiva das economias seja um reflexo da especialização comercial, elas não dedicam maiores explicações a respeito de como agem os setores ou segmentos de produção da economia nesse processo. Por outro lado, embora Hirschman (1958) busque explicar os encadeamentos da economia e como agem alguns determinantes da produção, os escritos do autor referem-se a uma época em que a fragmentação da produção não estava presente nos moldes e na intensidade que ocorre recentemente. De certa forma, o mesmo acontece com Kaldor Kaldor (1978[1966], 1978[1970], 1978, 1979[1981]), Chenery (1979, 1980, 1988) e Cornwall (1977), que, embora argumentem sobre a importância dos tipos de bens importados e exportados para estimular a economia e provocar mudanças estruturais, suas explicações se referem a produções verticalizadas. Em consequência, torna-se importante refletir como suas contribuições acerca da mudança estrutural poderiam ser repensadas em um contexto de produção internacionalmente fragmentada, em que o comércio de bens intermediários ocupa papel mais relevante do que no passado.

Rowthorn (Rowthorn; Wells, 1987, Rowthorn; Ramaswamy, 1997), Tregenna (Tregenna, 2009, 2011, Tregenna; Andreoni, 2020), Palma (2014) e Rodrik (2016), em contrapartida, já englobam algumas das características atuais das mudanças recentes nos padrões de produção e comércio. Porém, seu foco, em geral, tem sido o próprio fenômeno *per se* da desindustrialização de países desenvolvidos e em desenvolvimento, nem sempre contemplando certos determinantes, como o comércio internacional, ou o contexto de fragmentação da produção de maneira tão aprofundada.

Devido a essas lacunas nas teorias apresentadas, a presente seção busca chamar atenção para uma abordagem teórica direcionada à análise da fragmentação internacional da produção. O tema de fragmentação da produção e cadeias globais de valor tem sido objeto de múltiplas abordagens, dentro e fora da economia. A existência de uma variedade de termos para caracterizar esse fenômeno revela a diversidade de enfoques[24]. A abordagem de cadeias globais de valor (cuja apresentação se encontra adiante), por exemplo, surge dos trabalhos em sociologia das empresas de Gary Gereffi e pode ser relacionada com a literatura das Redes Globais de Produção, originária do campo da geografia. Dentro da própria economia, convivem contribuições da teoria de comércio, de cunho mais ortodoxo, e outras contribuições provenientes, por exemplo, da economia industrial e da inovação ou da economia política internacional[25].

Uma das contribuições teóricas recentes é a que diz respeito à nomenclatura que mais se popularizou para caracterização do fenômeno ao qual se refere: Cadeias Globais de Valor (CGV). Esse conceito aparece como fruto do desenvolvimento de trabalhos de Gereffi, nos anos 1990, nos quais ele recupera o termo Cadeias Globais de Mercadorias (CGM) (do inglês *Global Commodity Chains*)[26], como em Gereffi (1995), a fim de analisar o funcionamento das economias num mundo mais integrado, em particular, das possibilidades de desenvolvimento para regiões e países menos favorecidos devido à conexão com os países avançados por meio das CGM. Para essa abordagem, é feita uma distinção entre as cadeias impulsionadas pelo produtor (*producer driven chains*) e pelo comprador (*buyer driven chains*) (Gereffi, 1995).

---

[24] Tais como: Fragmentação internacional da produção, Desintegração da produção (que é diferente do fenômeno associado que é Integração produtiva regional), Especialização vertical, Redes globais de produção e comércio, "international production sharing" ou divisão internacional do processo produtivo, offshoring, entre outros. A respeito disso, ver Milberg e Winkler (2013, p. 33), Hermida (2016, cap. 2), Taglioni e Winkler (2016, p. 12, Box 1.1, p. 30, n. 1), Inomata (2017, p. 19) e Marcato (2018, cap, 1).

[25] Não se pretende aqui fazer uma revisão detalhada de todas as abordagens, o que pode ser encontrado em algumas revisões bibliográficas bastante elucidativas das teorias que tratam da fragmentação internacional da produção e das cadeias globais de valor. Inomata (2017) faz uma "genealogia" das contribuições das teorias de comércio para o tema, cobrindo um amplo espectro de contribuições de cunho ortodoxo e incluindo, ao final, os trabalhos de Gereffi. Outra resenha que cobre um espectro diferente de contribuições encontra-se no artigo de Santarcángelo, Schteingart, e Porta (2017), que discute as origens da contribuição de Gereffi e suas principais contribuições e limitações. Outros artigos abordam outras contribuições – ver para economia industrial e da inovação, Durand, Flacher, e Frigant (2018) e Szapiro, Vargas, Brito e Cassiolato (2016), e para as contribuições de Redes Globais de Produção, Marcato (2018).

[26] Sobre este termo, ver Santarcángelo et al. (2017).

Gereffi e Fernandez-Stark (2011) definem cadeias de valor como o conjunto das diferentes atividades pelas quais um produto passa desde sua elaboração inicial até sua finalização e posterior uso final. A partir das considerações dos autores, depreende-se que as cadeias "globais" de valor são os conjuntos dessas diferentes atividades, porém dispersas globalmente.

Baldwin e Lopez-Gonzalez (2015) trabalham com o conceito de cadeias de suprimento, próximo ao de cadeias globais de valor. No entanto, eles assinalam que tais cadeias podem estar voltadas para as exportações ou para o mercado doméstico. Neste sentido, determinados bens (inter-mediários) seriam importados para incorporação em futuras exportações, ou para incorporação na produção e posterior consumo doméstico, sem necessariamente serem exportados para consumo no exterior – o que eles denominam "importar para produzir" (Baldwin & Lopez-Gonzalez, 2015, p. 1686, tradução nossa).

Nesse contexto, Gereffi (1995) explica que se tornou possível uma especialização por parte das nações em diferentes etapas da produção, o que gerou destaque para as empresas transnacionais e mitigou a relação centro-periferia para produção e comércio, como ocorria no passado. A distinção da abordagem das cadeias globais de valor ocorre, então, ao per-mitir que esses aspectos sejam contemplados, podendo ser entendidos por uma cadeia de valor da produção que agora estaria dispersa globalmente ou regionalmente, como argumentam Taglioni e Winkler (2016), de modo que a produção e os demais elementos envoltos a ela, como o conhecimento, o investimento e o capital humano necessários, movem-se entre as fronteiras (Taglioni & Winkler, 2016). Tal visão, de que as relações centro-periferia não prevalecem mais, não é unânime. Cardoso e Reis (2018) afirmam que a divisão centro-periferia persiste ainda que com diferenças em relação ao passado, dado que as desigualdades de renda entre os países coincidem com as discrepâncias na complexidade das exportações e nas estruturas do emprego, entre outros.

Hallward-Driemeier e Nayyar (2018) argumentam sobre ter ocorrido uma integração dos serviços à produção de manufatura[27], sendo que as cadeias de valor estariam representadas completamente pelo setor manufa-tureiro. O comércio internacional de diferentes tipos de serviços, integrados ou não à manufatura, teria sido possibilitado pelo avanço nas tecnologias de comunicação e informação. Ao verificar as etapas de produção de uma

---

[27] Para mais detalhes, ver Hallward-Driemeier e Nayyar (2018, p. 146, tradução nossa) sobre "servicificação da manufatura".

cadeia de valor, o valor adicionado referente aos serviços nas etapas pré e pós-produção manufatureira estaria mais elevado atualmente, e mais serviços estariam compondo a etapa pós-venda. A partir disso, os autores explicam que houve uma concentração de etapas intensivas em mão de obra de menor qualificação em determinados países, como os de baixa renda, e concentração de etapas intensivas em mão de obra qualificada em países de renda mais alta.

Neste ponto, cabe ressaltar a categorização que tem sido feita dessas etapas de produção para o contexto recente em contraponto à como ocorria anteriormente. A relação entre as etapas de produção de um produto e o valor adicionado por cada etapa é possível ser observada por meio da chamada "curva sorriso"[28], conforme Figura 1.

Figura 1 – A curva sorriso das cadeias de valor

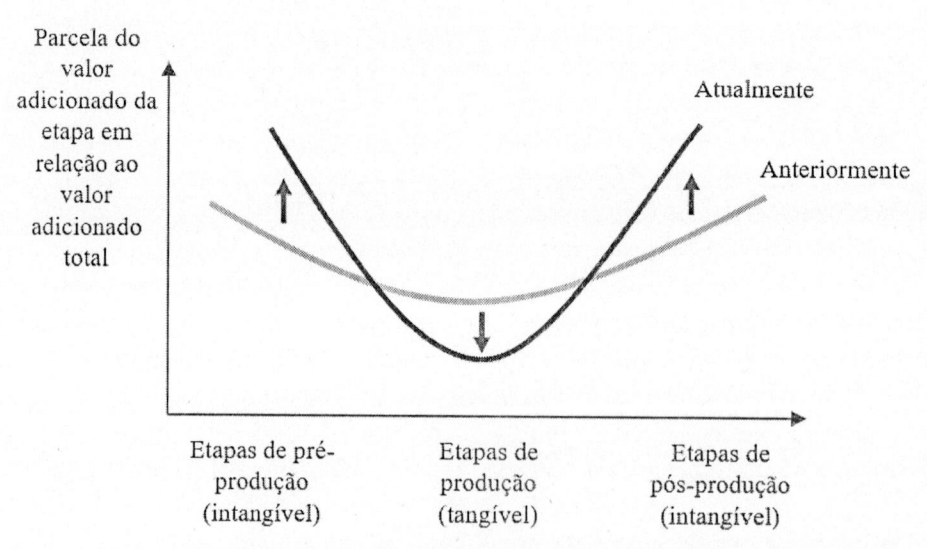

Fonte: elaborada pelos autores, com base em Ahmad e Primi (2017, p. 70, Figura 3.1).

A partir dela, conforme expõem Baldwin (2012) e Hallward-Driemeier e Nayyar (2018), podem-se destacar: os estágios iniciais das cadeias, como a geração de conceito do produto, *design* e pesquisa e desenvolvimento

---

[28]   Essa curva foi conceituada originalmente por Stan Shih, fundador da Acer, por volta de 1992, conforme explicam Degain, Meng e Wang (2017). Para mais informações, ver Shih (1996). Conforme Baldwin et al. (2014) chamam atenção, essa curva foi pensada de acordo com a cadeia de valor de uma firma, considerando os estágios de produção, mas haveria formas de adaptá-la para uma economia como um todo.

necessários; os estágios intermediários, como a parte manufatureira e a montagem; e os estágios finais, como vendas, *marketing*, serviços a serem fornecidos por meio dos produtos, como aplicativos para celulares, e pós--venda. Observa-se que são os serviços que prevalecem nas etapas pré e pós-produção (Baldwin, 2012).

Em geral, como reforçam Baldwin (2012) e Hallward-Driemeier e Nayyar (2018), os estágios de fabricação estariam atrelados a uma menor criação de valor. Baldwin (2012) assinala que, quando observadas as cadeias de valor de 1970, esse diferencial de criação de valor era mais amenizado, porém ele se intensifica ao observar as tendências das cadeias do século XXI – aqui sendo o caso do "anteriormente" e "atualmente" na Figura 1. Essa situação poderia ser justificada devido à possibilidade de realizar determinadas etapas da produção em outros países (*offshored stages*), que seriam as de menor criação de valor, o que seria reflexo dos custos de produção – como é o caso da etapa de montagem final do produto (Baldwin, 2012). Para mais, isso poderia estar relacionado ao processo de "servicificação" da manufatura (Baldwin, Ito, & Sato, 2014, p. 9, tradução nossa).

A partir da análise dessas transformações na organização da produção, observa-se que os fluxos de comércio de importação de insumos ou bens intermediários já ocorriam anteriormente, porém, ao longo dos anos, esse comércio passou a fazer parte de uma rede integrada globalmente, o que intensificou e modificou os efeitos dessa produção fragmentada internacionalmente sobre a estrutura de produção dos países (Taglioni & Winkler, 2016). Há, portanto, uma diferença importante em que esse sistema integrado atual depende tanto das importações quanto das exportações de insumos e de bens intermediários para poder finalizá-los e comercializá-los em diferentes países – ao contrário do que prevalecia décadas atrás, quando a importação de insumos e bens intermediários contribuía para finalização de produtos que seriam distribuídos, muitas vezes, apenas localmente (Taglioni & Winkler, 2016).

A Figura 2 esboça uma representação simplificada de como se modificou o processo de produção de bens e serviços. Anteriormente, em termos gerais, os bens e serviços intermediários e finais eram comercializados a partir de sua produção conforme determinado setor da economia. Contudo, com a possibilidade da fragmentação internacional da produção e a separação do processo de produção em etapas de cada setor, intensificou-se a possibilidade de produzir os bens e serviços de cada etapa ou tarefa (estágio) desses setores, para então comercializá-los. Na sequência, eles ainda poderiam ser processados para posterior comercialização ou, então, já ser utilizados para a montagem do produto final. Portanto, conforme discutem também Milberg e Winkler (2013), há maior destaque para o comércio de bens e serviços intermediários nesse contexto, ou, ainda, para o comércio desses estágios de produção.

Figura 2 – Representação da alteração no processo de produção

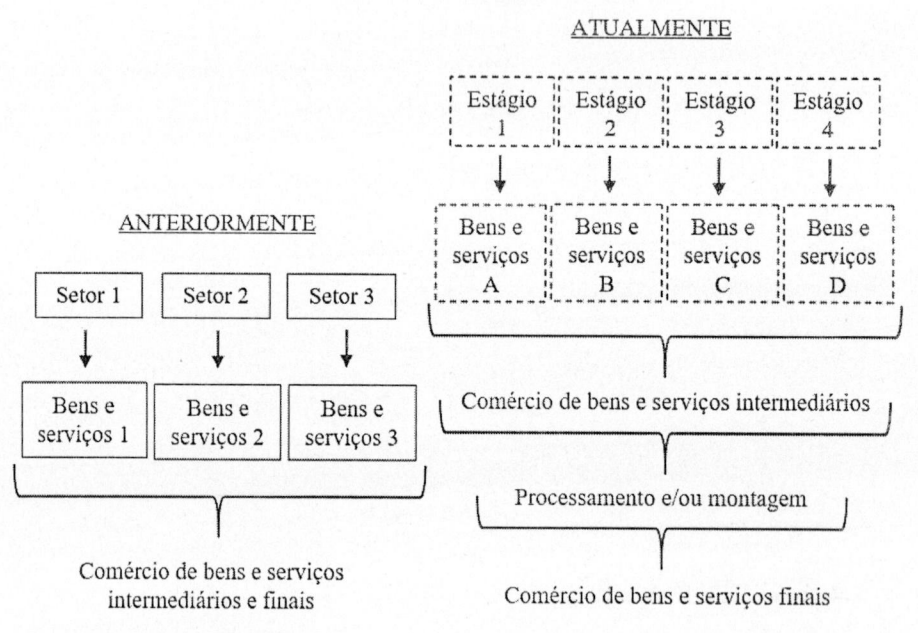

Fonte: elaborada pelos autores.

Para Taglioni e Winkler (2016), a internacionalização traz oportunidades para os países em desenvolvimento, pois não seria mais necessário que os países em desenvolvimento construíssem uma cadeia de valor para conseguirem industrializar-se, uma vez que poderiam apenas entrar em alguma cadeia já existente e focar em determinada tarefa ou etapa de produção. Haveria, assim, maior facilidade no processo de industrialização ao adentrar na cadeia conforme o estágio que fosse mais competente ao país (Baldwin, 2011b; Taglioni & Winkler, 2016).

Essa ideia também é explicitada em Sarti e Hiratuka (2010) e Baldwin (2016), e, a partir de sua argumentação, entende-se que poderia gerar uma industrialização "supérflua" ou "rasa" por parte dos países em desenvolvimento: isso porque, ao adentrar em uma cadeia no estágio que lhe for mais competente em vez de construir toda a cadeia de produção, os países tendem a enfrentar um processo mais facilitado da industrialização, sem tantas exigências de capacitação ou encadeamentos produtivos complexos. Portanto, as condições do setor industrial acabam por refletir o modo e a etapa em que esse país se insere na cadeia de valor e as estratégias do país para isso (Baldwin, 2016; Sarti & Hiratuka, 2010). Como chamam atenção em Biurrun, Castilho, Marín e Quirós (2022), dependendo da configuração das cadeias em que atuam e do posicionamento do país dentro destas cadeias, ele pode cair em uma armadilha de alta competição e baixa possibilidade de *upgrading*, tornando-se prisioneiro dessa mesma "industrialização supérflua".

Sendo assim, segundo Helpman (2011), nesse cenário, intensificou-se a terceirização (*outsourcing*)[29] de estágios da produção por parte das empresas, seja em âmbito doméstico, seja além das fronteiras, assim como também foi intensificado o fornecimento advindo do exterior (*offshoring*)[30] dos produtos de diferentes etapas de produção. Para fragmentar a produção, Blyde (2014, p. 2, tradução nossa) também argumenta sobre diferentes estratégias que poderiam ser escolhidas pelas empresas, como recorrer a uma "terceirização estrangeira" (*foreign outsourcing*) – caso em que ocorreria terceirização de parte de sua produção para uma empresa independente em outro país – ou, então, atuar por meio de investimento estrangeiro direto vertical – caso em que parte de sua produção ocorreria em outro país, mas por uma empresa filial. Blyde (2014) explica que ambos os casos remetem a uma fragmentação da produção que pode ser refletida pelo termo *offshoring*.

Em uma abordagem mais específica, há também uma discussão a respeito de os comportamentos recentes da produção e do comércio sugerirem uma fragmentação da produção que pode ocorrer de maneira mais acentuada dentro determinadas regiões[31]. Autores como Taglioni e Winkler (2016) e Baldwin (2012) apontam para a existência de uma forte tendência de regionalização das cadeias de valor. Baldwin (2012) analisa, a partir de uma matriz de encadeamentos para trás, o quanto os países obtêm de insumos de parceiros pertencentes à sua mesma região. As cadeias de suprimentos parecem apresentar-se mais como regionais do que globais, o que o autor

---

[29] *"I use the term 'outsourcing' to refer to the acquisition of goods or services from an unaffiliated party [...] and independently of whether the unaffiliated supplier is located at home or abroad"* (Helpman, 2011, p. 127).

[30] *"I use the term 'offshoring' to refer to the sourcing of a good or service in a foreign country, either from an affiliated or an unaffiliated supplier"* (Helpman, 2011, p. 127).

[31] Para uma discussão a respeito da governança local e a relação entre formação de *clusters* locais e cadeias globais de valor, ver Humphrey e Schmitz (2000).

nomeia de "Fábrica da Ásia", "Fábrica da América do Norte" e "Fábrica da Europa" (Baldwin, 2012, p. 7, tradução nossa). Por isso, o termo "cadeias globais de valor" não seria muito fidedigno (Baldwin & Lopez-Gonzalez, 2015). Em geral, as exceções dessas regiões ocorrem quando algum dos países de grande influência internacional, como Estados Unidos, China, Alemanha e Japão, está envolvido como comprador ou vendedor (Baldwin & Lopez-Gonzalez, 2015).

Ao entender as regionalidades que têm ocorrido na fragmentação da produção e nas cadeias de valor, percebe-se a importância dos acordos e regras bilaterais e regionais em vez de unicamente imposições multilaterais globais. Contudo, assim como é discutido em Baldwin (2011a), são necessários para esses acordos algum tipo de ponderação para buscar algum equilíbrio nas relações entre os diferentes países.

Assim sendo, a exposição de alguns dos autores que abordam a temática da estrutura de produção e mudança estrutural permite perceber o quão extensiva é essa literatura. Embora algumas teorias não sejam próximas à aplicação empírica, elas ainda trazem consigo alguns *insights* que posteriormente foram adaptados e utilizados no desenvolvimento de outras abordagens. Ainda assim, há os autores da economia do desenvolvimento, que proporcionam uma padronização e teorização de comportamentos observados historicamente, e os autores que tratam da produção fragmentada internacionalmente, movimento mais recente que tem ocorrido de maneira bastante acentuada nos últimos anos.

Em síntese, as ideias da maioria dos autores parecem convergir a respeito das interligações que existem na economia, sendo o setor manufatureiro possivelmente aquele com os principais e mais fortes encadeamentos para com o resto das atividades econômicas. Além disso, percebe-se a importância de se analisar tanto os fatores de demanda, quanto de oferta, uma vez que ambos podem atuar como estímulos e restrições ao processo de desenvolvimento.

Por fim, cabe destacar que a literatura empírica que aborda a aplicação da temática apresentada neste capítulo também é bastante ampla[32]. Para os casos em que a proposta envolve investigar se está ocorrendo mudança estrutural nos países ou como sua estrutura de produção estaria se comportando, têm-se, por exemplo, Szalavetz (2003), Montresor e Marzetti (2011), McMillan e Rodrik (2011), McMillan, Rodrik e Verduzco-Gallo

---

[32] Uma apresentação da maioria dos estudos citados a seguir encontra-se na tese da autora (Santos, 2023, cap. I.4), que também apresenta uma síntese dos principais indicadores utilizados por esses estudos para representar, em um grupo, mudança estrutural e, em outro grupo, comércio, fragmentação da produção e cadeias globais de valor.

(2014), Marconi, Reis, e Araújo (2014), Haraguchi, Cheng, e Smeets (2017), Marcato e Ultremare (2018) e Passoni e Freitas (2018). Alguns desses estudos permitem, inclusive, entender que, ainda recentemente, há preocupação com os processos de desindustrialização dos países, mas que o setor de serviços e o processo de terceirização das atividades têm sido bastante importantes para a estrutura de produção nos últimos anos. Em uma vertente mais focada para a fragmentação internacional da produção, os trabalhos de Los, Timmer, e Vries (2015), Corrêa, Pinto, e Castilho (2016), Hermida (2016), Costa (2017), Costa, Castilho, e Anyul (2017) e Yanikkaya e Altun (2020) observam a inserção dos países nas cadeias globais de valor ou como isso se relaciona com a estrutura de produção dos países.

Em vista disso, há diferentes maneiras de se seguir com pesquisas aplicadas nesse tema. Os estudos podem englobar desde uma análise de alterações na estrutura de produção dos países, passando por uma investigação sobre seus prováveis determinantes – um conjunto deles ou focando em apenas um – e até aquelas em que se centram no comportamento da produção sob a abordagem das cadeias de valor, dentre outras possibilidades de pesquisa.

3.4 Considerações finais

Os trabalhos teóricos comumente utilizados pela literatura a respeito do tema que envolve o entendimento da estrutura de produção dos países são variados, porém possuem lacunas acerca de explicações sobre o cenário mundial das últimas décadas. Inicialmente, neste capítulo, foram retomadas as teorias de comércio internacional, que explicam como o padrão de comércio determina a especialização da produção dos países. Contudo, a falta de aplicabilidade dessas teorias levantou questões sobre seu uso, de modo que abordagens alternativas surgiram para adaptá-las. Mesmo assim, a implicação de políticas a partir dessas novas abordagens ainda não contemplavam várias características setoriais observadas historicamente.

Diante disso, foram destacadas teorias de crescimento e a economia do desenvolvimento, que buscam evidenciar as propriedades e o comportamento de cada setor de produção conforme o nível de desenvolvimento do país. Embora nem todos os autores considerem diferenciações dentro da própria indústria, eles ao menos tratam dos três grandes setores (agrícola, industrial e serviços) e enfatizam que, nos diferentes estágios de desenvolvimento de uma nação, determinado setor apresenta proeminência.

Baseado nessas exposições, entendeu-se que as abordagens sobre o tema da mudança estrutural podem ocorrer conforme a observação do fenômeno como um todo, de partes do fenômeno (industrialização, desindustrialização, servitização) ou com foco para entender cada setor. Os temas de industrialização e desindustrialização foram tratados com certo destaque. Estes fenômenos são, muitas vezes, considerados como sendo naturais ao desenvolvimento de uma nação, embora eles possam se manifestar por vezes de forma prematura.

No contexto de fragmentação da produção, ficou evidente a importância do setor de serviços e de ser feita uma desagregação conforme etapas da produção. As etapas da cadeia de valor de um produto, sejam etapas de manufatura, sejam de serviços, estariam atuando sequencialmente ou paralelamente (a depender do produto), porém, em geral, ocorrendo em diferentes países. A partir das mudanças industriais e tecnológicas ao longo do tempo, tornou-se possível e fácil separar e coordenar espacialmente a produção. Isso forneceu destaque ao comércio de bens intermediários e de serviços, e foi possível os países se especializarem nessas etapas da produção.

Sendo assim, os aspectos teóricos que envolvem essas características são proporcionados por autores distintos das teorias de comércio, de crescimento e de desenvolvimento, mas que, para um contexto mais recente, se tornam relevantes outras maneiras de investigação, como a proporcionada pela abordagem das cadeias globais de valor e a discussão sobre fragmentação internacional da produção e distribuição espacial. Entretanto, muitas vezes, a preocupação dos autores que trabalham com esse arcabouço de análise parece estar unicamente direcionada para observar a inserção do país nesse cenário ou entender a cadeia de valor de determinado produto.

Portanto, depreende-se que essa ampla literatura deve ser selecionada com cautela ao buscar por aplicações empíricas, uma vez que o momento histórico e a realidade particular de cada país requerem certas especificidades teóricas para conseguir entender o comportamento de sua estrutura de produção. As possibilidades de pesquisa nessa temática são diversas, mas a aplicação nesse contexto recente requer elementos de análise que envolvam as características de uma produção que está fragmentada internacionalmente e que pode remeter a diferentes implicações no comportamento da estrutura de produção de cada país conforme sua inserção nas cadeias de valor.

Nesse sentido, enfatiza-se sobre a importância da compreensão por parte dos formuladores de políticas acerca dessas características ao propor determinadas políticas econômicas. Com esse contexto, torna-se relevante também acompanhar, e até guiar, a maneira como o país se insere nas cadeias de valor, buscando evitar que as atividades industriais se tornem "rasas" como destacam alguns autores. A coordenação de políticas industriais específicas a um subsetor ou a uma atividade da produção doméstica, junto de políticas comerciais, pode apresentar uma boa perspectiva ao se pensar no desenvolvimento do país.

Referências

Ahmad, N., & Primi, A. (2017). From domestic to regional to global: Factory Africa and Factory Latin America? In Dollar, D. R.; Inomata, S.; Jetro-Ide; Degain, C.; Meng, B.; Wang, Z.; Ahmad, N.; Primi, A.; Escaith, H.; Engel, J.; Taglioni, D.; Heuser, C.; Mattoo, A.; Kidder, M. *Global value chain development report 2017: measuring and analyzing the impact of GVCs on economic development.* (pp. 69-95). Washington, D.C.: World Bank Group.

Baldwin, R. (2011a). 21st Century Regionalism: Filling the gap between 21st century trade and 20th century trade rules. *Staff Working Paper*, World Trade Organization, Economic Research and Statistics Division, ERSD-2011-08, p. 1-38.

Baldwin, R. (2011b). Trade and industrialization after globalization's 2nd unbundling: how building and joining a supply chain are different and why it matters. *NBER Working Paper*, 17716, p. 1-38.

Baldwin, R. (2012). Global supply chains: why they emerged, why they matter, and where they are going. *CTEI Working Papers*, Centre for Trade and Economic Integration, The Graduate Institute Geneva, 13, p. 1-33.

Baldwin, R. (2016). *The Great Convergence: information technology and the new globalization.* Cambridge, Massachusetts: The Belknap Press of Harvard University Press.

Baldwin, R., & Lopez-Gonzalez, J. (2015). Supply-chain Trade: A Portrait of Global Patterns and Several Testable Hypotheses. *The World Economy*, 38(11), 1682-1721.

Baldwin, R., Ito, T., & Sato, H. (2014, fevereiro). Portrait of Factory Asia: Production network in Asia and its implication for growth - the 'smile curve'. *Joint Research Program Series*, Institute of Developing Economies, Japan External Trade Organization, 159, p.

Bauru, A.; Castilho, M. dos R.; Marín, R.; Quirós, C. (2022). Upgrading and inequality in global value chains: Challenges for inclusive and sustainable development. African. *Journal of Science, Technology, Innovation and Development*, 14(4), 1117-1128.

Blyde, J. S. (Ed.). (2014). Synchronized Factories. Latin America and the Caribbean in the Era of Global Value Chains. Special Report on Integration and Trade. [s.l.]: Springer Open.

Cardoso, F. G., & Reis, C. F. B. de (2018). Centro e periferia nas cadeias globais de valor: uma interpretação a partir dos pioneiros do desenvolvimento. *Revista de Economia Contemporânea*, 22(3), 1-32.

Chenery, H. B. (1979). The Process of Industrialization. In Chenery, H. B. *Structural change and development policy*. (pp. 70-142). [s.l.]: Oxford University Press.

Chenery, H. B. (1980, maio). Interactions between Industrialization and Exports. World Bank Reprint Series: Number 150. *The American Economic Review*, 70(2), 281-287.

Chenery, H. B. (1988). Introduction to Part 2. In Chenery, H., & Srinivasan, T. N. (Eds.). *Handbook of Development Economics*. (Vol. I, pp. 197-202). [s.l.]: Elsevier Science Publishers B.V., 1988.

Clark, C. (1940). *The Conditions of Economic Progress*. London: Macmillan.

Cornwall, J. (1977). *Modern Capitalism: Its Growth and Transformation*. Oxford: Martin Robertson.

Corrêa, L. M., Pinto, E. C., & Castilho, M. dos R. (2016). Mapeamento dos padrões de atuação dos países nas Cadeias Globais de Valor e os ganhos em termos de mudança estrutural. In *Anais do 44° Encontro Nacional de Economia*, Anpec, Rio de Janeiro, RJ. https://www.anpec.org.br/encontro/2016/submissao/files_I/i7-6d111eb686295275cf5c8a0e7cffe6ea.pdf

Costa, K. G. V. da, Castilho, M. dos R., & Anyul, M. P. (2017, setembro). Estrutura produtiva e encadeamentos produtivos na era das cadeias globais de valor: uma análise insumo-produto. In *Anais do II Encontro Nacional de Economia Industrial e Inovação*, Enei, Rio de Janeiro, RJ. São Paulo: Blucher Engineering Proceedings, 4(2), 586-604.

Costa, K. G. V. da. (2017). *Entre similaridades e diferenças nos padrões de comércio exterior e de estrutura produtiva do Brasil e do México: uma análise a partir de matrizes de insumo-produto*. 244 f. Tese (Doutorado) – Programa de Pós-Graduação em Economia da Indústria e da Tecnologia, Instituto de Economia, Universidade Federal do Rio de Janeiro, Rio de Janeiro.

Degain, C., Meng, B., & Wang, Z. (2017). Recent trends in global trade and global value chains. In Dollar, D. R.; Inomata, S.; Jetro-Ide; Degain, C.; Meng, B.; Wang,

Z.; Ahmad, N.; Primi, A.; Escaith, H.; Engel, J.; Taglioni, D.; Heuser, C.; Mattoo, A.; Kidder, M. *Global value chain development report 2017*: measuring and analyzing the impact of GVCs on economic development. (pp. 37-68). Washington, D.C.: World Bank Group.

Dosi, G., Riccio, F., & Virgillito, M. E. (2021). Varieties of deindustrialization and patterns of diversification: why microchips are not potato chips. *Structural Change and Economic Dynamics*, 57, p. 182-202.

Durand, C., Flacher, D., & Frigant, V. (2018). Étudier les chaînes globales de valeur comme une forme d'organisation industrielle. *Revue d'économie industrielle*, 163, p. 13-34.

Gereffi, G. (1995). Global production systems and third world development. In Stallings, B. (Ed.). *Global change, regional response*. The new international context of development. (pp. 100-142). [s.l.]: Cambridge University Press.

Gereffi, G., & Fernandez-Stark, K. (2011, maio). Global value chain analysis: a primer. *Center on Globalization, Governance & Competitiveness (CGGC)*, Duke University, North Carolina, USA, Report, p. 1-39.

Hallward-Driemeier, M., & Nayyar, G. (2018). *Trouble in the Making? The Future of Manufacturing-Led Development*. Washington, DC: World Bank. License: Creative Commons Attribution CC BY 3.0 IGO.

Haraguchi, N., Cheng, C. F. C., & Smeets, E. (2017). The Importance of Manufacturing in Economic Development: Has This Changed? *World Development*, 93, 293-315.

Helpman, E. (2011). *Understanding global trade*. [s.l.]: The Belknap Press of Harvard University Press.

Hermida, C. do C. (2016). *Padrão de especialização comercial e crescimento econômico: uma análise sobre o Brasil no contexto da fragmentação da produção e das cadeias globais de valor*. 287 f. Tese (Doutorado) – Programa de Pós-Graduação em Economia, Universidade Federal de Uberlândia, Uberlândia. Tese vencedora do 36° Prêmio BNDES de Economia.

Hirschman, A. O. (1958). *The strategy of economic development*. New Haven: Yale University Press.

Humphrey, J., & Schmitz, H. (2000). Governance and upgrading: linking industrial cluster and global value chain research. *IDS Working Paper*, Institute of Development Studies, 120, 1-37.

Inomata, S. (2017). Analytical frameworks for global value chains: An overview. In In Dollar, D. R.; Inomata, S.; Jetro-Ide; Degain, C.; Meng, B.; Wang, Z.; Ahmad, N.; Primi, A.; Escaith, H.; Engel, J.; Taglioni, D.; Heuser, C.; Mattoo, A.; Kidder, M. *Global value chain development report 2017*: measuring and analyzing the impact of GVCs on economic development. (pp. 15-35). Washington, D.C.: World Bank Group.

Kaldor, N. (1978). Introduction. In Kaldor, N. *Further Essays on Economic Theory*. (pp. vii-xxix). Collected Economic Essays. V. 5. London: Duckworth.

Kaldor, N. (1978[1966]). Causes of the Slow Rate of Economic Growth in the United Kingdom. In Kaldor, N. *Further Essays on Economic Theory*. (pp. 100-138). Collected Economic Essays. V. 5. London: Duckworth.

Kaldor, N. (1978[1970]). The Case for Regional Policies. In Kaldor, N. *Further Essays on Economic Theory*. (pp. 139-154). Collected Economic Essays. Vol. 5. London: Duckworth.

Kaldor, N. (1989[1981]). The role of increasing returns, technical progress and cumulative causation in the theory of international trade and economic growth. In Targetti, F., & Thirlwall, A. P. (Eds.). *The Essential Kaldor*. (pp. 327-350). New York: Holmes & Meier.

Los, B., Timmer, M. P., & Vries, G. J. de. (2015). How global are Global Value Chains? A new approach to measure international fragmentation. *Journal of Regional Science*, 55(1), 66-92.

Marcato, M. B. (2018). *Trade integration in a vertically fragmented production structure: theory, metrics, and effects*. 219 f. Tese (Doutorado)-Programa de Pós-Graduação em Ciências Econômicas, Instituto de Economia, Universidade Estadual de Campinas, Campinas.

Marcato, M. B., & Ultremare, F. O. (2018). Produção industrial e vazamento de demanda para o exterior: uma análise da economia brasileira. *Economia e Sociedade*, 27(2), 637-662.

Marconi, N., Reis, C. F. de B., & Araújo, E. C. de. (2014, setembro). O papel da indústria de transformação e das exportações de manufaturas no processo de desenvolvimento dos países de renda média. Texto para discussão, TD 2006, IPEA p. 1-46.

Mcmillan, M. S., & Rodrik, D. (2011, junho). Globalization, structural change and productivity growth. NBER Working Paper Series, Working Paper 17143, p. 1-52.

Mcmillan, M., Rodrik, D., & Verduzco-Gallo, Í. (2014). Globalization, Structural Change, and Productivity Growth, with an Update on Africa. *World Development*, 63, 11-32.

Medeiros, C. A. de. (2010). Integração produtiva: a experiência asiática e algumas referências para o Mercosul. In ABDI. Agência Brasileira de Desenvolvimento Industrial. *Integração Produtiva:* caminhos para o Mercosul. Série Cadernos da indústria ABDI XVI. (pp. 252-303). Organização de Roberto Alvarez, Renato Baumann e Marcio Wohlers. Brasília: Agência Brasileira de Desenvolvimento Industrial.

Milberg, W., & Winkler, D. (2013). The New Wave of Globalization. In Milberg, W., & Winkler, D. *Outsourcing Economics.* (pp. 33-58). Global Value Chains in Capitalist Development. New York: Cambridge University Press.

Montresor, S., Marzetti, G. V. (2011, março). The deindustrialisation/tertiarisation hypothesis reconsidered: a subsystem application to the OECD7. *Cambridge Journal of Economics*, v. 35(2), 401-421.

Nassif, A. (2003). *Liberalização comercial e eficiência econômica*: a experiência brasileira. 2003. 336 f. Tese (Doutorado em Economia) – Instituto de Economia, Universidade Federal do Rio de Janeiro, Rio de Janeiro.

Nassif, A., & Castilho, M. dos R. (2018, novembro). Trade patterns in a globalized world: the case of Brazil. *Discussion papers*, BNDES. The Brazilian development bank, 126, 1-67.

Palma, J. G. (2014, janeiro/junho). De-Industrialisation, 'Premature' De-Industrialisation and the Dutch-Disease. *Revista NECAT*, 3(5), 7-23.

Passoni, P., & Freitas, F. N. P. de. (2018). Structural change in the Brazilian economy: a structural decomposition analysis for 2000-2014. In *Anais do 46º Encontro Nacional de Economia*, Anpec, Rio de Janeiro, RJ. https://www.anpec.org.br/encontro/2018/submissao/files_I/i6-0a216063e615e7a838b74d0da21f0c5d.pdf

Prebisch, R. (1952). Problemas teóricos e práticos do crescimento econômico. In Bielschowsky, R. (Org.). *Cinqüenta anos de pensamento na CEPAL*. (Vol. 1, pp. 179-215). Rio de Janeiro: Record.

Rodrik, D. (2016). Premature deindustrialization. *Journal of Economic Growth*, 21, 1-33.

Rowthorn, R., & Ramaswamy, R. (1997, abril). Deindustrialization: Causes and Implications. *IMF Working Paper*, Intrnational Monetary Fund, WP/97/42, p. 1-38.

Rowthorn, R., & Wells, J. R. (1987). The structure of employment and its evolution: the theory of de-industrialization. In Rowthorn, R., & Wells, J. R. *De-Industrialization and Foreign Trade*. (pp. 5-36). [s.l.]: Cambridge University Press.

Santarcángelo, J., Schteingart, D., & Porta, F. (2017). Cadenas Globales de Valor: una mirada crítica a una nueva forma de pensar el desarrollo. *Cuadernos de Economía Crítica*, 4(7), 99-129.

Santos, H. C. Z. A. (2023). *Estrutura de produção e comércio internacional sob cadeias globais de valor: evidências em painel dinâmico para diferentes países do período 2005-2015*. 2023. 199 f. Tese (Doutorado) – Programa de Pós-Graduação em Economia da Indústria e da Tecnologia, Instituto de Economia, Universidade Federal do Rio de Janeiro, Rio de Janeiro.

Sarti, F., & Hiratuka, C. (2010). Indústria mundial: mudanças e tendências recentes. In Sarti, F., & Hiratuka, C. (Coords.). Rocha, F., Wilkinson, J., Garcia, R., Sabbatini, R. & Bampi, S.. Perspectivas do investimento na indústria. (pp. 1-41). Projeto PIB – *Perspectiva do investimento no Brasil*. Vol. 2. Rio de Janeiro: Synergia: UFRJ, Instituto de Economia; Campinas: UNICAMP, Instituto de Economia.

Schumacher, R. (2013). Deconstructing the Theory of Comparative Advantage. *World Economic Review*, 2, 83-105.

Shaikh, A. (2007). Globalization and the myth of free trade. In Shaikh, A. (Ed.). *Globalization and the Myths of Free Trade*. History, theory, and empirical evidence. (pp. 50-68). London; New York: Routledge Taylor & Francis Group.

Shih, S. (1996). *Me-Too Is Not My Style*: Challenge Difficulties, Break Through Bottlenecks, Create Values. [s.l.]: The Acer Foundation.Szalavetz, A. (2003, março). 'Tertiarization' of manufacturing industry in the new economy. Experiences in hungarian companies. Working Papers, Institute for World Economics, Hungarian Academy of Sciences, 134, p. 1-14.

Szapiro, M.; Vargas, M. A.; Brito, M. M.; Cassiolato, J. E. (2016). Global Value Chains and National Systems of Innovation: policy implications for developing countries. *Texto para Discussão*, Instituto de Economia – UFRJ, 005, p. 1-33. Taglioni, D., & Winkler, D. (2016). Here's Why. In Taglioni, D., & Winkler, D. *Making Global Value Chains Work for Development*. (pp. 1-34). Washington: The World Bank.

Tregenna, F. (2009). Characterising deindustrialisation: An analysis of changes in manufacturing employment and output internationally. *Cambridge Journal of Economics*, 33, 433-466.

Tregenna, F. (2011). Manufacturing Productivity, Deindustrialization, and Reindustrialization. *Working Paper UNU-WIDER*, United Nations University – World Institute for Development Economics Research, 2011/57, 3-26.

Tregenna, F., & Andreoni, A. (2020). Deindustrialisation reconsidered: Structural shifts and sectoral heterogeneity. *UCL Institute for Innovation and Public Purpose Working Paper Series*, IIPP WP 2020-06.

Xie, S. (2019). Why comparative advantage is a problematic guide to practical policy. *Economic Affairs*, 39, 243-250.

Yanikkaya, H., & Altun, A. (2020). The Impact of Global Value Chain Participation on Sectoral Growth and Productivity. *Sustainability*, 12 (12), 1-18.

Capítulo 4

A INDUSTRIALIZAÇÃO POR SUBSTITUIÇÃO DE IMPORTAÇÕES: (1930-1979)

Carmem Feijó

4.1 Introdução

O período de rápida industrialização brasileira ocorre quando a indústria nos países desenvolvidos, à época, já havia realizado o que se convencionou chamar de segunda revolução industrial.[33] Esta fase do processo de industrialização [34] caracteriza-se pelo surgimento de indústrias pesadas e de grande escala de produção, como metalurgia, química e petroquímica, transporte e eletricidade. É razoável supor que a industrialização de um país não industrializado (agrário-exportador), nesse contexto mundial, não se daria pelos incentivos das livres forças de mercado. Economias não industrializadas tinham pouca capacidade competitiva para fazer frente à expansão acelerada da produção manufatureira dos países já industrializados e ávidos por mercados consumidores. Assim, economias agrário-exportadoras estariam condenadas à periferia do sistema capitalista mundial e sujeitas a frequentes crises de balanço de pagamentos devido à excessiva especialização na produção de bens de baixo valor adicionado.

Esse foi o diagnóstico da Comissão Econômica para América Latina (Cepal), criada pelo Conselho Econômico e Social das Nações Unidas no pós-Guerra. Segundo o pensamento cepalino, a expansão da renda nacional para economias não industrializadas dependeria, em grande parte, da valorização dos termos de troca dos produtos exportados por essas economias, que historicamente mostraria uma tendência a deterioração. Assim, a saída

---

[33] A literatura aponta que a segunda revolução industrial teria ocorrido (a periodização varia de acordo com os autores) entre o quarto final do século XIX e iria até a época das grandes guerras. É um período de grande transformação não só nos processos de produção, como no desenvolvimento científico e na forma de organização da produção com o surgimento de conglomerados atuando em diversos setores de atividade. A obra de Alfred Chandler (1977), reconhecido historiador econômico, é uma referência importante no registro da transformação da firma capitalista no século XX.

[34] A era do ferro, carvão e energia a vapor são características da primeira fase da revolução industrial.

para economias agrário-exportadoras aumentarem a renda per capita a longo prazo, aproximando-se das economias desenvolvidas, dar-se-ia pela promoção da mudança na estrutura produtiva via industrialização.

Fatos históricos favoreceram o fortalecimento de atividades industriais embrionárias nos países dependentes economicamente da atividade-agrária exportadora. O principal fato foi a crise mundial dos anos 1930, afetando fortemente o comércio internacional e o fluxo de capitais, assim, impactando, por vários anos, as economias exportadoras de bens primários.

De fato, a década de 1930 é um marco importante no processo de industrialização brasileiro e coincide com a ascensão ao poder de Getúlio Vargas, que dá início a uma nova etapa na história da política brasileira. Segundo Bresser-Pereira (2014, p. 109): "Entre os anos 1930 e os anos 1970, temos o segundo ciclo da relação Estado e sociedade no Brasil – o Ciclo Nação e Desenvolvimento, que foi também o momento da Revolução Capitalista Brasileira, da sua revolução nacional e industrial."

Este capítulo discutirá o processo de industrialização brasileira no período que Bresser-Pereira denomina de a "Revolução Capitalista Brasileira". Para tanto, ele está dividido em duas grandes partes e uma seção de conclusão. Na primeira, o capítulo apresenta o desenvolvimento da indústria manufatureira no Brasil de 1930 até a guerra, capturando momentos de "choques adversos", favorecendo o processo de industrialização. Mesmo sob choques adversos, o processo de industrialização teve uma orientação "desenvolvimentista", conforme apontam Villaverde e Rego (2019, p. 125), ou seja, um projeto de industrialização com presença do Estado esteve presente. Tal orientação fica mais clara no pós-Guerra. Na segunda parte, discutimos a industrialização acelerada, impulsionada por políticas intervencionistas, em particular, o Plano de Metas e, posteriormente, o II Plano Nacional de Desenvolvimento (PND), configurando uma estratégia de crescimento desenvolvimentista. O segundo choque do petróleo, em 1979, somado ao choque de juros internacionais fragilizaram a posição externa do país, que adotou a estratégia de se industrializar com endividamento em moeda estrangeira. O *default* da dívida externa mexicana, em agosto de 1982, interrompe o acesso ao fluxo privado de capitais externos das economias latino-americanas altamente endividadas, dentre elas, a economia brasileira, que entra em um período de inflação alta e baixo crescimento ao longo dos anos 1980, episódio que ficou registrado na literatura como "a década perdida". Uma última seção conclui o capítulo.

4.2 Parte 1 - A industrialização e os choques adversos: a era Vargas (1930-1946)

A economia brasileira entra nos anos 1930 como uma economia agrário-exportadora e com forte peso político das elites agrárias. De fato, a elite de produtores de café havia implementado, desde o início do século, uma política de valorização do preço do produto, que consistia em controlar a sua oferta, retirando parte da produção do mercado para posterior destruição. Dessa forma, mantinham-se os preços artificialmente elevados e, ao mesmo tempo, a atividade cafeeira altamente rentável.[35] O êxito dessa política era devido ao fato de que, à época, o país respondia por dois terços da oferta mundial de café (Candall, 1968, p. 70).[36]

Porém, com o advento da crise mundial dos anos 1930, o controle da oferta de café não evitou a queda acentuada do preço internacional. Entre 1929 e 1931, o preço internacional do café caiu 60%, e o volume exportado aumentou em 25% (Furtado, 1959[2007]). Os prejuízos aos produtores de café foram grandes, mas a política do governo foi a de sustentação do nível de demanda agregada (na interpretação de Furtado), e, portanto, a decisão foi de colher o café e destruí-lo, para evitar custos de armazenagem. O diagnóstico foi o de que os estoques do governo não teriam possibilidade de serem vendidos e, se fossem mantidos, poderiam influenciar na baixa de preços mais ainda.

Em 1929, o colapso dos mercados de capitais internacionais e a contração do comércio internacional deram início à grande depressão mundial, que se arrasta por toda a década e provoca uma extensa crise econômica no Brasil. A crise externa pode ser ilustrada por duas estatísticas: pela queda acentuada dos termos de troca a partir de 1929 e durante toda a década até depois da Guerra (Gráfico 1) e pela expressiva queda nas exportações brasileiras (Tabela 1).

---

[35] Essa política, no longo prazo, era insustentável, pois incentiva novas plantações e reinvestimentos de lucros, em suma, conduzia a uma tendência de super oferta.

[36] Pelaez (1968, p. 25) apresenta informação sobre a quantidade de sacas de café estocadas para serem posteriormente destruídas e a oferta mundial aparente. O autor calculou que, em 1931, o café retirado do mercado equivalia a 41% da oferta mundial. Em 1939, essa proporção foi de 845%.

Gráfico 1 – Índice de termos de troca (média de 1929-1980=100)

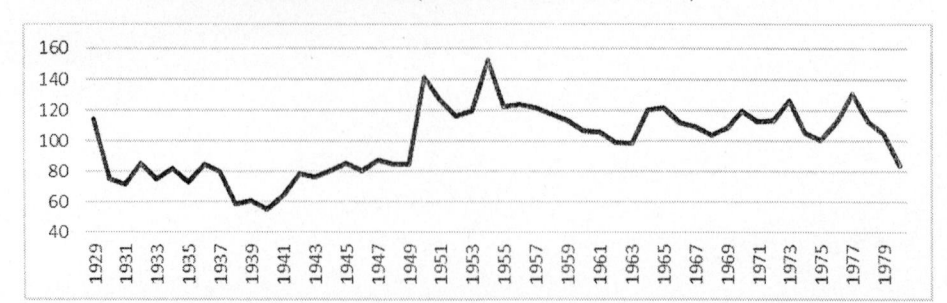

Fonte: elaborado pela autora, com base em IBGE, Estatísticas do Século XX – Setor Externo.

Tabela 1 – Exportações, Importações: 1929-1980 (US$ milhões)

Ano	Exportações (FOB)	Importações (FOB)	Ano	Exportações (FOB)	Importações (FOB)
1929	460.4	367.7	1955	1,419.0	1,099.0
1930	319.4	225.5	1956	1,483.0	1,046.0
1931	244.0	116.5	1957	1,392.0	1,285.0
1932	179.4	92.8	1958	1,244.0	1,179.0
1933	216.8	148.2	1959	1,282.0	1,210.0
1934	292.8	184.8	1960	1,270.0	1,293.0
1935	269.5	196.5	1961	1,405.0	1,292.0
1936	320.6	196.4	1962	1,215.0	1,304.0
1937	346.8	279.2	1963	1,406.0	1,294.0
1938	294.3	246.5	1964	1,430.0	1,086.0
1939	299.9	218.0	1965	1,596.0	941.0
1940	252.1	200.7	1966	1,741.0	1,303.0
1941	367.7	222.5	1967	1,654.0	1,441.0
1942	409.8	177.4	1968	1,881.0	1,855.0
1943	472.6	226.9	1969	2,311.0	1,993.0
1944	580.3	310.4	1970	2,739.0	2,507.0
1945	655.1	322.5	1971	2,904.0	3,247.0
1946	985.0	594.0	1972	3,991.0	4,232.0
1947	1,157.0	1,027.0	1973	6,199.2	6,192.2
1948	1,183.0	905.0	1974	7,951.0	12,641.3

Ano	Exportações (FOB)	Importações (FOB)	Ano	Exportações (FOB)	Importações (FOB)
1949	1,100.0	947.0	1975	8,669.9	12,210.3
1950	1,359.0	934.0	1976	10,128.3	12,383.0
1951	1,771.0	1,703.0	1977	12,120.2	12,023.4
1952	1,416.0	1,702.0	1978	12,658.9	13,683.1
1953	1,540.0	1,116.0	1979	15,244.4	18,083.9
1954	1,558.0	1,410.0	1980	20,132.4	22,955.2

Fonte: IBGE. Estatísticas do século XX – Setor Externo.

Os termos de troca declinaram 49% entre 1930-1932. A queda das exportações totais, por sua vez, acompanha a queda do café, que correspondia a 70% do total exportado. Em 1929, o total exportado foi de US$ 460 milhões e se retrai para 179.4 milhões, em 1932. Só em 1943 (US$ 472.6 milhões), o patamar de 1929 é superado. Assim, o início dos anos 1930 é caracterizado por crise cambial, com a queda no preço do principal produto de exportação, e uma forte depreciação da moeda se segue: o Mil-reis se deprecia em 55%, entre 1930 e 1931.[37]

É claro que a mudança no cenário internacional e a retração no comércio implicaram restrição na capacidade de importar. Por isso, a década de 1930 foi marcada por controles sobre as compras de divisas. Com o declínio dos termos de troca e sem acesso aos mercados de capitais internacionais, o governo cria um monopólio cambial por meio do Banco do Brasil,[38] que recebia toda a receita das vendas das exportações. A centralização do controle do câmbio veio associada ao controle seletivo das importações, que eram autorizadas de acordo com uma lista de prioridades estabelecida pelo governo. Dessa forma, a política econômica nos anos 1930 torna-se bastante intervencionista, em contraponto à orientação liberal dos anos 1920. Vale lembrar que a grande depressão deu margem a políticas econômicas intervencionistas em muitos países, a começar pelos Estados Unidos, e, no mesmo período, a teoria macroeconômica estava surgindo com J. M. Keynes, na Inglaterra, trazendo para o debate econômico a necessidade de coordenação de políticas econômicas de

---

[37] Vale mencionar que, entre 1927 e 1930, o Brasil esteve no padrão-ouro, abandonando-o, definitivamente, em 1930.

[38] O mercado de câmbio controlado pelo Banco do Brasil foi segmentado por muitos anos, ou seja, vigoravam várias taxas de câmbio, cada uma aplicada a um produto ou uma finalidade de mercado.

curto prazo, atuando de forma contracíclica às forças de mercado, e o planejamento econômico como forma de sustentação da taxa de crescimento econômico.

A combinação de forte desvalorização da moeda nacional e os controles impostos para se evitar agravamento das contas do balanço de pagamentos fizeram com que as importações, que em 1929 totalizaram US$ 367.7 milhões, só fossem superadas em 1946 (US$ 594.0 milhões).

Paradoxalmente, o colapso das exportações de café e o choque cambial negativo representaram uma boa oportunidade para a incipiente indústria nacional ocupar a capacidade instalada, ofertando bens antes supridos pela importação. Apesar da retração do comércio internacional, a política de sustentação da renda do café continuou a ser praticada ao longo dos anos 1930, o nível de renda doméstico foi mantido, e a indústria, protegida pela restrição de balanço de pagamentos, substituiu a atividade agroexportadora como o setor dinâmico da economia (Furtado, 1959[2007]).

A Tabela 2, extraída de Castelar, Gill, Sérven & Thomas (2004), mostra como a indústria ganha peso em termos de PIB e emprego entre 1900 e 1950. De 1930 a 1950, o peso do PIB da indústria (manufatura, extrativa de construção e de serviços industriais) aumenta quase 10 pp, superando em importância a agricultura em 1950, que recua 13,1 pp no mesmo período.

Tabela 2 – Composição do PIB e do Emprego

	Agricultura		Indústria		Serviços	
	PIB	Emprego	PIB	Emprego	PIB	Emprego
1900	45,0	66,9	13,2	4,2	41,8	28,9
1930	36,3	66,3	17,0	13,6	46,7	20,2
1950	23,2	59,9	25,9	17,6	50,9	22,5

Fonte: Castelar et al. (2004, p.12, Tabela 6). Ver também Bonelli (2006, p. 388).

Assim, a transformação da economia brasileira de agrário exportadora para uma economia industrializada acelera-se nos anos 1930, tanto impulsionada pelo contexto internacional, que reduzia nossa capacidade de importar, como também por incentivos domésticos, como a política de sustentação da demanda agregada.[39] Ademais, as desvalorizações cambiais

---

[39] Esta visão não é unânime na literatura. Furtado (1959[2007]) é a referência mais importante na interpretação sobre a intencionalidade da política em favor da industrialização. Ver Castelar et al. (2004, p. 13), que denomina o período 1930-1950 como caracterizado por "substituição de importação não estruturada".

(Tabela 3) foram contínuas ao longo dos anos 1930 (a exceção foi o ano de 1937) e beneficiavam a substituição de importados, pois a mudança dos preços relativos funcionava como proteção à produção local.

Tabela 3 – Taxa de Câmbio

Ano	Mil Reis/Libras
1930	43 992
1931	67 421
1932	69 474
1933	77 994
1934	98 206
1935	131 693
1936	132 554
1937	125 173
1938	143 227
1939	153 541

Fonte: IBGE - Série Histórica (2023). https://seculoxx.ibge.gov.br/economicas/

O enfraquecimento da cafeicultura abriu espaço político para uma elite industrial, que ganha peso após a tomada de poder pelo presidente Getúlio Vargas.[40] A era Vargas, como é conhecida na literatura, vai de 1930 até o fim da Guerra. Durante este período, na visão de Bresser-Pereira (2014), o Brasil se constitui em um Estado-Nação, iniciando a Revolução Capitalista Brasileira, que se conclui em 1980.[41] Essa foi viabilizada pela conjunção de interesses de classes – cafeicultores, industriais e a classe trabalhadora urbanizada –, em prol de um projeto de desenvolvimento.

O Gráfico 2 mostra a evolução das taxas de crescimento da produção industrial ao longo dos anos 1930. Surpreende a forte recuperação, já em 1933, mostrando o vigor do processo de industrialização em curso.

---

[40] Getúlio Vargas toma o poder em outubro de 1930, em um golpe de estado, onde desaloja do poder a elite agrária que dominava a política desde o Convênio de Taubaté.

[41] Além da organização do Estado através da criação de órgãos públicos importantes, como o Ministério da Educação, em 1938, o governo criou o Departamento Administrativo do Setor Público (DASP), com o objetivo de aprofundar a reforma administrativa destinada a organizar e a racionalizar o serviço público no país.

Gráfico 2 – Taxas de crescimento da produção industrial – 1922-1939

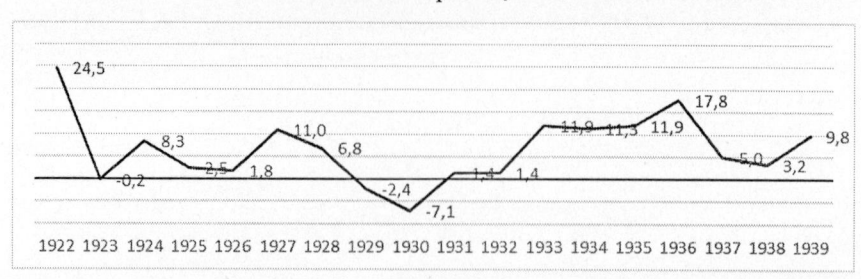

Fonte: IBGE - Estatísticas Históricas, p. 384, elaboração própria.

No entanto, conforme aponta Candall (1968), a industrialização brasileira não segue os caminhos observados em economias já industrializadas. Nas palavras do autor:

> Assim, à diferença dos processos de industrialização tradicionais, a industrialização brasileira não foi o resultado de uma difundida e gradual diferenciação da estrutura econômica, mas sim o resultado da adição de unidades tecnológicas modernas, que se superpunham às existentes e se destinavam a satisfazer uma demanda pré-existente, que se achava insatisfeita pela interrupção ou diminuição dos fluxos dos bens de origem externa, devidas ao progressivo enfraquecimento relativo da capacidade de importar (Candall, 1968, p. 76).

Com o início da Guerra, o governo Vargas passa a atuar mais diretamente na economia e, com isso, acelera ainda mais o processo de industrialização. O impulso à industrialização tardia consistiu em disponibilizar, por meio da mobilização de recursos públicos, investimentos de suporte ao desenvolvimento de uma indústria pesada. Nesse sentido, em 1940, foi criada Comissão Nacional do Plano Siderúrgico e decidida a construção da primeira grande siderúrgica integrada do Brasil, a Companhia Siderúrgica Nacional (que entra em operação em 1946), de propriedade estatal. Na sequência, foram criadas a Companhia Vale do Rio Doce (1942), a Fábrica Nacional de Motores (1943) e a Hidrelétrica do Vale do São Francisco (1945). Em 1943 (1º de maio), o governo Vargas promulgou a Consolidação das Leis do Trabalho (CLT), que reuniu e sistematizou o conjunto de leis que organizavam os direitos e deveres da classe trabalhadora. Foi um avanço importante para dar voz e organizar a classe operária emergente. [42]

---

[42] Vale mencionar a criação do Banco Nacional de Desenvolvimento Econômico (BNDE), em 1952, importante braço financeiro do Plano de Metas (1956-1961), e a criação da Petrobras (1953), com vistas a reduzir a dependência da importação de petróleo. Para uma lista não exaustiva de instituições criadas nos governos Vargas, ver Earp e Kornis (2004, p. 32). Para uma discussão sobre as políticas econômicas para fomentar a industrialização desde seus primórdios, ver Suzigan (1975).

Do ponto de vista das exportações, com o início da Guerra, a economia sofreu perda de mercados e acesso ao capital estrangeiro, mas, já em 1942, se verifica uma expansão das exportações de bens agrícolas e de produtos não tradicionais tornados competitivos pelas condições de guerra. O deslocamento do comércio internacional para os países menos afetados no conflito reforçou a substituição de importações como um caminho natural a ser seguido diante das restrições de oferta impostas pela Guerra. Quando a Guerra termina e um novo governo toma posse em 1946, os controles cambiais foram afrouxados e observa-se um boom de importação para atender à demanda reprimida. Com a taxa de câmbio valorizada, as importações passaram de US$ 594 milhões, em 1946, para US$ 1027 milhões, em 1947, mantendo-se em patamar acima de US$ 900 milhões, até 1950. (Tabela 1).

4.3 Parte 2 – Industrialização no pós-Guerra: planejamento econômico e endividamento externo como estratégias de desenvolvimento

A transformação produtiva no pós-Guerra: a manufatura como o motor do crescimento

No pós-Guerra, a industrialização acelerada explica o crescimento da economia, ou seja, a manufatura, e não mais o setor agrário exportador se torna o principal motor do crescimento (Gráficos 3 e 4). De 1948 a 1960, por exemplo, a manufatura cresceu, em média, 9,8% aa, e a economia, 7,5% aa. Considerando o período de 1948-1980, o período da industrialização acelerada, a taxa média de crescimento da indústria de transformação foi de 8,6% aa, e a da economia foi de 7,4% aa. Essas cifras colocaram a economia brasileira dentre as mais dinâmicas do mundo. Assim, depois da guerra, a economia brasileira se liberta da dependência das exportações de bens primários e assume um dinamismo ditado pela sua capacidade de gerar demanda agregada doméstica.

Gráfico 3 – Taxa anual de crescimento do PIB da economia e da Indústria de Transformação (%) 1948-1980

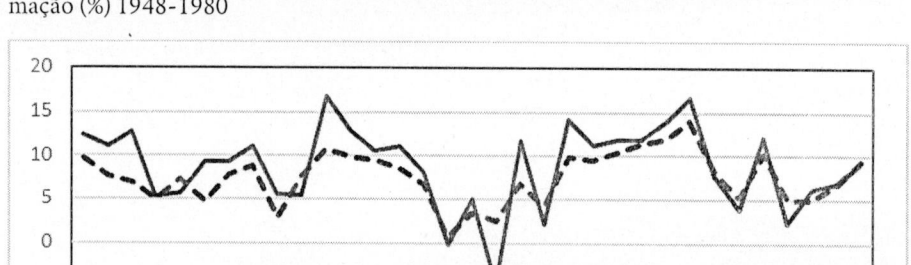

Fonte: IBGE- Contas Nacionais Consolidadas.

Gráfico 4 – Taxa de variação do PIB real e do PIB real per capita e taxas médias (%) 1948-1980

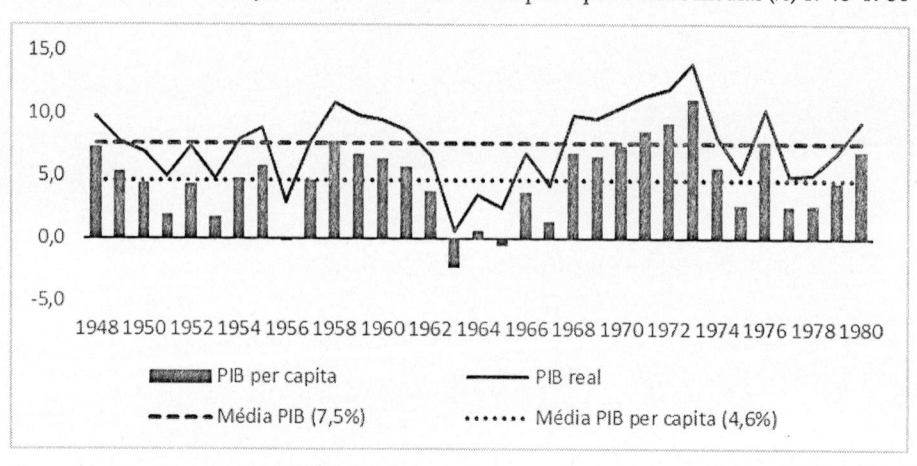

Fonte: IBGE: Estatísticas do Século XX

O dinamismo em termos de taxa de crescimento da manufatura resulta da mudança na composição dos setores, ou seja, no aumento do peso das indústrias mais dinâmicas. Como descrito na literatura teórica sobre processos de mudança estrutural, tão mais rápido deve crescer uma economia quanto mais eficiente for a transferência de recursos produtivos – mão de obra e capital e tecnologia – das atividades de baixa produtividade, associadas à produção de bens de baixo valor adicionado – como as intensivas em recursos naturais – para as atividades produtoras de bens de maior valor.

As Tabelas 4, 5 e 6 mostram como evoluiu a estrutura industrial de 1939 até 1980 por meio da mudança na composição do valor adicionado, do emprego e da produtividade relativa dos setores de atividade. A apresentação das tabelas segue a classificação usada em Candall (1968), que agrega as informações da indústria de transformação em três grupos: indústrias tradicionais, indústrias de bens intermediários e indústrias de bens de capital.

Em termos de valor adicionado (Tabela 4), a perda de peso das indústrias tradicionais é acentuada de 1939 a 1959 – 20,7 pp. A partir de então, a perda de participação é mais lenta, mas contínua. Do grupo de indústrias tradicionais, a têxtil e alimentares são as que mais perdem participação. No mesmo período, ganham peso as indústrias de bens intermediários, em particular a metalurgia e as indústrias de bens de capital.

Tabela 4 – Indústria de transformação: participação do valor adicionado por gênero de indústria (%)

	1939	1949	1959	1970	1975	1980*	1980-1939 (pp)
Madeira	3,2	4,2	3,2	2,5	2,9	2,7	-0,5
Mobiliário	2,1	2,2	2,2	2,1	2,0	1,8	-0,3
Couros e peles e produtos similares	1,7	1,3	1,1	0,6	0,5	0,5	-1,2
Têxtil	21,8	19,6	12,0	9,3	6,1	6,4	-15,4
Vestuário, calçados e artefatos de tecidos	4,8	4,3	3,6	3,3	3,8	4,8	0,1
Produtos alimentares	23,3	20,5	16,4	13,5	11,3	10,0	-13,3
Bebidas	4,3	4,5	2,9	2,3	1,8	1,2	-3,1
Fumo	2,3	1,4	1,3	1,3	1,0	0,7	-1,6
Editorial e gráfica	3,5	4,0	3,0	3,7	3,7	2,6	-0,9
Diversas	1,1	1,6	1,8	2,1	1,9	2,2	1,1
Indústrias Tradicionais	**68,1**	**63,5**	**47,4**	**40,8**	**35,1**	**32,9**	**-35,2**
Produtos de minerais não metálicos	5,3	7,1	6,6	5,9	6,2	5,8	0,6
Metalúrgica	7,5	9,4	11,8	11,6	12,6	11,5	4,0
Papel e papelão	1,5	2,2	3,0	2,6	2,5	3,0	1,6
Borracha	0,6	1,9	2,9	1,9	1,7	1,3	0,6
Química	6,6	5,3	8,6	10,0	12,0	14,7	8,1
Indústrias de bens intermediários	**21,5**	**25,9**	**32,8**	**32,0**	**35,1**	**36,3**	**14,8**
Mecânica		2,1	3,4	7,1	10,3	10,1	10,1
Material elétrico e de comunicações	5,4	1,6	4,0	5,4	5,8	6,4	0,9
Material de transporte		2,2	7,6	8,0	6,4	7,6	7,6
Indústrias de bens de capital	**5,4**	**6,0**	**15,0**	**20,4**	**22,4**	**24,1**	**18,6**

Fonte: IBGE: Estatísticas do século XX. * Não inclui a atividade serviço de apoio.

O mesmo movimento de mudança é observado na composição do emprego (Tabela 5). De 1939-1959, o setor de bens tradicionais perde participação no emprego em 16,3 pp, enquanto outros grupos de indústrias absorvem relativamente mais mão de obra. O movimento de transferência de mão de obra pode ser rotulado de "virtuoso", no sentido de que, ao longo das décadas, o setor manufatureiro emprega relativamente mais pessoal em setores mais intensivos em capital e, portanto, de maior produtividade.

Tabela 5 – Indústria de transformação: participação do pessoal ocupado por gênero de indústria (%)

	1939	1949	1959	1970	1975*	1980*	1980-1939 (pp)
Madeira	4,6	5,2	5,0	5,2	5,3	5,3	0,8
Mobiliário	3,5	3,0	3,6	4,0	3,6	3,6	0,0
Couros e peles e produtos similares	1,8	1,6	1,4	1,0	0,9	0,9	-0,9
Têxtil	28,6	25,8	18,7	13,0	8,7	7,7	-20,9
Vestuário, calçados e artefatos de tecidos	6,0	5,8	5,6	6,2	7,9	9,4	3,3
Produtos alimentares	21,3	17,9	15,2	14,1	13,1	12,6	-8,6
Bebidas	2,0	3,0	2,5	2,2	1,4	1,2	-0,8
Fumo	1,7	1,0	0,8	0,6	0,6	0,4	-1,3
Editorial e gráfica	3,9	3,8	3,5	3,7	3,3	2,9	-1,0
Diversas	1,3	1,8	2,2	2,4	2,2	2,2	0,9
Indústrias Tradicionais	**74,7**	**68,9**	**58,4**	**52,4**	**47,2**	**46,1**	**-28,6**
Produtos de minerais não metálicos	7,0	9,8	9,3	9,0	8,4	8,9	1,9
Metalúrgica	1,5	1,9	2,3	2,5	2,2	2,2	0,7
Papel e papelão	0,6	0,8	1,2	1,2	1,2	1,1	0,6
Borracha	3,5	3,4	4,4	4,0	3,3	3,3	-0,2
Química	7,5	7,9	9,9	10,1	11,6	10,8	3,3
Indústrias de bens intermediários	**20,1**	**23,8**	**27,2**	**26,9**	**26,8**	**26,4**	**6,2**
Mecânica		2,0	3,5	6,8	10,3	10,9	10,9
Material elétrico e de comunicações	3,1	1,2	3,3	4,4	4,6	5,0	1,8
Material de transporte		1,5	4,7	6,0	5,8	5,7	5,7
Indústrias de bens de capital	**3,1**	**4,8**	**11,5**	**17,2**	**20,7**	**21,6**	**18,5**

Fonte: IBGE: Estatísticas do século XX, * Não inclui a atividade serviço de apoio,* Não inclui a atividade serviço de apoio nem unidades administrativas.

O movimento "virtuoso" de transferência de mão de obra para setores de maior produtividade reflete-se na produtividade relativa maior nos setores de bens intermediários e os de bens de capital ao longo de quatro décadas (Tabela 6).

Tabela 6 – Indústria de transformação: evolução da produtividade relativa da mão de obra - Indústria de Transformação =100 (%)

	1939	1949	1959	1970	1975	1980
Madeira	69,3	80,4	64,5	48,8	54,6	50,3
Mobiliário	60,3	72,7	60,6	52,4	54,7	50,3
Couros e peles e produtos similares	93,9	81,1	77,2	64,4	55,3	54,2
Têxtil	76,3	75,9	63,9	71,8	70,2	83,4
Vestuário, calçados e artefatos de tecidos	79,3	72,9	63,7	53,6	47,8	51,8
Produtos alimentares	109,8	114,4	108,3	95,3	86,3	79,4
Bebidas	215,1	149,4	115,3	104,1	127,2	101,7
Fumo	135,2	143,4	173,3	238,5	184,0	185,3
Editorial e gráfica	91,5	105,4	86,6	99,7	110,2	89,9
Diversas	82,4	88,6	81,2	88,8	87,0	100,3
Indústrias tradicionais	**91,2**	**92,1**	**81,2**	**78,0**	**74,3**	**71,5**
Produtos de minerais não metálicos	74,7	72,5	70,2	65,5	74,4	65,4
Metalúrgica	100,4	119,1	118,4	114,1	109,0	106,5
Papel e papelão	96,2	117,8	126,9	100,7	112,4	138,6
Borracha	115,0	227,6	247,8	156,3	137,9	110,4
Química	187,7	155,9	197,2	252,6	363,3	442,4
Indústrias de bens intermediários 106,7		**108,8**	**120,9**	**119,0**	**131,3**	**137,8**
Mecânica		104,9	97,2	102,9	100,7	92,7
Material elétrico e de comunicações	173,5	132,6	120,7	122,8	124,4	128,4
Material de transporte		144,2	162,6	132,5	109,3	132,2
Indústrias de bens de capital 173,5		**124,6**	**130,5**	**118,3**	**108,4**	**111,3**

Fonte: IBGE: Estatísticas do século XX. Elaboração própria.

Em suma, o declínio relativo das indústrias tradicionais abrindo espaço para as indústrias modernas começa mais fortemente na década de 1950. Como o país é importador de tecnologia, o aumento do peso dos setores mais dinâmicos implicou na adaptação de tecnologia estrangeira e o desenvolvimento de capacidades técnicas, especialmente, em engenharia. Não por acaso, a profissão de engenheiro foi regulamentada no início dos anos 1930, [43] momento em que se inicia uma forte migração de mão de obra especializada (e não especializada), em busca de oportunidades geradas pelo processo de industrialização. A força da industrialização levou também ao aumento substancial no número de escolas de engenharia nos anos 1940, atendendo à crescente demanda de mão de obra especializada para a indústria.

O cenário do fim da Guerra altera a correlação de forças políticas no cenário doméstico, e o imediato pós-Guerra mostra, por um breve período, o avanço de políticas econômicas liberais.

O imediato pós-Guerra

O imediato pós-Guerra é um breve período de avanço das ideias liberais sob o comando do governo do presidente Dutra (1946-1950).[44] Conforme apontam Vianna e Villela (2011), dado que o país emergia da Guerra em posição externa favorável, com superávits comerciais elevados e acúmulo de reservas,[45] a aceleração da inflação, vista como um problema de excesso de demanda, foi diagnosticada como o principal problema a ser enfrentado. A agenda de controle de preços que se segue é de caráter ortodoxo, ou seja, uma política monetária contracionista e uma política fiscal austera para acabar com os déficits orçamentários. A inflação no período passou de 22% ao ano (medida pelo IGP-DI), em 1946, para 12,4%,

---

[43] Segundo Macedo e Sapunaru (2016), foi no governo Vargas que a profissão de engenheiro foi regulamentada. O Decreto n,º 23.196, de 12 de outubro de 1933, regulamentou a profissão do engenheiro agrônomo. Para uma breve história da engenharia no país, ver: https://www.confea.org.br/sistema-profissional/historia

[44] Conforme aponta Curado (2022, p. 78), "O desenvolvimentismo original direcionou a evolução das políticas econômicas entre 1930 e 1964. Entretanto, a relevância dele oscilou consideravelmente ao longo do tempo. Nos governos de Dutra e Café Filho (1954-1955), minguou, quando comparada à experiência de outros períodos".

[45] Os autores interpretam que era ilusória a folga do Balanço de Pagamentos, à medida que o país era superavitário no comércio internacional com países com moeda não conversível, e deficitário no comércio com países com moeda forte. Por força desse desequilíbrio, o governo institui, em meados de 1947, um sistema de controle de importações, para "racionar e dar melhor uso à moeda estrangeira disponível" (Vianna e Villela, 2011, p. 6).

em 1950. Porém, a política liberal foi sendo paulatinamente abandonada ao longo do governo, e a "adesão estrita à ortodoxia econômica" (Vianna e Villela (2011), p. 8).

Mesmo durante a fase "liberal" do governo Dutra, o processo de industrialização avança, dado que os controles sobre o câmbio e as importações permaneceram.

O período do segundo governo do presidente Getúlio Vargas (1951-1954), agora eleito, é marcado por uma crise cambial em 1952, que, por dificuldades de financiamento externo, acumulou atrasos comerciais e apresentou déficit na balança comercial (Tabela 1).[46] A persistência da inflação[47] e os desequilíbrios externos sinalizavam para gargalos na infraestrutura doméstica e a necessidade de investimentos públicos para superá-los.[48] O objetivo de ampliação da infraestrutura econômica do país ganhou reforço a partir da criação de diversas empresas estatais, como o BNDE (1952) e a Petrobras (1951).

O governo Vargas é interrompido com o trágico suicídio do presidente, em agosto de 1954. O governo de Café Filho sucede-o até 1955. A tentativa de estabilizar o Balanço de Pagamentos e conter a inflação, que se acelerava frente às desvalorizações cambiais e ao aumento de 100% do salário-mínimo (anunciado em maio de 1954), levaram o novo governo a se voltar para medidas ortodoxas de política econômica. No âmbito externo, o ministro da Fazenda indicado, o professor Eugênio Gudin, nome de prestígio junto à comunidade financeira internacional,

---

[46]   Face às dificuldades no Balanço de Pagamentos e à ameaça de colapso cambial, em outubro de 1953, foi instituída a Instrução 70 da Superintendência da Moeda e do Crédito (Sumoc), com objetivo de atacar simultaneamente o problema fiscal e o cambial. A Instrução 70 estabeleceu taxas múltiplas de câmbio a partir de leilões de câmbio (vigoram até 1957), com cobrança de ágios que se constituíram em importante fonte de receita para a União.

[47]   A alta inflação se constituiu em desequilíbrio macroeconômico persistente. De 1951 a 1985, as taxas de inflação brasileiras estiveram entre as mais altas do mundo. Para Bastos, Bastian, & Bielschosky (2022), os surtos inflacionários estiveram relacionados a fatores de pressão de custos devido a choques externos (desvalorizações cambiais e/ou choques de preços de *commodities*). Serra (1982), por sua vez, argumenta que a inflação brasileira, como reflexo da rapidez e intensidade das transformações na economia, teve uma funcionalidade ao favorecer a acumulação interna de recursos para financiar investimento produtivo, dada a incapacidade do sistema financeiro doméstico de mobilizar poupança (ver também Feijó, Câmara, & Cerqueira, 2015). A disfuncionalidade da inflação teria sido sentida durante suas fases de aceleração descontrolada, como em 1962-64 e desde 1979.

[48]   Segundo Vianna e Villela (2011, p. 14): "Uma das fontes irresistíveis de pressão sobre os gastos públicos eram as obras necessárias à adequação da infraestrutura do país ao crescimento industrial sustentado desde 1948 e, particularmente, ao surto de investimentos de 1951 e 1952".

conseguiu recursos externos de fontes oficiais e bancos privados. Para remover obstáculos à livre entrada de capital estrangeiro, foi instituída a Instrução 113 da Superintendência da Moeda e do Crédito (SUMOC), em janeiro de 1955, que, dentre outras medidas, permitiu a importação sem cobertura cambial de equipamentos e bens de produção. No âmbito doméstico, os programas de estabilização de preços geraram uma ampla crise de liquidez e significativa elevação do número de falências e concordatas no primeiro semestre de 1955. Segundo Vianna e Villela (2011), o plano implementado pelo Ministro da Fazenda correspondeu ao mais ortodoxo da história do país.

A importância do planejamento econômico coordenando o processo de industrialização

Como mencionado, o planejamento como ferramenta de política econômica tinha se tornado uma prática nas economias desde a crise mundial dos anos 1930.[49] No Brasil, em 1949, durante o governo do presidente Eurico Dutra, houve a tentativa de implementação do Plano Salte, que previa investimentos públicos nos setores de saúde, alimentação, transporte e energia para os anos de 1949 e 1953. Essa foi uma iniciativa de intervenção planejada do Estado, com vistas à promoção do desenvolvimento econômico, porém com limitado sucesso devido à inexistência de formas de financiamento definidas.

O grande impulso da industrialização nos anos 1950 decorre da implementação do Plano de Metas, durante o governo de Juscelino Kubitschek (1956-61). Lessa (1981, p. 29), ao estudar detalhadamente a execução do Plano de Metas, observa que, dado nosso histórico de desenvolvimento industrial, nos anos 1950, a opção pelo desenvolvimento, ao invés da busca pela estabilidade (como seguido por outras economias latino-americanas), impõe-se. Nas palavras do autor (Lessa, 1981, p. 32): "[...] o Plano de Metas, na verdade, apenas coroava um processo pelo qual o setor privado, desde o início do decênio, vinha progressivamente delegando

---

[49] O Brasil também acompanha a tendência internacional de investimento na formação de uma burocracia estatal. Duas iniciativas podem ser mencionadas. Em 1944, foi criada a Fundação Getulio Vargas (FGV) no Rio de Janeiro, ligada ao Departamento de Administração do Setor Público (Dasp). O Instituto Brasileiro de Economia da FGV foi criado em 1946. Em 1945, foi criada a Escola Nacional de Ciências Econômicas da Universidade do Brasil, fundada por Eugênio Gudin. São instituições dedicadas à produção de conhecimento na área de planejamento e desenvolvimento econômico.

ao governo poderes e instrumentos para que fizesse frente às tarefas de complementação industrial".

Logo no início de seu mandato, em 1956, o presidente Kubitschek criou o Conselho de Desenvolvimento, órgão encarregado pela elaboração do Plano de Metas, que se baseou nos diagnósticos já elaborados pela Comissão Mista Brasil Estados Unidos e nos do Grupo Misto de Estudos CEPAL/BNDES (1953) – este último chefiado por Celso Furtado. O plano estabelecia o campo de atuação do Estado em investimentos em áreas básicas e de infraestrutura e no estímulo aos investimentos privados. Tinha dois objetivos principais: adequar a infraestrutura econômica, em particular, de energia e transporte, para as necessidades da expansão da manufatura; e selecionar indústrias prioritárias para superar gargalos na pauta de importação.

Ao elencar indústrias prioritárias (siderurgia e petróleo, por exemplo) e ramos dinâmicos, como os produtores de bens de capital e bens de consumo durável e bens intermediários, o plano fortaleceu simultaneamente um núcleo de atividades interligadas do ponto de vista econômico e técnico. A escolha das indústrias prioritárias buscava, também, garantir o suprimento necessário de bens para fazer frente ao crescimento da economia, sem onerar o balanço de pagamentos.

As indústrias e os setores prioritários estavam protegidos por vários instrumentos de política: pela reserva de mercado para a produção nacional (lei do similar nacional), pela taxa de câmbio preferencial para a importação de bens de capital e pela concessão de crédito com carência e juros subsidiados do BNDE e do Banco do Brasil.

Formalmente, o Plano de Metas abrangia cinco áreas principais: energia e transporte (que deveriam concentrar mais de 70% dos recursos públicos), indústria de base (com mais de 20% dos recursos a serem complementados por investimentos privados) e alimentação e educação (com menos de 10% dos recursos previstos), além da construção de Brasília.[50]

O período de execução do Plano de Metas foi de intenso crescimento da economia brasileira, que se expandiu em 8,3% aa entre 1956 e 1961, enquanto a indústria de transformação cresceu 10,0% aa. Complementando as informações sobre a transformação da estrutura produtiva no período de intensificação do esforço de industrialização via substituição de importações, a Tabela 7, extraída de Candall (1968), apresenta uma

---

[50] Para uma avaliação crítica do Plano de Metas, ver Lessa (1981).

estimativa da taxa de crescimento da produtividade da economia e dos grandes setores de atividade e a composição do emprego. Entre 1950 e 1960, a produtividade da economia cresceu 2,92% ao ano. Do conjunto de setores de atividade, as indústrias Extrativa Mineral (10,05% aa) e de Transformação (6,83% aa) foram as de maior crescimento. Importante registrar que o aumento expressivo da produtividade nos dois setores dá-se com ligeira queda relativa na participação do emprego no total (duas últimas colunas). Tal resultado pode ser explicado pelo fato de que a intensificação da industrialização implicou o aumento do peso de setores mais intensivos em capital. O setor agrícola foi o de maior queda relativa no emprego e apresentou crescimento da produtividade (2,49% aa) abaixo da média da economia.

Tabela 7 – Taxa de crescimento média anual da produtividade e participação % do emprego – 1950-1960

	Taxa de crescimento média anual da produtividade 1950/60	Participação % do emprego	
		1950	1960
Agricultura	2,49	62,4	55,1
Ind. Transformação	6,83	9,8	9,1
Extrativa Mineral	10,05	0,7	0,5
Construção	3,48	3,6	3,6
Energia Elétrica	2,04	0,2	0,3
Comércio	1,74	5,8	6,9
Transporte e Comunicação	2,69	4,2	4,9
Serviços	-1,59	10,2	12,4
Governo	-8,50	3,1	7,2
Total	2,92	100,0	100,0

Fonte: Candall (1968, p. 93, Quadro 5).

O sucesso do Plano de Metas, em linhas gerais, esteve ligado à sua capacidade de coordenar um conjunto de instrumentos de política econômica para superar os pontos de estrangulamento da infraestrutura e modernizar e ampliar o parque industrial brasileiro. Assim, a coordenação das decisões de investimento alcançada com o Plano de Metas foi um ponto de destaque positivo, no momento que a industrialização se dava com grandes plantas industriais. Mais ainda, coube ao Estado assumir também o papel de articulador financeiro do processo de implementação dos projetos de investimento.

Assim, como observa Serra (1982, p.17), a participação do Estado é um elemento-chave para entender o sucesso do processo de industrialização no período. Na mesma linha de raciocínio, Castro (1993) observa que o sucesso da industrialização no período esteve associado a uma crença compartilhada que ele denominou "convenção para o crescimento". O compromisso do governo com o crescimento e a industrialização gerou um estado de expectativa entre os agentes econômicos que estimulou o investimento produtivo, e o processo de desenvolvimento tornou-se uma profecia autorrealizada.[51]

A crise dos anos 1960

O início dos anos 1960 marca o fim do ciclo de crescimento iniciado no pós-Guerra. Pode-se dizer que a tendência de crescimento acelerado tem uma parada súbita. Como visto no Gráfico 3, a primeira inflexão em termos de taxa de crescimento do PIB da economia e da indústria de Transformação desde o pós-Guerra ocorre em 1963, quando ambas as taxas ficam próximas de zero. A desaceleração da economia perdura até 1967. No período de 1963-1967, as taxas médias de crescimento do PIB e da indústria de Transformação são de 3,4% e 2,7% ao ano, respectivamente, percentuais muito inferiores aos observados no quinquênio 1956-1960: 8,1% e 10,2% ao ano, respectivamente. A desaceleração na taxa de crescimento da economia veio acompanhada do aumento da inflação (atinge a 90% em 1964).

As causas da desaceleração da economia dão margem a várias interpretações. Furtado (2007) identifica a causa da desaceleração no modelo de industrialização por substituição de importação. A industrialização retardatária teria se dado pela produção de bens similares aos dos países desenvolvidos com o emprego de tecnologias poupadoras de mão de obra e altamente intensivas em capital. Contudo, a abundância de mão de obra impedia o crescimento dos salários, o que teria sido observado nos países desenvolvidos, de forma que a industrialização por substituição de importações nos países *late late comers* gera um descompasso entre a capacidade

---

[51] Uma boa síntese do que representou a coordenação do Plano de Metas para o processo de industrialização pode ser lida em Centro Internacional Celso Furtado (2010), Memórias do Desenvolvimento (p. 46): "Assim, o período do governo Kubitschek (1956-1960) foi crucial para a estruturação do capitalismo nacional. Representou o primeiro grande ciclo endógeno de crescimento econômico alavancado pela ação do Estado, com importantes investimentos em infraestrutura e na indústria pesada. A ação estatal estimulou a iniciativa privada nacional e estrangeira a fim de investir no crescimento, independentemente do contexto internacional e das restrições do balanço de pagamentos brasileiro".

de oferta e a estrutura de demanda doméstica. Como implementado no Brasil (e na América Latina), a estratégia de industrialização não se voltou para o mercado externo, e, portanto, empresas operando com grande escala de produção tendiam a subutilizar a capacidade produtiva. A proteção do mercado doméstico implicava a majoração dos preços de produtos industriais, reforçando a concentração de renda. Tal modelo, na visão de Furtado (2007), inevitavelmente levaria a economia à estagnação e, frente a desequilíbrios no balanço de pagamentos, à recessão. Tal seria o caso da economia brasileira nos anos 1960.

Outra interpretação se encontra em Tavares e Serra (1971). Os autores argumentam que a desaceleração da economia no início dos anos 1960 foi resultado de um problema cíclico, relacionado com a conclusão de um volumoso conjunto de investimentos do Plano de Metas.[52] A principal razão, então, seria um problema estrutural de declínio cíclico. A maturação desses investimentos aumentou a capacidade ociosa na indústria, o que por si só já frearia novos investimentos. Além disso, a demanda de bens de consumo duráveis não crescia de forma satisfatória devido ao baixo nível de renda per-capita, à elevada concentração de renda e ao insuficiente desenvolvimento do sistema financeiro doméstico.

As duas interpretações atribuem a causa da inflexão do crescimento a problemas estruturais da economia. Mas também contribuiu para a política de estabilização de preços de 1963 (Plano Trienal, de curta duração[53]) e do Plano de Ação Econômica do Governo (PAEG) – implementado entre novembro de 1964 e 1966.

O PAEG foi um plano de amplas reformas nas estruturas institucionais, com destaque para a introdução da Obrigação Reajustável do Tesouro Nacional (ORTN), título da dívida pública que continha a correção monetária, a criação do Conselho Monetário Nacional (CMN) e do Banco Central do Brasil. O sistema tributário e o sistema bancário e financeiro passaram a ter novas regras que recapacitaram, especialmente do ponto de vista financeiro, a intervenção pública. As reformas institucionais ocorreram em um contexto de política econômica ortodoxa, porém gradualista,

---

[52] Serra (1982, p. 33) afirma que: "Do ponto de vista das teorias do ciclo, foi típico o fato de que o setor mais afetado dentro do setor manufatureiro tivesse sido o de bens de capital".

[53] O Plano Trienal era bastante ortodoxo, baseava-se em política fiscal e monetária apertada para conter a aceleração da inflação. O plano sofreu forte oposição dos sindicatos, que se recusavam a suportar o peso do ajuste anti-inflacionário. O acirramento dos conflitos sindicais e políticos impediu a implementação de qualquer gestão econômica mais articulada. O governo eleito é substituído por um governo militar em 1 de abril de 1964.

de estabilização de preços. Essa política se orientou, fundamentalmente, para a eliminação do déficit fiscal, aperto de crédito e de forte compressão salarial[54]. A inflação declinou de 90%, em 1964, para 39,5%, em 1966, e a economia estava agora pronta para produzir o chamado "milagre econômico brasileiro" (1967-1973).

O milagre econômico

De 1968 a 1973, o PIB cresceu a uma taxa média de 11,4% ao ano, com a indústria de transformação liderando o crescimento. O resultado em termos de expansão do PIB não só retoma a fase expansiva do Plano de Metas, como também consolida setores industriais importantes produtores de bens de consumo durável e de bens de capital. Hermann (2011) argumenta, com propriedade, que esse período é identificado como de "milagre" econômico, porque o elevado crescimento do PIB verifica-se com inflação moderada e contas externas equilibradas.

Vários fatores contribuíram para a recuperação do crescimento de forma "milagrosa". Do lado da oferta, a presença de capacidade ociosa herdada do período anterior de baixo crescimento permitiu que a retomada ocorresse sem pressão relevante de custos.

No cenário macroeconômico, a política monetária se torna expansiva, contrastando com o período do PAEG. O crédito ao setor privado expande-se em termos reais, em 17,4%, no período 1968-1973, em contraste com 4,9%, no período 1964-1967[55]. A modalidade de crédito ao consumidor merece destaque no contexto do "milagre". Facilitado pela reforma financeira iniciada em 1964[56], dá um impulso importante à demanda por bens de consumo durável e consolida também o padrão de consumo, que mudou com a rápida industrialização e urbanização do país. A expansão do crédito ao consumidor permitiu aos trabalhadores, diante de uma redução em sua participação na renda total, sustentar tanto seu consumo de subsistência quanto seu consumo de bens de maior valor.

---

[54] A fórmula de reajustes salariais recompunha os salários não pelo pico, mas o salário real médio dos últimos 24 meses anteriores ao mês de reajuste. A compressão salarial se observou também por subestimativas da inflação corrente. Resende (1982, p. 802) afirma: "O ponto-chave do PAEG e da política desinflacionária dos governos pós-1964 foi, no entanto, a política salarial [...] o programa desinflacionário do PAEG substitui a negociação dos salários pela fórmula oficial de reajuste. A aplicação desta fórmula, conforme se viu, reduziu o salário-mínimo a cada ano, de 1965 até 1974, [...]".

[55] Hermann (2011), p. 60, Tabela 3.3.

[56] Ver Hermann (2011, p. 57, Quadro 3.2).

Segundo Wells (1976, 1977), as facilidades de crédito ao consumidor desde o final da década de 1960 contribuíram fortemente para explicar a ampliação do mercado de bens duráveis no Brasil, permitindo que as famílias adotassem hábitos de consumo de pares mais ricos. O consumo crescente de bens duráveis "modernos" pela classe média, bem como a emulação dos padrões de consumo das classes altas pelas classes baixas ao longo de todo o espectro da distribuição de renda, representou uma conquista importante, e, portanto, o Brasil do final dos anos 1960 e nos anos 1970 pode ser entendido como uma combinação de consumo conspícuo e consumo de massa. Esse padrão de consumo permitiu a absorção interna da produção industrial em uma "estratégia de industrialização de baixos salários".[57]

No âmbito do financiamento externo, o período do milagre econômico é beneficiado pela política deliberada de captação de recursos externos, que tem início com o governo militar em 1964 e encontra um contexto internacional extremamente favorável. Em meados dos anos 1960, com a expansão do mercado de eurodólares, o Brasil, com a retomada do crescimento, se torna, dentre o conjunto de países em desenvolvimento, um destino privilegiado desses fluxos internacionais. Ainda como reforço à atração de capital externo, a política cambial de ajustes contínuos da taxa de câmbio, de minidesvalorizações cambiais instituída em 1968, evitava expectativas de desvalorizações acentuadas.

A política de atração de capital externo foi fundamental para o crescimento da economia porque, com a retomada do crescimento, se observa uma tendência à redução dos saldos comerciais (Tabela 1). De 1968 a 1973, as exportações cresceram acumuladamente 275%, mas as importações 330%. Ponto positivo a destacar é que a pauta de exportações já começa a mostrar diversificação, em favor de bens manufaturados e semimanufaturados.[58] A estratégia de diversificação da pauta é um resultado importante que revela um aspecto positivo no aprofundamento do processo de industrialização. As importações, por sua vez, mostram uma

---

[57] A evolução do padrão de consumo, baseado na concentração de renda e na expansão do crédito ao consumidor, contribuiu para a redução da elasticidade do consumo privado à distribuição de renda. Tavares e Serra (1971) apontam que a rápida urbanização implicou o aumento da proporção de rendimentos mistos e levou a um aumento da fração de trabalhadores não assalariados susceptíveis de apresentar uma propensão a poupar semelhante à dos assalariados. Nesse contexto, uma redução da massa salarial tende a ter um impacto menos compressivo sobre os níveis de consumo.

[58] Segundo Bonelli e Malan (1976, p. 373), para o período 1968-1972, cerca de 8% do aumento das vendas industriais eram devidas ao aumento nas exportações de manufaturas.

tendência à concentração em bens de capital, que passam de 25,2%, da pauta em 1965, para 32,3%, em 1975[59].

A estratégia de crescimento com endividamento externo implicou déficits crescentes em conta corrente, que passam de US$ 581,8 milhões, em 1968, para US$ 2,085 bilhões, em 1973.[60] Esse crescimento foi decorrente do aumento das despesas com juros e remessas de lucros, resultado da crescente captação de capital externo. Assim, a dívida externa cresceu acentuadamente, passando de US$ 3,4 bilhões para US$ 14,9 bilhões, no mesmo período. O Gráfico 5 mostra a evolução da poupança externa (saldo em transações correntes) como proporção do PIB, que, desde 1968, é positiva e com tendência crescente.

Gráfico 5 – Evolução da participação da poupança externa como percentagem do PIB (%) – 1947-1980

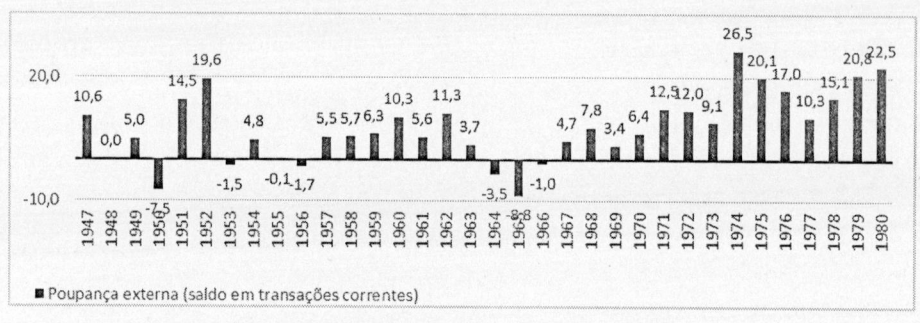

Fonte: IBGE- Contas Nacionais Consolidadas,

Os choques externos e o II Plano Nacional de Desenvolvimento (II PND)

O PIB brasileiro cresceu 14,0%, em 1973, maior taxa desde o pós--Guerra. Nos anos seguintes, sob o impacto do choque no preço internacional do petróleo,[61] a taxa média de crescimento do PIB cai para 7,0% ao ano até 1980. Apesar da queda, o percentual se situou quase duas vezes acima da média mundial, que foi de 3,8% ao ano, no mesmo período. A primeira taxa negativa de crescimento do PIB brasileiro foi registrada em 1981 (-4,3%), seguindo o duplo choque externo: nova elevação no preço do petróleo e

---

[59]   Bonelli e Malan (1976, p. 362, Tabela 2). Ver também p. 387, Tabela 7.

[60]   Esse valor salta para US$ 7,504 bilhões, em 1974, devido ao choque do preço do petróleo.

[61]   O preço médio do barril de petróleo saltou de US$ 3,29, em 1973, para US$ 11,58, em 1974. No segundo choque do petróleo, em 1979, o preço do barril foi para US$ 30,03 e US$ 35,69, em 1980. Vale ressaltar que, quando do primeiro choque do petróleo, o Brasil dependia de 80% do petróleo importado para fazer frente às suas necessidades energéticas.

aumento dos juros internacionais que se seguem desde 1978, atingindo maior patamar em 1980.

A opção do novo governo militar, que assume em 1974, foi a de manter elevado ritmo de crescimento, a despeito da mudança no cenário internacional. Em 1975, é apresentado o II PND, com o propósito de dar continuidade ao processo de substituição de importação. Assim, o II PND foi formulado com ênfase na substituição de importações nos segmentos de siderurgia, química pesada, metais não ferrosos e minerais não metálicos e no setor energético, aumentando a prospecção de petróleo, além do aumento no fornecimento de energia elétrica e no desenvolvimento de fontes de energia alternativas aos derivados de petróleo com ênfase no álcool combustível.[62]

A estratégia desenvolvimentista, por assim dizer, se apoiava na continuidade do endividamento externo. Porém, a mudança no cenário externo implicou aumento da vulnerabilidade no balanço de pagamentos. Isso porque o aumento da dívida externa amplia a dependência da economia às sucetibilidades do mercado externo, tanto de comércio como financeiro. Para cumprir com os encargos da dívida, é necessário gerar superavits comerciais e/ou captar novos recursos no mercado externo de modo a compensar os déficits correntes com entrada líquida de capitais. Neste caso, é fundamental que haja disposição dos credores a emprestar a países com endividamento crescente. A tendência é que mais recursos sejam captados a custos mais elevados. De fato, Cerqueira (2003, p. 143) mostra que a taxa de juros *Prime* dos EUA passou de 6,0%, em 1976, para 12, 88% a.a., em 1979, e 20,18% a.a., em 1980.[63]

O Gráfico 6 ilustra a evolução da dívida externa e do pagamento de juros como proporção do PIB desde 1971, revelando alta correlação entre as duas séries. A dívida externa como proporção do PIB atinge seu maior valor em 1982, ano da moratória do México. Por outro lado, os déficits comerciais se avolumam com a mudança nos termos de troca desfavorável aos países dependentes de petróleo, como o Brasil (Tabela 1).

---

[62] Fishlow (1986, p. 512) observa que a "corajosa estratégia" teve de se adequar aos limites de uma política macroeconômica do tipo *stop-go*, para conter a aceleração da inflação e controlar o desequilíbrio externo.

[63] Grande parte da despesa da dívida externa brasileira foi contratada à taxa *Prime* americana.

Gráfico 6 – Participação % dos juros pagos e da dívida externa líquida sobre as exportações: 1971-1990

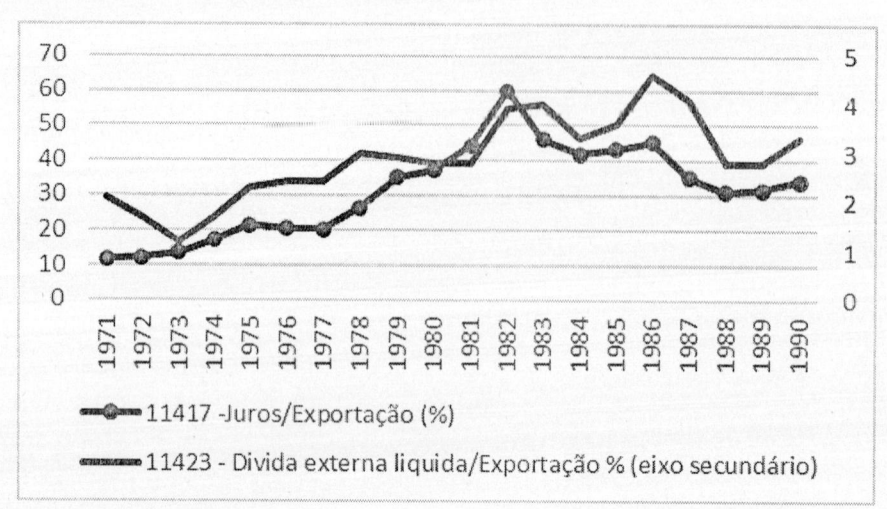

Fonte: Banco Central do Brasil.

O novo cenário internacional de juros elevados e termos de troca desfavorável a países dependentes de importação de petróleo levou a um racionamento do crédito externo e à deflagração da "crise da dívida" latino-americana. Como observa Hermann (2011a, p. 78), à moratória mexicana, seguiu-se um longo período de estancamento do fluxo de capital para os países em desenvolvimento, bem como de renegociação da dívida externa latino-americana (caso a caso), que se estendeu até o final da década de 1980.

No caso brasileiro, os choques externos em 1979-1980 interrompem a fase de crescimento elevado da economia brasileira. Apesar de a economia ter crescido 9,2% em 1980, os desequilíbrios no balanço de pagamentos e a aceleração da inflação lançam a economia nos anos 1980 no que ficou registrado na literatura como a "década perdida". Em relação ao desequilíbrio externo, o elevado grau de endividamento e o custo crescente de rolagem da dívida explicitaram o fato de que grande parte do aumento do déficit em conta corrente refletir o crescimento dos encargos da dívida, o que estava fora do controle das autoridades domésticas.[64]

Sobre a inflação, ela se eleva a outro patamar a partir dos choques do petróleo e de juros. Pelo IGP-DI, de 1974-1980, o aumento médio dos

---

[64] Vale ressaltar que, para atrair capital externo, o governo brasileiro passa a praticar uma política de taxas de juros reais elevados. Tal medida deveria também desaquecer a demanda doméstica e ajudar no combate à inflação, supondo que a pressão inflacionária viesse da demanda.

preços foi de 51,8% ao ano, contra 17,0% ao ano no período 1970-1973. Em 1979, tendo por objetivo corrigir a taxa de câmbio e deslocar a demanda em favor de bens produzidos domesticamente e estimular as exportações, o governo desvaloriza em 30% a moeda nacional, provocando, como esperado, um choque inflacionário. À medida que a inflação se acelera, a regra de reajuste salarial sofre alteração no sentido de encurtar o prazo de reajuste. Em 1979, os reajustes dos trabalhadores do setor público e privado passam a ser semestrais, e este prazo será encurtado ao longo dos anos 1980.

O que futuramente se configurará em um grande empecilho para a queda dos preços é a prática disseminada de indexação de contratos, em especial contratos financeiros. A indexação generalizada gera uma inércia inflacionária que explica a resiliência da inflação brasileira às políticas de combate dos preços. O sucesso no combate à inflação só foi obtido em 1994, com o Plano Real.

Em suma, o II PND foi bem sucedido em promover a mudança estrutural pretendida. Observando a Tabela 4, os setores de indústrias de bens intermediários e indústrias de bens de capital ganharam peso de 1975 a 1980 e também os segmentos com maior ganho relativo de produtividade (Tabela 6). Do ponto de vista da substituição de importações, segundo Hermann (2011, p. 83, Tabela 4.3), o peso dos bens de capital na formação bruta de capital fixo reduziu-se de 12,3%, em média, no período 1971-1973, para 3,5%, no período 1981-1983. Também se verifica queda no peso de bens de capital na pauta de importação. Mas, se os objetivos de promover um aprofundamento do processo de industrialização foram bem-sucedidos, o custo macroeconômico foi elevado. A estratégia de promover a industrialização com endividamento externo mostrou sua fragilidade à medida que o contexto internacional se torna desfavorável ao endividamento de países sem moeda conversível.

4.4. A título de conclusão – os estágios de desenvolvimento no processo de industrialização brasileiro: industrialização incompleta

Objetivo do capítulo foi reconstituir grandes marcos históricos da evolução do processo de industrialização por substituição de importações no período de 1930-1980. De 1930 até o fim da Guerra, "eventos adversos" deram impulso às medidas internas de promover a modernização e a urbanização da economia brasileira via industrialização. [65] A "era Vargas" marca o início da "Revolução Capitalista Brasileira". Nas décadas seguintes,

---

[65] Segundo o Censo Demográfico, em 1920, menos de 20% da população brasileira vivia em centros urbanos, e esse percentual aumenta para quase 70% em 1980.

o planejamento econômico, manifestado no Plano de Metas e no II PND, principalmente, com a intenção de adensar as cadeias produtivas industriais, impulsionou a transformação da manufatura, que se sofistica em termos de complexidade. Em 1939, mais de 60% da manufatura concentrava-se nos setores produtores de bens tradicionais, e, em 1980, a composição setorial registrava 60% de produção em bens intermediários e bens de capital. Do pós-Guerra até final dos anos 1970, a economia brasileira foi uma das mais dinâmicas do mundo, resultado de seu processo de industrialização.

Porém, o processo de industrialização brasileiro foi caracterizado pelo protecionismo que tornou a indústria dependente de políticas governamentais que a protegiam em relação aos concorrentes internacionais. A relativamente baixa concorrência interna favoreceu a concentração de mercados para produtos industriais.[66] Ademais, a indústria se desenvolve voltada para atender ao mercado doméstico. Essa última característica impõe uma restrição externa elevada, principalmente quando se opta por acelerar o processo de crescimento com absorção de poupança externa a partir de meados dos anos 1960 (Gráfico 5). Mesmo com o avanço das exportações de bens manufaturados e semimanufaturados na pauta de exportações a partir de então, a súbita escassez de fluxos internacionais de capitais no início dos anos 1980 interrompe a trajetória virtuosa de crescimento da economia brasileira [67]e acentua os problemas estruturais de concentração de renda.

O desenvolvimento da indústria de transformação "voltada para dentro" é apontado como uma das causas para o processo de industrialização não ter sido "completo", ou seja, a indústria não teria alcançado o estágio de "madura". Podemos avaliar em que medida o processo de industrialização brasileiro não atingiu a "maturidade", seguindo a análise de Kaldor (1966) sobre a importância da indústria no processo de desenvolvimento econômico.[68]

---

[66] Do ponto de vista microeconômico, o avanço da industrialização com base em alta proteção às importações permitiu a sobrevivência de métodos de produção e de empresas obsoletos. O resultado foi a geração de uma estrutura industrial altamente heterogênea quanto ao desenvolvimento tecnológico, à produção de qualidade e à produtividade. A elevada heterogeneidade da estrutura industrial brasileira é uma limitação que não será superada ao longo das próximas décadas. Sobre esse ponto, ver Feijó e Carvalho (2003), onde os autores, com base no Censo Industrial de 1985 e nas Pesquisas Industriais dos anos 1990, avaliam o grau de heterogeneidade da indústria manufatureira. Eles observam que a distribuição das empresas industriais segundo seus níveis de produtividade é muito concentrada em níveis muito baixos de produtividade, mesmo em setores de alta intensidade tecnológica.

[67] A necessidade de geração de superávits comerciais para fazer frente às necessidades de divisas para viabilizar o pagamento de compromissos em moeda internacional colocam a economia brasileira num regime de crescimento liderado pelas exportações nos anos 1980. A esse respeito, ver Castro e Souza (2004).

[68] Para uma análise detalhada dos estágios de industrialização e do desenvolvimento da indústria brasileira, ver Feijó e Lamônica (2012).

Kaldor (1966) define que a maturidade da estrutura produtiva de uma economia está relacionada ao fato de ter completado o desenvolvimento industrial. O autor se refere a quatro estágios de desenvolvimento no processo de industrialização, argumentando que uma economia "imatura" se torna "madura"[69] a partir da expansão da demanda agregada. Nessa abordagem, a acumulação de capital, materializada no processo de industrialização, é a variável chave para o processo de desenvolvimento econômico, pois é por meio desse processo que a taxa de mudança tecnológica acelera-se, beneficiando toda a economia. Esses benefícios se fazem sentir pela redução dos custos unitários e melhoria na qualidade de produtos exportáveis, permitindo que os produtores locais disputem mercados estrangeiros.

Kaldor (1966) defende a manufatura como setor com maior potencial de alavancar o crescimento da produtividade da economia. A evolução do processo baseia-se no reconhecimento de que a industrialização de um país ocorre de forma cumulativa: a produção de bens de consumo precederia a produção de bens de capital, ambas em seus estágios iniciais voltados para abastecer a demanda doméstica, desse modo, antecedendo a produção industrial voltada para a demanda externa.

No primeiro estágio de desenvolvimento, surge uma indústria local para a produção de bens de consumo. Essa foi a experiência do processo de industrialização da maioria dos países, inclusive o Brasil, e corresponde ao período da "era Vargas". Esse estágio teria a finalidade de diminuir a dependência da importação desses referidos bens. Ainda nesse estágio, começa a produção doméstica de algumas máquinas e equipamentos, já que a expansão na demanda por bens de consumo estimularia um aumento na oferta de algumas máquinas, que a produção interna já estaria dotada de condições tecnológicas para produzi-las. No entanto, a maior parte dos bens de capital empregado na economia continuaria sendo importada, principalmente aqueles com tecnologia mais avançada. Kaldor (1966) considerava a fase de instalação e produção de bens de consumo um momento de crescimento relativamente rápido, mas que se esgotaria quando o processo de substituição de importações de bens de consumo estivesse completo. Para sustentar as taxas aceleradas de crescimento, o processo de industrialização deveria entrar em uma nova fase, o segundo estágio: a indústria de bens

---

[69] Uma economia imatura é quando há um grande volume do fator trabalho disponível em setores de baixa produtividade, que podem ser absorvidos por setores de maior produtividade, conforme o processo de industrialização vai ocorrendo em direção a esses setores. A fase de maturidade seria atingida quando houvesse um nível de produtividade homogênea.

de consumo deveria começar a exportar seu excedente. Assim, a demanda poderia ser sustentada, e a especialização, ser ampliada.

De acordo com Argyrous (1996), os estágios 1 e 2 podem criar a pré--condição para a economia se especializar na produção de bens de capital, que resulta no estágio seguinte. Com efeito, nesse processo de desenvolvimento industrial, a dependência de capital e tecnologia importados poderia, em um dado momento, comprometer o ritmo de crescimento da produção. A ideia é que, no processo de industrialização, a restrição externa deve em algum momento ser diminuída. Isso permite superar a dependência externa tanto de capital como de tecnologia. Assim, o terceiro estágio começaria quando o país iniciasse um esforço para promover a substituição de importações de bens de capital. Contudo, esse estágio necessita também de um esforço para desenvolver tecnologia própria a ser incorporada em máquinas e equipamentos nacionais, o que, dessa forma, consolidaria a participação do setor de bens de capital na produção nacional. O esforço de desenvolvimento da capacidade tecnológica deve implicar também o desenvolvimento de novos produtos, possibilitando, assim, a expansão das exportações de produtos de maior conteúdo tecnológico, que, por sua vez, compensariam níveis mais altos de importações devido ao aumento da renda e, consequentemente, níveis mais altos de demanda gerada endogenamente. O quarto estágio, que conclui o processo de industrialização, corresponderia ao momento em que o país se tornaria um exportador de bens de capital. Nesse estágio, o setor produtor nacional de bens de capital teria atingido um amadurecimento tecnológico compatível com o dos países industrializados. Segundo Kaldor (1966), é nesse último estágio que o crescimento econômico se tornaria explosivo, pois passaria a ser induzido tanto pela demanda interna quanto pela externa por bens de consumo e de capital.

O argumento deste capítulo em relação à economia brasileira é o de que, embora o Brasil tenha alcançado uma matriz industrial bastante complexa, desenvolvida desde o pós-Guerra até meados dos anos 1980, de acordo com os ensinamentos de Kaldor, não realizou o *catching up*, principalmente porque não completou os últimos estágios de desenvolvimento. Um forte indicador de que o processo não se completou é que a balança comercial brasileira é estruturalmente deficitária em bens de maior intensidade tecnológica, ou seja, o país é importador líquido de bens de capital.

Pode-se acrescentar, em complemento à visão de estágios de desenvolvimento de Kaldor (1966), a contribuição de Fajnzylber (2000, p. 871), para quem uma economia, mesmo que industrializada, não superaria a vulnerabilidade externa ao crescimento se o seu processo de industrialização fosse desprovido de um "núcleo endógeno de dinamização tecnológica".[70] O desenvolvimento deste núcleo estaria associado à evolução da economia do estágio três para o quatro. Nessa trajetória, o progresso tecnológico se torna fundamental para o aumento crescente da produtividade e da competitividade da economia e para permitir o avanço das exportações baseadas em rendas geradas pela tecnologia, o que, por sua vez, contribuiria para o relaxamento da restrição externa ao crescimento.

Em resumo, o processo de industrialização brasileiro foi bem-sucedido com a transformação de uma economia agrário exportadora antes da Guerra, para uma matriz produtiva razoavelmente diversificada e um avanço expressivo na urbanização no país no final dos anos 1970. Esse período corresponde a quatro décadas de rápido crescimento, colocando a economia brasileira como uma das mais dinâmicas do mundo. O choque dos preços do petróleo entre 1973 e 1974, contudo, inicia uma fase de dificuldades que aumentam com o choque dos juros e novo choque do petróleo no final da década. A resposta ao primeiro choque de preços foi, na tradição do pensamento estruturalista, completar a substituição de importações dos setores industriais produtores de bens de capital e de insumos intermediários. Assim, se o II PND teve o mérito de internalizar em grande medida esses setores, a estratégia de crescimento com endividamento externo, com a mudança no contexto financeiro internacional no início dos anos 1980, interrompe o processo de substituição de importação e lança a economia numa década de elevada inflação e piora nas condições de vida da população.

Referências

Argyrous, G. (1996). Cumulative Causation and Industrial Evolution: Kaldor's Four Stages of Industrialization as Evolutionary Model. *Journal of Economic Issues*, 30, pp. 97-119.

---

[70] Fajnzylber (1983) considera a ausência de um setor de bens de capital suficientemente desenvolvido, que seria reflexo do caráter incompleto da industrialização latino-americana, teria sido uma das causas fundamentais do déficit comercial crônico que experimentaram essas economias e também tem impedido elas alcançarem níveis de excelência produtiva.

Bastos, C. P.; Bastian, E. F., & Bielschosky, R. (2022). Some stylized facts on external shocks and inflation upsurge in Brazil, 1951-1985. *Nova Economia*, 32(3), 719-742. DOI: 10.1590/0103-6351/7140.

Bonelli, R. (2006). Nível de atividade e mudança estrutural. In IBGE: *Estatísticas do século XX*. Rio de Janeiro, IBGE. https://seculoxx.ibge.gov.br/publicacao.

Bonelli, R., & Malan, P. (1976). Os limites do possível: notas sobre balanço de pagamentos e indústria nos anos 70. *Pesquisa e Planejamento Econômico*, 6(2), 353-406.

Bresser-Pereira, L. C. (2014). *A Construção Política do Brasil, Sociedade, economia e Estado desde a Independência*. São Paulo Editora 34.

Candall, A. P. R. (1968). *A Industrialização Brasileira: Diagnóstico e Perspectivas*. https://repositorio.ipea.gov.br/handle/11058/7340

Castelar, A. P; Gill, I. S.; Sérven, L., & Thomas, M. R. (2004). *Brazilian Economic Growth 1900-2000: Lessons and Policy Implications, Economic and Social Studies Series, BID*. https://publications.iadb.org/en/brazilian-economic-growth-1900-2000-lessons-and-policy-implications

Castro, A. B. de (1993). Renegate Development: Rise and Demise of State-Led Development in Brazil. In Smith, W.; Acuña, C., & Gamarra, E. (Org.). *Democracy, Markets and Structural Reform in Latin America*. (pp. 183-213). [S.l.]: North-South Center.

Castro, A. B., & Souza, F. P. (2004). *A Economia Brasileira em Marcha Forçada*. 3. ed. São Paulo Editora Paz e Terra.

Centro Internacional Celso Furtado (2010). *Memória do Desenvolvimento*, 4(4), 331p. http://www.centrocelsofurtado.org.br/arquivos/image/201405161510110. Memorias4texto.pdf, acesso em 15/10/2023

Cerqueira, C. A. (2003). Dívida Externa Brasileira, Banco Central do Brasil, 2ª. E. https://www.bcb.gov.br/htms/infecon/dividarevisada/prefacio_introducao.pdf, acesso, 15/10/2023.

Chandler, A. (1977). *The Visible Hand: The Managerial Revolution in American Business*. Massachusetts.: The Belknap Press of Harvard University Press.

Curado, M. (2022). *Desenvolvimento econômico em debate no Brasil*. Curitiba Editora UFPR.

Earp, F., & Kornis, G. (2004). Desenvolvimento econômico sob Getúlio Vargas. https://web.bndes.gov.br/bib/jspui/bitstream/1408/11914/2/F%C3%A1bio%20

S%C3%A1%20Earp%20e%20George%20Kornis%20-%20O%20desenvolvimento%20
econ%C3%B4mico%20sob%20Getulio%20Vargas_P.pdf

Fajnzylber, F. (1983). *La industrialización trunca de América Latina*. México: Editora Nueva Imagem.

Fajnzylber, F. (2000). Industrialização na América Latina: da 'caixa preta' ao 'conjunto vazio'. In Bielschowsky, R (Org.). *Cinquenta anos de pensamento na Cepal*. (Vol. 2, pp.851-886). Rio de Janeiro: Record.

Feijó, C., & Carvalho, P. G. M. de. (2003). Heterogeneidade intra-setorial da produtividade do trabalho na indústria brasileira nos anos 90. *Revista de Economia Contemporânea*, 7, 213-236.

Feijó, C., & Lamônica, M. T. (2012, agosto). Importancia del sector industrial para el desarrollo de la economía brasileña. *Revista Cepal 107*, vol. 107, pp. 115-136.

Feijó, C.; Câmara, F. F., & Cerqueira, L. F. (2015). Inflation, growth and distribution: the Brazilian economy after the post war. *Journal of Post Keynesian Economics*, 38(4), 616-636. DOI:10.1080/01603477.2015.1070102.

Fishlow, A. (1986). A economia política do ajustamento brasileiro aos choques do petróleo: uma nota sobre o período 1974/84. *Pesquisa e Planejamento Econômico*, 16(3), 507-550.

Furtado, C. (1959[2007]). *A Formação Econômica do Brasil*. São Paulo: Companhia das Letras.

Hermann, J. (2011). Reformas, endividamento externo e milagre econômico: 1964-1973. In Giambiagi, F.; Villela, A.; Castro, L. B. de, & Hermann, J., *Economia Brasileira Contemporânea 1945-2010*. 2. ed. (pp. 69-92). Rio de Janeiro: Elsevier.

Hermann, J. (2011a). Auge e declínio do modelo de crescimento com endividamento: o II PND e a crise da dívida externa (1974-1984). In Giambiagi, F.; Villela, A.; Castro, L. B. de, & Hermann, J., *Economia Brasileira Contemporânea 1945-2010*. 2. ed. (pp.93-115). Rio de Janeiro: Elsevier.

Kaldor, N. (1966). *Causes of the slow rate of economic growth of the United Kingdom*. Cambridge University Press.

Lessa, L. C. (1981). *Quinze anos de política econômica*. São Paulo Ed. Brasiliense.

Macedo, G. M., & Sapunaru, R. A. (2016). Uma breve história da engenheira e seu ensino no Brasil e no mundo: foco Minas Gerais. *REUCP*, Petrópolis, 10(1), 39-52. http://seer.ucp.br/seer/index.php/REVCEC/article/view/594/549

Pelaez, C. M. (1968). A Balança Comercial, a Grande Depressão e a Industrialização Brasileira. *Revista Brasileira de Economia*, 1, 1-47.

Resende, A. L. (1982). A política brasileira de estabilização: 1963/68. *Pesquisa e Planejamento Econômico*, 12 (3), 757-806.

Serra, J. (1982, abril/junho). Ciclos e mudanças estruturais na economia brasileira no após-Guerra. *Revista de Economia Política*, 2/2(6), 5-45.

Suzigan, W. (1975). Industrialização e Política Econòmica: Uma interpretação em perspectiva histórica. *Pesquisa e Planejamento Econômico*, 5 (2), 433-474.

Tavares, M. C., & Serra, J. (1971). Más Allá del estancamiento: una discusión sobre el estilo de desarrollo reciente. *El Trimestre Económico*, 38 (152), 905-950.

Vianna, S. B., & Villela, A. (2011). O pós-Guerra (1945-1955). In Giambiagi, F.; Villela, A.; Castro, L. B. de, & Hermann, J., *Economia Brasileira Contemporânea 1945-2010*. 2. ed. (pp. 21-44). Rio de Janeiro: Elsevier.

Villaverde, J., & Rego, J. M. (2019). O novo-desenvolvimentismo e o desafio de 2019: superar a estagnação estrutural da economia brasileira. *Revista de Economia Política*, 39(1), 108-127. doi.org/10.1590/0101-35172019-2851

Wells, J. R. (1976). Subconsumo, tamanho de Mercado e padrões de gastos familiares no Brasil. *Estudos CEBRAP*, 17, 5-60.

Wells, J. R. (1977). The diffusion of durables in Brazil and its implications for recent controversies concerning the Brazilian development. *Cambridge Journal of Economics*, I(3), 259-279.

Capítulo 5

NOVO CONSENSO MACROECONÔMICO, ESTAGNAÇÃO ECONÔMICA E DESINDUSTRIALIZAÇÃO: O CASO BRASILEIRO

Fábio Henrique Bittes Terra
Fernando Ferrari Filho

5.1 Introdução

Desde a estabilização econômica do início dos anos 1990, seja com o Plano Real (PR), em 1994, seja com a implementação da política econômica do Novo Consenso Macroeconômico (NCM), em 1999 e 2000, as políticas fiscal e monetária têm sido operacionalizadas, respectivamente, para equilibrar as contas públicas e, por conseguinte, assegurar o fluxo de rolagem da dívida pública e manter a inflação sob controle, preferencialmente próxima ao centro do regime de metas de inflação (RMI), ao passo que a política de flexibilidade cambial tem sido administrada pelo Banco Central do Brasil (BCB) para, por um lado, evitar o efeito *pass-through* da taxa de câmbio para o nível de preços e, por outro lado, equilibrar o balanço de pagamentos.

A despeito dos objetivos esperados, a condução das referidas políticas econômicas, no período 1999-2022, não conseguiu estabilizar a inflação em patamares condizentes para países que adotam RMI. A *performance* do PIB foi relativamente risível, e a dívida pública não somente foi volátil, mas cresceu em relação ao PIB: o IPCA, índice oficial da inflação brasileira, cresceu, em média, 6,4% ao ano, a taxa média anual de crescimento do PIB foi da ordem de 2,1%, e a relação dívida pública líquida/PIB elevou-se de 44,5%, em 1999, para 57,5%, em 2022.[71]Ademais, no que diz respeito à atividade econômica, cabe ressaltar que, ao longo do referido período, o setor industrial foi o segmento produtivo que mais perdeu participação

---

[71] As taxas médias do IPCA e do PIB foram calculadas pelos autores tendo como base as informações da Tabela 1 (anexo) e a previsão do PIB para 2022, conforme o Relatório Focus do Banco Central do Brasil (BCB) (2023), ao passo que a evolução da dívida pública líquida/PIB foi obtida em IPEADATA (2023).

relativa na composição do PIB brasileiro, por mais que os governos Lula da Silva e Dilma Rousseff tenham articulado políticas industriais, tais como a "Política Industrial, Tecnológica e de Comércio Exterior", a "Política de Desenvolvimento Produtivo" e o "Plano Brasil Maior", para redinamizar a indústria nacional.[72]

Pois bem, o objetivo do presente capítulo é mostrar o quanto as políticas fiscal, monetária e cambial, a partir da adoção do modelo do NCM, não somente foram responsáveis por uma dinâmica de estagnação econômica e de crescimento à la stop-and-go da economia brasileira. entre 1999 e 2022, como, também, contribuíram, intuitivamente, para o processo de desindustrialização do país no século XXI.

Para tanto, além desta breve Introdução, o capítulo está estruturado em mais três seções. A seção 2 apresenta e analisa a condução das políticas fiscal, monetária e cambial no período 1999-2022. Na seção 3, tendo como referência a teoria keynesiana, após apresentar uma breve reflexão sobre a importância do investimento para a dinâmica econômica em nível geral, mostra, sob o ponto de vista dos autores, os principais problemas estruturais que têm desestimulado o investimento brasileiro e, por conseguinte, corroborado para o processo de desindustrialização do país, fazendo com que a indústria brasileira não somente perca participação percentual do PIB, como, também, torne o setor industrial menos competitivo no mercado internacional. Cabe ressaltar que, apesar de o processo de desindustrialização brasileiro ser observado desde os anos 1980, ele se acentuou a partir dos anos 1990, seja no período pós-PR, seja, principalmente, com a adoção do modelo do NCM.[73] Por fim, a seção 4 sumariza e apresenta algumas considerações finais.

5.2 A política econômica no período 1999-2022

Como se sabe, desde 1999, a política econômica dos governos brasileiros de distintos matizes político-ideológicos tem sido operacionalizada conforme o modelo do NCM, qual seja, RMI, Lei de Responsabilidade Fiscal (LRF) – substituída, em 2016, pelo Novo Regime Fiscal (NRF) – e sistema de taxas de câmbio flexíveis.[74]Mais especificamente e em termos cronológico:

---

[72] Segundo os dados do IBGE (2023a), nos anos de 2000 e 2020, as participações do setor industrial e da indústria de transformação no PIB foram, respectivamente, 31,0% e 15,0% e 20,5% e 11,3%.

[73] Sobre o processo de desindustrialização, ver, por exemplo, Nassif, Bresser-Pereira, e Feijó (2018) e Oreiro e Feijó (2010).

[74] Teoricamente, a estrutura do modelo do NCM é baseada em três equações: Curva IS, Curva de Phillips e equação da regra de Taylor. Para detalhes adicionais, ver, por exemplo, Carlin e Soskice (2006).

(i) o segundo governo de Fernando Henrique Cardoso (FHC) (1999-2002) implementou o tripé da política econômica do NCM; (ii) o primeiro mandato de Lula da Silva(2003-2006) foi marcado pela continuidade e, em alguns aspectos, radicalização do modelo do NCM; (iii) no período 2007-2010, segundo governo de Lula da Silva, a política econômica, principalmente devido à crise financeira internacional (2007-2008), sofreu uma ligeira mudança de rumo – particularmente a política fiscal foi flexibilizada para assegurar a implementação do Programa de Aceleração do Crescimento (PAC), isto é, um ambicioso programa de investimentos públicos e privados em infraestrutura e projetos sociais, bem como a taxa básica de juros, Selic, foi estabilizada e, em determinado momento, reduzida; (iv) no primeiro governo de Dilma Rousseff (2011-2014), o tripé da política econômica continuou sendo relativamente flexibilizado; (v) no período 2015-2018, seja no início do segundo governo Rosseff, seja durante o governo Michel Temer (agosto/2016-dezembro/2018), após o *impeachment* de Rousseff, a lógica da política econômica tradicional do NCM voltou a ser operacionalizada pelas Autoridades Econômicas; e, por fim, (vi) no governo Jair Bolsonaro (2019-2022), as políticas fiscal e monetária foram, inicialmente, austeras, e posteriormente, devido à pandemia da Covid-19, houve, surpreendentemente, expansões fiscais e monetárias contracíclicas (por exemplo, como consequência destas expansões, o resultado fiscal primário em relação ao PIB registrou um déficit de 9,5%, em 2020, e a Selic atingiu seu menor patamar histórico, 2,0% ao ano, em agosto/2020), e ao final, em 2022, a voltaram a ser orientadas pelos princípios de austeridade preconizadas pelo NCM.

A seguir, são apresentados e analisados, de maneira sucinta, a condução das políticas fiscal, monetária e cambial e os seus resultados ao longo do período 1999-2022.

5.2.1 O segundo governo FHC

O início do segundo governo FHC (1999-2002) foi caracterizado por uma severa crise cambial, cuja consequência foi, como contrapartida do aporte de recursos por parte do *International Monetary Fund* (IMF), para mitigar a fragilidade financeira externa do país, a mudança substancial da condução da política econômica. Assim sendo, em janeiro de 1999, o governo substituiu a "âncora" cambial, principal alicerce do PR, pelo sistema de taxa de câmbio flexível; em junho de 1999, foi implementado o RMI; e, por fim, em maio de 2000, a LRF entrou em vigor. Em suma, o modelo do NCM passou a determinar os rumos da política econômica brasileira.

A partir desse cenário de mudanças na trajetória de curto prazo da política econômica brasileira, os agentes econômicos passaram a ser pessimistas sobre os rumos da economia: a inflação aceleraria, haveria uma recessão sem precedentes, e a taxa de câmbio sofreria recorrentes *overshootings*, entre outros. Em síntese, a implementação do NCM ocasionou uma ruptura das expectativas econômicas. Todavia, passado o período de turbulência pós-mudança da política econômica, a economia brasileira, surpreendentemente, mostrou sinais de estabilização e recuperação no segundo semestre de 1999, que foram corroborados em 2000. Assim sendo, o PIB apresentou uma taxa de crescimento positiva de 0,8%, em 1999, e de 4,2%, em 2000, a inflação foi reduzida de 8,94%, em 1999, para 5,97%, em 2000, a taxa de câmbio estabilizou-se abaixo dos R$ 2,00/US$ 1,00, o saldo negativo da balança comercial reduziu-se significativamente, bem como o desequilíbrio das transações correntes foi arrefecido, e as reservas cambiais passaram a ser mais robustas, visto que o influxo de capitais foi restabelecido.

Nos anos seguintes, 2001 e 2002, o desempenho econômico voltaria a apresentar resultados risíveis, em grande parte devido à ortodoxia fiscal e monetária: o PIB cresceu, em média, 2,3% ao ano, e as taxas de inflação foram 7,67% e 12,53%, respectivamente, em 2001 e 2002.

Concentrando as atenções no desempenho das políticas fiscal e monetária, no período 1999-2002, o resultado fiscal primário/PIB e a taxa média de juros foram os seguintes: os superávits fiscais se mantiveram sempre superiores aos 3,0% do PIB, e a Selic média foi de quase 20,0% ao ano, sendo que, ao final de 2002, ela chegou a 25,0% ao ano.

Pois bem, a consequência das austeridades fiscal e monetária acabaram afetando negativamente a formação bruta de capital fixo, ou seja, o investimento: no período 1999-2002, a taxa média de crescimento do investimento foi de -2,1% ao ano e, proporcionalmente ao PIB, anualmente, o investimento se manteve ao redor de 16,5%.[75] Em suma, essa risível *performance* do investimento acabou contribuindo, provavelmente, para uma menor participação do setor industrial na atividade econômica.

5.2.2 O primeiro governo Lula da Silva

Entre 2003 e 2006, conforme mencionado anteriormente, a política econômica de Lula da Silva foi caracterizada e, até certo ponto, radicalizada pelo NCM.

---

[75] Taxa calculada pelos autores com base nas informações do IPEADATA (2023).

No que diz respeito à política fiscal, as metas de superavit primário em relação ao PIB foram elevadas – a média do período foi da ordem 3,5% ao ano –, para assegurar as condições de solvência fiscal e a estabilização da dívida pública líquida – diga-se de passagem, a relação dívida pública líquida/PIB caiu de 53,5%, em 2003, para 43,9%, em 2006 (IPEADATA, 2023).

Em relação à política monetária, o BCB foi extremamente conservador, e, assim sendo, a taxa Selic se elevou entre 2003 e 2005, visando a trazer a taxa de inflação para os intervalos do RMI. Ao final do governo, em 2006, a Selic recuou para 13,25% ao ano, a despeito dos impactos negativos da crise financeira internacional.

Apesar de a condução das políticas fiscal e monetária desestimular a atividade econômica, o cenário externo favorável, seja em termos de crescimento da liquidez internacional, seja devido à elevação dos preços das *commodities*, fez com que a economia brasileira não somente absorvesse fluxos de capitais, mas, principalmente, foi determinante para a dinâmica de crescimento econômico via exportações.[76]Ademais, o influxo de capitais e o aumento das reservas cambiais acabaram valorizando a taxa de câmbio: em 2003, a taxa de câmbio, em final de período, era R$ 2,89/US$ 1,00, e, em dezembro/2026, ela fechou a R$ 2,14/US$ 1,00.

É importante mencionar que outro setor determinante para a dinâmica da economia no primeiro governo Lula da Silva foi o de consumo, principalmente o de bens-salários, devido tanto às políticas sociais, especificamente o Programa Bolsa Família, quanto à política de recuperação, em termos reais, do poder de compra do salário-mínimo.

Diante desse contexto, os resultados econômicos mais relevantes da atividade econômica foram os seguintes: o crescimento médio do PIB foi 3,5% ao ano, a média anual da relação formação bruta de capital/PIB foi da ordem de 15,9% – 0,6 ponto percentual abaixo da média do período 1999-2002 –, e participação da indústria de transformação no PIB caiu para 14,4%, em 2006 (IBGE, 2023).

Em suma, a ortodoxia fiscal e monetária, a valorização da taxa de câmbio e as quedas do investimento e da participação do setor industrial no PIB induzem-nos ao argumento de que desindustrialização foi um fato no primeiro governo Lula da Silva.

---

[76] Para se ter ideia de quanto o setor externo se tornou o *drive* da economia brasileira no período 2003-2006, as exportações acumularam saldo de quase US$ 150,0 bilhões, as transações correntes apresentaram resultados positivos em todos os anos, e as reservas cambiais se elevaram de US$ 49,3 bilhões, em 2003, para US$ 85,8, em 2006 (IPEADATA, 2023).

5.2.3 O segundo governo Lula da Silva

No início do segundo governo Lula da Silva, a política fiscal mudou ligeiramente de rumo para ampliar a proteção social e os programas de transferência de renda, aumentar o salário mínimo e expandir o investimento público, especialmente no âmbito da implementação do PAC, em 2007. O BCB, no entanto, continuou a operar a política monetária de forma a cumprir as metas de inflação.

As medidas fiscais, os investimentos do PAC e a continuação de um ambiente externo positivo fizeram com a economia brasileira crescesse, em média, 5,7% ao nos anos de 2007 e 2008. Neste contexto, as autoridades econômicas subestimaram as possíveis consequências da crise financeira internacional que, em setembro/2008, afetaram a economia global. Todavia, quando o PIB do quarto trimestre de 2008 foi anunciado (-3,6%), o resultado lançou dúvidas sobre a noção de que o Brasil era imune aos efeitos da crise, como, na ocasião, o presidente Lula da Silva havia afirmado que a "crise internacional seria uma *marolinha* no Brasil".

Com a crise financeira internacional afetando o Brasil, a resposta do governo, embora tardia, representou uma mudança importante em relação aos episódios de crises econômicas, endógenas ou exógenas, anteriores. Assim, a resposta das autoridades econômicas ao efeito de contágio da crise sistêmica foi um conjunto amplo de medidas fiscais e monetário-financeiras contracíclicas.

Como os primeiros efeitos da crise financeira internacional fizeram-se sentir no sistema financeiro brasileiro, foi o BCB que teve de responder primeiro. Assim sendo, a política monetária foi flexibilizada com a redução da Selic em 5 pontos percentuais (em dezembro/2008, a Selic era 13,75% ao ano, ao passo que, em dezembro/2009, ela se encontrava em 8,75% ao ano), bem como o BCB resolveu elevar a liquidez no mercado interbancário.

Concomitantemente às medidas de política monetária, o governo brasileiro decidiu usar os três principais bancos públicos federais – Banco do Brasil (BB), Caixa Econômica Federal (CEF) e Banco Nacional de Desenvolvimento Econômico e Social (BNDES) – para expandir o crédito e desempenhar papel contracíclico diante de um contexto de aperto nas condições de crédito por parte dos bancos privados.

A política fiscal contracíclica, por um lado, incluiu incentivos e subsídios fiscais – principalmente redução de impostos sobre produtos industriais e estímulos ao setor agrícola – para mitigar o impacto negativo da crise sobre a atividade econômica e o mercado de trabalho, que, diga-se de passagem, acabaram representando um montante total ao redor 1,3% do PIB. Por outro lado, o governo decidiu aumentar os recursos públicos para (i) o "Programa Bolsa Família", (ii) o PAC e (iii) o "Programa Minha Casa, Minha Vida".

Como decorrência das referidas medidas, no final de 2009, o PIB brasileiro caiu apenas 0,1%, enquanto a recuperação econômica do Brasil foi robusta em 2010 – o PIB cresceu 7,5%, e a taxa de desempregou arrefeceu para 6,7% (Tabela 1, anexo; IBGE, 2023). Assim sendo, a economia brasileira mostrou notável resiliência e se tornou uma das economias menos afetadas pela crise financeira internacional.

Por sua vez, a flexibilização das políticas fiscal e monetária e a elevação dos investimentos públicos fizeram com que a relação formação bruta de capital fixo/PIB, no período 2007-2010, fosse, em média, 18,5%, tendo a taxa de investimento crescido a uma média anual de 9,9%.[77]

Enfim, a reação das autoridades econômicas à crise financeira internacional deve ter contribuído para estancar, momentaneamente, a desindustrialização brasileira, pois, conforme o IBGE (2023), em 2010, o setor industrial representou cerca de 27,5% do PIB, bem como a participação da indústria de transformação no PIB manteve-se estável (cerca de 15,0%).

5.2.4 O governo Rousseff

No início do governo Rousseff, devido à deterioração econômica do cenário internacional (crise do euro em setembro de 2011 e redução significativa do crescimento das economias emergentes, incluindo a China), houve mudanças importantes no *modus operandi* da política econômica. As mudanças incluíram a adoção de uma estratégia mais gradualista do BCB para controlar o processo inflacionário – em agosto de 2011, a taxa Selic iniciou a sua trajetória de queda, atingindo um patamar de 7,25% ao ano, em dezembro/2012 – e a continuidade das políticas fiscais expansionistas – ao final do primeiro mandato de Rousseff, o resultado fiscal primário em relação ao PIB foi -0,6%.

O objetivo das autoridades econômicas era comprometer-se com a possibilidade da manutenção de um crescimento econômico expressivo, semelhante àquele ocorrido em 2010, mesmo diante de um cenário internacional

---

[77] Taxas calculadas pelos autores a partir das informações do IPEADATA (2023).

adverso. Todavia, como, em 2011 e 2012, as taxas de inflação de inflação que o BCB passou a sinalizar eram as do limite superior da banda do RMI, ao redor de 6,0% ao ano, bem como a taxa média anual de crescimento do PIB foi da ordem de 2,9%, os agentes econômicos, principalmente aqueles que operam no mercado financeiro, passaram a exigir a reestruturação das políticas fiscal e monetária, em conformidade com os princípios do modelo do NCM.

Nesse particular, Arestis, Ferrari Filho, Resende, e Terra (2019, p. 1993-194) argumentam que houve, pelo menos, três *mistakesof the past*" que fizeram com que o governo perdesse credibilidade econômica e política, quais sejam: (i) a expansão fiscal foi executada de forma pouco credível e com artifícios que inspiraram desconfiança (entre eles, a "contabilidade criativa", isto é, meios artificiais para equilibrar as contas públicas); (ii) os esforços para comunicar as medidas de política fiscal à opinião pública foram particularmente fracos e limitados, bem como o governo insistiu em anunciar metas irrealistas em termos de obtenção de receitas governamentais e metas de superávits primários; e (iii) a operacionalização da política monetária foi incapaz de perceber que, diante de um contexto de inflação elevada, cuja consequência é o risco de pulverização da riqueza econômica e financeira, qualquer renúncia de liquidez exigiria prêmio mais elevado, ou seja, taxas futuras de juros maiores e desvinculadas da Selic.

Em 2013 e, principalmente, 2014, um fator exógeno, de natureza política, dificultou ainda mais a situação da economia brasileira e do governo Rousseff: a "Operação Lava Jato". A referida peração, ao investigar esquemas de corrupção na Petrobras e nas grandes empresas responsáveis pela construção de investimentos em infraestrutura, acabou afetando drasticamente a formação bruta de capital do país, a ponto de a taxa média de investimento, entre 2011 e 2014, ter sido apenas 1,2% ao ano. Neste contexto, ao final do primeiro mandato de Rousseff, o PIB cresceu tão somente 0,5%[78], e a participação da indústria de transformação no PIB caiu para 14,5%.

5.2.5 Os governos Rousseff e Temer

Em outubro de 2014, em uma eleição muito disputada, Rousseff foi reeleita presidente do Brasil. Após assumir o cargo em janeiro de 2015, o primeiro ano de sua gestão foi marcado por dois fatores que contribuíram para a crise e estagnação econômica do Brasil. A primeira, conforme men-

---

[78] No período 2011-2014, a taxa média de crescimento do PIB foi 2,2% (taxa calculada pelos autores conforme informações da Tabela 1, anexo).

cionado anteriormente, foi a "Operação Lava Jato", que revelou corrupção estrutural no sistema político e econômico. A segunda surgiu quando Rousseff deixou de lado a promessa de que a política econômica continuaria sendo flexibilizada em seu segundo mandato e, por conseguinte, adotou políticas fiscais e monetárias austeras, visando, assim, a ganhar a confiança dos agentes econômicos, então perdida ao final de seu primeiro mandato.

Nesse contexto, Rousseff decidiu que seu governo faria mudanças econômicas para enfrentar a crise estagflacionista que se aproximava. Para tanto, foi sinalizada uma política monetária mais restritiva com o objetivo de reduzir a demanda agregada e, assim, conter e desacelerar a taxa de inflação, bem como foram introduzidas medidas de austeridade fiscal para mitigar o déficit fiscal primário e garantir o serviço da dívida pública. Em suma, a política econômica de curto prazo voltou às raízes do NCM.

Assim sendo, a política fiscal foi dominada pelas seguintes medidas: cortes nos gastos públicos; aumento dos impostos, tais como sobre empréstimos financeiros, receitas financeiras e bens manufaturados e exportados; eliminação e/ou redução dos subsídios às empresas; corte de benefícios sociais (seguro-desemprego e seguro-doença, entre outros); e reajuste substancial dos preços administrados e das tarifas públicas. O impacto das medidas fiscais fez com que houvesse a substituição dos recursos para o investimento público e os benefícios sociais para o pagamento do fluxo de rolagem da dívida pública e, portanto, das rendas financeiras dos rentistas.

A política monetária, por sua vez, também passou a ser explicitamente contracionista, pois a taxa Selic foi elevada para controlar e reduzir a inflação.[79] Ao mesmo tempo, o BCB apresentou medidas adicionais para a liberalização da conta de capital.

A guinada na política econômica, contudo, não melhorou a situação econômica em 2015, como se acreditava à primeira vista. Muito pelo contrário, o real se enfraqueceu expressivamente – a taxa de câmbio que, ao final de 2014, era R$ 2,36/US$ 1,00 elevou-se para R$ 3,33/US$ 1,00, em dezembro de 2015, a taxa de inflação, devido, fundamentalmente, ao efeito *pass-through*, fechou em 10,7%, e o PIB recuou 3,5% (Tabela 1, anexo). Mais especificamente, a estratégia de política econômica baseada na austeridade fiscal e em medidas monetárias restritivas não somente não conseguiu

---

[79] É importante mencionar que, no Brasil, em geral, o aumento da taxa de juros pune tanto as empresas, que precisam de crédito para operar, quanto os trabalhadores, que não somente precisam de crédito para comprar bens de consumo, como também perdem empregos quando as empresas enfrentam dificuldades. Além disso, altas taxas de juros causam problemas fiscais adicionais, porque o déficit financeiro aumenta.

resolver os problemas econômicos do Brasil, como também os aprofundou. Assim sendo, Rousseff, ao substituir o ministro da Fazenda, Joaquim Levy, resolveu, mais uma vez, mudar os rumos da política econômica.

Na nova mudança dos rumos da política econômica, a política monetária permaneceu restritiva, visando a reduzir a inflação, porém a política fiscal se tornou mais "flexível" para estimular a demanda agregada. Todavia, ao longo de 2016, os problemas econômicos não foram mitigados e, muito pelo contrário, se agravaram, tanto porque a contração fiscal de 2015 "cobrou seu preço" em 2016, quanto, devido à crise político-institucional, que acabou levando, em 17 de abril, à suspensão de Rousseff e, em agosto 31, à sua destituição da Presidência da República, pelo fato de ter sido considerada culpada por infringir as leis fiscais brasileiras.

O vice-presidente Temer assumiu a presidência para terminar o mandato de Rousseff, em dezembro/2018. Como ministro da Fazenda, Temer nomeou Henrique Meirelles, ex-presidente da BCB durante o governo Lula da Silva. Meirelles, como esperado, implementou uma proposta liberal baseada na austeridade fiscal e nas reformas estruturais.

Algumas medidas de austeridade fiscal de curto prazo foram tomadas por meio de um amplo programa de redução de gastos públicos. Mais tarde, porém, em dezembro de 2016, o governo apresentou uma emenda constitucional, aprovada pelo Congresso Nacional, que institui o NRF. Pelo NRF, ao longo do período 2016-2036, os gastos públicos seriam corrigidos nominalmente pelo IPCA do ano anterior, visando, assim, a garantir a consolidação fiscal. Ao mesmo tempo, BCB continuou a operacionalizar uma política monetária restritiva de forma a trazer a taxa de inflação para dentro do RMI.

O retorno à austeridade econômica restaurou a "confiança" dos agentes econômicos, das instituições multilaterais, tais como o IMF, e dos investidores financeiros internacionais. Apesar do otimismo econômico, principalmente porque a taxa de inflação desacelerou para 6,29%, ao final de 2016, o custo da austeridade econômica teve um preço elevado: o PIB caiu 3,3%, e o desemprego subiu para 11,5%.

Em 2017, o governo encaminhou ao Congresso Nacional uma proposta de reforma trabalhista que mudou radicalmente a Consolidação das Leis do Trabalho de 1943. O objetivo da referida proposta foi desregulamentar e liberalizar o mercado de trabalho de forma a aumentar o nível de emprego.[80]

---

[80] Diga-se de passagem, apesar da reforma trabalhista, as taxas de desemprego entre 2016 e 2022 não foram necessariamente reduzidas. Segundo o IBGE (2023b), as taxas de desemprego foram as seguintes: 11,5% (2016), 12,7% (2017), 12,3 (2018), 11,9% (2019), 13,5% (2020) e 13,2% (2021).

Nos anos de 2017 e 2018, enquanto a política de austeridade fiscal continuou sendo implementada, a política monetária se tornou mais flexível, pois houve uma queda substancial da taxa inflação, que atingiu 2,95%, em 2017, e 3,75%, em 2018. Com isso, a Selic recuou acentuadamente, fechando em 7,0% ao ano e 6,5% ao ano, respectivamente, em 2017 e 2018.

A despeito de os resultados econômicos terem melhorado no biênio 2017-2018, o crescimento do PIB no período 2015-2018 foi da ordem de -1,1% ao ano, e a relação formação bruta de capital fixo/PIB recuou para 15,5%. Como consequência, a participação da indústria de transformação no PIB caiu para 11,8%

5.2.6 O governo Bolsonaro

Em outubro de 2018, Bolsonaro, um político de direita radical, foi eleito presidente. Em sua posse, em janeiro de 2019, ele prometeu implementar uma agenda liberal radical, baseada em reformas estruturais, privatizações e cortes de gastos do governo. Indo nessa direção, em 2019, foi implementada uma reforma previdenciária, criada uma "Lei de Liberdade Econômica", e a política fiscal continuou a operar de acordo com a lógica da "austeridade fiscal expansionista", ou seja, a ideia de que o ajuste fiscal estimula o crescimento econômico sustentável em longo prazo porque o equilíbrio das contas públicas gera "confiança", e, como resultado, as famílias e os empresários, respectivamente, decidem consumir e investir. O BCB, por sua vez, continuou reduzindo a taxa Selic.

No entanto, mesmo com uma política monetária mais flexível, o aperto da política fiscal continuou fazendo estragos na atividade econômica: em 2019, a taxa de crescimento do PIB aumentou tão somente 1,2%.

No início de 2020, devido à pandemia da Covid-19, que provocou um duplo choque adverso na oferta e na demanda – quanto à oferta, face às medidas de *lockdown*, as empresas não puderam oferecer seus bens e serviços, e os trabalhadores ficaram impossibilitados de trabalhar, ao passo que, em relação à demanda, as decisões de consumo e investimento foram adiadas, aumentando, assim, a incerteza, quer pelo receio das condições econômicas, quer pelas restrições à circulação de pessoas impostas pelas autoridades locais –, o governo foi forçado a mudar, momentaneamente, sua agenda liberal. Assim, as autoridades econômicas implementaram, a partir de abril de 2020, políticas econômicas contracíclicas para mitigar o impacto da Covid-19 na economia brasileira.

Em termos de política fiscal, foi aprovado um Projeto de Emenda Constitucional, denominado "Orçamento de Guerra", cujas principais medidas eram voltadas para: (i) a proteção social; (ii) a manutenção dos níveis de emprego; (iii) o alívio dos custos das empresas; (iv) o combate direto à pandemia; e (v) o auxílio às entidades nacionais (estados e municípios).

Por sua vez, as principais ações da política monetária visaram a prover liquidez ao sistema financeiro brasileiro por meio de linhas de crédito permanentes. A intenção era compensar eventuais entraves ao bloqueio do crédito para empresas e consumidores, ou seja, o típico "empoçamento de liquidez" de períodos incertos como o da pandemia. Além disso, houve um corte significativo na taxa básica de juros, que atingiu seu menor patamar histórico, 2,0% ao ano.

O montante total das medidas fiscais e monetárias implementadas foi da ordem de 8,0% do PIB, e os impactos delas sobre a economia foram importantes para suavizar a recessão brasileira: em 2020, o PIB caiu 3,9%, bem abaixo da previsão de -9,1%, sinalizada pelo *WorldEconomic Outlook/June 2020* do IMF (2023). A taxa de desemprego, porém, piorou com a pandemia: passou de 11,9%, em 2019, para 13,5%, em 2020.

Em 2021 e 2022, a política econômica de austeridade voltou a ser conduzida pelas autoridades econômicas. Assim sendo, o governo obteve superávits fiscais em relação ao PIB de 0,8% (2021) e 1,3% (2022), e a Selic voltou a se elevar, fechando os anos de 2021 e 2022, respectivamente, em 9,25% ao ano e 13,75%.

Concluindo, apesar de os dados não estarem disponíveis, pode-se especular que tanto a política de austeridade econômica, a despeito das medidas contracíclicas implementadas durante a Covid-19, operacionalizada pelo governo Bolsonaro, quanto a pandemia da Covid-19 contribuíram para que os investimentos, públicos e privados, caíssem no período 2019-2022 e, assim, sendo, a participação do setor industrial na formação do PIB fosse reduzida.

5.2.7 Uma síntese do período do NCM

Pelo exposto, tendo como base as informações estatísticas da Tabela 1 (anexo), os principais resultados econômicos da economia brasileira durante o período de vigência do modelo do NCM (1999-2022) são os seguintes:

i. Em termos de taxa de inflação, a média anual do IPCA foi 6,4%, taxa relativamente elevada, comparativamente a outros países que adotam o RMI. Ademais, por um lado, raras foram as vezes em que a inflação ficou no centro da meta, e, por outro lado, em 9 ocasiões a inflação anual ultrapassou o limite máximo do intervalo das metas.

ii. A taxa média de crescimento do PIB foi 2,1% ao ano, bem como o crescimento da economia brasileira tem sido caracterizado por uma dinâmica à la stop-and-go. E há algum tempo a atividade econômica se encontra relativamente estagnada.

iii. Ao longo dos últimos 24 anos, o resultado fiscal primário em relação ao PIB foi, em média, 1,2%, e somente em sete anos (período 2014-2020) ele foi negativo. Em outras palavras, na maioria das vezes, a política fiscal foi articulada de forma pró-cíclica.

iv. A Selic média, em termos nominais, foi 12,4% ao ano, ao passo que, em termos reais, ela se situou ao redor de 5,6% ao ano. Juros básicos, sejam nominais, sejam reais, nesses patamares, estão relacionados à ideia de que a política monetária do BCB é capturada pelos rentistas brasileiros, conforme argumentam Ferrari Filho e Milan (2018).;

v. Ao longo de quase todo o período, a taxa de câmbio nominal manteve-se valorizada e, somente durante o governo Bolsonaro, ela passou por um processo de desvalorização acentuado.

vi. Houve um *downsizing* do setor industrial na formação do PIB, pois o investimento foi bastante volátil ao longo do período, bem como a média da relação formação bruta de capital/PIB foi ao redor de 16,8%.[81]

5.3 A importância do investimento industrial e os problemas estruturais brasileiros que contribuem para a desindustrialização

Como é sabido, há muito se discute a desindustrialização brasileira (Nassif et al., 2010). Não existe um consenso sobre sua existência e suas causas, tampouco sobre seu início, mas existe uma ideia consensual de que ela está relacionada às quedas dos investimentos e da produtividade industrial.

Nesse particular, na *The General Theory of Employment, Interest and Money*, Keynes (1936/1964) tanto mostra a lógica de uma economia em que a moeda não é neutra e os mercados não são autoequilibrantes, quanto propõe

---

[81] Média calculada pelos autores com base nas informações do IPEADATA (2023).

políticas para se evitarem os ciclos econômicos. As flutuações na demanda ocorrem porque, uma vez que o futuro é incerto, a retenção de moeda pode ser preferível ao gasto e, se for este o caso, as decisões de consumo e, principalmente, de investimento são postergadas. Porém, como Keynes deixa claro, a variável determinante da dinâmica econômica é o investimento, sobretudo o produtivo, que tem grande capacidade de encadeamento com os demais setores da economia e, assim, são puxadores do crescimento do emprego e da renda. Nesse particular, embora investimentos sejam feitos por todos os setores econômicos, a indústria é o setor cuja inversão se encadeia de forma mais intensa, de forma que, se o investimento industrial vai mal, difícil será ao país ampliar e sustentar em alto patamar a ampliação de seu estoque de capital.

Desde o início dos anos 1990 e, mais especificamente, pós-PR e implementação das políticas econômicas do NCM, a economia brasileira enfrenta dificuldades em elevar o investimento. Houve um ligeiro aumento da taxa de investimento partir da segunda metade dos anos 2000, mas ela foi revertida a partir de 2014. Contudo, mesmo no período de elevação recente do investimento, ele não conseguiu superar com constância o teto de, aproximadamente, 20,0% do PIB.

Esta seção apresenta a lógica da decisão dos investimentos em Keynes (1936) para, então, aplicá-la ao caso brasileiro, objetivando apontar os problemas estruturais que obstaculizam a realização dos investimentos no Brasil a partir da adoção do modelo do NCM. Antecipando o resultado, o problema conjuntural é o primeiro a ser apresentado e lida com o desenho das políticas econômicas de curto prazo, que, desde os anos 2000, vem sendo implementado no Brasil. Os problemas estruturais, por sua vez, são (i) o longo período de câmbio valorizado, (ii) o constante aumento dos custos de produção, (iii) o custo de oportunidade dos ativos financeiros, (iv) a distribuição de renda desfavorável à indústria e, por fim, (v) o cenário internacional.

5.3.1 O que determina o investimento?

Para Keynes (1936), na GT, o investimento é resultado de um processo que tem como ponto de partida o desejo do empresário pelo lucro. Inicialmente, o empresário calcula a eficiência marginal do capital (EMgC), que é a taxa que iguala as receitas esperadas do ativo de capital a ser adquirido, ao custo de fazê-lo. No denominador, estão os custos, que são de mais fácil apreensão, pois se sabe com certa precisão os custos do trabalho, dos bens de capital, dos insumos, financeiros, dos impostos etc. No numerador, encontram-se as receitas esperadas, de caráter extremamente subjetivo, pois elas dependem das esperanças de vendas do empresário, que são inerentemente incertas, uma vez que o futuro é imprevisível. Estimada a EMgC, o empresário a confronta com as taxas de juros oferecidas por ativos financeiros comparáveis ao bem de capital em que ele pretende investir. Ocioso dizer que, para a realização do investimento, a EMgC deve ser, pelo menos, igual à taxa de juros do ativo financeiro comparável.

Logicamente, o investimento não terá trajetória favorável, caso se verifiquem os seguintes casos: (i) as expectativas de receita são desfavoráveis e ruins; (ii) os custos são altos e/ou crescentes; (iii) se (i) e (ii) ocorrerem ao mesmo tempo – isto é, expectativas desfavoráveis e ruins *vis-à-vis* custos elevados; e, por fim, (iv) a curva de juros da economia, complexo de retornos do conjunto dos ativos financeiros, for atrativa ao investimento financeiro ao invés do produtivo. Por sinal, o caso (iv), taxas de juros elevadas, é um problema em si, mas também é uma questão relativa ao caso (i), pois, se as expectativas são confiantes, um "over-optimism triumphs over a rate of interest which, in a cooler light, would be seen as to be excessive" (Keynes, 1936/1964, 322).

Diante do exposto, a subseção que segue utiliza os referidos casos para analisar como os desafios enfrentados pela indústria estão impedindo o crescimento robusto do investimento no Brasil.

5.3.2 Problemas estruturais enfrentados pelo investimento no Brasil

5.3.2.1 O longo período de câmbio valorizado

A taxa de câmbio no Brasil manteve-se valorizada entre 2005 e 2014, com uma breve exceção do segundo semestre de 2008 ao primeiro semestre de 2009, quando a economia brasileira foi contaminada pela crise financeira internacional. Como a valorização cambial acompanhou o aumento do salário real, gerou-se elevação da renda nacional em dólares. Ademais, este processo ocorreu sem que antes a indústria nacional ganhasse competitividade frente aos produtores estrangeiros.

Assim, embora a valorização cambial significasse ao produtor nacional custos menores para a aquisição de bens de capital e insumos, a expectativa de demanda desviada ao exterior não implicou investimentos para além dos setores imediatamente envolvidos com a exportação de *commodities*. Logo, parcela da demanda nacional traduziu-se em aumento de importações, principalmente de *tradeables* da indústria de transformação, cuja defasagem da indústria nacional é notável em relação aos *players* globais. Ademais, os ganhos de produtividade que poderiam ocorrer pela maior competição das empresas brasileiras com as estrangeiras em função do cambio apreciado também nao puderam acontecer, exceto nos setores produtores de *commodities*, pois os empresários não investiram na medida em que observaram a maior renda nacional se traduzir em déficit comercial, isto é, demanda nacional por oferta externa.

Em termos macroeconômicos, esse resultado foi observado nos crescentes déficits em transações correntes a partir do final de 2007, quando as importações, impulsionadas pelo câmbio valorizado, não cederam, e os preços da pauta de exportação brasileira, dominada por *commodities*, assumiram comportamento volátil de 2008 a 2010, moderada apreciação de 2011 a 2013 e forte queda em 2014 e 2015. Novo ciclo de valorização do preço das *commodities* somente foi observado em 2021 e 2022, em função da retomada econômica mundial com desajuste global de oferta pós-pandemia e da guerra russa contra a Ucrânia. Contudo, os 20 anos de câmbio valorizado entre 1994-2014 ajudou a causar tamanha defasagem estrutural ao longo dos últimos anos, que, pós-2014, mesmo diante de contínuas desvalorizações cambiais, como entre 2014 e 2016 e entre 2020 e 2022, fez com que a economia brasileira não conseguisse criar condições para estimular o investimento industrial.

5.3.2.2 Constante aumento de custos

Vários fatores concorrem para conformar esse ato como um desafio à indústria, tais como: os custos de infraestrutura, dos impostos, financeiros (custos do capital de giro e da captação de capital), de contratação e treinamento de mão de obra e os custos intangíveis, como os da burocracia e do risco de não cumprimento de contratos. Esses custos todos somam para dirimir a EMgC e atravancar o ânimo ao investimento.

Some-se que, desde 2014, o câmbio tem sido um fator adicional de pressão sobre os custos de produção. Interessante notar a dubiedade do câmbio no estímulo ao investimento industrial. Como mencionado na subseção 3.2.1, o câmbio sobreapreciado vigente por 20 anos fez diminuir as perspectivas de ganho do empresariado industrial, e quando houve a desvalorização cambial, entre 2014-2016 e pós-2020, o Brasil se via, por um lado, há muito tempo com o desestimulante câmbio apreciado e, por outro lado, sem políticas industriais consistentemente implementadas que conseguissem fomentar estímulos concretos à inserção do país na dinâmica competitiva global. Desindustrializado como está, o Brasil depende bastante de insumos importados que, com desvalorizações cambiais, se tornam mais custosos ao importador produtor. Dessa forma, o câmbio desvalorizado encareceu o custo de produção e, ao mesmo tempo, não foi tão estimulante à inserção internacional da indústria brasileira, caso seria se o país tivesse levado a efeito políticas estruturantes de desenvolvimento científico, tecnológico e industrial. Embora câmbio não seja condição suficiente para o desenvolvimento industrial, ele é condição necessária, e sua manutenção em patamar favorável à indústria é condição estruturante.

Outro custo que tem se somado aos onerosos custos enfrentados pelo empresariado no Brasil é o da energia. Desde 2014, com as recorrentes crises de seca e com os custos da reorganização do sistema de geração e distribuição de energia elétrica após a mudança feita pelo governo Rousseff no marco regulatório do mercado energético em 2012, a energia se tornou mais custosa. Esse custo aumentou com o pós-pandemia, em função tanto da subida dos preços das *commodities*, quanto dos embargos impostos contra a Rússia, uma das maiores produtoras de petróleo e gás naturais (as duas principais fontes da matriz energética mundial), após a invasão da Ucrânia em fevereiro de 2022.

No Brasil, o entrelaçamento dos custos da produção de energia das diferentes matrizes é uma questão a parte. Os problemas decorrentes da mudança do marco regulatório da energia no governo Rousseff são distribuídos por todos os consumidores. Quando acontecem períodos de seca, que têm sido bastante recorrentes desde 2001, termoelétricas abastecidas por gás, petróleo ou carvão são ligadas e tornam a produção de energia mais cara, custo esse dividido entre os consumidores. Para piorar a situação, a Petrobras implementa, desde 2016, a chamada "Política de Paridade Internacional dos Preços do Petróleo". Com ela, todo e qualquer aumento do preço do petróleo no mercado internacional traduz-se em reajuste de preço doméstico, independentemente do nível de suprimento nacional pela produção local. Quando há seca no país e aumento do preço internacional do petróleo, como ocorreu em 2021, o impacto tarifário na energia é intenso

– em 2021, mais de 50,0% do aumento de 10,06% do IPCA decorreu de variação do preço de energia. Some-se a isso eventuais desvalorizações do câmbio, como em 2021, e tenha-se o impacto depressivo sobre a EMgC e, por conseguinte, sobre o investimento industrial no Brasil.

Os custos enfrentados pelos empresários foram ainda acrescidos de outro problema: a criação da Taxa de Longo Prazo (TLP) como taxa de Juros dos empréstimos concedidos pelo BNDES, a partir de 2017, em substituição à Taxa de Juros de Longo Prazo (TJLP); por sinal, a TJLP foi criada justamente para não onerar em demasia o tomador de crédito para *funding* de investimento em função do histórico de juros altos no Brasil. A TLP indexou os juros cobrados pelo BNDES aos empréstimos concedidos – o Banco é o maior financiador do investimento no Brasil – ao juro real pago na Nota do Tesouro Nacional. Porém, este título é dedicado ao financiamento do governo federal e, assim, sobre ele incide risco fiscal, algo que nada tem que ver com os empréstimos concedidos pelo BNDES, nem no crédito tomado por empresários no Brasil. Esse *non sense* econômico implicou elevação dos juros para o *funding* no Brasil, encarecendo-o. Mas não somente custo efetivo o juro cobrado do investidor significa. No Brasil, os altos juros básicos também implicam um custo de oportunidade à realização do investimento produtivo, como se argumenta a seguir.

5.3.2.3 O custo de oportunidade dos ativos financeiros

Enquanto o industrial percebeu a EMgC dos ativos de capital minguarem, ao olhar para o sistema financeiro nacional, ele enxergou a opção de investir em ativos financeiros com elevada remuneração em curtíssimo prazo (inclusive diária, como o Certificado de Depósito Bancário, as Letras de Crédito Imobiliário e as Letras de Crédito do Agronegócio etc.), de liquidez imediata e sem risco, pois são "lastreados" nos títulos públicos negociados pela Autoridade Monetária em suas operações de mercado aberto da política monetária.

A estrutura do mercado monetário brasileiro explica tais condições, uma vez que os mercados de títulos públicos de curto e longo prazos foram fundidos nos anos de alta inflação e não foram reformados com a estabilidade pós-1994. No Brasil, acessa-se, facilmente e sem riscos, uma taxa de juros básica elevada, e é esta a taxa mínima de atratividade que é comparada à EMgC. A curva de juros somente não será um custo de oportunidade à inversão produtiva quando os retornos esperados forem bastante elevados, algo que não é trivial. Aliás, não é por menos que o investimento no Brasil ampliou-se em um período economicamente atípico, entre 2004 e 2008, no *boom* pré-crise, época em que as expectativas de retorno, de tão animadas – algo comum nos *booms* –, enfrentaram uma taxa de juros básica superior a dois dígitos.

5.3.2.4 A distribuição de renda desfavorável à indústria

Analisando-se a distribuição da renda em três classes, quais sejam, trabalhadores, rentistas e empresários, e considerando-se a expansão dos salários reais, juros e lucros como *proxy* das participações das remunerações das referidas classes no PIB do país, a partir dos anos 2010, tem-se uma contínua distribuição de renda em favor dos rentistas. A única exceção foi o período de juros muito baixos entre fins de 2019 e começo de 2021, que foi absolutamente atípico.[82] O câmbio valorizado e o aumento dos custos também caminham no sentido de confirmar a distribuição de renda desfavorável à indústria. A persistência do câmbio valorizado implicou desvio de receita para a indústria internacional em detrimento da nacional, até meados de 2014, ao passo que os custos se expandindo em velocidade superior ao aumento de receitas significaram que a indústria transferiu mais renda a fatores de produção específicos do que deles recebeu.

5.3.2.5 O cenário internacional e a ausência de política industrial

Não bastassem os problemas domésticos, o setor externo também é, por si, um desafio. No resto do mundo, o cenário econômico é caótico desde que a crise financeira internacional colocou as economias desenvolvidas em uma longa convalescença, a ponto de implicar o esfriamento da locomotiva mundial do século XXI, a China. Ademais, Japão, Estados Unidos, Reino Unido e a própria Zona do Euro desvalorizam suas moedas por meio de *quantitative easing*, buscando baratear o acesso a elas e, assim, aumentar a demanda externa pelas suas ofertas domésticas. O cenário pós-pandemia piorou ainda mais esse conturbado cenário. As economias avançadas perceberam a importância de acesso rápido a insumos importados essenciais.

---

[82] Esta ideia é corroborada pelas estatísticas do IBGE (2023c), que mostram que as classes econômicas que mais diminuíram suas participações percentuais na renda nacional, os trabalhadores e os empresários, principalmente a partir do período pós-estagnação econômica, 2014.

Os planos de desenvolvimento industrial colocados a efeitos nos Estados Unidos, por exemplo, mostram como o olhar para dentro parece estar se tornando a tônica industrial atual. Inclusive, tem sido nesse cenário que o termo "desglobalização" surgiu no pós-pandemia.

Em suma, as principais economias desenvolvidas que são parceiras comerciais do Brasil não estão apenas reduzindo a demanda externa, mas também estão buscando produzir cada vez mais em seus territórios. Nessas condições, o espaço internacional disponível para a indústria brasileira não motiva novos investimentos industriais que poderiam buscar a demanda do resto do mundo como fonte de receita. O que se tem no máximo é o empresário nacional visando a manter sua operação produtiva no que lhe resta do mercado local.

Soma-se a isso o fato de a economia brasileira ter sido incapaz de manter política industrial (incluindo nela políticas de desenvolvimento científico, tecnológico ou de pesquisa, desenvolvimento e inovação) contínua. Houve ensaios, como a "Política Industrial, Tecnológica e de Comércio Exterior", de 2004, a "Política de Desenvolvimento Produtivo", de 2008, e o "Plano Brasil Maior", de 2011 a 2014. Em relação às referidas políticas industriais, somente as duas primeiras foram mais contínuas, contudo breves, durando ao redor de seis anos, muito pouco para conseguir estruturar indústria diante de tanto tempo sem nada ser feito e em meio ao desafio empresarial de operar confrontado pelo câmbio valorizado. O "Plano Brasil Maior", por sua vez, se deu em meio ao conturbado governo Rousseff, durante o qual a recessão de 2014-2016 foi gestada, cuja condução da política econômica acabou por suscitar mais dificuldades para os empresários do que incentivos, a despeito de o voluntarismo de Rousseff ter sido inclusive denominado de Agenda Fiesp. Entretanto, como entre desejo industrializante e capacidade de liderar uma industrialização há uma vasta distância, a confusão político-econômica causada pelo governo Rousseff não apenas não produziu a reindustrialização, mas também conduziu o país a não conseguir implementar políticas contracíclicas quando elas foram muito necessárias, como na recessão de 2014-2016.

5.4 Considerações finais

Inicialmente, o capítulo apresentou e analisou a política econômica brasileira implementada desde a adoção do modelo do NCM. Ao fazê-lo, o objetivo foi mostrar que a operacionalização das políticas fiscal, monetária e cambial, em conformidade com a lógica do NCM, não somente contribuiu para que o crescimento econômico brasileiro dos últimos 24 anos fosse à la stop-and-go, mas, também, foi determinante para a estagnação econômica do país no período 2015-2022.

Em segundo lugar, considerando que o investimento, conforme nos mostra a teoria keynesiana, é a principal variável para dinamizar a atividade econômica de um país, foram apresentados e comentados os principais problemas estruturais que dificultam a expansão intertemporal do investimento no Brasil.

Pelo exposto, percebe-se que o drama industrial brasileiro não terá um final feliz. São necessários diversos esforços, em variadas frentes, para que a indústria retome sua ascensão, desafiada que esteve por um amplo conjunto de problemas domésticos, em um cenário de caos econômico global. Os fatores problemáticos apresentados e comentados condicionaram-se reciprocamente ao longo dos últimos anos, colocando a indústria nacional em uma espécie de labirinto. Talvez, o melhor caminho venha do impulso dado pelo câmbio desvalorizado, como ocorreu no governo Bolsonaro, desde que a inflação e os custos não o arrefeçam.

Porém, a depreciação cambial é somente o primeiro passo positivo. Políticas fiscal e monetária que estimulem os investimentos públicos e, principalmente, privados são fundamentais, bem como é essencial a construção de uma orientação nacional à indústria, em que a sociedade compreenda a importância crucial dela para a promoção do desenvolvimento em um país com as características do Brasil, com baixa e desigual renda per capita, populoso, regionalmente díspar e com desenvolvimento econômico oscilante e aquém de suas potencialidades. Sem esse consenso pró-indústria, conflitos distributivos culminarão em expansão de custos e de preços, que, em última instância, fragilizam a indústria e, por conseguinte, a ampliação e a sustentação dos investimentos.

Referências

Arestis, P.; Ferrari Filho, F.; Resende, M. F. C., & Terra, F. H. B. (2019). Brazilian monetary and fiscal policies from 2011 to 2017: conventions and crisis. *Challenge*, 62(3): 187-199.

Banco Central do Brasil (2023). *Focus – Relatório de Mercado*. https://www.bcb.gov.br/publicacoes/focus

Carlin, W., & Soskice, D. (2006). *Macroeconomics: Imperfections, Institutions and Policies*. Oxford: Oxford University Press.

Ferrari Filho, F., & Milan, M. (2018, 2º semestre). Liquidity trap: The Brazilian version. *BrazilianKeynesian Review*, 4(2): 278-299.

IBGE (2023a). *Sistema de Contas Nacionais: Brasil*. https://www.ibge.gov.br/busca.html?searchword=contas+nacionais

IBGE (2023b). *PNAD Contínua*. https://www.ibge.gov.br/busca.html?searchword=taxa+de+desemprego

IBGE (2023c). *Rendimento, Despesa e Consumo*. https://www.ibge.gov.br/busca.html?searchword=distribui%C3%A7%C3%A3o+de+renda

International Monetary Fund (2023). *World Economic Outlook June 2020*. http://www.imf.org

IPEADATA (2023). *Séries Históricas*. http://www.ipeadata.gov.br

Keynes, J. M. (1936/1964). *The General Theory of Employment, Interest and Money*. Nova York: HBS.

Nassif, A.; Bresser-Pereira, L. C., & Feijó, C. (2018). The case for reindustrialisation in developing countries: towards the connection between the macroeconomic regime and the industrial policy in Brazil. *Cambridge Journal of Economics*, 42(2): 355-381.

Oreiro, J. L., & Feijó, C. A. (2010, junho). Desindustrialização: conceituação, causas, efeitos e o caso brasileiro. *Revista de Economia Política*, 30(2), 219-232.

Anexo

Tabela 1 – Indicadores macroeconômicos selecionados para a economia brasileira

Ano	Cresci-mento do PIB (%)	Taxa de Inflação (%)	Resultado Fiscal Primário/ PIB (%)	Taxa Básica de Juros (Selic), Final de Período (%)	Taxa de Câmbio, Final de Período (R$/ US$)
1999	0,5	8,94	3,2	19,0	1,79
2000	4,4	5,97	3,2	15,75	1,96
2001	1,4	7,67	3,3	19,0	2,32
2002	3,1	12,53	3,2	25,0	3,53
2003	1,1	9,3	3,3	16,5	2,89
2004	5,8	7,6	3,5	17,75	2,65
2005	3,2	5,69	3,8	18,0	2,34
2006	4,0	3,14	3,2	13,25	2,14
2007	6,1	4,46	3,3	11,25	1,77
2008	5,1	5,9	3,4	13,75	2,34
2009	- 0,1	4,31	2,0	8,75	1,74
2010	7,5	5,91	2,7	10,75	1,67
2011	4,0	6,5	3,1	11,0	1,87
2012	1,9	5,84	2,4	7,25	2,05
2013	3,0	5,91	1,9	10,0	2,36
2014	0,5	6,41	- 0,6	11,75	2,65
2015	- 3,5	10,67	- 1,9	14,25	3,95
2016	- 3,3	6,29	- 2,5	13,75	3,26
2017	1,3	2,95	- 1,7	7,0	3,31
2018	1,3	3,75	- 1,6	6,5	3,88
2019	1,1	4,31	- 1,2	4,5	4,02
2020	- 4,1	4,52	- 9,5	2,0	5,19
2021	4,6	10,06	0,8	9,25	5,39
2022	3,0*	5,79	1,3	13,75	5,14

Nota: (*) Estimativa do Relatório Focus (BCB, 2023).
Fonte: IPEADATA (2023).

Capítulo 6

MACROECONOMIA DA DESINDUSTRIALIZAÇÃO E A NECESSIDADE DE UM PROJETO DE DESENVOLVIMENTO ECONÔMICO PARA O BRASIL

Hugo C. Iasco Pereira
Fabrício J. Missio[83]

6.1 Introdução

A mudança estrutural industrializante em direção a setores mais complexos, modernos e com maior produtividade do trabalho é um importante vetor impulsionador do crescimento e do desenvolvimento econômico. Nessa perspectiva, constata-se que as economias que apresentam industrialização avançada e uma estrutura produtiva mais diversificada, com uma parcela significativa da produção e do emprego direcionada a atividades não tradicionais, são aquelas que demonstram maiores taxas de crescimento econômico e níveis mais elevados de renda per capita. Esse fenômeno é amplamente conhecido como a primeira lei de Kaldor (Kaldor, 1966). Portanto, a mudança estrutural – isto é, a transferência de recursos econômicos da agricultura e atividades de baixa produtividade do trabalho para setores modernos com alta produtividade do trabalho, como em Lewis (1954) – é o motor do crescimento/ desenvolvimento econômico.

Existem efeitos complementares da industrialização e da diversificação da estrutura produtiva na economia sobre a economia como um todo, o que justifica a presença de efeitos positivos crescentes sobre o crescimento e desenvolvimento econômico. Por um lado, a industrialização promove uma maior integração setorial da cadeia produtiva, como em Hirschman (1958), amplificando as externalidades de ganhos

---

[83] Os autores agradecem o apoio do CNPq e da Fundação de Amparo à Pesquisa do Estado de Minas Gerais (APQ-01964-18).

de produtividade e inserção no comércio internacional para toda a economia (Weiss & Jalilian, 2015). Setores industriais possuem retornos crescentes de escala – o que é conhecido como lei de Verdoorn (Verdoorn, 1949) –, além de possuir maior capacidade de inovação tecnológica (Szirmai, 2012, Tregenna & Andreoni, 2020). À medida que trabalhadores de setores com baixa produtividade do trabalho são incorporados em atividades industriais, com maior produtividade do trabalho, tem-se aumento da produtividade da economia e, logo, do salário real e da economia (Ros, 2015).

Por outro, utilizando o jargão *mainstream,* de Acemoglu (2009), entendemos que a diversificação produtiva seria uma causa aproximada para explicar o crescimento econômico dos países. A causa fundamental seria compreender os elementos que condicionam a condução das políticas macroeconômicas dos diferentes países que, por sua vez, produzem distintas configurações produtivas. Considerando a argumentação apresentada sobre os motivos pelos quais os países mais desenvolvidos são caracterizados por uma estrutura produtiva mais diversificada e industrializada, diversos autores têm documentado um processo de desindustrialização prematura e de especialização regressiva da economia brasileira em curso desde os anos 1990 (como Coutinho, 1997; Oreiro e Feijó 2010; Nassif, Feijó, & Araújo, 2016; Morceiro, 2021; Guilhoto, 2022, dentre vários outros). Existem evidências de que é normal e esperado que ocorra um processo natural de desindustrialização à medida que o nível de renda aumente (Rowthorn & Wells, 1987; Rowthorn & Ramaswamy, 1999). No entanto, a desindustrialização prematura acontece em níveis de renda abaixo da experiência internacional (Tregenna, 2016), o que reduz os horizontes de crescimento econômico de longo prazo (Tregenna & Andreoni, 2020).

Considerando esses aspectos, o objetivo deste texto é discutir o que entendemos serem as causas *fundamentais* da pobre *performance* econômica brasileira desde os anos 1990, a saber, a macroeconomia da desindustrialização e as suas consequências em termos de desindustrialização e especialização regressiva. Em linha com o argumento de Palma (2005), entendemos que a desindustrialização prematura da economia brasileira está associada a uma alteração da condução das políticas macroeconômicas do país. Isto é, de políticas alinhadas à industrialização do país (grosso modo, adotadas entre as décadas de 1950 e 1980), à condução de políticas macroeconômicas alinhadas à lógica neoliberal do Consenso de Washington (implementada desde os anos 1990). De outro modo, argumentamos que a alteração de inserção do Estado brasileiro – de uma lógica macroeconômica desenvolvimentista para uma neoliberal – explica, em alguma medida, o processo de desindustrialização e especialização regressiva do Brasil das últimas décadas. O texto focará, em especial, na condução macroeconômica da política fiscal (com ênfase nos investimentos públicos e em infraestrutura) e da política cambial.[84]

O texto possui outras três seções além desta Introdução. A próxima seção documenta a desindustrialização e regressão produtiva da economia brasileira como um fenômeno multifacetado, com consequência em termos de produto e emprego industrial, redução do conhecimento embutido na estrutura produtiva e de aumento (redução) do conteúdo importado (exportado) pelo setor produtivo manufatureiro. A terceira seção, por sua vez, articula o argumento de que essa situação se deve, em alguma medida, à condução das políticas de investimento público e infraestrutura e política cambial. As considerações finais fecham o texto com recomendações, mesmo que breves, sobre o que entendemos ser parâmetros macroeconômicos adequados para um projeto de desenvolvimento econômico brasileiro alinhado à industrialização e diversificação produtiva.

6.2 A recente desindustrialização e especialização da economia brasileira

As alterações na composição setorial de uma estrutura produtiva possuem uma natureza multifacetada, podendo ser mensuradas, compreendidas e discutidas de diversas formas. Esta seção busca compreender, em linhas gerais, a dinâmica histórica da estrutura produtiva brasileira nas últimas décadas, com ênfase no período mais recente, marcado pela desindustrialização. O Gráfico 1 apresenta dados anuais sobre a parcela relativa do produto doméstico brasileiro, oriundo da indústria de transformação, a preços constantes, para o período entre 1947 e 2021.

---

[84] Reconhecemos que existem diversos elementos que ajudam a explicar a desindustrialização brasileira, como política monetária, tributária, distribuição de renda, política industrial. O recorte metodológico e o delineamento do objeto de estudo do texto implicam que vamos tratar o tema apenas como a condução da política fiscal (infraestrutura e investimento público) e da política cambial articulam-se para explicar, em partes, a desindustrialização brasileira.

Gráfico 1 - Indústria de transformação como proporção do PIB: 1947-2021

Fonte: elaborado pelos autores com dados providos por Morceiro (2018).

No Gráfico 1, é possível identificar a existência de dois períodos distintos em relação à composição manufatureira do produto na economia brasileira:

O primeiro, entre 1947 e o início da década de 1980, compreende o período da industrialização brasileira. Esse período é caracterizado, grosso modo, pela existência de políticas macroeconômicas desenvolvimentistas voltadas à industrialização. O Estado brasileiro conduziu ativamente um processo de desenvolvimento econômico, perseguindo conscientemente uma estrutura produtiva mais industrializada, moderna e mais diversificada, por meio da formulação de diversos planos econômicos e do uso de vários instrumentos de planejamento e de política macroeconômica. A atuação estatal se deu por meio diversos canais macroeconômicos e setoriais, como: política tarifária, monetária e creditícia, industrial, comercial e cambial, distribuição de renda, fiscal, investimento público e de infraestrutura social (Suzigan, 1996); todas voltadas à promoção do desenvolvimento econômico (Baer, 1977). O resultado foi um processo robusto de industrialização e diversificação produtiva (Castro, 1985; Morceiro & Guilhoto, 2020). A parcela relativa da produção manufatureira passou de 14% para, aproximadamente, 20% do produto interno bruto (PIB). Isto é, houve um expressivo aumento da produção manufatureira em relação a produção dos setores primários e de serviços. Em um período de 30 anos, a parcela industrial do PIB brasileiro aumentou 42%.

O segundo, entre o início dos anos 1980 e 2021, sugere a existência de um processo de desindustrialização da economia brasileira. Houve uma redução relativa da produção manufatureira em relação aos setores primários e de serviços ao longo desse período da economia brasileira. A parcela relativa da produção manufatureira passou de 20% para valores próximos de 11% do PIB. Em um período de 40 anos, a parcela industrial do PIB brasileiro caiu 45%. Conforme o Gráfico 1, isso significa que os setores manufatureiros possuem um peso menor em 2021 em relação ao início da série, em 1947.

Por um lado, em relação ao segundo período da economia brasileira sugerido pelo Gráfico 1, alguns autores, como Rowthorn e Wells (1987) e Rowthorn, e Ramaswamy (1999), argumentam que é esperado que os setores industriais percam importância em termos de composição do PIB à medida que o nível de renda da economia aumenta. Isso é conhecido como a *desindustrialização natural* da estrutura produtiva. Por outro, alguns autores argumentam que a desindustrialização da estrutura produtiva brasileira é *prematura* – isto é, ela está ocorrendo a despeito de não ter se alcançado o nível de renda esperado para que ela ocorra *naturalmente* (Nassif, Feijó, & Araújo, 2016; Oreiro, Dagostini, Vieira, & Carvalho, 2018).

Seguindo a perspectiva de Palma (2005), compreendemos que esse segundo período pode ser atribuído a uma mudança na forma como o Estado brasileiro conduziu sua política macroeconômica, isto é, enquanto o processo de industrialização da estrutura produtiva brasileira esteve condicionado à existência de um conjunto amplo de políticas econômicas voltadas ao desenvolvimento econômico. O processo de desindustrialização ocorreu, em um primeiro momento, ao longo de um período de combinação de hiperinflação e de crise do Estado brasileiro, ao longo dos anos 1980 e, posteriormente, de um explícito alinhamento da economia brasileira ao Consenso de Washington, a partir dos anos 1990. Esse alinhamento implicou em uma mudança na lógica macroeconômica, que se caracterizou pela abertura comercial abrupta, pelo uso da taxa de câmbio real supervalorizada como âncora nominal combinada com juros reais excessivamente elevados (sobretudo ao longo da década de 1990); da redução dos investimentos públicos e em infraestrutura, bem como privatizações. Além disso, durante esse período, houve um desmantelamento de várias instituições econômicas construídas ao longo do período desenvolvimentista. Esse processo contribuiu para a configuração do que denominamos de macroeconomia da desindustrialização.

Diante da natureza multifacetada da desindustrialização de uma estrutura produtiva, o Gráfico 2 apresenta a parcela dos empregados totais associados com atividades industriais, entre 1950 e 2019, da economia brasileira.

Gráfico 2 - Emprego industrial como proporção dos empregados totais: 1950-2019

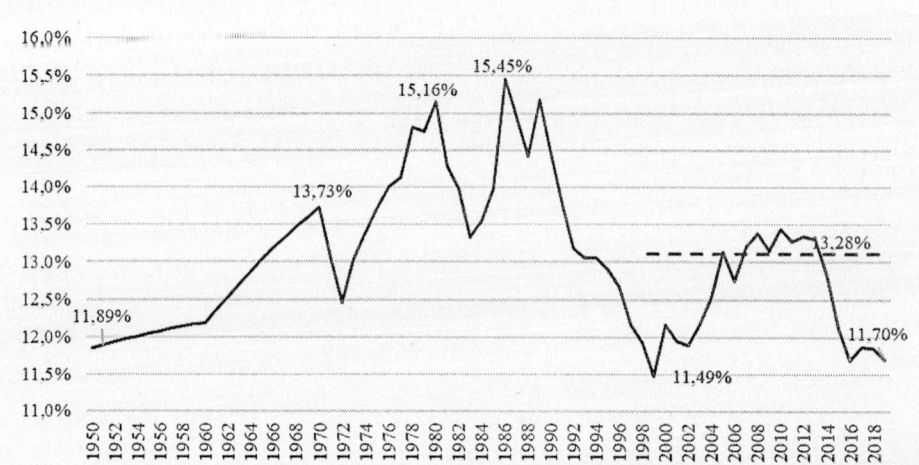

Fonte: elaborado pelos autores com a variável calculada a partir de outras variáveis, sendo: (1) o emprego industrial é uma variável oriunda do estudo de Iasco-Pereira e Morceiro (2022), (2) o número de empregados totais é oriundo da base de dados da *Penn World Table*.

Em linha com as informações apresentadas no Gráfico 1, é possível notar que o emprego industrial aumentou mais que a população total empregada, na média, ao longo do período da industrialização brasileira. Ou seja, ocorreu uma transferência de trabalhadores de setores não industriais para os setores industriais até o final dos anos 1980. Em 1950, 11,8% das pessoas empregadas estavam alocadas em setores industriais, aumentando para, aproximadamente, 15%, na média, durante os anos 1980. No entanto, a proporção de empregos na indústria seguiu a tendência de queda da participação da indústria no PIB, a partir do início dos anos 1990, atingindo o valor mínimo de 11,4%, no final da década de 2000. Embora tenha havido um aumento relativo nos empregos industriais a partir do início dos anos 2000, é evidente que houve uma retração na quantidade de postos de trabalho na indústria da economia brasileira. Tem-se, portanto, evidências de que a desindustrialização brasileira significou a redução da parcela da população empregada nos setores industriais. Em outras palavras, houve uma transferência de trabalhadores empregados em setores industriais (formalizados, com maior produtividade e salários reais mais elevados) para os setores não industriais (com menor grau de formalização laboral, menor produtividade e salários reais menores).

O Gráfico 3 apresenta duas variáveis associadas com o nível de conhecimento e sofisticação embutida na estrutura produtiva brasileira, entre 1964 e 2015, a saber: i- o índice de complexidade econômica[85], calculado por Hausmann et al. (2013), e ii- a posição brasileira no *ranking* do grau de complexidade econômica do mundo.

Gráfico 3 - Complexidade Econômica e Posição relativa do Brasil no *ranking* mundial: 1964-2015

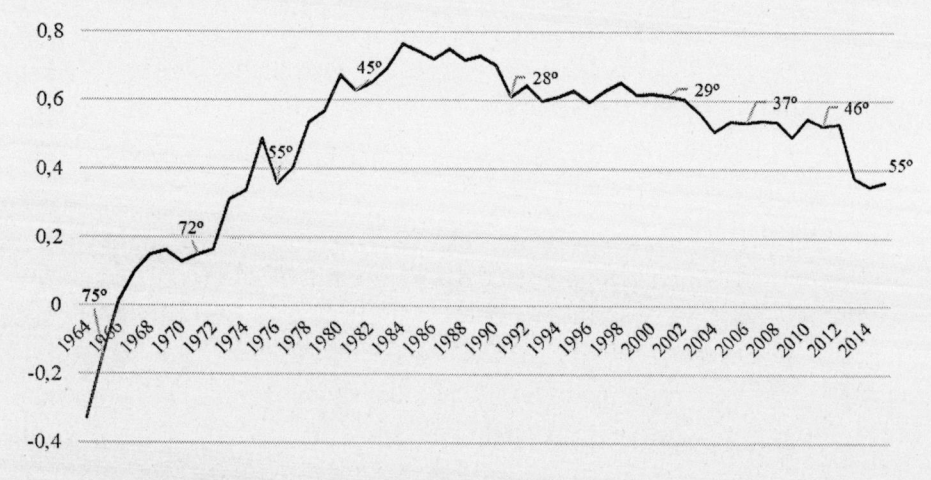

Fonte: elaborado pelos autores com dados do *The Growth Lab at Harvard University* (https://atlas.cid.harvard.edu)

O Gráfico 3 sugere uma dinâmica do grau de sofisticação da estrutura produtiva brasileira alinhada aos dados apresentados nos Gráficos 1 e 2, mais especificamente:

i. Ao longo do período da industrialização brasileira, notoriamente marcada por uma condução macroeconômica voltada à industrialização, houve expressivo aumento do conhecimento, da sofisticação e da diversificação embutido na estrutura produtiva nacional. Em 1964, a economia brasileira se situava na 75ª posição do *ranking*

---

[85] Ver Hausmann et al. (2013), para mais informações sobre o índice de complexidade econômica.

mundial de complexidade, atingindo a posição 45ª posição em 1980, após anos de políticas desenvolvimentistas. Melhor dizendo, o aumento relativo do PIB e do emprego industrial foi acompanhado por aumento do grau de sofisticação da estrutura produtiva brasileira, com expressiva redução do *gap* de sofisticação produtiva com o restante do mundo.

ii. Os dados do Gráfico 3 indicam certa tendência de redução, mesmo que menos intensa se comparada com os Gráficos 1 e 2, do grau de conhecimento, da sofisticação e da diversificação produtiva embutida na estrutura produtiva brasileira a partir de meados da década de 1980. Tal reconfiguração qualitativa das atividades produtivas implicou uma piora da posição brasileira no *ranking* mundial de complexidade, saindo da 28ª posição, em 1990, para a 55º, em 2014. A desindustrialização brasileira, portanto, foi acompanhada por uma tendência de redução do grau de complexidade econômica, aprofundando as diferenças de sofisticação produtiva do Brasil em relação aos países desenvolvidos.

Um aspecto complementar à especialização regressiva da economia brasileira, descrita anteriormente, é o posicionamento do Brasil nas cadeias globais de valor, ou o surgimento de uma indústria maquiladora como sugerido por Buitelar, Urrutia, & Padilla (1999). Neste sentido, economias desindustrializadas, pouco diversificadas e especializadas em bens menos complexos são caracterizadas pela baixa integração setorial (Coutinho, 1997; Morceiro & Guilhoto, 2020). O esvaziamento produtivo da indústria brasileira, bem como a perda de encadeamento setorial e de produtividade, pode ser identificado na substituição de produção doméstica por importações nos setores de maior intensidade tecnológica e especialização em exportações de produtos de menor intensidade tecnológica (Coutinho, 1997; Nassif & Castilho, 2020). À vista disso, a Tabela 1 apresenta os coeficientes setoriais de importação e exportação dos setores industriais brasileiros, entre 2007 e 2018[86].

---

[86] Este é o maior período disponível para análise, quando o texto estava sendo escrito. Setores classificados de acordo com a Classificação Nacional de Atividades Econômicas (CNAE 2.0).

Tabela 1 – Coeficientes setoriais de importação (m) e de exportação (x), média de 2 anos, por CNAE 2.0 (2 dígitos)

Setor[1]/Biênio[2]	2007-2008		2009-2010		2011-2012		2013-2014		2015-2016		2017-2018	
	m	x	m	x	m	x	m	x	m	x	m	x
13- Têxtil	11	12,6	25,8	9,5	29,4	11,5	11	9	25,8	12	29,4	12
14- Roupas e Acessórios	15,4	2,1	17,0	1,1	20,0	0,8	15,4	0,7	17,0	0,9	20,0	1
15- Couro e sapatos	11,3	32,4	10,8	23,4	12,0	19	11,3	19,7	10,8	21,5	12,0	20,4
16- Produtos de Madeira	6,3	35,1	7,5	23,7	8,6	19,0	6,3	19,7	7,5	27,9	8,6	35,3
17- Celulose e Papel	13,3	20,6	13,6	24,1	15,3	22,7	13,3	24,7	13,6	29,7	15,3	32,1
18- Impressão	18,5	1,4	19,2	0,7	21	0,7	18,5	0,5	19,2	0,8	21	1,8
19- Derivados de petróleo e biocombustíveis	37,6	9,2	32,7	7,7	32,6	7,7	37,6	7,2	32,7	6,6	32,6	8,1
20- Químicos	31,4	11,2	32,9	11,7	36	10,7	31,4	9,8	32,9	10,3	36	10,9
21- Produtos farmacêuticos e químicos	36,6	6,7	37,4	8,7	39,5	10,8	36,6	11,4	37,4	10,6	39,5	11,8
22- Material de borracha e plástico	19,9	8,8	22,1	7,5	24,1	6,9	19,9	6,0	22,1	7,2	24,1	7,7
23- Produtos minerais não-metálicos	13,4	10,1	14,1	6,5	16	5,4	13,4	5,8	14,1	7,9	16	8,8
24- Metalurgia	24,8	27,2	29,3	29,7	28,8	27,9	24,8	26,1	29,3	36,9	28,8	35,5
25- Produtos de metais	10,4	7,0	13,2	6,1	13,4	5,9	10,4	5,6	13,2	6,8	13,4	6,9
26- Computadores, produtos eletrônicos e ópticos	44,8	12,2	42,9	7,5	41,2	4,5	44,8	2,7	42,9	2,8	41,2	2,6

Setor[1]/Biênio[2]	2007-2008		2009-2010		2011-2012		2013-2014		2015-2016		2017-2018	
	m	x	m	x	m	x	m	x	m	x	m	x
27- Máquinas e equipamentos elétricos	21,7	15,2	23,6	9,6	26,2	8,8	21,7	8,3	23,6	8 8	26,2	9,4
28- Máquinas e equipamentos	17,7	21,9	21,2	14,7	23,6	15,2	17,7	11,6	21,2	14,9	23,6	18,4
29 -Veículos	19,6	17,5	21	10,2	24,1	10,7	19,6	9,1	21	12 4	24,1	13,6
30- Outros equipamentos de transportes	29,6	44,9	31,8	30,5	31,9	32,5	29,6	44,6	31,8	40,7	31,9	55,5
31- Móveis	16,2	10,9	18,6	6,7	21,1	5,2	16,2	4,9	18,6	5,9	21,1	6,4

Nota: Aplicou-se média de dois anos para remediar possíveis efeitos de flutuações e choque econômicos.

Fonte: elaborado pelos autores, usando dados da Confederação Nacional da Indústria (disponível em https://www.portaldaindustria.com.br/cni/estatisticas/).

ELIANE ARAÚJO | CARMEM FEIJÓ (ORG.)

Os dados da Tabela 1 confirmam a existência de setores industriais domésticos fortemente dependentes de importações e pouco inseridos em atividades exportadoras. Isso é especialmente válido para setores de maior intensidade tecnológica, como 20- Químicos, 21- Produtos farmacêuticos e químicos, 26- Computadores, produtos eletrônicos e ópticos, 27- Máquinas e equipamentos elétricos, 30- Outros equipamentos de transportes. Isso pode ser considerado, em grande medida, como resultado de anos de adesão à macroeconomia da desindustrialização.

Em resumo, a discussão realizada nesta seção sugere que a economia brasileira esteja passando por um processo de desindustrialização em sua estrutura produtiva, o que se manifesta em uma série de aspectos relacionados à sua composição setorial. Em outros termos, os setores manufatureiros estão perdendo composição relativa em termos de produto e emprego. Em termos mais qualitativos, a estrutura produtiva brasileira está menos complexa e sofisticada, de tal modo que a sua desarticulação setorial reflete-se na forte dependência de importações para a produção de setores de maior intensidade tecnológica e na pouca importância das exportações para estes setores.

Na próxima seção vamos explorar o argumento que a situação atual da economia brasileira é, em certa medida, resultado da adoção de políticas macroeconômicas neoliberais desde os anos 1990 – isto é, do paradigma desenvolvimentista em direção ao Consenso de Washington. Em particular, argumentaremos que a ênfase na consolidação fiscal, com suas consequências negativas para o investimento público e em infraestrutura, junto à busca pela estabilização inflacionária após a implementação do Plano Real e do Regime de Metas de Inflação, com suas implicações para a taxa de câmbio real da economia, são aspectos fundamentais para compreender como a estrutura produtiva brasileira chegou à situação atual.

6.3 A macroeconomia da desindustrialização

Esta seção busca analisar dois aspectos específicos do que chamamos por "macroeconomia da desindustrialização": i- a evolução do investimento público e do investimento em infraestrutura, e ii- a condução da taxa de câmbio real, como elementos fundamentais para compreender a desindustrialização e especialização regressiva brasileira.

6.3.1 Investimento público e infraestrutura

Existe ampla literatura que destaca a importância dos investimentos públicos e em infraestrutura para o crescimento e desenvolvimento econômico. Diversos autores têm enfatizado a importância dos investimentos públicos em infraestrutura para entender o diferencial de crescimento econômico (Mera, 1973; Easterly & Rebelo, 1994; Barro & Sala-i-Martin, 1995; Straub, 2008, dentre outros).

A literatura teórica apresenta diversos canais de transmissão que justificam o efeito positivo das expansões dos investimentos públicos e em infraestrutura sobre o crescimento econômico de longo prazo. Expansões dos investimentos públicos e em infraestrutura aumentam a produtividade do trabalho, bem como produzem um efeito *crownding-in* sobre a acumulação de capital privada (Barro, 1990; Agénor & Moreno-Dodson, 2006; Välilä, 2020). Investimentos públicos em infraestrutura favorecem a rentabilidade das atividades produtivas à medida que: i- reduzem custos de produção, ii- aumentam a taxa de lucro e a durabilidade do capital, iii- favorecem atividades exportadoras à medida que a produção se torna mais eficiente, induzindo expansões da produção e do investimento privado (Bogetic & Fedderke, 2005; Agénor & Moreno-Dodson, 2006; Sahoo & Dash, 2009). Ademais, à medida que investimentos públicos em infraestrutura geram melhorias na infraestrutura social (como rodovias, ferrovias, aeroportos, transporte público, geração de eletricidade, telecomunicações), essas melhorias têm um efeito impulsionador no crescimento econômico e na redução das desigualdades econômicas e sociais (Straub, 2008; Sahoo & Dash, 2009), na medida em que facilitam o surgimento de novas atividades produtivas e o acesso da população a bens públicos.

Fraga e Resende (2023) argumentam que investimentos públicos em infraestrutura constituem uma importante variável para conduzir as convenções e expectativas empresariais acerca do comportamento da economia, o que reduz a incerteza em relação ao futuro e estimula o investimento privado. Além disso, eles enfatizam que os investimentos em infraestrutura, ao melhorar as convenções empresariais e aumentar as expectativas de lucro, aumentam a sensibilidade do investimento privado à política monetária e cambial (Fraga & Resende, 2023). De outro modo, o governo conduz as expectativas empresariais por meio do planejamento estatal, de políticas e da criação de instituições voltadas ao desenvolvimento econômico (Resende & Terra, 2017).

Diante disso, a história recente do Brasil sugere uma trajetória institucional cumulativa que se distancia da lógica desenvolvimentista exposta. Após uma série crise do estado brasileiro ao longo dos anos 1980 – em que o controle inflacionário e a dívida pública foram os centros das atenções (Carneiro, 2002) –, os anos 1990 foram marcados pela eliminação das instituições desenvolvimentistas, criadas entre 1930 e 1980. Diversas empresas públicas foram privatizadas ao longo da década, além da desnacionalização do setor produtivo doméstico. Políticas industriais e planos de desenvolvimento tornaram-se relativamente escassos em relação ao período desenvolvimentista. Houve forte abertura comercial e financeira, além de redução do tamanho dos bancos públicos. A ênfase da política macroeconômica tem sido voltada para a consolidação fiscal e estabilização inflacionária, o que passou a ser formalmente o elemento central após a adoção do Regime de Metas de Inflação, em 1999. Assim dizendo, tem-se uma situação de cumulatividade de reformas liberais ao longo dos anos 1990, de tal modo que há um *lock in* institucional que limita as perspectivas de uma condução macroeconômica com viés desenvolvimentista no Brasil.

O argumento fica evidente quando se analisa a evolução das variáveis investimento em infraestrutura e investimento público, apresentadas no Gráfico 4, para o período entre 1947 e 2020, como proporção do PIB.

Gráfico 4 - Investimento em infraestrutura e Investimento Público como parcela do PIB, 1947-2020

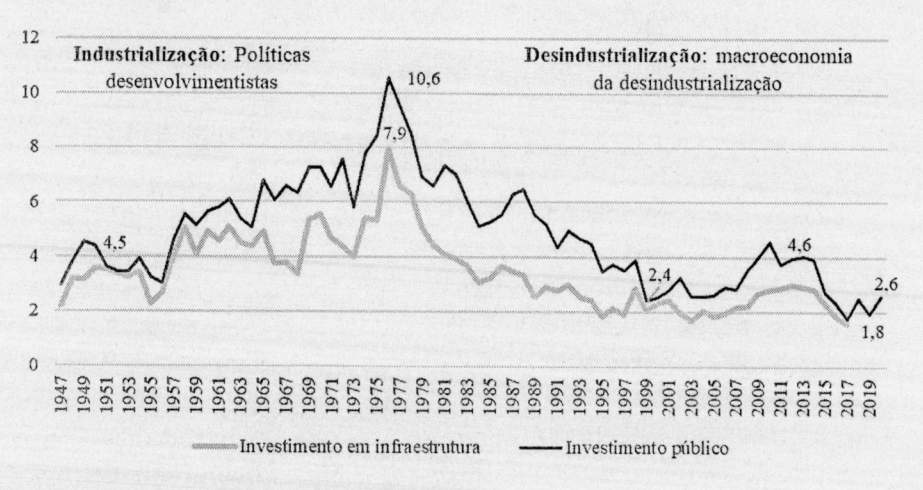

Fonte: Pires (2022) e Júnior e Cornélio (2020).

É interessante notar como a dinâmica histórica das varáveis apresentadas no Gráfico 4 guardam alguma similaridade com os períodos de industrialização e desindustrialização da economia brasileira, apresentados no Gráfico 1. Existem, basicamente, dois períodos:

i. Ao longo do período de industrialização, tanto o investimento em infraestrutura quanto o investimento público aumentaram expressivamente. Ambas as variáveis apresentaram valores de 2% no início da série histórica, em 1947. Com a adoção de um planejamento econômico voltado à promoção do desenvolvimento econômico e uma lógica de Estado empreendedor como em Mazzucato (2014), a expansão do investimento público mostrou-se fundamental para a industrialização e modernização da estrutura produtiva por meio da formulação explícita de planos econômicos, da construção de rodovias e ferrovias, hidroelétricas, *drivers* exportadores, desenvolvimento setorial através de empresas públicas etc. O resultado foi o expressivo valor de 10,6% do PIB para o investimento público e 7,9% para o investimento em infraestrutura no começo dos anos 1980, valores máximos das séries. Percebe-se certo entrelaçamento entre políticas governamentais desenvolvimentistas – representadas por essas variáveis – e a expansão relativa do produto industrial (Gráfico 1), emprego industrial (Gráfico 2) e do aumento da sofisticação produtiva (Gráfico 3). A industrialização brasileira foi puxada pelo Estado brasileiro, destacando a funcionalidade do investimento público nesse processo.

ii. Em contraste, tanto o investimento em infraestrutura quanto o investimento público reduziram expressivamente ao longo do período de desindustrialização da economia brasileira. A partir dos anos 1980, há uma tendência de redução de ambas as variáveis. A crise enfrentada pelo Estado brasileiro durante os anos 1980, junto da busca pela consolidação fiscal e a implementação de reformas liberais com implicações em termos de destruição da institucionalidade desenvolvimentista, construída desde os anos 1930, resultaram em uma lógica de ajuste fiscal via sacrifícios nos investimentos públicos, levando a um valor dessa variável próximo de 2% do PIB, ao término dos anos 1990. É importante ressaltar que houve tentativas de aumentar o investimento público, como proporção do PIB, durante os governos do Partido dos Trabalhadores. Medidas como o Programa de Aceleração do Crescimento (PAC) e o aumento dos investimentos por parte de empresas estatais foram adotadas nesse sentido. Tanto é que o investimento público atinge um valor próximo de 4,6%, em 2013, ainda longe do valor máximo da série. A partir de 2014, observa-se uma queda significativa e contínua de ambas as variáveis, alcançando o valor mínimo registrado nas séries de 1,8% para o investimento público e 1,7% para o investimento em infraestrutura, em 2017. Nesse sentido, a desindustrialização prematura da economia brasileira foi puxada por uma alteração de atuação estatal, em que a queda do investimento público e em investimento reduziram a lucratividade das atividades manufatureiras, tal como as convenções empresariais sobre o futuro, justificando a redução do setor manufatureiro.

Em síntese, buscou-se argumentar, em uma perspectiva histórica, que a condução do investimento público e em infraestrutura está associada à industrialização/desindustrialização da estrutura produtiva do país. Tem-se evidências sugestivas de que as reformas neoliberais – e a consequente destruição da institucionalidade desenvolvimentista somada à perseguição de consolidação fiscal às custas de menores investimentos públicos e em infraestrutura – estão associadas à desindustrialização brasileira. Isso ocorre porque tais medidas penalizam a rentabilidade e criação de convenções sobre o futuro, reduzindo, com isso, o investimento industrial.

6.3.2 A condução da taxa de câmbio real

Se a inflação aleija, a taxa de câmbio real valorizada, ao promover a desindustrialização, mata! Isso é o que mostra a literatura recente sobre o tema, reafirmando a frase que parafraseamos, quatro décadas depois.[87] Mais especificamente, parece estar claro na literatura que a manutenção prolongada de uma taxa de câmbio real valorizada tem implicações negativas profundas sobre a estrutura produtiva dos países em desenvolvimento e, por conseguinte, sobre o crescimento econômico de longo prazo, como mostram os trabalhos de Rodrik (2008), Bahlla (2012), Oreiro, D'Agostini, e Gala (2020), Marconi, Araujo, Brancher, e Porto (2021), dentre outros. A desindustrialização brasileira, em certa medida, resulta de anos de condução de uma taxa de câmbio real valori-

---

[87] A referência aqui é a frase do economista Mario Henrique Simonsen, proferida em um discurso em 1983: "A inflação aleija, o câmbio mata". A frase foi empregada em um contexto distinto ao que se sucede em nossa análise.

zada; em especial, ao longo dos anos 1990, no contexto pós-estabilização do Plano Real, e ao longo dos anos 2000, como resultado da melhoria dos termos de troca favoráveis ao Brasil.

É importante ressaltar que o contexto ao qual nos referimos vai muito além da interpretação convencional que considera o câmbio como uma variável de ajuste capaz de equilibrar possíveis desequilíbrios na balança de pagamentos. Vai muito além, também, da ideia de que uma taxa de câmbio real desalinhada (valorizada) pode gerar déficits crescentes na medida em que há um aumento das importações e, consequentemente, causar problemas de endividamento externo. Isso porque, conforme se observou ao longo das últimas décadas, mesmo com uma valorização acentuada da taxa de câmbio real, os problemas causados por eventuais desequilíbrios no balanço de pagamentos não estiveram na ordem do dia.

Obviamente, e este é o ponto, isso não significa que a taxa de câmbio real possa ser excluída do cerne das possíveis explicações para as baixas taxas de crescimento econômico do Brasil ao longo das últimas décadas. O ponto que destacamos é que existe uma conexão estreita entre a condução da taxa de câmbio real e a composição da estrutura produtiva brasileira. Argumentamos que uma taxa de câmbio real valorizada limita as possibilidades de uma mudança estrutural pró-crescimento econômico, isto é, em direção aos setores industriais, mais complexos e modernos, como demonstrado por Iasco-Pereira e Missio (2022). Dentre os canais de transmissão da taxa de câmbio real para estrutura produtivo, destacam-se dois, saber.

A taxa de câmbio real afeta os preços relativos entre bens transacionáveis e não transacionáveis; assim, a manutenção de uma taxa de câmbio real não competitiva (valorizada) resulta em uma mudança estrutural em direção a setores não transacionáveis, menos intensivos em tecnologia. Isso ocorre porque as empresas, ao enfrentarem dificuldades na exportação, direcionam seu foco para o mercado interno. Esse mercado, por sua vez, passa a enfrentar a concorrência de produtos estrangeiros, que geralmente possuem maior intensidade tecnológica. Como as empresas não conseguem competir nesses segmentos, elas se voltam para setores que requerem menor sofisticação. Como resultado, as importações aumentam, e as exportações, principalmente em termos de diversificação de produtos, diminuem. Uma vez que as exportações sensíveis as variações da taxa de câmbio real estão predominantemente ligadas à produção do setor manufatureiro, observa-se uma tendência de redução nos estímulos para novos investimentos nesse setor. Consequentemente, o setor fica estagnado ou perde participação na produção ao longo do tempo. Com a diminuição dos estímulos provenientes do setor externo, o crescimento econômico desacelera, e a economia passa a apresentar taxas modestas de crescimento econômico.

Em linha com o argumento anterior, é possível argumentar que a taxa de câmbio real afeta a competitividade preço, e não preço da economia. Isto é, ela afeta a complexidade da economia como um todo (e, portanto, os efeitos não estão restritos ao setor exportador e aos seus adjacentes). O argumento é que uma taxa de câmbio real valorizada reduz a competitividade e, assim, os lucros das empresas do setor industrial. Logo, diminui a magnitude dos lucros retidos e, com isso, aprofunda-se a restrição ao financiamento de novos investimentos, especialmente aqueles envolvendo inovação tecnológica e P&D. Com isso, a tecnologia usada no processo produtivo desatualiza-se, o que, combinado com uma produção com baixa agregação de valor e baixa capacidade de inovação, reduz a produtividade da economia como um todo, dando início a um ciclo de baixo crescimento e estagnação.

É imprescindível ressaltar que não concebemos a taxa de câmbio real como uma panaceia que resolveria todos os dilemas associados ao atraso tecnológico e ao baixo crescimento econômico das economias em desenvolvimento. Entretanto, reconhecemos que existem argumentos e evidências empíricas que demonstram que a manutenção de uma taxa real de câmbio real competitiva pode desempenhar um papel crucial ao impulsionar tais economias em direção a trajetórias mais sustentáveis e de maior crescimento, como demonstrado, por exemplo, por Cottani, Cavallo, e Khan (1990), Gabriel, Ribeiro, Jayme Jr., e Oreiro (2020) e Rapetti (2020).

Além disso, não pressupomos que a simples manutenção de uma taxa de câmbio real competitiva resultará em uma resolução quase instantânea dos problemas de atraso tecnológico dessas economias. Contudo, compreendemos que, dentro de uma determinada estrutura produtiva, especialmente para países que já possuem um parque industrial, pelo menos, moderadamente desenvolvido, como é o caso do Brasil, o câmbio pode ser um fator essencial para a sobrevivência e o crescimento de setores econômicos específicos. Especificamente, é difícil conceber que os países em desenvolvimento consigam acompanhar a fronteira tecnológica. Por isso, é provável que a participação desses setores na economia seja reduzida e que ganhar participação nesses setores do ponto de vista dos mercados internacionais seja algo que envolva uma enorme mobilização de recursos em torno de uma estratégia de longo prazo. Além disso, de maneira geral, esses setores são caracterizados pela competitividade não preço.

Por outro lado, não há razão para supor que esses países não possam competir em setores de média e média-alta tecnologia. Nosso argumento é que a taxa de câmbio real afeta, principalmente, esses setores, nos quais o desempenho depende de uma combinação de competitividade baseada em preço e não preço. A taxa de câmbio real afeta diretamente a competitividade preço, ao alterar os preços relativos, e, indiretamente, a competitividade não preço, pois, ao alterar a distribuição de renda a favor dos lucros, influencia as decisões empresariais associadas ao investimento produtivo e à inovação tecnológica.

Considerando o exposto, argumenta-se que a desindustrialização e a especialização regressiva da economia brasileira estão diretamente associadas com a adoção de políticas de valorização da taxa real de câmbio. O Gráfico 5 apresenta os valores da taxa de câmbio real (média de 2010 como ano base, 100), entre 1995 e 2020. É possível identificar dois grandes momentos de taxa de câmbio real valorizada. O primeiro, entre 1995 e 1999, que abarca os dois governos de Fernando Henrique Cardoso, é notoriamente marcado pelo uso da taxa de câmbio real para fins de manutenção da estabilização inflacionária pós-Plano Real – isto é, como âncora nominal. O segundo, entre 2002 e 2012, foi marcado pela valorização da taxa de câmbio real em contexto de boom de comodities (em grande parte, puxados pelas taxas de crescimento da economia chinesa) e pelos termos de troca mais favoráveis à economia brasileira – gerando o fenômeno da doença holandesa (Bresser-Pereira, 2016).

Gráfico 5 - Taxa de câmbio efetiva real, exportações de manufaturados (média 2010-100): 1995-2020

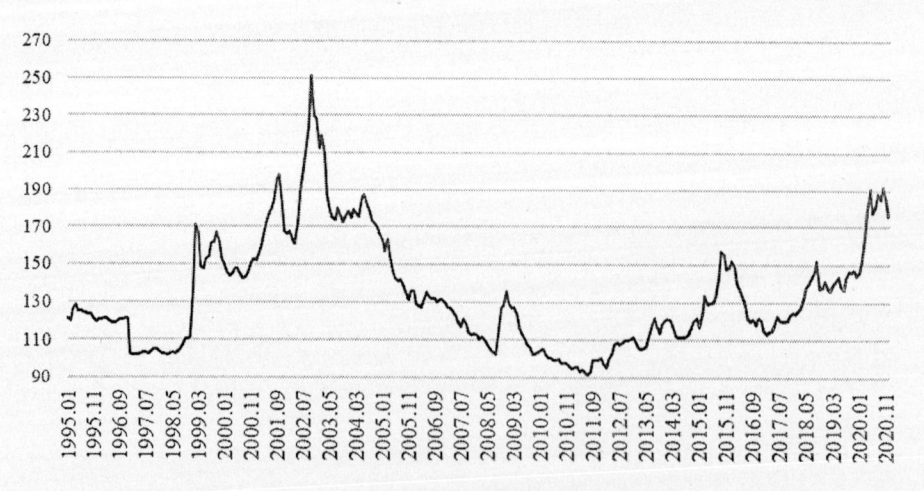

Fonte: elaborado pelos autores, com dados do IPEADATA.

Conforme as informações apresentadas no Gráfico 5, foram anos de exposição da economia brasileira a uma taxa de câmbio real valorizada. O resultado desse fenômeno foi aumento de importações em detrimento da produção doméstica, levando à situação de elevação de dependência de insumos importados no processo produtivo, como apresentado na Tabela 1. Nesse contexto, uma taxa de câmbio real valorizada induziu empresas domésticas a substituir insumos domésticos, mais caros, por insumos importados (Marconi & Rocha, 2012). O resultado foi uma estrutura produtiva doméstica desarticulada, marcada pela destruição de elos setoriais, que foram substituídos por importações. Quer dizer, a taxa de câmbio real valorizada explica em boa parte a desindustrialização prematura da economia brasileira, bem como a queda de investimentos industriais, a redução da diversificação das exportações e a desaceleração do crescimento da produtividade do trabalho, como argumentado por autores como Nassif, Feijó & Araujo (2016), Oreiro et al. (2018), Nassif e Castilho (2020), Nassif, Morandi, Araújo, e Feijó (2020).

6.4 A necessidade um projeto desenvolvimento econômico

Buscamos argumentar neste texto que a alteração da condução da política macroeconômica no Brasil – de uma orientação desenvolvimentista para um alinhamento com o Consenso de Washington, a partir dos anos 1990 – deve ser considerada como uma das causas associadas à desindustrialização prematura do país e, por conseguinte, às baixas taxas de crescimento econômico ao longo das últimas décadas. Essas políticas são identificadas como a causa fundamental que explica a pobre *performance* econômica do país, a saber, a desindustrialização prematura de sua estrutura produtiva.

Nossa análise, embora simplificada, se concentrou nas políticas de investimento público e em infraestrutura e na política cambial como elementos-chave para compreender o contexto atual[88]. Reconhecemos a importância dessas políticas como elementos fundamentais para impulsionar o crescimento econômico e promover a diversificação da estrutura produtiva. No entanto, a implementação de políticas macroeconômicas, alinhadas à lógica neoliberal do Consenso de Washington, adotadas a partir dos anos 1990, resultou em uma reconfiguração do papel do Estado brasileiro, com

---

[88] Reconhecemos que outras políticas, como a monetária, também desempenham um papel relevante e poderiam ser abordadas em uma análise mais abrangente. No entanto, neste contexto específico, nosso enfoque se concentrou nessas políticas selecionadas.

impactos negativos na estrutura produtiva brasileira. A redução dos investimentos públicos (alinhado com a perseguição da consolidação fiscal) e a valorização da taxa de câmbio real (fundamental para a boa *performance* do Regime de Metas de Inflação) foram fatores cruciais para a desindustrialização e a especialização regressiva do país.

A partir desse diagnóstico, entendemos ser necessário pensar formas de superar as amarras institucionais do atual regime macroeconômico, que condicionam todo o horizonte de política desenvolvimentista, dificultando o processo contínuo de desenvolvimento econômico. A construção de um modelo de desenvolvimento sustentável pressupõe que o crescimento econômico seja acompanhado por mudanças estruturais (produtivas e sociais). E, conforme mostra a literatura, a evolução da estrutura produtiva em países em desenvolvimento é sensível e, em certa medida, dependente do regime de política macroeconômica. Como se mostrou, o planejamento estatal voltado à industrialização e diversificação produtiva, por meio do investimento público, e a adoção de uma taxa de câmbio real competitiva são elementos fundamentais para um projeto de desenvolvimento econômico. O Estado brasileiro deve ser protagonista neste processo.

Considerando o imenso desafio enfrentado pelo Brasil – dado seu tamanho, sua heterogeneidade, suas densidades populacionais significativas e sua estrutura social marcada pela desigualdade de renda à luz dos ensinamentos da experiência histórica das economias desenvolvidas –, é inviável conceber um modelo de desenvolvimento que não tenha, na atividade manufatureira e industrial (e, mais recentemente, em algumas atividades do setor de serviços modernos), o seu "motor" do crescimento econômico. Para que essa transformação ocorra, é necessário inverter a lógica da *"macroeconomia da desindustrialização"* para uma *"macroeconomia desenvolvimentista"*, com a criação de instituições e condução de políticas macroeconômicas voltadas à reindustrialização e modernização da estrutura produtiva do país.

Nesse sentido, compartilhamos das abordagens críticas à atual ortodoxia econômica, que direciona sua atenção predominantemente para a gestão da taxa de inflação e da taxa de juros. Além disso, alinhamo-nos à perspectiva do professor Luiz Carlos Bresser-Pereira, expoente do Novo Desenvolvimentismo, que reconhece a necessidade de ampliar esse escopo e considerar outros elementos tido como essenciais, a saber: 1) a taxa de juros, 2) a taxa de câmbio, 3) a taxa de salário, 4) a taxa de lucro e 5) a taxa de inflação. Entender e gerenciar esses aspectos, à luz de uma política de investimento público e em infraestrutura voltada à industrialização e diversificação produtiva, é fundamental para um projeto macroeconômico coerente com o desenvolvimento econômico brasileiro.

Referências

Acemoglu, D. (2009). *Introduction to modern economic growth*. Princeton University Press.

Agénor, P. R., & Moreno-Dodson, B. (2006). *Public infrastructure and growth: New channels and policy implications* (Vol. 4064). World Bank Publications.

Baer, W. (1977). *A Industrialização e desenvolvimento econômico do Brasil*. Fundação Getúlio Vargas.

Barro, R.J., Sala-i-Martin, 1995. *Economic Growth*. McGraw-Hill, New York.

Barro, R. J. (1990). Government spending in a simple model of endogeneous growth. *Journal of political economy*, 98(5, Part 2), S103-S125.

Barro, R. J. (2012). Government spending in a simple model of endogenous growth. *Journal of political economy*, 98(5, Part 2), S103-S125.

Bhalla, S. (2012). *Devaluing to Prosperity: misaligned currencies and their growth consequences*. Peterson Institute for International Economics, Washington, DC.

Bogetic, Z., & Fedderke, J. (2005). *Infrastructure and growth in South Africa: benchmarking, productivity and investment needs*. Durban, South Africa: ESSA conference.

Buitelaar, R. Urrutia, R., & Padilla, R. (1999). Industria maquiladora y cambio técnico. *Revista de la CEPAL*. 67(4), pp. 133-152

Bresser-Pereira, L. C. (2016). Reflecting on new developmentalism and classical developmentalism. *Review of Keynesian Economics*, 4(3), 331-352.

Carneiro, R. (2002). *Desenvolvimento em crise: a economia brasileira no último quarto do século XX*. São Paulo: Unesp.

Castro, A. B. de. (1985). Ajustamento x transformação: a economia brasileira de 1974 a 1984. In Castro, A. B. DE, & Souza, F. E. P. (Ed.). *A economia brasileira em marcha forçada*. 4. ed. (pp. 11-98). São Paulo: Paz e Terra.

Cottani, J., Cavallo, D., & Khan, M. (1990). Real Exchange Rate Behavior and Economic Performance in LDCs. *Economic Development and Cultural Change*, 39(1), 61-76.

Coutinho, L. (1997). A especialização regressiva: um balanço do desempenho industrial pós-estabilização. In Velloso, J. P. R. (Org.). *Brasil: Desafios de um País em Transformação*. (pp. 81-106). Rio de Janeiro: Editora José Olympio.

Easterly, W., & Rebelo, S. (1994). Fiscal policy and economic growth: an empirical investigation (No. 885). CEPR *Discussion Papers*.

Fraga, J. S., & da Cunha Resende, M. F. (2022). Infrastructure, conventions and private investment: An empirical investigation. *Structural Change and Economic Dynamics*, 61, 351-361.

Fraga, J. S., & Resende, M. F. D. C. (2023). Infraestrutura, expectativas e investimento: evidências empíricas para a América Latina. *Economia e Sociedade*, 32, 79-102.

Gabriel, L., Ribeiro, L., Jayme Jr., F., & Oreiro, J. L. (2020). Manufacturing, economic growth, and real exchange rate: Empirical evidence in panel data and input-output multipliers. *PSL Quarterly Review*, 292(73), 51-75.

Hausmann, R., Hidalgo, C., Bustos, S., Coscia, M., Chung, S., Jimenez, J., Simoes, A., & Yildirim, M. (2013). *The Atlas of Economic Complexity*. Cambridge, MA: MIT Press.

Hirschman, A. O. (1958). *The Strategy of Economic Development*. New Haven, Conn.: Yale University Press.

Iasco-Pereira, H. C. I., & Missio, F. J. (2022). Real exchange rate and structural change: Theory and empirical evidence. *Investigación económica*, 81(320), 81-107.

Iasco-Pereira, H. C., & Suzigan, P. (2022). Structural Change, Infrastructure and Real Exchange Rate in Brazil: development and decline of the manufacturing industry. In *Anais da Conferência da Associação Keynesiana Brasileira*, Belo Horizonte, MG.

Iasco-Pereira, H. C.; Morceiro, P. Structural Change, Infrastructure and Real Exchange Rate in Brazil: development and decline of the manufacturing industry. *Anais da Conferência da Associação Keynesiana Brasileira*, Belo Horizonte, Minas Gerais, 2022.

Kaldor, N. (1966). *Causes of the Slow Rate of Economic Growth of the United Kingdom. An Inaugural Lecture*. Cambridge: Cambridge University Press.

Lewis, W. A. (1954). Economic Development with Unlimited Supplies of Labor. *Manchester School of Economic and Social Studies*. 22 (2), 139-191.

Marconi, N., & Rocha, M. (2012). Insumos importados e evolução do setor manufatureiro no Brasil. *Texto para Discussão do IPEA,* 1780, p.58.

Marconi, N., Araujo, E., Brancher, M. C., & Porto, T. C. (2021). The relationship between exchange rate and structural change: an approach based on income elasticities of trade. *Cambridge Journal of Economics*. Oxford University Press, vol. 45(6), pp. 1297-1318.

Mazzucato, M. (2014). *O estado empreendedor: desmascarando o mito do setor público vs. setor privado*. Portfolio-Penguin.

Mera, K. (1973). II. Regional production functions and social overhead capital: An analysis of the Japanese case. *Regional and Urban Economics*, 3(2), 157-185.

Morceiro, P. C. (2021). Influência metodológica na desindustrialização brasileira. *Brazilian Journal of Political Economy*, 41, 700-722.

Morceiro, P. C. (2018). *A indústria brasileira no limiar do século XXI: uma análise da sua evolução estrutural, comercial e tecnológica*. Tese (Doutorado) – Universidade de São Paulo, São Paulo.

Morceiro, P. C., & Guilhoto, J. J. M. (2020). Adensamento produtivo e esgarçamento do tecido industrial brasileiro. Economia e Sociedade, 29, 835-860.

Nassif, A., Feijó, C. A., & Araújo, E. (2016). Structural change, catching up and falling behind in the BRICS: A comparative analysis based on trade pattern and Thirlwall's Law. *PSL Quarterly Review*, 69(279), pp.373-421.

Nassif, A., Morandi, L., Araújo, E., & Feijó, C. (2020). Economic development and stagnation in Brazil (1950-2011). *Structural Change and Economic Dynamics*, 53, 1-15.

Nassif, A., & Castilho, M. R. (2020). Trade patterns in a globalised world: Brazil as a case of regressive specialisation. *Cambridge Journal of Economics*, 44(3), 671-701.

Oreiro, J. L., & Feijó, C. A. (2010). Desindustrialização: conceituação, causas, efeitos e o caso brasileiro. *Brazilian Journal of Political Economy*, 30, 219-232.

Oreiro, J. L., Dagostini, L., Vieira, F. A., & Carvalho, L. (2018). Revisiting growth of Brazilian economy (1980-2012). *PSL Quarterly Review*, 71(285), 203-229.

Oreiro, J. L., D'Agostini, L. L., & Gala, P. (2020). Deindustrialization, economic complexity and exchange rate overvaluation: the case of Brazil (1998-2017). *PSL Quarterly Review*, 295(73), 313-341.

Palma, J. G. (2005). Four sources of "de-industrialization" and a new concept of the "Dutch disease". In Ocampo, J. A. (Ed.). *Beyond reforms: structural dynamics and macroeconomic vulnerability.* (pp. 71-116). Washington, DC: Stanford University Press: The World Bank.

Pires, M. Investimentos Públicos: 1947-2021. Sao Paulo: Fiscal Policy Observatory from Fundação Getulio Vargas (FGV), 2022.

Rapetti, M. (2020). The real exchange rate and economic growth: A survey. *Journal of Globalization and Development*, vol. 11(2), pp. 1-54.

Resende, M.F.C., Bittes Terra, F.H. (2017). Economic and Social Policies Inconsistency, Conventions, and Crisis in the Brazilian Economy, 2011–2016. In: Arestis, P., Troncoso Baltar, C., Prates, D. (eds) *The Brazilian Economy since the Great Financial Crisis of 2007/2008.* Palgrave Macmillan, pp. 245-272. Sahoo, P., & Dash, R. K. (2009). Infrastructure development and economic growth in India. *Journal of the Asia Pacific economy*, 14(4), 351-365.

Rodrik, D. (2008). The real exchange rate and economic growth. *Brookings papers on economic activity*, 2008(2), 365-412.

Ros, J. (2015). Development Macroeconomics in Latin America and Mexico: Essays on Monetary, Exchange Rate, and Fiscal Policies. Springer. Palgrave Macmillan.

Rowthorn, R.; Wells, J. (1987. *De-industrialization and Foreign Trade.* Cambridge: Cambridge University Press.

Rowthorn, R., & Ramaswamy, R. (1999). Growth, trade, and deindustrialization. IMF Staff papers, 46(1), 18-41.

Souza Junior, J. R. D. C., & Cornelio, F. M. (2020). Estoque de capital fixo no Brasil: Séries desagregadas anuais, trimestrais e mensais (No. 2580). Texto para Discussão.

Tregenna, F. 2016. "Deindustrialization and premature deindustrialization," Chapters, in: Erik S. Reinert & Jayati Ghosh & Rainer Kattel (éd.), *Handbook of Alternative Theories of Economic Development*, chapter 38, pages 710-728, Edward Elgar Publishing.

Tregenna, F., Andreoni, A. (2020). —Deindustrialisation reconsidered: structural shifts and sectoral heterogeneity‖. Working Paper 2020-06. London: Institute for Innovation and Public Purpose, University College London, p. 45.

Straub, S. (2008). Infrastructure and growth in developing countries: recent advances and research challenges. Working Paper; No. 4460. © World Bank, Washington, DC. http://hdl.handle.net/10986/6458.Szirmai, A. (2012) Industrialization as an engine of growth in developing countries, 1950–2005. *Structural Change and Economic Dynamics*, 23, 406-420.

Suzigan, W. (1996, janeiro/março). Experiência histórica de política industrial no Brasil. *Revista de Economia Política*, 16(1), pp.3-19.

Välilä, T. (2020). Infrastructure and growth: A survey of macro-econometric research. *Structural Change and Economic Dynamics*, 53, 39-49.

Verdoorn, J. P. (1949). On the factors determining the growth of labor productivity. *Italian economic papers*, 2, 59-68.

Weiss, J., & Jalilian, H. (2015). Manufacturing as an engine of growth. In *Routledge handbook of industry and development* (pp. 40-51). England: Routledge.

Capítulo 7

A (DES)INDUSTRIALIZAÇÃO BRASILEIRA EM UMA PERSPECTIVA REGIONAL

Carlos Eduardo Caldarelli

7.1 Introdução

A indústria tem papel de destaque nas análises acerca do crescimento econômico e, modernamente, em relação ao desenvolvimento econômico das nações. Estudos seminais como o de Kaldor (1966) apontam o setor industrial como pivotal na trajetória das economias e chamam atenção para o fato de a indústria funcionar como elemento propulsor dinâmico de renda, emprego e crescimento econômico, com efeitos multiplicadores nos diversos segmentos de uma economia.

A indústria geralmente representa importante motor de crescimento econômico dos países, e isso ocorre porque esse setor é capaz de motivar uma série de efeitos multiplicadores na economia, gerando emprego, aumentando a renda e impulsionando o desenvolvimento tecnológico. Merece destaque o significativo papel desse setor no mercado de trabalho de um país/região, porquanto se trata de um segmento produtivo intensivo em mão de obra, o que significa que muitos empregos são criados na produção, no transporte e na distribuição dos bens e serviços, em suma, em todas as etapas do processo industrial e das atividades de apoio. Além disso, os empregos na indústria tendem a ser mais bem remunerados comparativamente a outros setores, o que contribui para a melhoria da qualidade de vida dos trabalhadores e suas famílias, fazendo suscitar a questão de que o desenvolvimento industrial está relacionado tanto ao crescimento econômico quando ao desenvolvimento econômico de uma nação.

Ademais, a indústria é fundamental para o desenvolvimento tecnológico de um país ou mesmo de uma região. A busca por eficiência na produção e a necessidade de inovação para competir em um mercado global, em cadeias globais de valor cada vez mais integradas e competitivas, exigem investimentos em pesquisa e desenvolvimento, o que leva a avanços tecnológicos que beneficiam toda a sociedade (Oreiro & Feijó, 2010). Adicionalmente, as aglomerações industriais beneficiam sobremaneira determinadas regiões, e diversas teorias da chamada economia regional explicam o desenvolvimento de determinadas regiões a partir da localização de indústrias, principalmente em termos de concentração e aglomeração (Perroux, 1955; Myrdal, 1957; Hirschman, 1958; Marshall, 1982).

Conquanto se apresente como setor relevante na trajetória de uma economia e demonstre reconhecidos efeitos encadeados de transbordamento de renda e tecnologia para uma nação, o estudo clássico de Rowthorn e Ramaswamy (1999) sobre o tema mostra que a importância do referido setor em uma nação não é linear. Os autores destacam que a indústria avança sua importância no PIB de uma economia até determinado patamar e, a partir de determinado ponto, perde participação relativamente aos demais setores, notadamente de serviços. Esse fenômeno, inicialmente observado em economias avançadas, se convencionou chamar desindustrialização.

O debate sobre a indústria e sua importância nas relações econômicas e sociais de uma nação têm robusta literatura e acúmulo de conhecimento. Nas últimas três décadas, a discussão sobre a dinâmica de desindustrialização também induziu o desenvolvimento de considerável arcabouço teórico. O tema suscita candente discussão e controvérsias na interpretação desse fenômeno, tanto em termos de suas causas quanto acerca das políticas que se fazem necessárias (Tregenna, 2009; Marconi & Rocha, 2012).

A esse respeito, a questão é mais complexa ainda em países que não completaram o processo de industrialização e, portanto, não usufruíram dos efeitos propulsores de crescimento e espraiamento da tecnologia nessas sociedades, mas, mesmo assim, observam tendência de desindustrialização, ou seja, essas nações/regiões verificam a indústria perder importância relativamente aos demais setores antes mesmo de completarem o processo de industrialização. Cumpre destacar que, nesta seara, o Brasil tem debate acalorado e diversas interpretações para a questão.

Posto isso, este capítulo empreende esforços na compreensão da questão da dinâmica da indústria e sua trajetória no contexto brasileiro sob um enfoque regional. A abordagem regional da indústria no Brasil, um país de dimensões continentais, ainda carece de muitos avanços. Algumas questões importantes permanecem em aberto, com destaque para o questionamento se há no Brasil uma dinâmica de desindustrialização nacional, como tem sido recorrentemente apontado, ou apenas uma reordenação espacial da atividade industrial. Este estudo busca compreender, à luz do arcabouço teórico sobre a temática já bastante consolidado, como a distribuição regional da indústria brasileira tem se comportado e investiga alguns determinantes da localização espacial da indústria no Brasil.

Este capítulo está organizado em seis seções. Além desta breve introdução, este estudo compreende um recorte teórico que dá suporte à análise dos dados e debates sobre os resultados encontrados, uma seção com dados sobre a economia brasileira acerca da temática em tela, uma seção metodológica que descreve as ferramentas econométricas utilizadas e os resultados das estimativas realizados e, por fim, algumas breves considerações finais.

7.2 Indústria, desindustrialização e localização industrial

A indústria é parte vital das economias modernas, desempenhando um papel fundamental no crescimento econômico de países em todo o mundo e mesmo no desenvolvimento econômico das nações. O impacto da indústria na economia é vasto, já que ela não apenas fornece empregos e gera renda, mas também impulsiona a inovação, o progresso tecnológico e o crescimento econômico. Alguns estudos, inclusive, destacam possíveis efeitos sinérgicos entre o crescimento e o desenvolvimento econômico das nações, entendendo esses conceitos como altamente correlacionados. Ranis, Stewart, e Ramirez (2000) apontam uma relação de mão dupla entre o crescimento econômico e o desenvolvimento. Para esses autores, de um lado, o crescimento econômico provê os recursos que permitem sustentar as melhorias no desenvolvimento humano, do outro, as melhorias na qualidade da força de trabalho contribuem de forma importante para o crescimento econômico. Assim, formam-se duas cadeias, ou dois fluxos: a primeira partindo do crescimento econômico para o desenvolvimento humano, e a segunda fazendo o caminho contrário.

Nesse sentido, há uma abrangente e bem consolidada literatura que firma a primazia da indústria no processo de crescimento econômico das nações. A indústria é crucial para o crescimento econômico, pois cria empregos em toda a cadeia de produção. Além dos trabalhadores diretos envolvidos na produção, a indústria também gera empregos indiretos em outras áreas, como transporte, distribuição, venda e manutenção dos produtos. Esses empregos ajudam a aumentar a renda e a riqueza das pessoas, o que, por sua vez, pode levar a um aumento no consumo e, portanto, no crescimento econômico. Ademais, deve-se destacar que a indústria também é importante para o desenvolvimento tecnológico e a inovação e, quanto mais adensadas forem suas relações, maiores serão os efeitos positivos que essa desempenhará no tecido econômico. Em suma, a posição de importância da indústria manufatureira para o crescimento econômico foi defendida por Rosenstein-Rodan (1943), Lewis (1954), Kaldor (1966) e Prebisch (1950). Para esses autores, o crescimento econômico depende da indústria de transformação.

Nesse sentido, o estudo de Kaldor (1966) argumenta que o desenvolvimento de uma nação é compreendido por quatro estágios de industrialização, em que o quarto estágio seria aquele no qual teríamos uma economia considerada "madura". O primeiro se caracteriza pela introdução da indústria local na fabricação de bens de consumo; o segundo compreende a fase na qual a indústria de bens de consumo começa a exportar seus excedentes; o terceiro abarca o estágio em que o país inicia um esforço para promover a substituição de importações de bens de capital; sendo o último estágio aquele no qual determinada economia poderia ser considerada "madura" e, portanto, passaria a exportar bens de capital.

Conquanto seja considerado setor-chave para o crescimento econômico das nações e de grande relevância para as economias, é também consolidado o debate acerca da não linearidade do crescimento da indústria em termos de importância na participação desse setor no PIB, em exportações e no emprego total das nações, fenômeno esse que se convencionou chamar de desindustrialização (Nassif, 2008).

Dessa forma, segundo definiu Clark (1957), à medida que as economias crescem, a renda do setor industrial também avança, porém até certo limiar, a partir do qual a elasticidade-renda do setor manufatureiro acaba ficando ligeiramente menor que um, enquanto, no setor de serviços, essa elasticidade permanece maior que a unidade, fato esse que faz com que se desloque a demanda para o setor serviços, diminuindo, assim, o emprego no setor industrial e aumentando o emprego no setor de serviços.

O fenômeno da desindustrialização já estaria ocorrendo nas economias desenvolvidas, associado à elevação dos padrões de vida, após atingir altos patamares de produção no setor industrial. Esse movimento, convencionou-se chamar desindustrialização natural (Rowthorn & Ramaswamy, 1999). Portanto:

> Ao contrário do que pode suspeitar o senso comum, a desindustrialização de um país não é necessariamente um fenômeno negativo seja em relação à sustentação do crescimento econômico no longo prazo, seja com respeito ao padrão de bem-estar de sua sociedade (Nassif, 2008, p. 74).

A questão tem contornos preocupantes quando economias periféricas, como a brasileira, não atingem o processo pleno de industrialização, mas já apresentam evidências de um processo de desindustrialização (Oreiro & Feijó, 2010; Marconi & Rocha, 2012). Diversas abordagens têm sido utilizadas mundo afora no sentido de analisar, debater e propor políticas industriais diante desse cenário. No caso brasileiro, a literatura é robusta e bem fundamentada.

Uma dessas abordagens é a que investiga o tema sob o enfoque espacial, ou mesmo a localização industrial, sendo essa perspectiva de grande apelo no contexto brasileiro em face das dimensões continentais do país. A dinâmica espacial da indústria é de grande importância para o desenvolvimento regional, sendo que a localização da indústria em determinadas regiões pode ter um impacto significativo no crescimento econômico e no desenvolvimento social dessas áreas (Araújo & Garcia, 2019; Ribeiro, Cardozo, & Martins, 2021). O debate é bastante interessante quando se considera a questão espacial da indústria no Brasil e os elementos relativos à desindustrialização.

De modo geral, pode-se afirmar que as teorias de economia regional foram elaboradas para explicar o desenvolvimento de determinadas regiões a partir da localização de indústrias, principalmente concentração e economias de aglomeração. Como pertencente a essa vertente, podem-se destacar os trabalhos de Perroux (1955) – polos de crescimento –, Myrdal (1957) – causação circular cumulativa – e Hirschman (1958) – efeitos "para trás" e "para frente". Assim, para esses autores, que têm como principal foco explicar o crescimento e desenvolvimento regional, a indústria detém elevada importância no contexto espacial, sendo capaz de gerar rendimentos crescentes de escala e integração entre os demais setores.

Diante do exposto, chama-se à baila novamente o argumento de Kaldor (1966) e destaca-se o fato, exposto por Ribeiro et al. (2021), de que algumas regiões brasileiras podem estar desenvolvendo novos polos de industrialização e, portanto, avançando em um espraiamento da indústria, fato esse que poderia significar avanço no contexto das históricas assimetrias regionais do país. Posto isso, essa revisão teórica mostra que se deve também considerar, no rol das muitas explicações e abordagens sobre a (des)industrialização no Brasil, a trajetória econômica das regiões brasileiras como fator explicativo de um deslocamento da indústria. A questão que norteia este estudo é justamente advinda do questionamento se há no Brasil uma dinâmica de desindustrialização nacional, como tem sido recorrentemente apontado, ou apenas uma reordenação espacial da atividade industrial, que, sob determinadas condições, poderia até ter um caráter positivo.

Marshall (1982) afirma que a causa principal do crescimento contínuo em determinadas regiões é a combinação entre a variedade de emprego e de indústrias localizadas. De acordo com o aludido autor, indústria localizada seria aquela concentrada em certa localidade, cuja importância seria muito maior que puramente o desenvolvimento regional, já que essa preparou gradualmente o caminho para muitos dos modernos avanços e, sobretudo, efeitos de transbordamento de suas atividades.

Portanto, a hipótese de desconcentração industrial, que poderia estar ocorrendo no Brasil e sobrepondo-se a uma desindustrialização, carece ser analisada em conjunto com indicadores de produtividade e participação da indústria de transformação no valor adicionado nacional e regional. Feito isso, torna-se mais robusto o diagnóstico acerca da dinâmica industrial regional brasileira e, assim, tem-se uma perspectiva mais clara se esse movimento representaria um ciclo virtuoso de industrialização regional ou um ciclo vicioso de especialização regressiva.

7.3 Evidências empíricas sobre a indústria brasileira na perspectiva regional

De acordo com Tregenna (2009), a participação do emprego industrial no emprego total e a da indústria de transformação no valor adicionado bruto dizem muito sobre a trajetória da indústria de um país ou região. Assim, um primeiro fato estilizado analisado neste estudo é como tem se comportado, nas duas últimas décadas, a parcela da indústria e indústria de transformação no valor adicionado bruto total do Brasil, apresentado nos dados do Gráfico 1, que segue.

Gráfico 1 – Participação da indústria e indústria de transformação no valor adicionado bruto, de 2000 a 2020 – em %

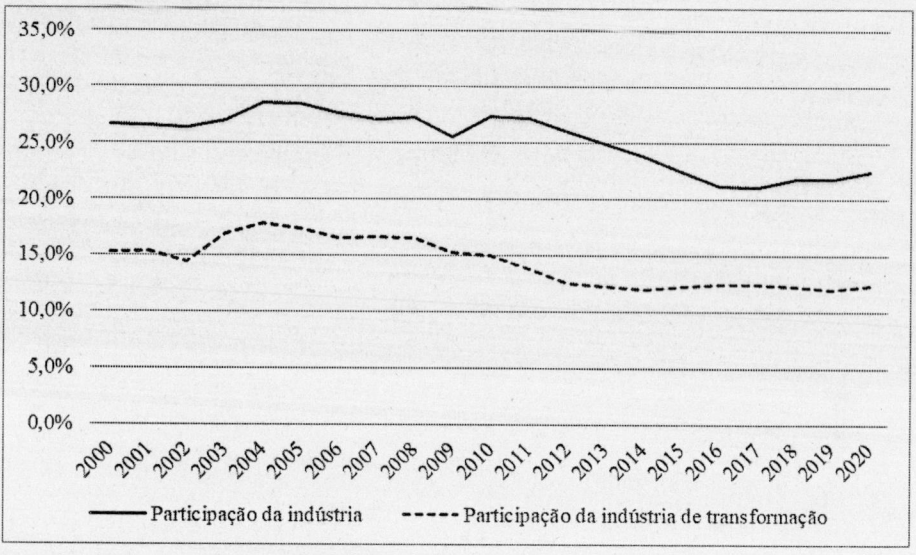

Fonte: IBGE – Contas nacionais (2023)

Pode-se observar (Gráfico 1) que, após elevação marginal da participação da indústria no valor adicionado bruto brasileiro no início da década de 2000, uma estagnação de uma década caracteriza a evolução do dado, que, posteriormente, é sucedida por uma queda desse percentual e novo período de estagnação que perdura até o final da série – tanto no agregado industrial quanto para a indústria de transformação. Cabe observar que a indústria de transformação é mais afetada pelas quedas nas participações no valor adicionado bruto comparativamente ao cômputo geral da indústria.

Diversos fatores podem explicar a perda da participação da indústria de transformação nacional no valor adicionado total (Gráfico 1), em que se destacam: i) a fraca e desarticulada política industrial nacional; ii) a queda no investimento privado nacional e; iii) os fatores macroeconômicos no país, com destaque à taxa de câmbio e aos juros (Bresser-Pereira, 2022). Na linha atinente ao aspecto macroeconômico, a argumentação de Marconi e Rocha (2012) e Nassif, Feijó, & Araújo (2020) bem fundamenta que há uma correlação entre a apreciação da taxa de câmbio – fortemente atrelada à questão dos juros – e o valor adicionado pela indústria manufatureira, sendo que uma apreciada taxa de câmbio tem influenciado na perda de importância da indústria de transformação no valor adicionado brasileiro. Registra-se que o uso de insumos importados exerce efeitos negativos sobre o valor agregado das manufaturas no país.

O Brasil apresentando características regionais bastante acentuadas, cabe uma desagregação da indústria no país por região, isso para um olhar pormenorizado da questão. A Tabela 1, que segue, apresenta alguns elementos sobre a distribuição regional do peso da indústria de transformação no Brasil.

Tabela 1 – Participação da indústria de transformação das grandes regiões brasileiras no valor adicionado bruto nacional, de 2002 a 2020 – em %

	Grandes regiões				
	Norte	Nordeste	Sudeste	Sul	Centro--Oeste
2002	4,7	9	60,8	21,5	4
2003	4,5	9,1	61	21,6	3,9
2004	4,5	8,1	61,5	21,9	4
2005	4,7	8,7	61,9	20,6	4,1
2006	5,3	8,6	61,6	20,3	4,2
2007	4,7	8,4	62,8	20	4,1
2008	4,4	8,4	62,5	20,2	4,5
2009	4,1	9,3	60,7	21,1	4,9
2010	4,7	9	60,2	21,1	5,1
2011	4,8	8,3	59,2	22,6	5,1
2012	4,3	8,4	58,8	22,9	5,6
2013	4,4	8,8	56,4	24,5	5,9
2014	4,4	9,1	56,4	24,3	5,7
2015	4,6	10,7	55,5	23,4	5,8
2016	4,8	11,3	55,4	22,6	6
2017	4,5	11,4	55,1	23,3	5,8
2018	4,2	11,1	55,3	23,3	6,1
2019	4,4	10,8	54,6	24,4	5,8
2020	4,9	10,5	54	23,4	7,2
	0,2 p.p	1,5 p.p	-6,8 p.p	1,9 p.p	3,2 p.p

Fonte: IBGE – Contas nacionais (2023)

Ao observar a distribuição dos dados regionais da participação da indústria de transformação no valor adicionado bruto nacional (Tabela 1), algumas informações importantes devem ser salientadas: i) a indústria de transformação no país é altamente concentrada nas regiões Sudeste (54%) e Sul (23,4%) do país, sendo essa uma tendência histórica, que reflete as assimetrias regionais em termos de crescimento e desenvolvimento regional; ii) nas duas últimas décadas, a distribuição espacial da indústria de transformação tem se alterado no país, quando se considera o valor adicionado bruto, sendo a região Sudeste a que mais perde participação nacional (-6,8 p.p), e a região Centro-Oeste a que mais avança (3,2 p.p), seguida das regiões Sul (1,9 p.p) e Nordeste (1,5 p.p); iii) a região Nordeste, com cerca de um terço da população nacional, atinge tão somente 10,5% do valor adicionado bruto da indústria de transformação nacional e; iv) a região Norte se mantém estagnada no período em análise, avançando apenas 2,2 p.p em quase 20 anos. Em síntese, é possível observar, portanto, um movimento na dinâmica espacial da indústria nacional, perdendo espaço no Sudeste e deslocando-se para Centro-Oeste e Sul.

Em face da reordenação espacial da indústria no Brasil, a questão que se coloca é se o Brasil se encontra, de fato, em face de uma desindustrialização generalizada ou apenas de um espraiamento da indústria nas diferentes regiões brasileiras. Nesse sentido, os elementos apresentados no estudo de Morceiro e Guilhoto (2023) apontam que os subsetores da manufatura no Brasil têm passado por desindustrialização em diferentes intensidades e períodos, ou seja, trata-se de um processo desigual. Esse estudo conclui que a desindustrialização brasileira é considerada normal e esperada para os subsetores manufatureiros intensivos em mão de obra, mas prematura e, portanto, indesejável, para os subsetores intensivos em tecnologia, sendo que tais resultados suscitam avaliar se tal processo está relacionado à dinâmica regional da indústria brasileira.

Os dados apresentados no Gráfico 2, acerca da particpação da indústria no PIB dos estados brasileiros e as variações dessa participação entre 2002 e 2020, mostram que os estados brasileiros que observaram um avanço relativo do peso da indústria no PIB são justamente aqueles que compreendem a expansão recente da fronteira agrícola brasileira; a exceção fica por conta de Pernambuco com investimentos da indústria automobilística no período em análise. Por outro lado, a desindustrialização nesse mesmo período abarca os estados onde está instalada a maior parte da indústria brasileira.

Gráfico 2 – Participação da indústria no PIB dos estados – em % – e suas variações entre 2002 e 2020 – em p.p.

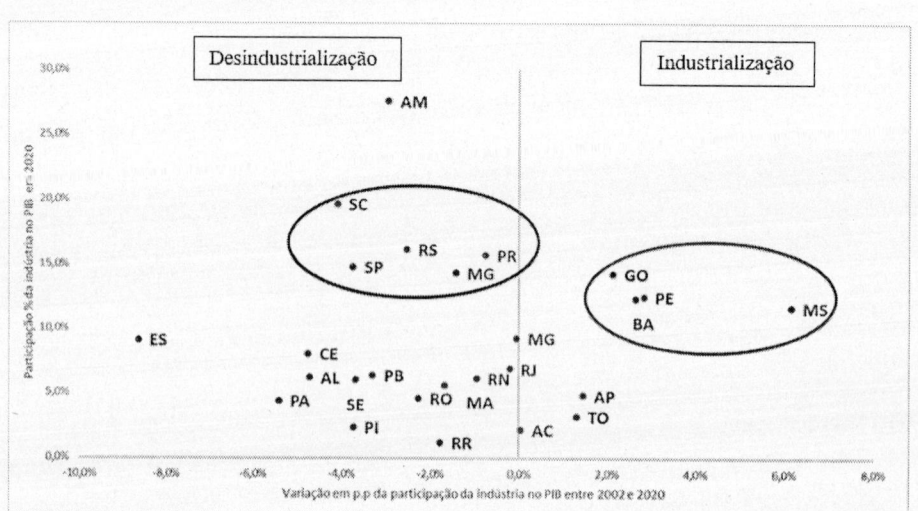

Fonte: Gala (2023)

O ponto a se destacar é que, nos estados em que há um processo de desindustrialização em curso, ou seja, que apresentaram variação negativa na participação da indústria no PIB (Gráfico 2), a indústria ainda permanece muito básica. Esse caso de desindustrialização prematura é problemático porque os subsetores tecnológicos deveriam estar crescendo para atingir um pico de participação no PIB em níveis elevados de renda per capita, patamar esse ainda distante em muitos casos. Adicionalmente, conforme destacado em Morceiro e Guilhoto (2023), a desindustrialização brasileira está concentrada subsetorialmente, sobretudo para alguns subsetores manufatureiros intensivos em tecnologia e conhecimento, como máquinas e equipamentos, produtos químicos e petróleo refinado e veículos automotores e outros equipamentos de transporte. Esses subsetores começaram a se desindustrializar em níveis de renda per capita muito abaixo do esperado.

Portanto, do ponto de vista tecnológico, a mudança estrutural prematura em direção aos serviços, de baixa intensidade tecnológica, tem implicações relevantes para o futuro desenvolvimento econômico do Brasil, sobretudo no tradicional polígono industrial brasileiro da região Sudeste e estados do Sul, com destaque para São Paulo, Minas

Gerais, Paraná, Santa Catarina e Rio Grande do Sul. Nesse sentido, a desindustrialização em curso atingiu prematuramente o núcleo dinâmico da manufatura brasileira.

Os dados da participação da indústria em termos regionais no país – tanto no cômputo geral quanto da indústria de transformação –, em termos de valor adicionado bruto total das regiões, estão apresentados na Tabela 2.

Os resultados demonstram que, à exceção da região Centro-Oeste, que apresentou uma elevação da participação da indústria de transformação no valor adicionado total da região da ordem de 1,73 p.p., todas as regiões brasileiras observaram uma redução da participação da indústria de transformação nos seus valores adicionados brutos nas duas últimas décadas. Deve-se notar, em linha com Ribeiro et al. (2021), que dois processos ocorrem concomitantes no país: a desconcentração industrial e a desindustrialização – nacional e regional.

Um elemento que chama atenção nesse processo, evidenciado por Frischtak (2013), é o fato de a participação dos investimentos em infraestrutura no PIB ter diminuído no Brasil nas últimas três décadas em período coincidente com o horizonte temporal em que o país registra desindustrialização, tanto em escala global quanto regional.

Ademais, também cabe destaque aos argumentos de Nassif et al. (2020), que relacionam fatores macroeconômicos nacionais e internacionais ao fenômeno da desindustrialização no país. A análise bem fundamentada dos aludidos autores dá conta de mostrar que, além dos conhecidos argumentos heterodoxos atinentes à taxa de juros e de câmbio como fatores determinantes nesse processo, a crise *subprime* de 2008 também se mostrou muito relevante como fator explicativo, o que é corroborado pelos dados da Tabela 2, em especial para a região Sudeste.

Importante elemento que deve ser observado na trajetória regional da indústria no Brasil nas duas últimas décadas é o aumento da participação da região Centro-Oeste no valor adicionado bruto da indústria de transformação nacional e, concomitante a isso, o fato de essa ser a única região a não apresentar tendência de desindustrialização. Cabe nesse quesito uma reflexão sobre a relevância da dinâmica da produção e exportação de *commodities* na trajetória da indústria nacional. Nessa região, no período em análise, houve expansão significativa da produção de alimentos nos estados de Mato Grosso e Mato Grosso do Sul. Esse processo esteve relacionado à expansão da fronteira agropecuária, influenciando processos de urbanização e impactando o sistema produtivo.

Contrariamente à desejada mudança estrutural apontada por Nassif et al. (2020) como solução para a desindustrialização e como elemento--chave para a transformação produtiva brasileira, o que se observa no país é uma desconcentração da indústria e uma regressão da estrutura produtiva nacional. A descentralização da indústria brasileira é caracterizada pela perda de importância desse setor em regiões com elevado conteúdo tecnológico e indústrias intensivas em Ciência, Tecnologia e Inovação (CT&I) – Sudeste – e avanço em regiões com parque industrial de baixo conteúdo tecnológico e atividade industrial fortemente conectada ao agronegócio e à exploração de recursos naturais, como as regiões Centro-Oeste, Sul e Nordeste.

Conforme define Nassif e Castilho (2020), estamos diante de uma especialização regressiva da indústria de transformação brasileira, que, neste capítulo, se confirma também pela reordenação espacial do espaço produtivo nacional. Tais elementos são aderentes aos achados de Morceiro e Guilhoto (2023), que destacam o fato de possuirmos um processo de desindustrialização mais intenso no contexto da manufatura mais sofisticada tecnologicamente e, portanto, caracterizando o avanço da indústria no país em segmentos mais básicos.

Com vistas a complementar a análise da dinâmica regional da indústria no Brasil, lança-se mão de outra dimensão frequentemente utilizada em estudos no campo da economia industrial, a saber, a produtividade do trabalho e sua tendência. A Tabela 3 apresenta a evolução no período de 2002 a 2019 da produtividade da agricultura e da indústria de transformação para as regiões brasileiras. O dado para a agricultura foi considerado para contrapô-lo ao indicador da indústria de transformação e, por conseguinte, avaliar se a produtividade desses setores apresenta tendências semelhantes. De acordo com Monteiro Neto, Silva, & Severian (2020), os países que apresentam melhor desempenho econômico no longo prazo são aqueles que logram aumentar a complexidade de sua estrutura produtiva e, concomitantemente, ampliam a produtividade em cada um dos setores produtivos.

Tabela 2 – Participação da indústria de transformação das grandes regiões brasileiras no valor adicionado regional, de 2002 a 2020 – em %

	NORTE		NORDESTE		SUDESTE		SUL		CENTRO-OESTE	
	Indústria	Indústria de transformação	Indústria	Indústria de transformação	Indústria	Indústria de transformação	Indústria	Indústria de transformação	Indústria	Indústria de transformação
2002	27,60	14,10	22,97	9,67	27,87	15,59	29,06	19,04	16,26	6,52
2003	27,19	15,54	22,48	11,60	29,36	18,51	28,67	21,03	15,41	7,35
2004	29,34	15,69	23,56	10,88	31,06	19,77	30,78	22,79	16,99	7,68
2005	28,50	16,24	23,06	11,27	31,10	18,96	30,10	22,29	16,83	8,02
2006	29,19	16,97	23,22	10,61	29,99	17,93	29,06	21,39	16,01	8,04
2007	27,42	15,24	21,99	10,47	29,55	18,44	28,77	20,47	16,06	7,69
2008	28,79	13,95	22,14	10,28	30,12	18,46	28,20	20,60	15,64	8,15
2009	25,15	12,10	21,35	10,14	27,40	16,73	28,65	20,08	16,26	7,91
2010	32,07	12,60	22,88	9,68	29,10	16,30	29,16	19,67	17,89	8,22
2011	33,36	11,55	22,12	8,35	28,88	14,85	29,22	19,66	17,20	7,60
2012	29,49	9,78	21,74	7,60	27,74	13,37	28,09	18,10	16,81	7,40
2013	28,84	9,51	20,30	7,79	26,46	12,69	26,50	18,10	16,86	7,79
2014	26,04	9,69	19,39	7,68	25,48	12,49	25,78	17,81	16,12	7,17
2015	24,97	10,10	19,94	9,05	23,30	12,78	25,39	16,98	15,86	7,12
2016	23,87	10,72	19,50	9,64	21,47	13,20	24,99	16,48	14,89	7,17
2017	26,20	9,65	18,86	9,57	21,47	13,18	24,63	17,02	13,95	6,94

	NORTE		NORDESTE		SUDESTE		SUL		CENTRO-OESTE	
	Indústria	Indústria de transformação	Indústria	Indústria de transformação	Indústria	Indústria de transformação	Indústria	Indústria de transformação	Indústria	Indústria de transformação
2018	25,99	9,06	18,86	9,29	23,00	13,00	24,24	16,71	13,97	7,22
2019	27,62	8,92	18,47	9,00	22,63	12,55	24,83	17,05	13,80	6,80
2020	32,32	9,33	19,10	9,02	22,80	12,99	25,28	16,89	15,36	8,25
$\Delta_{2020/2002}$	4,72 p.p	-4,77 p.p	-3,87 p.p	-0,65 p.p	-5,07 p.p	-2,60 p.p	-3,79 p.p	-2,15 p.p	-0,90 p.p	1,73 p.p

Fonte: Fonte: IBGE – Contas nacionais (2023)

ELIANE ARAÚJO | CARMEM FEIJÓ (ORG.)

Tabela 3 – Produtividade da agricultura e indústria de transformação nas regiões brasileiras, de 2002 a 2019 – por hora trabalhada

	NORTE		NORDESTE		SUDESTE		SUL		CENTRO-OESTE	
	Agricultura	Indústria de transformação	Agricultura	Indústria de transformação	Agricultura	Indústria de transformação	Agricultura	Indústria de transformação	Agricultura	Indústria de transformação
2002	8,0	24,3	3,3	18,5	7,1	38,0	9,5	41,2	13,9	19,0
2003	8,0	23,4	3,4	19,4	7,1	37,7	11,2	38,9	15,1	19,7
2004	8,7	22,7	3,8	19,9	7,7	39,0	10,4	41,1	15,4	20,6
2005	10,7	17,7	4,1	19,6	7,8	39,7	10,2	41,8	16,8	22,0
2006	11,6	18,3	4,6	20,3	8,5	39,5	11,8	39,8	17,2	21,2
2007	11,3	22,3	5,0	19,9	8,8	39,5	13,8	39,2	18,0	21,7
2008	11,8	20,6	5,8	20,6	9,2	41,1	15,0	40,5	20,5	22,8
2009	10,6	23,0	5,6	20,5	9,5	36,7	14,0	36,9	20,7	21,3
2010	10,5	26,4	6,2	21,8	9,8	40,6	17,2	38,6	22,9	23,4
2011	11,6	28,3	7,5	22,0	9,9	42,8	18,6	39,6	25,4	24,4
2012	12,7	28,5	6,9	23,3	11,4	40,1	16,8	36,7	30,3	23,7
2013	12,7	29,4	7,2	24,4	11,7	41,9	22,3	38,4	30,9	25,4
2014	13,7	25,2	8,6	23,5	13,0	38,6	23,9	35,7	34,4	26,3
2015	13,9	23,9	9,1	22,7	13,5	35,8	26,0	33,3	34,5	28,4
2016	13,0	25,5	8,0	24,7	14,5	38,7	24,0	33,5	30,5	30,5
2017	15,5	26,0	11,3	25,9	14,5	40,1	27,7	34,4	39,6	30,3

	NORTE		NORDESTE		SUDESTE		SUL		CENTRO-OESTE	
	Agricultura	Indústria de transformação	Agricultura	Indústria de transformação	Agricultura	Indústria de transformação	Agricultura	Indústria de transformação	Agricultura	Indústria de transformação
2018	16,0	27,5	12,8	26,1	14,3	40,0	27,2	35,2	38,3	30,0
2019	15,8	29,0	13,2	24,5	14,2	38,6	26,5	34,8	39,7	31,1
Δ	7,8	4,7	9,9	6	7,1	0,6	17	-6,4	25,8	12,1

Fonte: IBRE/FGV (2023)

ELIANE ARAÚJO | CARMEM FEIJÓ (ORG.)

No que se refere à produtividade da indústria de transformação no Brasil nos últimos 20 anos (Tabela 3), todas as regiões brasileiras apresentaram crescimento desse indicador menor que os dados observados para agricultura, em que chama atenção a região Centro-Oeste. Com destaque, também é possível depreender dos dados que as regiões com maiores ganhos de produtividade no setor agrícola foram aquelas que mais ampliaram sua participação no valor adicionado bruto nacional (Tabela 1). Esse dado encontra respaldo no argumento de Ribeiro et al. (2021), que pontua a dinâmica das exportações nos espaços produtores e exportadores de produtos agropecuários e da indústria extrativa mineral como elemento relevante para a compreensão da dinâmica da indústria nacional.

Dois elementos ainda chamam atenção nesse conjunto de dados (Tabela 3). O primeiro diz respeito à estagnação no indicador de produtividade industrial na região Sudeste (0,6) e decréscimo desse mesmo indicador para região Sul (-6,4), tradicionais polos da indústria manufatureira no país, o que mostra que as regiões com maior complexidade industrial perderam em produtividade nas duas últimas décadas. O segundo ponto em destaque é relativo ao fato de que os períodos de crises afetam a produtividade industrial de forma bastante direta, como revelam os dados acerca da produtividade industrial nos anos posteriores às crises de 2008 e 2015.

7.4 Metodologia econométrica

7.4.1 Modelo econométrico

De acordo com Greene (2008), a técnica de agrupamento de dados de séries temporais e de corte seccional, chamada de dados em painel, permite uma estimação mais eficiente de modelos econométricos. O uso desses modelos tem vantagens do ponto de vista de estimação, podendo-se citar, entre elas, um maior número de observações, o que assegura as propriedades assimptóticas dos estimadores, o aumento do número de graus de liberdade e a redução da multicolinearidade, uma vez que os dados entre as unidades apresentam estruturas diferentes.

Um modelo de dados agregados – série temporal e corte seccional – pode ser representado genericamente por:

$$Y_{it} = a + b_1 X_{1it} + b_2 X_{2it} + \cdots + u_{it} \tag{1}$$

Com $i = 1, ... N$ sendo as unidades, e $t = 1, ... T$ os períodos de tempo. O número de observações é NxT.

Existem diferentes tipos de modelos de dados em painel, a saber:

- **Pooled,** representado pela Eq. 1, na qual se assume que os parâmetros a e b_i são comuns para todas as unidades. Esse modelo pode ser estimado pelo método dos Mínimos Quadrados Ordinários – MQO –, admitindo-se que os erros u_{it} são ruído branco e não se encontram correlacionados com os regressores, isto é, $Cov(X_{it}, u_{it}) = 0$.

A técnica de agrupamento de dados de séries temporais e de corte seccional – dados em painel – permite, também, o tratamento da heterogeneidade entre as unidades, quando existente. Dois modelos são propostos com essa finalidade:

- **Efeitos Fixos**, em que o uso desses modelos possibilita o controle dos efeitos de variáveis omitidas – por indisponibilidade de dados e/ou por questões de graus de liberdade –, que são diferentes entre as unidades. Neste caso, a estimação é feita assumindo que a heterogeneidade das unidades é captada pela constante, tal como:

$$Y_{it} = a_i + bX_{it} + \cdots + u_{it} \qquad (2)$$

O modelo de Efeitos Fixos (Eq.2) é a melhor alternativa para modelar dados em painel quando o intercepto é correlacionado com as variáveis explicativas. Também é desejável utilizar Efeitos Fixos quando as observações são obtidas de toda a população e o que se deseja fazer são inferências para as unidades cujos dados estão disponíveis (Greene, 2008).

- **Efeitos Aleatórios** são modelos que tratam os efeitos específico-individuais como variáveis aleatórias. Nesse caso, supõe-se que não há correlação entre os efeitos individuais e as demais variáveis aleatórias. A sua estimação se dá por meio da utilização dos mínimos quadrados generalizados – GLS. O modelo com Efeitos Aleatórios assume a seguinte forma:

$$Y_{it} = (a + V_i) + bX_{it} + \ldots + u_{it}$$
$$Y_{it} = a + bX_{it} + \ldots + (v_i + u_{it}) \tag{3}$$
$$Y_{it} = a + bX_{it} + \ldots + w_{it}$$

Segundo Hill, Griffiths, e Judge (1999), no modelo de Efeitos Aleatórios, o termo de erro possui média zero e variância constante. Os erros da mesma unidade em diferentes instantes do tempo são correlacionados; os erros de diferentes unidades no mesmo instante do tempo, não. Neste caso, o método que fornece os melhores estimadores é o de Mínimos Quadrados Generalizados – MQG.

Formalmente, são utilizados testes para a escolha da especificação econométrica mais adequadas. A Figura 3, na sequência, apresenta os testes necessários para a correta especificação dos modelos de dados em painel.

Figura 3 – Testes para especificação de modelos de dados em painel

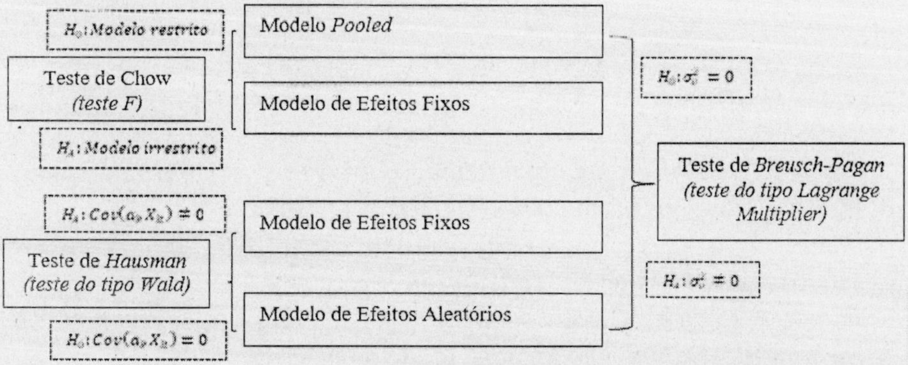

Fonte: elaborado pelo autor, com base em Greene (2008) e Cruz, Diaz, & Luque (2004).

De uma forma geral, se as unidades sobre as quais se dispõem de dados são amostras aleatórias de uma população maior de unidades, o modelo de efeito aleatório é o mais indicado. Se existem razões para acreditar que os efeitos individuais estão correlacionados com as variáveis explicativas, o método de efeitos fixos é mais indicado (Cruz et al., 2004; Greene, 2008).

7.4.2. Base de dados e tratamentos

Além das evidências investigadas por meio dos dados acerca do comportamento da dinâmica industrial nas grandes regiões brasileiras, a proposição deste capítulo também contempla a validação da formulação teórica de Rowthorn e Ramaswamy (1999), que destaca a existência de uma relação não linear – relação de "U" invertido – entre a participação do emprego industrial no emprego total e o nível de renda per capita dos países/regiões. Para analisar os determinantes da (des)industrialização brasileira, estimou-se um modelo paramétrico semelhante ao clássico de Rowthorn e Ramaswamy (1999), contudo, adaptado em suas variáveis para captar a questão espacial da trajetória industrial e contemplando as cinco grandes regiões do país, e não os 81 países considerados pelos aludidos autores. A formulação proposta ainda contempla variáveis de controle específicas para o modelo brasileiro e pode ser expressa como:

$$part\_ind_{it} = a_i + b_1 part\_pib_{it} + prod\_ind_{it} + prod\_agr_{it} + pib\_percapita_{it} + pib\_percapita^2{}_{it} + u_{it} \qquad (4)$$

O Quadro 1 descreve as variáveis utilizadas neste estudo e as respectivas nomenclaturas. Com base na revisão de literatura e modelos a serem construídos, o uso da metodologia de dados em painel permitirá modelar as relações entre a participação da indústria de transformação das grandes regiões brasileiras no valor adicionado bruto nacional, um indicador de localização/espacialização industrial, e o PIB per capita das grandes regiões brasileiras, considerando algumas variáveis de controle – participação da indústria de transformação das grandes regiões brasileiras no PIB nacional e a produtividade da indústria e da agricultura –, que podem ser interpretadas como determinantes estilizados do processo de industrialização no país. O recorte temporal utilizado contempla o período de 2002 a 2020.

Quadro 1 – Variáveis utilizadas na pesquisa e nomenclaturas

Variável	sigla
Participação da indústria de transformação das grandes regiões brasileiras no valor adicionado bruto nacional – em %	part_ind
Participação da indústria de transformação das grandes regiões brasileiras no PIB nacional– em %	part_pib
Produtividade da indústria de transformação das grandes regiões brasileiras por pessoal ocupado – em R$ constantes	prod_ind
Produtividade da agricultura das grandes regiões brasileiras por pessoal ocupado – em R$ constantes	prod_agr
PIB per capita das grandes regiões brasileiras– em R$ constantes	pib_percapita

Fonte: elaborado pelo autor

As variáveis utilizadas nas estimações foram tomadas em seus logaritmos naturais, isso para que os resultados representem as respectivas elasticidades. Ainda cabe mencionar que, com a finalidade de testar a robustez dos coeficientes estimados, diferentes simulações – incluindo e excluindo variáveis – foram realizadas tomando por base o modelo de referência, expresso pela Eq. 4.

7.5 Análise econométrica sobre a dinâmica espacial da indústria no Brasil

Os fatos estilizados analisados e debatidos até então mostram importantes tendências da indústria de transformação no Brasil e sua dinâmica regional nas duas últimas décadas. Como complemento, na sequência, são apresentados os resultados obtidos pela simulação dos modelos econométricos de dados em painel, que buscam reforçar e tornar mais robustas as evidências por ora já apresentadas. Para avançar no sentido de validação empírica da análise do padrão espacial da indústria de transformação brasileira e de seus fatores determinantes, os resultados das diferentes simulações de dados em painel – Efeitos Fixos – serão analisados. Na Tabela 4, estão sumarizados os resultados das diferentes estimações realizadas.

Tabela 4 – Resultados dos modelos econométricos de dados em painel – Efeitos Fixos[89]

Variáveis	Modelos					
	Modelo I	Modelo II	Modelo III	Modelo IV	Modelo V	Modelo VI
$part\_pib$	$2,18^{**}$	$1,59^{**}$	$1,23^{***}$	$1,73^{**}$	$1,90^{**}$	-
$prod\_agr$	$0,35$	$0,24^{**}$	$0,31^{**}$	$0,23^{**}$	-	$0,33^{\dagger}$
$prod\_ind$	$0,12$	$0,18$	$0,14$	-	$0,16$	$0,31^{*}$
$pib\_percapita$	$-3,18$	$-3,24^{***}$	$-0,39^{***}$	$-2,77$	$-5,67^{**}$	$0,70$
$pib\_percapita^2$	$0,06$	$0,08$	-	$0,07$	$0,16^{**}$	$-0,02$
rho	$0,98$	$0,97$	$0,97$	$0,97$	$0,98$	$0,99$
R^2_{within}	$0,70$	$0,62$	$0,59$	$0,59$	$0,53$	$0,45$
$R^2_{between}$	$0,83$	$0,89$	$0,84$	$0,88$	$0,92$	$0,29$
$R^2_{overall}$	$0,82$	$0,89$	$0,83$	$0,88$	$0,92$	$0,24$
$corr(u_i, X_b)$	$0,58$	$-0,43$	$0,32$	$0,59$	$0,53$	$-0,65$
Teste de Hausmann	$49,41^{*}$	$62,06^{*}$	$75,32^{*}$	$74,34^{*}$	$71,52^{*}$	$75,06^{*}$

Nota[1]: Para o Modelo I, consideram-se ainda binárias para anos, as quais não se mostraram significativas no conjunto da estimação.
Nota[2]: Com relação à significância estatística:
*Estatisticamente significativo a 1%
**Estatisticamente significativo a 5%
***Estatisticamente significativo a 10%
Fonte: o autor.

A estimação do modelo econométrico por Efeitos Fixos, embora inclua explicitamente a heterogeneidade não observada dos dados, assume como pressuposto a não correlação entre os regressores, elemento bastante complexo em dados macroeconômicos. Os chamados efeitos de *feed back* não são incomuns em dados de natureza macroeconômica, assim como erros de mensuração dos regressores e viés de simultaneidade. Embora o procedimento de Efeitos Fixos seja mais robusto que a estimativa por MQO, por exemplo, sua validade depende fundamentalmente da pressuposição de que esses sejam estritamente exógenos.

---

[89] Os diferentes modelos estimados – *Modelos I a VI* – foram validados utilizando diversos testes de especificação. O mais relevante desses, o teste de *Hausmann*, tem seus resultados relatados, contudo, outros como Chow, Breusch e Pagan e Wald também foram realizados e, analisados em conjunto, sinalizaram a utilização de estimação por Efeitos Fixos como opção metodológica mais adequada.

Nesse sentido, com vistas a garantir ainda mais robustez aos resultados e, portanto, maior fundamentação empírica ao debate, apresenta-se, na sequência, o resultado das estimações de modelos dinâmicos de dados em painel (Tabela 5), utilizando na estimação o Método dos Momentos Generalizado em Diferenças – *GMM-Dif*. O estimador *GMM-Dif* consegue lidar, apropriadamente, com todas as fontes de endogeneidade incluídas no sistema de equações estimado, removendo a heterogeneidade não observada e utilizando defasagens.

Tabela 5 – Resultados dos modelos econométricos para painel dinâmico – Método dos Momentos Generalizado em Diferenças (*GMM-Dif*)

Variáveis	Modelos						
	Mode-lo I	Modelo II	Modelo III	Modelo IV	Modelo V	Modelo VI	Modelo VII
$part\_ind_{t-1}$	0,64*	0,64*	0,71*	0,60*	0,58*	0,68*	0,60*
$prod\_ind_{t-2}$	-0,14*	-0,15*	-0,07*	-	-	-	-
$part\_pib$	1,29*	1,23*	1,32*	1,21*	1,17*	1,25*	1,06*
$prod\_agr$	0,17*	0,18*	-	0,12*	0,13*	-	0,16*
$prod\_ind$	-0,03	-	-0,10	-0,04	-	-0,06	-0,07*
$pib\_percapita$	-1,51	-1,63	-2,46	-2,17	-1,84	-2,60	-0,43*
$pib\_percapita^2$	0,03	0,03	0,06	0,03	0,04	0,06	-
$Teste\ de\ Wald$	40,79*	229,67*	19,19*	529,71*	73,40*	23,51*	1795,07*
$Teste\ de\ Sargan$	59,68	60,26	63,73	66,10	67,81	66,86	65,71
$p-value$	0,24	0,25	0,17	0,19	0,15	0,17	0,20

Nota[1]: Os modelos estimados consideram ainda binárias para anos.
Nota[2]: Com relação à significância estatística:
*Estatisticamente significativo a 1%
**Estatisticamente significativo a 5%
***Estatisticamente significativo a 10%
Fonte: o autor.

Do exame dos resultados encontrados nas diferentes simulações (Tabelas 4 e 5), é possível observar que a indústria manufatureira no país tem sua dinâmica espacial – representada neste estudo pela participação da indústria de transformação das grandes regiões brasileiras no valor adicionado bruto nacional –, condicionada a alguns fatores determinantes, a saber: i) a participação da indústria de transformação regional no PIB nacional, $part\_pib$; ii) a produtividade da própria atividade industrial, $part\_ind$; iii) a produtividade da agricultura, $prod\_agro$, e; iv) o PIB per capita – também utilizado na forma quadrática para melhor ajuste ao considerar formato de "U" invertido da relação. Os resultados podem ser considerados robustos, visto que apresentam similaridades em todos os modelos estimados. No caso dos modelos dinâmicos (Tabela 5), que incluem defasagens da variável $part\_ind$, é interessante notar que tais defasagens se mostram estatisticamente significativas e os instrumentos utilizados válidos conforme o *teste de Sargan*, em que não se rejeitou a hipótese nula de que os instrumentos são não correlacionados com o termo de erro, portanto, os instrumentos utilizados em todas as regressões são válidos.

Inicialmente, é interessante pontuar que a variável $part\_pib$, utilizada neste estudo como *proxy* para os efeitos encadeados da demanda regional da indústria manufatureira, apresenta efeito mais que proporcional sobre a dinâmica regional da indústria. Esse resultado evidencia que o dinamismo de determinadas regiões afeta os movimentos de deslocamento da indústria de transformação. Assim, relativo ao vetor de atração de empreendimentos industriais para as diferentes do país, é importante levar em conta a força da expansão da renda nessas regiões, da expansão do nível de urbanização e do crescimento da demanda mundial por *commodities* agrícolas, em especial, esse último fator para a região Centro-Oeste. Esse resultado, assim como bem destacado por Riberio et al. (2021) e Morceiro e Guilhoto (2023), deve ser visto com atenção pelo setor industrial brasileiro, porquanto revela sinais de involução na complexidade industrial brasileira, isso em virtude da perda de peso relativo do conjunto de segmentos industriais classificados como indústria de média alta e alta intensidade tecnológica em detrimento de setores tradicionais.

Fato comum a todas as simulações apresentadas é a destacada relevância da produtividade agrícola na dinâmica espacial da (des)industrialização brasileira. Chama atenção que, em todos os modelos estimados, é sempre superior o coeficiente relativo à variável $prod\_agro$, comparativamente ao coeficiente da variável $part\_ind$. Com destaque, à exceção do *Modelo I* na Tabela 4, em todos os demais, a produtividade agrícola é estatisticamente significativa, fato não observado nos coeficientes da variável $part\_ind$, que, à exceção do *Modelo VII* na Tabela 5, não se mostram estatisticamente significativos em nenhuma estimativa. Neste ponto, os argumentos de Ribeiro et al. (2021) e as evidências anteriormente apresentadas neste estudo corroboram com os resultados apresentados (Tabelas 4 e 5) e permitem destacar que a agricultura e os setores exportadores de *commodities* são importantes fatores de influência na dinâmica regional da indústria brasileira. O comércio bilateral entre Brasil e China é elemento a ser considerado como fator de relevância nessa dinâmica, conforme bem pontuado em Monteiro e Lima (2017).

Ao contrapor tais resultados à evidência de desindustrialização regional mostrada por meio dos dados da Figura 2 e Tabela 2, é bastante claro que há fortes indícios de uma especialização regressiva na estrutura industrial do país. Registra-se que perde importância no tecido industrial nacional o polígono industrial da região Sudeste, com tradicionais plantas industriais de média e alta tecnologia, e ganham as regiões Centro-Oeste, Sul e Nordeste, sendo nestas a indústria de menor conteúdo tecnológico e com baixo dinamismo produtivo, conforme mostra a Tabela 3.

A reordenação espacial da indústria de transformação brasileira, portanto, não se configura como um caso de desconcentração sem perda de conteúdo tecnológico, mas sim de uma desindustrialização regional parcialmente escamoteada pela dinâmica de alguns segmentos exportadores, com destaque *commodities* agropecuárias.

Outro ponto que cabe profunda reflexão, à luz do debate deste capítulo, é relativo às economias de aglomerações. Nesse sentido, é bem fundamentada a literatura que considera a existência de polos de crescimento (Perroux, 1955) e causação circular cumulativa (Myrdal, 1957), que em suma demonstram que existem efeitos positivos de sinergia entre indústrias em uma mesma região. Os chamados aglomerados industriais possuem vantagens, tais como redução de custos de produção, maior eficiência na utilização de recursos, acesso a um conjunto mais amplo de habilidades especializadas, trocas de informações e transferência de tecnologia. Essa concentração de habilidades aumenta a eficiência produtiva e favorece a inovação tecnológica.

No caso brasileiro, a desindustrialização da região Sudeste, junto à perda de importância desta região no contexto industrial nacional, traz consigo também uma possível quebra de sinergia das economias de aglomeração existentes nessa região, que possivelmente não tem sido transferida de forma imediata às regiões que ampliam sua expressão industrial nacional. O desejável seria uma desconcentração industrial, mas sem desindustrialização das regiões que relativamente perdem participação, o que não tem ocorrido no contexto brasileiro.

7.6 Considerações finais

O presente capítulo examina a questão da (des)industrialização no Brasil sob uma perspectiva de análise regional. É evidente que este estudo, nem de longe, explica as dinâmicas industriais das regiões brasileiras e seus comportamentos, porquanto muitos elementos deste debate possuem raízes profundas no processo histórico de formação econômica das regiões brasileiras. Sendo assim, este estudo buscou mostrar alguns fatos estilizados e evidências empíricas e trazer alguns elementos adicionais à discussão.

Três evidências principais podem ser elencadas como pontos relevantes de contribuição deste capítulo para o estado da arte da temática em tela. Primeiramente, este estudo mostra que o Brasil observa nas duas últimas décadas uma desconcentração da indústria de transformação no país. Perde participação no valor adicionado bruto nacional bruto a região Sudeste, tradicional polo industrial, e avança o Centro-Oeste. Este movimento poderia até ser considerado positivo, caso a desconcentração industrial fosse acompanhada de conteúdo tecnológico e produtividade, o que não é o caso. Nesse sentido, a segunda evidência que este capítulo traz luz é o forte indício de que está em curso no Brasil um processo de desindustrialização em praticamente todas as regiões do país. Com destaque ao tradicional polígono industrial da região Sudeste, a exceção fica com por conta da região Centro-Oeste.

A terceira contribuição deste capítulo é destacar que, entre as razões que explicam a desconcentração da indústria nacional, a produtividade da agricultura é um elemento-chave. Esse dado chama atenção, pois a produtividade agrícola é mais relevante que a própria produtividade industrial na trajetória espacial da indústria no país. Cumpre mencionar que, nas duas últimas décadas no Brasil, o crescimento da produtividade agrícola foi sempre superior ao crescimento da produtividade industrial.

Essas três evidências desenham um contexto triplamente negativo para a indústria de transformação no país, a saber: a perda de sinergias advindas das economias de aglomeração industrial; a baixa complexidade da indústria nacional como característica marcante, sendo reforçada pelas dinâmicas regionais das regiões que perdem e ganham participação; e, por fim, uma especialização regressiva, traço marcante de uma indústria condicionada à dinâmica do setor agrícola como fator de influência, com destaque às *commodities*.

Por fim, este capítulo chama atenção para a necessidade de desenhos regionais mais efetivos de políticas industriais, porquanto não se pode desconsiderar que a desindustrialização regional também pode ser resultado de políticas governamentais inadequadas. Algumas políticas fiscais e tributárias desfavoráveis para a indústria, bem como a falta de incentivos para a pesquisa e o desenvolvimento de novas tecnologias, podem levar à diminuição de atividades econômicas em determinadas regiões e especialização regressiva.

Referências

Araújo, V. de C., & Garcia, R. (2019). Determinants and spatial dependence of innovation in Brazilian regions: evidence from a Spatial Tobit Model. *Nova Economia*, 29(2), pp. 375-400.

Bresser-Pereira, L.C. (2020). Quase estagnação no Brasil e o novo desenvolvimentismo. *Revista de Economia Política*, 42(2), pp.503-531.

Clark, C. *The conditions of economic progress*. London: Macmillan, 1957.

Cruz, H. N., Diaz, M. D. M., & Luque, C. A. (2004). Metodologia de avaliação de custos nas universidades públicas: economias de escala e escopo. *Revista Brasileira de Economia*, 58(1), pp.45-66.

Frischtak, C. (2013) Infraestrutura e Desenvolvimento no Brasil, In: Veloso, F., Ferreira, P.C., Giambiagi, F., Pessoa, S. Desenvolvimento Econômica: Uma Perspectiva Brasileira, Campus, 2012. Rio de Janeiro: Elsevier, pp. 322-346.

Gala, P. (2023) *Economia & Finanças*. Industrialização e desindustrialização nos estados brasileiros. Uma compensa a outra? Não!. https://www.paulogala.com.br/industrializacao-e-desindustrializacao-nos-estados-brasileiros-uma-compensou-a-outra-nao/

Greene, W. H. *Econometric analysis*. 6. ed. New Jersey: Prentice Hall, 2008.

Hill, C., Griffiths, W., & Judge, G. *Econometria*. São Paulo: Saraiva, 1999.

Hirschman, A. *The Strategy of Economic Development*. New Haven: Yale University Press, 1958.

Instituto Brasileiro De Geografia E Estatística – IBGE. Contas Nacionais (SCN). https://www.ibge.gov.br

Kaldor, N. *Causes of the Slow Rate of Economic Growth of the United Kingdom*. An Inaugural Lecture. Cambridge: Cambridge University Press, 1966.

Lewis, W. A. (1954). Economic Development with Unlimited Supplies of Labour. *The Manchester School*, 22(2), 139-191.

Marconi, N., & Rocha, M. (2012, dezembro). Taxa de câmbio, comércio exterior e desindustrialização precoce – o caso brasileiro. *Economia e Sociedade*, 21, 853-888.

Marshall, A. *Princípios de economia: tratado introdutório*, Abril Cultural, São Paulo, 1982.

Monteiro Neto, A., Silva, R., & Severian, D. (2020). Região e indústria no Brasil: ainda a continuidade da "desconcentração concentrada"? *Economia e Sociedade*, 29(2), pp.581-607.

Monteiro, F. D. S. C., & Lima, J. P. R. (2017). Desindustrialização regional no Brasil. *Nova Economia*, 27(2), pp. 247-293.

Morceiro, P. C., & Guilhoto, J. J. Sectoral deindustrialization and long-run stagnation of Brazilian manufacturing. *Revista de Economia Política*, v. 43, n.2, 2023.

Myrdal, G. *Economic Theory and Under-developed Regions*. London: Duckworth, 1957.

Nassif, A., & Castilho, M. R. Trade Patterns in a Globalised World: Brazil as a Case of Regressive Specialisation. *Cambridge Journal of Economics*, v. 44, p. 2-31, 2020.

Nassif, A., Feijó, C., & Araújo, E. Macroeconomic Policies in Brazil before and after the 2008 Global Financial Crisis: Brazilian Policy-Makers Still Trapped in the New Macroeconomic Consensus Guidelines, *Cambridge Journal of Economics*, vol. 44, p. 749-779, 2020.

Nassif, A. Há evidências de desindustrialização no Brasil? *Revista de Economia Política*, São Paulo, v. 28, n.1, 2008.

Oreiro, J. L., & Feijó, C. A. Desindustrialização: conceituação, causas, efeitos e o caso brasileiro. *Revista de Economia Política*, São Paulo, v. 30, n. 2, 2010.

Perroux, F. Note sur la Notion de Pôle de Croissance. *Économie Appliquée* (7), p. 307-320, Paris, 1955.

Prebisch, R. *The Economic Development of Latin America and its Principal Problems*. New York, Economic Commission for Latin America, United Nations Department of Economic Affairs, 1950.

Ranis, G., Stewart, F., & Ramirez, A. Economic growth and human development. *World development*, v. 28, n. 2, p. 197-219, 2000.

Ribeiro, C. G., Cardozo, S. A., & Martins, H. Dinâmica regional da indústria de transformação no Brasil (2000-2017). *Revista Brasileira de Estudos Urbanos E Regionais*, v.23, 2021.

Rosenstein-Rodan, P. N. Problems of industrialisation of Eastern and South-Eastern Europe. *The Economic Journal*, Cambridge University Press, v. 53, n. 210/211, p. 202-211, 1943.

Rowthorn, R., & Ramaswany, R. Growth, Trade and Deindustrialization. *IMF Staff Papers*, v. 46, n.1, 1999.

Tregenna, F. Characterizing deindustrialization: an analysis of changes in manufacturing employment and output internationally. *Cambridge Journal of Economics*, vol. 33, n. 3, mai. 2009

Capítulo 8

ESTRUTURA PRODUTIVA BRASILEIRA E HETEROGENEIDADE ESTRUTURAL: ALGUMAS EVIDÊNCIAS

Rinaldo Aparecido Galete
Mara Lucy Castilho
Ana Cristina Lima Couto

8.1 Introdução

A questão da heterogeneidade estrutural (HE), conforme conceito desenvolvido pela Cepal, está relacionada com a problemática das diferenças de produtividade, as quais se devem ao fato de que a geração e a propagação do progresso técnico ocorrem de forma muito desigual entre países, bem como entre setores da atividade econômica. Num extremo, encontram-se estruturas produtivas com alto nível de desenvolvimento e produtividade do trabalho e, no outro, estruturas atrasadas, caracterizadas pela baixa produtividade. Essa diferença entre os distintos setores e dentro de cada um deles caracterizam as assimetrias entre segmentos de empresas e trabalhadores e combinam com a concentração do emprego em estratos de baixa produtividade relativa.

Partindo-se do pressuposto de que a HE no Brasil identifica-se nos diferenciais de produtividade do trabalho, este estudo tem como objetivo descrever sua evolução durante os anos 2000, de acordo com diferentes cortes analíticos. Primeiramente, apresenta-se um panorama da heterogeneidade dos grandes setores da atividade econômica (agricultura, total da indústria e serviços). Contudo, o foco deste trabalho é a análise da HE no setor industrial, dado que este é importante para impulsionar a dinâmica da estrutura produtiva, sendo capaz de impulsioná-la como um todo, para níveis mais altos de produtividade e com maior convergência, tanto interna como externamente. A análise da HE no setor industrial foi realizada de acordo com os seguintes aspectos: a) estratos industriais; b) porte, segundo pessoal ocupado; c) localização territorial; e d) intensidade tecnológica.

Ressalta-se que a produtividade é analisada sob a ótica da produtividade média do trabalho, considerando-se o valor adicionado bruto (VAB) ou valor da transformação industrial (VTI) por pessoal ocupado (PO). Importante destacar que esse cálculo expressa a heterogeneidade produtiva, porém se assume que há relação entre a produtividade do trabalho e a renda do trabalhador, implicando nos demais aspectos pelos quais a HE se expressa.

Os dados utilizados foram coletados no Instituto Brasileiro de Geografia e Estatística (IBGE) e provenientes das Contas Nacionais (2000 a 2020), das Contas Regionais (2002 a 2020) e da Pesquisa Industrial Anual – PIA Empresa (2007 a 2020).

Este capítulo está estruturado em três seções, além desta introdução e das considerações finais. Na seção seguinte, apresenta-se uma contextualização sobre o conceito de heterogeneidade estrutural. Na seção 3, foi feita a descrição da participação dos grandes setores da atividade econômica no VAB e do comportamento da produtividade média do trabalho. Na seção 4, a análise da produtividade enfatiza a situação do setor industrial a partir dos seguintes cortes: porte da empresa, localização territorial e intensidade tecnológica. Por fim, são apresentadas as considerações finais.

8.2 A heterogeneidade estrutural na literatura: breve contextualização

O conceito de heterogeneidade estrutural (HE) já estava presente nos trabalhos de Raúl Prebisch, em 1949, e contou com significativas contribuições teóricas de autores cepalinos nas décadas seguintes. Contudo, nos anos de 1970, Aníbal Pinto conceitua o termo com precisão e ressalta sua importância para a compreensão do subdesenvolvimento.

De acordo com Pinto (1970), as estruturas produtivas dos países desenvolvidos são mais homogêneas no que se refere à produtividade, comparativamente aos países subdesenvolvidos, cuja estrutura produtiva está pautada na especialização de poucos setores, quase sempre relacionados a recursos naturais voltados para exportação. A superação desta HE na estrutura produtiva é requisito necessário para que o país possa crescer de forma sustentada e com equidade.

A heterogeneidade se refere a importantes dessemelhanças inter e intrassetoriais observadas na estrutura produtiva dos países da América Latina, em diferentes dimensões (mercado de trabalho, renda, desigualdades regionais), medidas geralmente em termos de produtividade do trabalho e que, ao longo do tempo, tendem a se conservar – ou até mesmo se acentuar –, o que confere a essas dessemelhanças um caráter estrutural. Para Squeff & Araújo (2015), a produtividade do trabalho é a variável-chave para discussão da HE.

O conceito de HE pressupõe duas ideias: a primeira é que, nos países em que sua estrutura econômica é marcada por tal heterogeneidade, há uma significativa disparidade entre os níveis de produtividade do trabalho dos diversos agentes econômicos; a segunda é a de que tal disparidade se perpetua no tempo, quando não se acentua (Squeff & Nogueira, 2015; Nogueira & Oliveira, 2013, 2015; Gusso, Nogueira, & Vasconcelos, 2011; Pinto, 2000).

Catela & Porcile (2015), por sua vez, afirmam que a heterogeneidade estrutural está relacionada ao reconhecimento de que as estruturas econômicas de países do centro e da periferia diferem consideravelmente. Em geral, a estrutura econômica dos países desenvolvidos é diversificada e homogênea do ponto de vista dos níveis de produtividade, enquanto a estrutura de produção dos países em desenvolvimento é especializada (em poucos setores, principalmente *commodities*) e heterogênea (existem diferenciais muito grandes nos níveis de produtividade do trabalho).

Soares (2015) destaca que uma das explicações para as diversas desigualdades que aparecem com certa frequência na literatura latino-americana deve-se ao problema da HE que caracteriza essas economias. As grandes diferenças salariais seriam um reflexo das grandes discrepâncias em termos de produtividade do trabalho dos diversos setores. Simplificando o conceito, convivem nas economias latino-americanas tanto setores modernos, nos quais uma elevada produtividade do trabalho permitiria salários elevados, como setores atrasados, condenados à baixa produtividade do trabalho e, portanto, a salários baixos.

No caso do Brasil, segundo Gentil e Araújo (2015) e Matteo (2011), uma das faces da heterogeneidade estrutural é a desigualdade regional. A distribuição dos setores é profundamente desigual entre cada uma das regiões e, principalmente, quando são analisadas as estruturas produtivas do setor industrial. A região Sudeste abriga o maior parque industrial e concentra os setores da indústria de transformação com maior teor tecnológico, ao passo que a região Centro-Oeste conta com indústria de menor porte, geralmente em atividades ligadas à agroindústria (Galeano & Wanderley, 2013).

A HE tem sido investigada pelos mais diferentes prismas metodológicos, e, embora as discussões sobre o tema se estendam para mais de cinco décadas, o desafio da superação da heterogeneidade produtiva no Brasil ainda é muito presente e atual, motivo pelo qual o estudo em tela se desenvolve com foco nas diferenças inter e intrassetoriais da produtividade.

8.3 Um panorama da produtividade do trabalho nos grandes setores da atividade econômica brasileira

Na presente seção, a produtividade do trabalho foi calculada para os grandes setores da atividade econômica: agropecuária; indústria e seus subsetores (indústria extrativa; indústria de transformação; eletricidade e gás, água esgoto, atividades de gestão de resíduos; e construção); e serviços e seus subsetores (comércio; transporte, armazenagem e correio; informação e comunicação; atividades financeiras, de seguros e serviços relacionados; atividades imobiliárias; outras atividades de serviços; administração, defesa, saúde e educação públicas e seguridade social). Para tanto, foram utilizados os dados das Contas Nacionais de 2000 a 2020 extraídos do IBGE.

A heterogeneidade foi avaliada em termos de participação das atividades econômicas no valor adicionado bruto (VAB)[90] e pela produtividade do trabalho, definida como a razão entre o VAB de cada de atividade e o respectivo pessoal ocupado.

Nesse período, não houve mudança significativa da participação dos grandes setores da atividade econômica no VAB. Apesar de algumas oscilações no período em função das especificidades da conjuntura, do total do VAB, a agropecuária responde por algo em torno de 6%, a indústria total cerca de 25%, e os serviços, aproximadamente, 70%.

A análise comparativa entre o início (2000) e o final (2020) do período, explícita na Tabela 1, permite verificar melhor a magnitude das mudanças na participação dos setores e seus estratos no VAB. Enquanto a indústria total perdeu 4,2 pontos percentuais (p.p) de participação, os serviços tiveram aumento de 3,2 p.p., seguido pela agropecuária, que teve elevação de apenas 1,1 p.p. Como afirma Squeff (2012), a diminuição da participação da indústria no VAB é um fato estilizado do desenvolvimento econômico.

No setor industrial, a indústria de transformação, que é o setor mais relevante, teve queda de 3,0 p.p., seguido da construção (-2,9 p.p.). Esses dois setores foram os responsáveis pela perda de participação da indústria

---

[90] A preços constantes de 2000.

total no VAB. Já a indústria extrativa, apesar da menor participação relativa, mais que dobrou de tamanho. A redução do setor industrial foi suplantada pelo aumento da participação dos serviços, que possui uma gama muito grande e variada de atividades.

Tabela 1 – Participação dos setores de atividade econômica no valor adicionado bruto Brasil – 2000 e 2020 – %

Atividades	2000	2020	Var. em p.p.
Agropecuária	5.5	6.6	1.1
Indústria Total	26.7	22.5	-4.2
Indústrias extrativas	1.4	3.0	1.6
Indústrias de transformação	15.3	12.3	-3.0
Eletricidade e gás, água, esgoto, atividades de gestão de resíduos	3.1	3.2	0.0
Construção	7.0	4.1	-2.9
Serviços	67.7	70.9	3.2
Comércio	8.1	12.5	4.4
Transporte, armazenagem e correio	3.7	4.1	0.4
Informação e comunicação	4.3	3.6	-0.7
Atividades financeiras, de seguros e serviços relacionados	6.8	6.9	0.1
Atividades imobiliárias	12.2	9.9	-2.3
Outras atividades de serviços	16.9	16.4	-0.5
Administração, defesa, saúde e educação públicas e seguridade social	15.7	17.4	1.7
Total	100.0	100.0	

Fonte: elaborado pelos autores, a partir dos dados das Contas Nacionais - IBGE (2023a).

Quando se desagrega a indústria total por seus estratos, destaca-se o maior peso da indústria de transformação seguida pela construção. Como já mencionado, ambos os grupos tiveram sua participação reduzida. Ao contrário, as indústrias extrativas e de eletricidade e gás aumentaram sua importância, destacando-se o caso da indústria extrativa, que mais que duplicou seu peso, muito embora, em termos proporcionais, este grupo tem menor participação relativa no VAB.

Ainda conforme Tabela 1, a construção perdeu 2,9 p.p. de participação no VAB entre 2000 e 2020. No entanto, destaca-se que, nesse intervalo de tempo, houve um movimento de elevação dessa participação entre 2010 e 2015, que certamente esteve associado aos projetos relacionados ao Programa Minha Casa Minha Vida, que impulsionou o setor e que foi perdendo participação a partir de 2015, em razão da recessão econômica que caracterizou a economia brasileira nos anos de 2015 e 2016.

No setor serviços, os grupos com maior peso no VAB são aqueles ligados à administração, defesa, saúde e seguridade social; outras atividades de serviços, atividades imobiliárias e comércio. Tais segmentos tiveram uma representatividade, de modo geral, acima de 10%, em 2000 e 2020[91].

A participação dos diversos grupos de atividade no VAB não sofreu mudanças estruturais no período, apesar da ocorrência de variações, ora positivas ou negativas, mas que não alteraram significativamente a importância relativa que cada segmento ocupa.

No entanto, a produtividade do trabalho mostra algumas alterações que merecem destaque. Tal indicador mede o valor que cada trabalhador, em média, contribuiu para o total do VAB em cada ano. A evolução do comportamento da produtividade do trabalho na economia brasileira para os grandes setores da atividade econômica foi crescente em todo o período da análise. A observação dos dados e as diferentes formas de analisá-los mostra quão desigual é essa produtividade, quando se comparam os grandes setores entre si (Gráfico 1), bem como entre os grupos de atividade de um mesmo setor.

Gráfico 1 – Produtividade do trabalho (em mil R$) nos grandes setores da atividade econômica – Brasil – 2000 a 2020

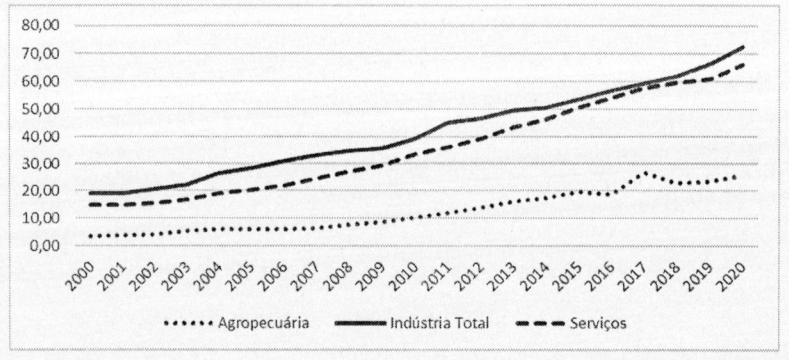

Fonte: elaborado pelos autores, com base nos dados das Contas Nacionais – IBGE (2023a).

---

[91] Exceto atividades imobiliárias em 2020.

A agropecuária possui os menores níveis de produtividade média do trabalho. Entre 2000 e 2020, esse indicador passou de R$ 3,39 mil para R$ 25,77 mil, o que corresponde a um aumento de 660%. No entanto, como ressaltado por Vieira Filho e Santos (2011), esse setor também se caracteriza por grande heterogeneidade em termos de produtividade do trabalho, quando se analisa o setor por nível tecnológico. Segundo tais autores (2011, p. 19), "os agricultores mais produtivos chegam a ter uma produtividade do trabalho quase 20 vezes maior do que a média nacional, ultrapassando os setores industrial e de serviços em alguns casos".

Ainda conforme o Gráfico 1, a produtividade dos setores industrial e de serviços é muito próxima, e os diferenciais entre esses setores mantêm-se enquanto o diferencial desses com a agropecuária vai se ampliando no período.

O Gráfico 2 descreve a evolução da produtividade da indústria total e seus estratos entre 2000 e 2020. Na indústria total, esse indicador aumentou cerca de 283%, passando de R$ 18,91 mil para R$ 72,44 mil. Na indústria de transformação, setor que tem o maior peso na indústria total, passou de R$ 19 mil para R$ 68,9 mil, no período, o que representou alta de 262,7%.

Gráfico 2 – Produtividade do trabalho (em mil R$) na indústria total e seus estratos – Brasil – 2000 a 2020

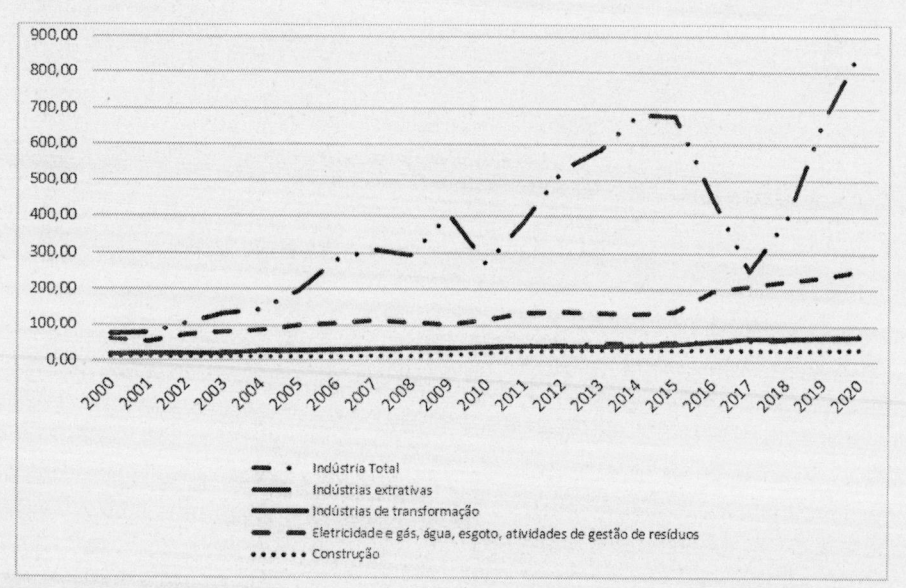

Fonte: elaborado pelos autores, com base nos dados das Contas Nacionais – IBGE (2023a).

A construção e a indústria de transformação têm produtividades relativamente menores. Já para os grupos de eletricidade e gás e de indústrias extrativas, a produtividade é muito alta, sobretudo para essa última, que é intensiva no uso de recursos naturais.

Entre 2000 e 2020, a expansão da produtividade na indústria extrativa foi de 1055%; no segmento de eletricidade e gás, 316,7%; na indústria de transformação, 263%; e na construção, 168,5%. Esses dados mostram as disparidades em termos de variação do desempenho do indicador no período. Há também disparidades entre os níveis de produtividade absolutos de cada subsetor da indústria. Por exemplo, em 2020, as produtividades do trabalho eram R$ 868,63 mil, na indústria extrativa; R$ 254,60 mil, no segmento de eletricidade e gás; R$ 68,92 mil, na indústria de transformação; e apenas R$ 34,54 mil, na construção.

O alto nível de produtividade da indústria extrativa é atribuído à expansão dos investimentos e produção na área de exploração de recursos naturais, tais como extração e refino de petróleo, gás natural e minerais. De acordo com Squeff (2012), esse alto desempenho está relacionado com a incorporação de progresso tecnológico neste segmento.

Sobre a produtividade da indústria extrativa no Brasil, Nogueira e Oliveira (2015, p. 12) explicam que:

> É importante observar que a indústria extrativa é tradicionalmente considerada pela literatura desenvolvimentista um setor de baixa dinâmica e escasso poder de arraste. Todavia, no caso brasileiro, dadas as especificidades da extração de petróleo — poços marítimos de grande profundidade — essa atividade é, na realidade, altamente intensiva em engenharia, envolvendo operações muito sofisticadas do ponto de vista tecnológico. Ademais, suas características implicam na existência de uma densa cadeia de fornecimento, com elevado potencial de transbordamentos.

Para ilustrar a participação relativa da produtividade média de cada estrato da indústria na produtividade da indústria total, o Gráfico 3 destaca a importância da indústria extrativa em comparação com os demais segmentos. Em todo o período, essa se manteve na liderança. Observa-se que, no início da série, a diferença em relação aos demais segmentos industriais era pequena, no entanto, ao longo do tempo, essa diferença aumenta. Nos anos de 2016 a 2018, houve reversão da produtividade na indústria extrativa, provavelmente ligada aos efeitos da Operação Lava Jato sobre o setor de petróleo e gás.

Dada a produtividade da indústria total, constata-se que, entre 2000 e 2020, a participação da indústria de transformação caiu de 100,5% para 95,15%, ao passo que, na indústria extrativa, a mudança foi de 397,6% para 1.199%. Apesar da expansão da produtividade na indústria extrativa, esta é a que possui menor participação no total do VAB, conforme já mencionado. No setor de eletricidade, gás, água e esgoto, sua participação passou de 323% para 351%, ao passo que na construção houve redução de 68% para 48%, entre 2000 e 2020.

Gráfico 3 – Participação relativa da produtividade do trabalho de cada estrato da indústria na indústria total – Brasil – 2000 a 2020 – %

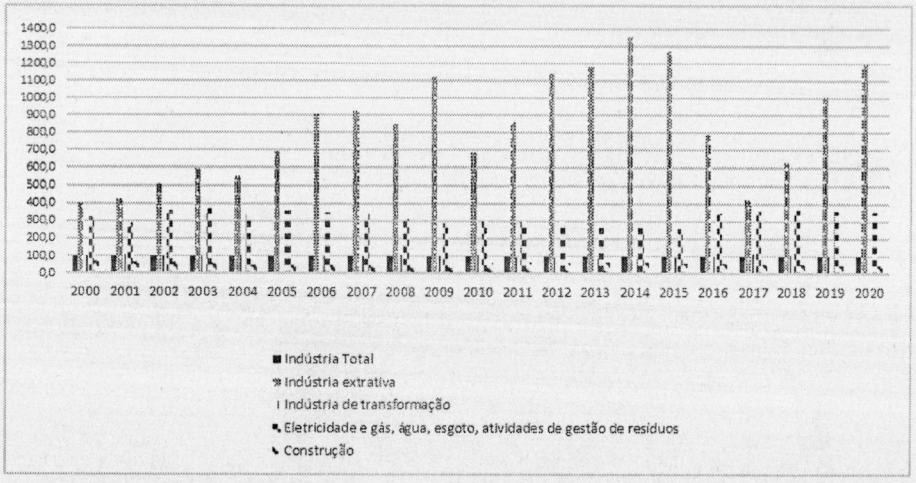

Fonte: elaborado pelos autores, com base nos dados das Contas Nacionais – IBGE (2023a).

Quanto ao setor de serviços, conforme os dados da pesquisa, constata-se também grande heterogeneidade intrassetor. Entre 2000 e 2020, destaca-se aumento da produtividade nas atividades imobiliárias (de R$ 404 mil para R$ 1.254 mil), nas atividades financeiras (de R$ 79 mil para R$ 337 mil) e nas atividades de informação e comunicação (de R$ 58,4 mil para R$ 159 mil).

Os demais setores também tiveram aumento de produtividade média do trabalho no período, porém terminaram 2020 com o indicador abaixo de R$ 100 mil. Esses setores são tradicionalmente mais intensivos em trabalho (comércio; transporte, armazenagem e correio; administração, saúde, educação pública e segurança; outras atividades de serviços) do que de capital, o que explica suas produtividades mais baixas.

Considerando o peso dos estratos que compõem o total do setor serviços, tem-se que, por exemplo, em 2020, a participação na produtividade total era: comércio (69,9%), transporte, armazenagem e correio (76,5%), informação e comunicação (241,5%), atividades financeiras e de seguros (511,7%), atividades imobiliárias (1905%), outras atividades e serviços (51%) e administração, defesa, saúde, educação pública e segu ridade social (135,/%).

A Tabela 2 apresenta o comparativo das produtividades dos segmentos da indústria e dos serviços com a do segmento mais produtivo de cada grande setor, a fim de confirmar ou não a manutenção do quadro de heterogeneidade na estrutura produtiva dos estratos analisados. Nesse exercício, chama atenção mais especificamente a perda de importância de todos os estratos que compõem a indústria em relação à indústria extrativa. Destaca-se que tal comportamento não ocorreu porque houve queda da produtividade média do trabalho nos subsetores industriais, mas, sim, porque os ganhos de produtividade na indústria extrativa foram muito elevados, conforme já mencionado.

Tabela 2 – Comparativo de produtividades do trabalho relativas ao segmento mais produtivo da indústria e dos serviços – Brasil – 2000 e 2020 – %

Indústria	2000	2020
Extrativa	100	100
Transformação	25,3	7,9
Eletricidade, gás, esgoto e resíduos	81,3	29,3
Construção	17,2	4,0
Serviços	2000	2020
Atividades imobiliárias	100	100
Comércio	1,5	3,7
Transporte, armazenagem e correio	2,9	4,0
Informação e comunicação	14,4	12,7
Atividades financeiras e de seguros	19,5	26,8
Outras atividades	2,1	2,7
Administração, defesa, saúde, educação pública e seguridade social	5,1	7,1

Fonte: elaborado pelos autores, com base nos dados das Contas Nacionais – IBGE (2023a).

O peso da produtividade da indústria de transformação na indústria extrativa reduziu-se de 25,3%, em 2000, para apenas 7,9%, em 2020. A produtividade da indústria de transformação, que possui o maior peso dentro da indústria total, tem perdido participação, justamente o segmento considerado o mais dinâmico da economia e importante para a promoção do crescimento econômico. Esse setor se caracteriza por apresentar maiores retornos à escala, sobretudo em razão do uso mais intensivo de inovações tecnológicas. Ao contrário, nos serviços, todos seus subsetores apresentaram ganhos de produtividade em relação ao seu estrato mais produtivo, que é o de atividades imobiliárias.

Observou-se, portanto, diferenciais de produtividade entre os grandes setores e entre estratos de um mesmo setor (indústria total e serviços). Há uma reprodução desse padrão ao longo do período, caracterizando, assim, uma situação estrutural. Ao que parece, não há indicativo de convergência tanto em termos de participação dos setores no VAB como de produtividade média do trabalho intersetorial e intrassetorialmente. Esses diferenciais se devem às especificidades de cada segmento em relação aos padrões adotados em termos de tecnologia, uso de capital, uso da mão de obra, remuneração e preço dos bens e serviços produzidos.

Como a ênfase deste capítulo é a heterogeneidade estrutural no setor industrial, a seção seguinte trata da produtividade neste setor por porte da empresa, localização territorial e intensidade tecnológica.

8.4 Produtividade do setor industrial e a heterogeneidade estrutural: análise por cortes específicos

Para esta seção, foram utilizados dados da Pesquisa Industrial Anual – PIA Empresa. Imperativo se faz o destaque das limitações desta fonte de informações: não inclui o setor informal, e fazem parte da sua amostra todas as empresas industriais com 30 ou mais pessoas ocupadas (sendo, portanto, censitária nestes estratos), no entanto as demais (quantitativamente maiores, porém com pequena participação no total da atividade econômica) são selecionadas por amostras. Ainda assim, os dados da PIA permitem uma análise mais detalhada da produtividade do setor industrial porque traz mais informações que caracterizam a indústria em termos de classificação das atividades industriais, além de permitir análise por porte da empresa (micro, pequena, média e grande), por localização territorial (Norte, Nordeste, Centro-Oeste, Sul e Sudeste) e por intensidade tecnológica.

A produtividade do trabalho foi calculada a partir do valor da transformação industrial (VTI)[92] e pessoal ocupado (PO)[93], ao longo dos anos de 1996 a 2020, para a indústria total e os segmentos da indústria extrativa e de transformação. Nota-se um descolamento da indústria extrativa já no início dos anos 2000, sendo que sua produtividade cresce muito além da transformação a partir daí. A fim de proceder a análise relativa, o Gráfico 4 ilustra a participação de cada setor na produtividade média do trabalho na indústria total.

Percebe-se que a produtividade da indústria extrativa é sempre superior à da indústria de transformação e à total. No início da série, a diferença não é tão significativa, mas, em 2005, já é mais que o dobro e fecha 2020 quase cinco vezes maior que a produtividade média da indústria e cinco vezes e meia a produtividade da indústria de transformação. No que se refere à tecnologia, a indústria extrativa se caracteriza como absorvedora de equipamentos técnicos, o que propicia aumento de sua produtividade. Já na indústria de transformação, existem setores que apenas incorporam tecnologias, mas há também aqueles que geram transbordamentos para outras atividades industriais.

Vale ressaltar que a produtividade do trabalho na indústria de transformação diminuiu marginalmente até 2019, apresentando queda mais expressiva em 2020, ao passo que a indústria extrativa dá um salto de produtividade, comparando-se o início com o final da série. Há uma acentuação da distância entre as produtividades dos segmentos extrativa e de transformação, o que reforça o caráter estrutural da heterogeneidade produtiva entre os estratos da indústria, já que não há convergência entre eles.

---

[92] Valores correntes.

[93] Embora este indicador apresente limitações, uma vez que não consegue captar alterações na jornada de trabalho, ou seja, a quantidade-horas de trabalho pode diferir mesmo mantendo a quantidade de trabalhadores, não há pesquisas industriais que consigam captar essa mudança. Importante ressaltar que esta variável corresponde ao total de pessoal ocupado (PO), não distinguindo se diretamente envolvidos na produção ou não, em 31/12 de cada ano. Maiores detalhes disponíveis em Torezani (2018).

Gráfico 4 – Evolução da produtividade relativa do trabalho na indústria no período de 1996 a 2020 – Brasil – %

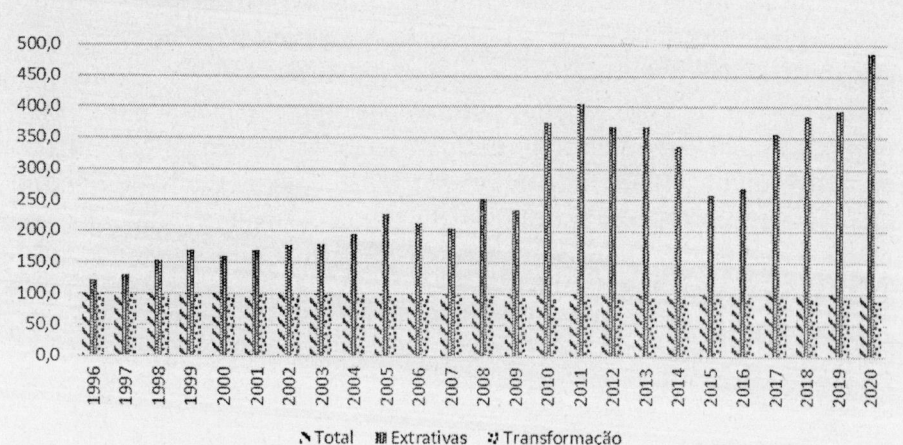

Fonte: Elaboração própria com base nos dados da Pesquisa Industria Anual – IBGE (2023b).

Quando se analisa a produtividade segundo porte das indústrias, extrapola-se o estudo para além de setores, haja vista que se considera o tamanho das empresas, segundo as faixas de pessoal ocupado. Vale ressaltar que se trata apenas de uma classificação e não de definição. O presente trabalho utiliza a classificação proposta por Sebrae (2013) com ajustes, uma vez que a disponibilidade de dados na PIA é diferente. Assim, considera-se como microempresas aquelas com até 29 trabalhadores; de 30 a 99 trabalhadores são consideradas pequenas empresas; de 100 a 499 trabalhadores, como médias e acima de 500 trabalhadores, grandes empresas. Os indicadores referem-se a indústria total (extrativa e de transformação), não fazendo distinção de setores.

Segundo dados da pesquisa, tem-se que no ano de 2007 as microempresas representavam 88% das empresas ativas no setor industrial e 23% do emprego formal, ao passo que as grandes somavam em torno de 0,5% do total de empresas e 40% do total de pessoas ocupadas. Estes dados não sofrem grandes alterações no ano de 2020. As discrepâncias entre os portes se verificam também com relação ao VTI, em que as micro representam em torno de 7,5%, enquanto as grandes somam aproximadamente 69%, ao longo da série.

Independentemente do porte, pode-se constatar que a produtividade média do trabalho aumentou no período analisado, assim como a relação direta da produtividade com o aumento do porte do estabelecimento. No ano de 2020, a produtividade média do trabalho das microempresas era de R$ 66,5 mil, enquanto as grandes contribuíram com R$ 322,5 mil.

No entanto, quando se analisa a produtividade relativa dentro da indústria, segundo o porte das empresas, observa-se, novamente, a heterogeneidade produtiva. De acordo com o Gráfico 5, as microempresas atingiram a maior produtividade do trabalho no ano de 2017, com apenas 36% da produtividade média total, ao passo que as pequenas e médias viram suas produtividades diminuírem ao longo do tempo (em 2020 era, respectivamente, 49% e 78% da produtividade média total). Já as grandes empresas apresentaram durante todo o período, produtividades acima da média do setor, e permaneceu estável ao longo do tempo (fechou 2020 com 153% da produtividade média total).

Gráfico 5 – Evolução da produtividade relativa do trabalho na indústria, segundo o porte, no período de 1996 a 2020 – Brasil – %

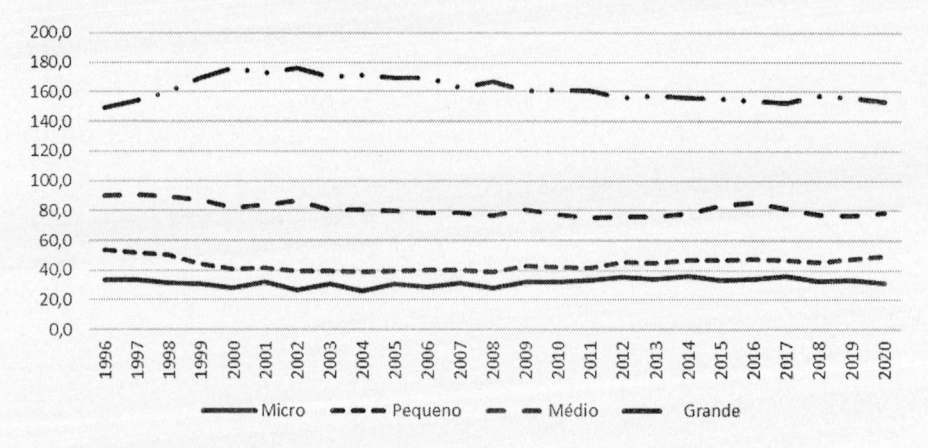

Fonte: elaborado pelos autores, com base nos dados da Pesquisa Industria Anual – IBGE (2023b).

Nota-se que as microempresas tiveram uma produtividade média no período correspondente a 20% da produtividade das grandes empresas, sendo que as pequenas gravitaram em torno de 46%, e as médias, em 84%, ou seja, o diferencial produtivo é bastante significativo e não há sinais de convergência, mas, sim, de manutenção da estrutura heterogênea, em que um pequeno número de grandes empresas é responsável por grande parte da produtividade, ao passo que as demais apresentam menor desempenho produtivo. Silva (2021), embora utilize período temporal diferente (1997 a 2018), também conclui que a heterogeneidade estrutural se mantém entre os portes de empresas industriais no Brasil.

Quando se observa o corte regional, nota-se que a representatividade do setor industrial vem diminuindo ao longo do tempo, nas regiões Sudeste, Sul e Nordeste, tal como explícito no Gráfico 6.

Gráfico 6 – Participação da indústria no valor adicionado bruto de 2002 a 2020 – Brasil e regiões – %

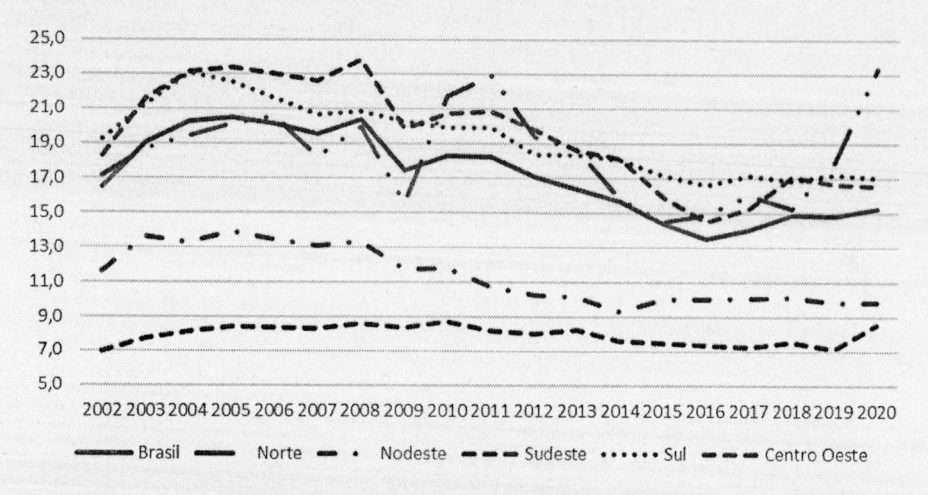

Fonte: elaborado pelos autores, com base nos dados das Contas Regionais – IBGE (2023c).

Em contrapartida, a indústria da região Centro-Oeste aumentou sua participação em quase dois pontos percentuais, comparando-se 2002 com 2020; e o grande destaque cabe à região Norte, que saiu de 17% de participação da indústria no valor adicionado total no início do período, para 23%, em 2020. Esse cenário pode indicar uma realocação do setor industrial no território brasileiro, embora a representatividade das regiões no valor adicionado total não tenha se alterado significativamente, ou seja, Sudeste compõe mais de 50%, seguida de Sul (17%), Nordeste (14%), Centro-Oeste (11%) e Norte (6%).

A evolução regional da indústria extrativa e de transformação no valor adicionado do setor industrial aponta para a predominância da segunda ao longo dos anos de 2002 a 2020. Na região Sul, manteve-se em torno de 99%, evidenciando a quase inexistência da indústria extrativa; no Centro-Oeste saiu de 94% para 96%, assim como no Nordeste, que ganhou oito pontos percentuais (de 83% para 91%); em sentido oposto, aparecem as regiões Sudeste, que perdeu participação (85% para 78%), e Norte, onde a inversão com a indústria extrativa em 2020 era notória, uma vez que representava 40% do valor adicionado do setor industrial da região, enquanto a extrativa era responsável por 60%.

Ao analisar a produtividade média do trabalho na indústria, de acordo com as regiões brasileiras, observa-se o aumento ao longo do período (1996 a 2020) para todas as regiões, contudo, as regiões Sul (R$ 143,8 mil), Nordeste (R$ 155,7 mil) e Centro-Oeste (R$ 208,5 mil) estiveram, em 2020, abaixo da média nacional (R$ 210,4 mil). Por outro lado, a região Sudeste apresenta um nível de produtividade do trabalho acima da média nacional (R$ 236,5 mil), contudo muito aquém da produtividade da região Norte (R$ 554,9 mil por trabalhador).

Ao se observar a produtividade do trabalho por região relativa à produtividade média total (Gráfico 7), nota-se a relativa estabilidade das regiões Sudeste, Sul e Nordeste, durante o período, e crescimento das regiões Centro-Oeste e Norte, ou seja, novamente, não há convergência, mas, sim, manutenção e até ampliação das divergências entre regiões.

Gráfico 7 – Evolução da produtividade relativa da indústria por região, no período de 1996 a 2020 – %

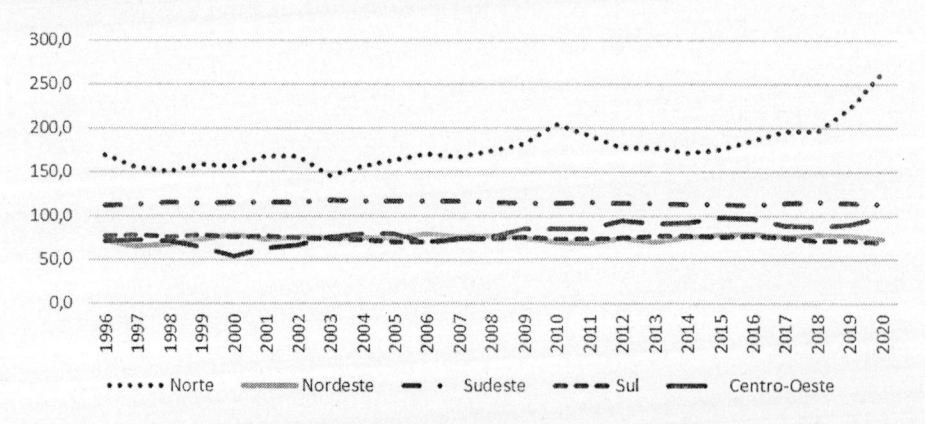

Fonte: elaborado pelos autores, com base nos dados das Contas Regionais – IBGE (2023c).

Ao comparar as regiões com a mais produtiva (Norte), a convergência das produtividades evidencia-se, porém a níveis baixos, menores do que os apresentados no início da série, conforme ilustra o Gráfico 8. Fica evidente o distanciamento das produtividades das regiões, comparativamente à da região Norte. Ou seja, com o passar dos anos, estão diminuindo suas produtividades relativas, convergindo para baixas produtividades e cada vez mais longe da produtividade do Norte, caracterizando a heterogeneidade estrutural entre estas regiões brasileiras. Destaque se faz para o Sudeste, que, em 1996, apresentava produtividade do trabalho de 66% da região Norte, que, em 2020, era de apenas 42%.

Gráfico 8 – Evolução da produtividade do trabalho na indústria por região, no período de 1996 a 2020, relativa à região Norte – %

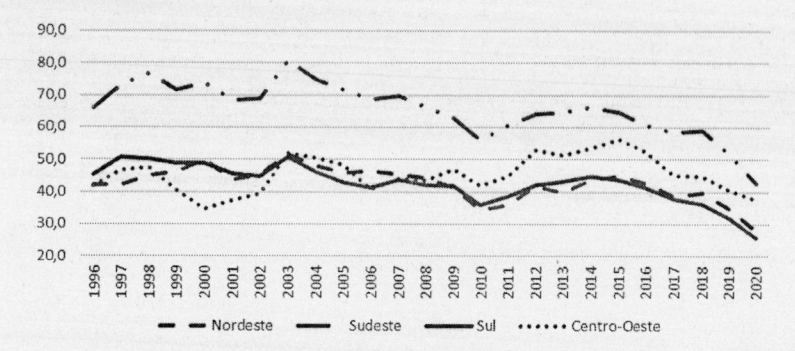

Fonte: elaborado pelos autores, com base nos dados das Contas Regionais – IBGE (2023c).

A Tabela 3 sintetiza o comparativo das produtividades dos segmentos menos produtivos em relação aos mais produtivos (100), nos anos inicial e final da série, com o intuito de verificar onde existe a maior heterogeneidade estrutural.

Tabela 3 – Comparativo entre a produtividade da indústria – %

Setores	1996	2020
Extrativa	100	100
Transformação	81,8	18,4
Porte	**1996**	**2020**
Grande	100	100
Micro	22,5	20,6
Regiões	**1996**	**2020**
Norte	100	100
Nordeste	42,2	28,1

Fonte: os autores.

Assim, pode-se constatar que, segundo o porte das empresas, não há grandes alterações entre o início e final do período, tendo as microempresas apresentado produtividade em torno de 21% das produtividades das grandes. Por outro lado, quando se observa as regiões, esta distância aumentou 14 pontos percentuais, sendo que, em 1996, o Nordeste contava com produtividade de 42%, comparativamente ao Norte, e este percentual caiu para 28%, em 2020. Para os setores da indústria, a diferença é ainda maior, pois, no início da série, a transformação correspondia a 81% da produtividade da extrativa e, ao final, apenas 18%.

Nota-se que, independentemente do corte analítico utilizado para a análise, a indústria brasileira apresentou heterogeneidade produtiva estrutural ao longo do tempo, ou seja, ela se alimenta da divergência e a reproduz.

Ao proceder a análise da HE por intensidade tecnológica, utilizou-se a classificação e metodologia elaborada pela OCDE[94] (1987), inspirada na taxonomia proposta por Pavitt[95] (1984), já que são as mais empregadas e difundidas por formuladores de políticas e por pesquisadores da área de economia da inovação. As atividades industriais são agregadas de acordo com a intensidade tecnológica em quatro grupos: alta tecnologia, média-alta tecnologia, média-baixa tecnologia e baixa tecnologia[96].

---

[94] A classificação das atividades industriais segundo a intensidade por tecnológica proposta é a seguinte: Industria de alta tecnologia (I): Aeronáutica e aeroespacial; Farmacêutica; Material de escritório e Informática; Equipamentos de rádio, TV e comunicação; Instrumentos médicos e ótica e precisão. Indústria de média-alta tecnologia (II): Máquinas e equipamentos elétricos n. e. [Não Especificados]; Veículos automotores, reboques e semirreboques; Produtos químicos, exclusive farmacêuticos; Equipamentos para ferrovia e materiais de transportes n. e.; Máquinas e equipamentos mecânicos n. e.; Indústria de média-baixa tecnologia (III): Construção e reparação naval; Borracha e produtos plásticos; Produtos de petróleo refinado e outros combustíveis; Outros produtos minerais não metálicos; Produtos metálicos. Indústria de baixa tecnologia (IV): Produtos manufaturados n. e. e bens reciclados; Madeira e seus produtos, papel e celulose; Alimentos, bebidas e tabaco; Têxteis, couro e calcados. (MDIC, Ministério do Desenvolvimento da Indústria e Comércio, 2010. https://www.gov.br/mdic/pt-br; OCDE, 1987).

[95] "De acordo com essa classificação, as atividades industriais podem ser agregadas em cinco grupos: Indústria intensiva em recursos naturais: o principal fator competitivo é a existência de uma ampla oferta de recursos naturais no país. Industria intensiva em trabalho: o principal fator é a alta disponibilidade de mão de obra com custo reduzido, caracterizada também pelo fato que um grau elevado dos processos de inovação tecnológica são exógenos, ou seja, realizado por outros setores. Indústria intensiva em escala: neste grupo, o fator competitivo é a possibilidade de explorar ganhos de escala, sendo a produção caracterizada por indivisibilidade tecnológica, é formado por grandes empresas oligopólicas com elevada intensidade de capital. Indústria intensiva em tecnologia diferenciada: caracterizadas por elevada obtenção de economias de escopo, alta diversificação da oferta e alta capacidade de inovação produtiva. Indústria baseada em ciência: atividades inovativas com elevados gastos de pesquisa e desenvolvimento (P&D), cujo fator competitivo é a rápida aplicação da pesquisa científica às tecnologias industriais e alto poder de difusão sobre todo o sistema econômico." (Pavitt, 1984, p. 343; MDIC, 2010, p. 1).

[96] Ao selecionar as atividades econômicas que contemplassem minimamente a classificação proposta pela OCDE (1987), foram necessários alguns pequenos ajustes para compatibilizar as atividades econômicas propostas com a Classificação Nacional de Atividades Econômicas – CNAE 2.0, utilizada na PIA – Empresa (2020).

Conforme Tabela 4, em 2007, dois terços da participação relativa no VTI da indústria de transformação estava simetricamente distribuído entre as indústrias intensivas em escala e indústrias intensivas em recursos naturais. O segundo grupo industrial mais representativo era o da indústria intensiva em trabalho, seguido de perto pela indústria intensiva em tecnologia diferenciada e, mais de longe, pela indústria baseada em ciência. Os resultados indicaram que, entre 2007 e 2020, houve alteração significativa na estrutura do VTI, no sentido de que a participação das indústrias intensivas em escala manteve-se próxima de um terço da indústria de transformação, ao passo que as indústrias intensivas em recursos naturais já representavam quase a metade do VTI da indústria de transformação ao final de 2020, aumentando a tendência preocupante[97] apontada no estudo de Vasconcelos & Nogueira (2011).

---

[97] Em 2000, a participação relativa das indústrias intensivas em recursos naturais no VTI da indústria de transformação era de 47,1% e, em 2007, era de 44,7%, conforme disposto na Tabela 1, de Vasconcelos e Nogueira (2011, p. 22).

Tabela 4 – Participação relativa por classificação industrial no valor da transformação industrial (VTI) – Brasil 2007 a 2020 – %

Ano	2007	2008	2009	2010	2011	2012	2013	2014	2015	2016	2017	2018	2019	2020
Classificação Atividades Industriais	100	100	100	100	100	100	100	100	100	100	100	100	100	100
Produção em escala	38,5	46,1	36,1	36,6	35,8	34,5	34,3	34,4	32,5	32,1	30,7	32,6	31,9	32,2
Recursos Naturais	38,4	38,7	40,2	38,9	39,9	40,7	40,4	41,1	44,1	45,3	45,4	46,1	46,7	46,7
Trabalho	11,5	11,1	12,3	12,4	12,4	12,7	12,4	12,4	11,6	11,6	11,6	10,9	11,0	10,4
Ciência	2,4	2,4	2,0	2,1	2,0	2,1	2,3	2,2	1,9	2,0	2,2	2,1	1,9	1,9
Diferenciado	8,3	8,3	8,3	8,8	8,9	8,9	9,0	8,7	8,0	7,6	7,4	7,2	7,2	7,8

Fonte: Elaborado pelos autores, a partir dos dados da PIA Empresa – IBGE (2023b).

A Tabela 5 apresenta a produtividade do trabalho. Inicialmente, há que se destacar que, ao longo de um período de 14 anos, a produtividade do trabalho da indústria de transformação brasileira cresceu em termos relativos (125,1%). No que tange aos valores absolutos, há também uma grande distinção entre os estratos. Em termos absolutos, a produtividade do trabalho cresceu mais intensamente na Indústria baseada em Ciência; Indústria intensiva em Recursos Naturais; Indústria Intensiva em Escala; Indústria Intensiva em Tecnologia Diferenciada; e Indústria Intensiva em Trabalho.

Tabela 5 – Produtividade do trabalho (em mil R$), na indústria de transformação por classificação das atividades industriais – Brasil 2007 a 2020

Ano	2007	2008	2009	2010	2011	2012	2013	2014	2015	2016	2017	2018	2019	2020
Indústria de Transformação	82,2	93,5	86,7	96,6	103,3	108,4	116,0	121,7	133,1	141,0	149,2	168,3	174,3	185,1
Produção em Escala	112,8	129,7	113,2	125,4	129,8	130,9	139,6	147,5	155,2	163,9	173,8	199,0	201,6	213,7
Rec. Naturais	107,3	121,6	115,7	129,4	140,9	151,0	160,3	166,8	182,8	193,5	200,1	229,9	240,3	253,0
Trabalho	31,4	35,0	35,9	40,2	44,0	47,2	49,9	52,5	55,8	59,6	64,0	58,6	73,1	75,6
Ciência	111,5	129,9	105,6	121,8	119,7	131,4	170,3	169,5	187,9	216,2	246,9	263,2	268,9	287,9
Diferenciado	73,7	83,6	79,0	91,3	96,2	101,2	106,3	110,2	119,7	123,3	128,9	137,8	144,3	156,9

Fonte: elaborado pelos autores, a partir dos dados da PIA Empresa – IBGE (2023b).

236

ELIANE ARAÚJO | CARMEM FEIJÓ (ORG.)

O Gráfico 9 apresenta a produtividade do trabalho da indústria de transformação, por intensidade tecnológica, para os anos de 2007 a 2020[98]. No que tange aos valores absolutos, há uma relativa distinção entre os estratos. Em termos absolutos, a produtividade do trabalho (em mil R$) cresceu, em 2007, mais intensamente na Indústria de média-baixa tecnologia (R$ 125,9); Indústria de alta tecnologia (R$ 120,8); Indústria de média alta tecnologia (R$ 107,9) e; Indústria de baixa tecnologia (R$ 48,5). Ao final do período, esse padrão, em termos de posição, ainda permanece o mesmo após 14 anos.

Gráfico 9 – Produtividade do trabalho (em mil R$) na indústria de transformação por intensidade tecnológica – Brasil 2007 a 2020

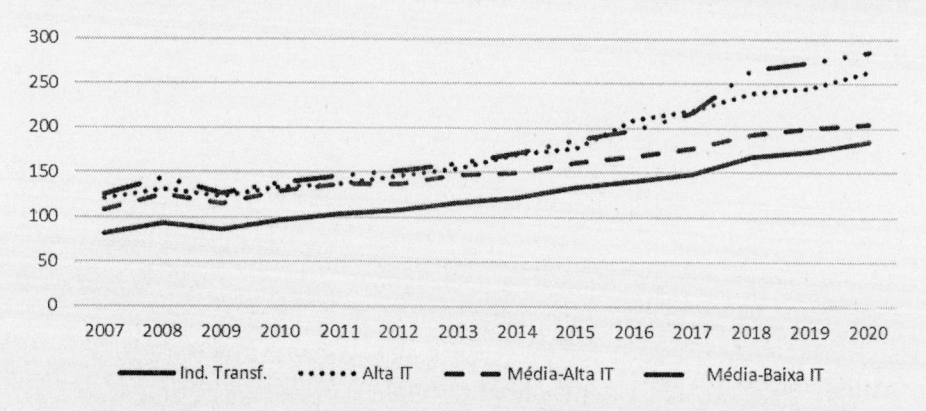

Fonte: elaborado pelos autores, a partir dos dados da PIA Empresa – IBGE (2023b).

A decomposição da produtividade do trabalho no que tange à intensidade tecnológica industrial (Gráfico 10) revelou que a indústria de baixa tecnologia é a de menor produtividade absoluta, correspondendo a níveis equivalentes a 59% da produtividade média da indústria de transformação, em 2007, e 71%, em 2020, seguida pela indústria de média-alta tecnologia e indústria de alta tecnologia, correspondendo a níveis equivalentes a 131% da produtividade média da indústria de transformação, em 2007, e 110%, em 2020.

---

[98] Os únicos anos nos quais há queda de um ano para o outro da produtividade do trabalho é o ano de 2009, para os três primeiros estratos mais produtivos, correspondendo ao período da crise de 2008/2009.

Gráfico 10 – Participação relativa da produtividade do trabalho na indústria de transformação por intensidade tecnológica – Brasil 2007 a 2020 – %

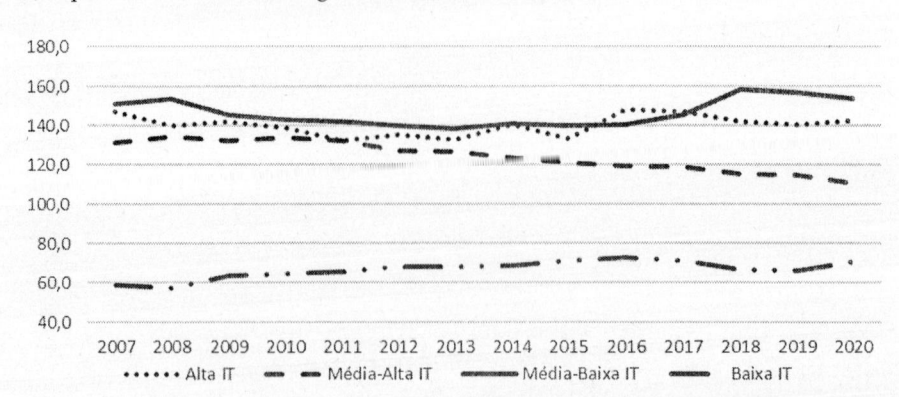

Fonte: elaborado pelos autores, a partir dos dados da PIA Empresa – IBGE (2023b).

Avaliada por esse critério, a indústria de média-baixa tecnologia foi a que apresentou o maior nível de produtividade do trabalho, atingindo 153% da produtividade média da indústria de transformação, em 2007, e 154%, em 2020. Os três segmentos industriais mais produtivos (indústria de média-baixa tecnologia; indústria de alta tecnologia e indústria de média-alta tecnologia) apresentaram, em 2007, níveis de produtividade do trabalho claramente superiores à média da indústria de transformação (144% em média). Em 2020, essa média se reduziu para 136% da média da indústria de transformação. Contribuíram significativamente para isso a redução da produtividade da indústria de média-alta tecnologia (-20,8%) e o aumento da produtividade do trabalho na indústria de baixa tecnologia (+11,8%). Mais uma vez, cumpre destacar que essas diferenças de produtividade do trabalho tanto em valores absolutos quanto em termos de participação relativa tendem a se manter ao longo do tempo, o que confere um caráter estrutural a esse fenômeno.

Quando se incorpora na análise a distribuição das indústrias por intensidade tecnológica em termos de participação relativa do VTI e de PO, conforme Tabelas 6 e 7, verifica-se que a indústria de baixa tecnologia aumentou, ainda que ligeiramente, sua participação em ambas as séries: 36,3% e 51,3%, respectivamente. A produtividade cresce, puxada pelas indústrias de média-baixa e baixa tecnologia (0,9% e 11,8%, respectivamente, entre 2007 e 2020), as quais não possuem o devido poder de arraste industrial adequado, conforme Tabela 8.

Tabela 6 – Participação relativa por intensidade tecnológica no valor da transformação industrial da indústria de transformação (VTI) – Brasil 2007 a 2020 – %[99]

Ano	Indústria transforma-ção	Tipo de intensidade tecnológica			
		Alta tecno-logia (I)	Média-alta tecnologia (II)	Média-baixa tecnologia (III)	Baixa tecno-logia (IV)
2007	100	6,5	26,4	36,7	29,5
2008	100	6,1	27,0	37,7	28,4
2009	100	5,9	26,4	34,2	32,4
2010	100	5,8	27,1	33,7	32,3
2011	100	5,5	27,3	33,3	32,8
2012	100	5,7	26,0	33,1	34,1
2013	100	10,4	26,0	33,6	33,5
2014	100	5,9	24,6	34,0	34,2
2015	100	5,2	23,3	33,3	36,3
2016	100	6,1	22,6	32,0	38,0
2017	100	5,8	22,6	32,1	37,8
2018	100	6,1	22,2	36,3	34,3
2019	100	6,0	22,4	37,0	33,6
2020	100	6,0	21,6	35,0	36,3

Fonte: elaborado pelos autores, a partir dos dados da PIA Empresa – IBGE (2023b).

---

[99] OBS.: Na base de dados da PIA Empresa, para determinada atividade econômica, não consta o valor do VTI ou do Pessoal Ocupado, aparecendo apenas a letra "X". Isso se deve ao fato de que o valor foi inibido para não identificar o informante. Ex.: determinado município só possui uma empresa produtora de cimento, logo o valor de sua produção deve ser inibido. Em função disso, o somatório das participações não fecha em 100%. Especificamente, para o ano de 2013, para o setor de alta e média-alta tecnologia, a série está completa para todas as atividades econômicas. Isso faz com que o dado esteja contido também no total da indústria de transformação, e, ao calcular o somatório das participações relativas para esse ano, o valor exceda 100%.

Tabela 7 – Participação relativa por intensidade tecnológica no pessoal ocupado na indústria de transformação – Brasil 2007 a 2020 – %[100]

Ano	Indústria transformação	Tipo de intensidade tecnológica			
		Alta tecnologia (I)	Média- alta tecnologia (II)	Média-baixa tecnologia (III)	Baixa tecnologia (IV)
2007	100	4,4	20,1	23,9	50,0
2008	100	4,4	20,1	24,5	49,4
2009	100	4,2	19,9	23,5	50,7
2010	100	4,2	20,2	23,5	50,1
2011	100	4,2	20,6	23,5	49,9
2012	100	4,2	20,5	23,7	49,8
2013	100	3,9	20,5	24,2	49,3
2014	100	4,2	19,9	24,2	49,9
2015	100	3,9	19,3	23,8	50,9
2016	100	4,1	18,9	22,8	52,3
2017	100	4,0	19,0	22,1	52,9
2018	100	4,3	19,2	22,9	51,7
2019	100	4,3	19,5	23,6	50,7
2020	100	4,2	19,5	22,8	51,3

Fonte: elaborado pelos autores, a partir dos dados da PIA Empresa – IBGE (2023b).

---

[100] Ver nota de rodapé 99.

Tabela 8 – Participação relativa (%) da produtividade do trabalho, na indústria de transformação por intensidade tecnológica – Brasil 2007 a 2020 – %

Ano	Indústria de transformação	Tipo de intensidade tecnológica			
		Alta tecnologia (I)	Média-alta tecnologia (II)	Média-baixa tecnologia (III)	Baixa tecnologia (IV)
2007	100	146,9	131,3	153,1	59,0
2008	100	140,0	134,4	153,8	57,5
2009	100	142,1	132,5	145,7	63,8
2010	100	139,0	133,9	143,1	64,4
2011	100	132,4	132,3	142,1	65,7
2012	100	135,2	126,9	140,0	68,4
2013	100	132,9	126,8	138,6	68,0
2014	100	140,5	123,5	140,8	68,7
2015	100	133,4	121,2	140,1	71,3
2016	100	148,4	119,3	140,3	72,7
2017	100	147,0	118,8	145,5	71,3
2018	100	142,1	115,3	158,3	66,4
2019	100	140,7	114,8	157,1	66,2
2020	100	142,3	110,5	154,0	70,8

Fonte: elaborado pelos autores, a partir dos dados da PIA Empresa – IBGE (2023b).

Galeano & Carvalho (2018) apresentam um panorama da produtividade média do trabalho na indústria de transformação do Espírito Santo, evidenciando a contribuição de cada setor para o nível de produtividade total. Esses autores constataram que a estrutura produtiva evidencia níveis de produtividade média do trabalho bastante heterogêneas e destacam que a indústria extrativa tem grande participação no estado em comparação com o peso dessa indústria no país, sobretudo na área de extração de petróleo e gás natural e de minerais metálicos. "A contribuição destes setores para a produtividade média do trabalho da indústria capixaba foi de 47,47%." (Galeano & Carvalho, 2018, p. 46).

Essa tendência também foi confirmada no presente estudo, ao analisar a heterogeneidade estrutural da indústria de transformação por intensidade tecnológica, como se pode observar no Gráfico 11, no qual está contida a extração de petróleo e gás, integrante também da indústria de média-baixa tecnologia; comparativamente com a produtividade do trabalho da indústria de transformação.

Ainda segundo o trabalho de Galeano & Carvalho (2019), sobre a produtividade média do trabalho na indústria de transformação capixaba com ênfase na heterogeneidade estrutural e sua relação com o processo de desindustrialização, esses autores comprovaram que o aumento da HE foi influenciado sobretudo pelo comportamento das indústrias extrativas, ligadas a recursos naturais.

Gráfico 11 – Produtividade do trabalho na indústria de transformação, no segmento de média-baixa tecnologia e na área de fabricação de coque, de produtos derivados do petróleo e de biocombustíveis – Brasil – 2007 a 2020 – %

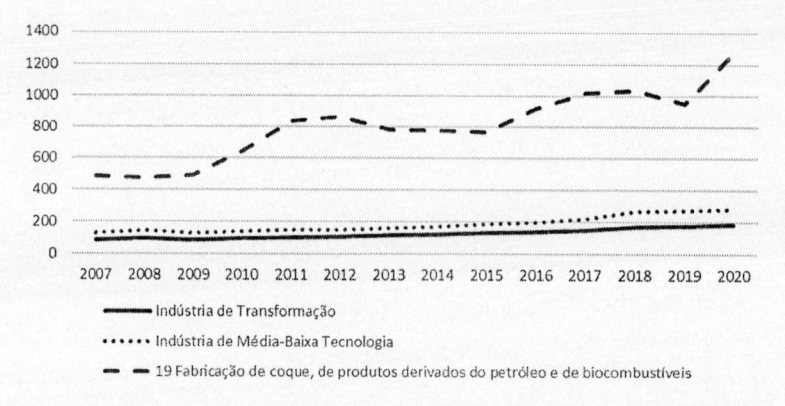

Fonte: elaborado pelos autores, a partir dos dados da PIA Empresa – IBGE (2023b).

No caso do presente estudo, que analisa o período de 2007 a 2020, isso também se confirma, com destaque para as atividades de fabricação de coque, de produtos derivados do petróleo e de biocombustíveis; fabricação de produtos do fumo; fabricação de bebidas e fabricação de celulose, papel e produtos de papel, conforme disposto no Gráfico 12.

Gráfico 12 – Produtividade do trabalho nas indústrias extrativas ligadas aos recursos naturais – Brasil – 2007 a 2020 – %

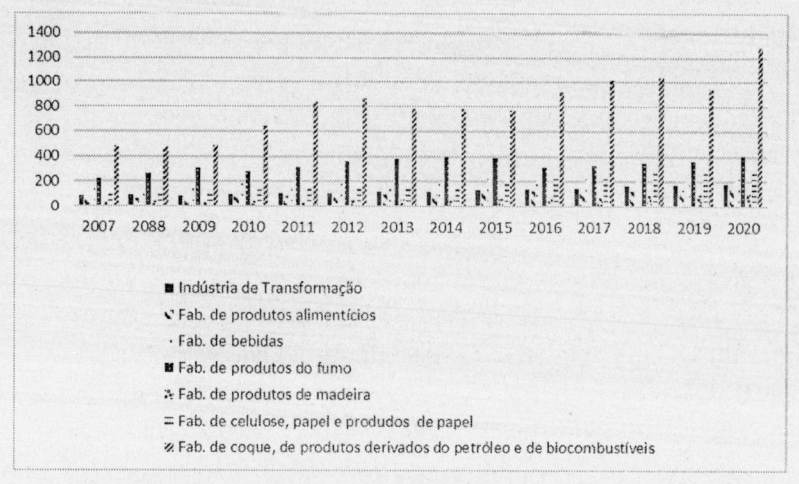

Fonte: elaborado pelos autores, a partir dos dados da PIA Empresa – IBGE (2023b).

Essas observações corroboram os achados apresentado na seção 3 deste estudo, que mostraram, com base nos dados das Contas Nacionais, que a produtividade média do trabalho na indústria extrativa deu um salto muito grande entre os anos de 2000 e 2020. Apesar de este segmento ter uma participação muito pequena no VAB da indústria, sua produtividade média, como se nota no Gráfico 12, com os dados da PIA, apresenta os mais altos diferenciais de produtividade em relação aos demais estratos.

8.5 Considerações finais

O presente trabalho teve o objetivo de apresentar a evolução temporal da produtividade do trabalho, a fim de comprovar ou não a existência da HE. Para isso, analisou diferentes cortes analíticos. Primeiro, levou em conta os grandes setores econômicos. Em seguida, foi feita uma análise para o setor industrial a partir de alguns cortes: porte (pessoal ocupado), localização territorial e intensidade tecnológica.

Os dados mostram que a indústria total perdeu participação no VAB, provocada pela redução da participação da indústria de transformação e da construção, a qual foi compensada pelo aumento da participação dos serviços e da agropecuária. Esse processo de perda de importância da indústria não é novidade; ocorre desde os anos 1980 e foi intensificado pela abertura comercial sem planejamento, redução de tarifas, taxa de câmbio desfavorável, entre outros fatores. Tal redução faz parte da problemática da desindustrialização brasileira e contribui para reforçar essa tese.

Sobre a heterogeneidade da estrutura produtiva em termos de produtividade média do trabalho, o setor industrial lidera como o setor de maior produtividade seguido de perto pelo setor serviços. A agropecuária, por sua vez, possui os mais baixos níveis de produtividade.

A desagregação da indústria e dos serviços por grupos de atividade econômica evidenciou a manutenção dos diferenciais de produtividade, entre os anos de 2000 e 2020, bem como o fato de que alguns segmentos ampliaram tais diferenciais. É o caso da indústria extrativa, que, apesar de sua participação ínfima no VAB, expandiu significativamente sua produtividade dentro da indústria total em detrimento da indústria de transformação, que ficou praticamente estagnada. Idem ao setor serviços, quando se comparam a evolução das atividades imobiliárias e atividades financeiras com os demais estratos que compõem o setor.

Coexistem, num mesmo macrossetor, atividades com elevadas produtividades e outras com produtividades relativamente muito baixas. As disparidades verificadas se devem aos diferentes padrões de tecnologia, uso do capital, uso da mão de obra, porte das empresas, localização territorial entre outros fatores. De modo geral, a heterogeneidade estrutural se manteve ao longo deste período mais recente, e há indícios de que não há tendência de reversão.

Ainda de acordo com os dados apresentados, pode-se concluir, pela existência da HE e não convergência da produtividade no setor industrial, situação preocupante, pois é evidente a perda de participação da indústria na atividade econômica, sendo necessária e urgente a reindustrialização do país, superando modelos que já não atendem as necessidades atuais.

A HE é uma característica marcante da indústria brasileira devido à sua distribuição territorial desigual. Em termos gerais, a região Sudeste do Brasil concentra a maioria das atividades industriais, com destaque para o estado de São Paulo. Essa região é caracterizada por altos índices de urbanização e desenvolvimento econômico, que fornecem um ambiente propício para a instalação de empresas de diversos setores. Já a região Norte apresenta um perfil industrial menos desenvolvido, focado na indústria extrativa. É fundamental que o país busque desenvolver todas as suas regiões para reduzir as desigualdades e impulsionar o crescimento econômico de forma mais equilibrada.

No que se refere ao porte das indústrias, também foi possível detectar a presença da HE. Isso significa que há diferenças substanciais entre as indústrias de grande porte e as indústrias de pequeno e médio porte. As indústrias de grande porte geralmente têm mais recursos financeiros e tecnológicos, consequentemente maior capacidade de investir em inovação, pesquisa e desenvolvimento, o que pode contribuir para o aumento da produtividade e competitividade. Por outro lado, as indústrias de pequeno e médio porte geralmente têm menos recursos, menor capacidade produtiva e menos presença no mercado, porém podem desempenhar um papel importante na geração de empregos[101] e na promoção da inclusão social e econômica.

No que tange à intensidade tecnológica, houve alteração significativa na estrutura do VTI, no sentido de que a participação das indústrias intensivas em escala manteve-se próxima de um terço da indústria de transformação, ao passo que as indústrias intensivas em recursos naturais já representavam quase a metade do VTI da indústria de transformação ao final de 2020, aumentando aquela tendência preocupante apontada em estudos anteriores. Em termos absolutos, a produtividade do trabalho cresceu mais intensamente na indústria de média-baixa tecnologia, e esse padrão, em termos de posição, ainda permanece o mesmo após 14 anos.

A indústria de média-baixa tecnologia foi a que apresentou o maior nível de produtividade do trabalho. Mais uma vez, cumpre destacar que essas diferenças de produtividade do trabalho, tanto em valores absolutos quanto em termos de participação relativa, tendem a se manter ao longo do tempo, o que confere um caráter estrutural a esse fenômeno. A produtividade cresce, puxada pelas indústrias de média-baixa e baixa tecnologia, as quais não possuem o devido poder de arraste industrial adequado.

Portanto, é importante considerar a HE ao formular políticas econômicas e industriais no Brasil. É necessário desenvolver políticas que promovam a competitividade e a inovação nas indústrias de grande porte, ao mesmo tempo que se apoia as indústrias de pequeno e médio portes, para que possam crescer e se tornar mais competitivas, com medidas como a facilitação de acesso ao crédito. Além disso, é fundamental que o governo promova a colaboração e cooperação entre as diferentes indústrias, a fim de incentivar

---

[101] Vale lembrar que a presente pesquisa contou com dados da PIA, em que as pequenas indústrias são selecionadas amostralmente para o banco de dados, o que pode influenciar sobremaneira os resultados.

a transferência de tecnologia e a adoção de práticas de gestão e produção mais eficientes, contribuindo para a melhoria da produtividade e redução de custos, a fim de impulsionar o crescimento econômico e social do país.

Referências

Catela, E,Y, da S , & Porcile, G. (2015). Heterogeneidade estrutural na produtividade das firmas brasileiras. In: Infante, R.; Mussi, C. & Oddo, M. (Editores). *Por um desenvolvimento inclusivo: o caso do Brasil*. CEPAL/OIT/IPEA 2015. Disponível em: https://repositorio.cepal.org/bitstream/handle/11362/37823/1/S1420736_pt.pdf.

Galeano, E.V., & Carvalho, A.J. (2018) Heterogeneidade estrutural na produtividade do trabalho da indústria do Espírito Santo. *Multi-ScienceResearch*, v. 1, n. 1, p. 46-68. Disponível em: https://biblioteca.incaper.es.gov.br/digital/bitstream/123456789/3281/1/4-7-2-PB.pdf.

Galeano, E.V., & Carvalho, A.J. Produtividade e heterogeneidade na estrutura produtiva da indústria de transformação no Brasil. *Textos de Economia* – TEC, Florianópolis, v. 22 n. 2, p. 1-23, jul./dez. 2019. Disponível em: https://periodicos.ufsc.br/index.php/economia/article/view/2175-8085.2019.e57153 2019. Acesso em janeiro 2023.

Galeano, e. A. V.; Wanderley, L.A. (2013). Produtividade Industrial do Trabalho e Intensidade Tecnológica nas Regiões do Brasil: Uma Análise Regional e Setorial para os Anos 1996-2007. *Planejamento e Politicas Publicas*, v. 40, p. 67-106.

Gentil, D. L. & Araujo, V.L.de. Além da macroeconomia de curto prazo: notas sobre a debilidade estrutural da economia brasileira no período recente. *Revista da Sociedade Brasileira de Economia Política*, n. 41, p. 55-81, jun./set. 2015. Disponível em: https://revistasep.org.br/index.php/SEP/article/view/123.

Gusso, D.A; Nogueira, M.O., & Vasconcelos, L.F. (2011). Heterogeneidade estrutural: uma retomada conceitual. IPEA, *Radar: tecnologia, produção e comércio exterior*. Brasília: IPEA, n. 14, p. 9-14, jul. 2011. Disponível em: https://repositorio.ipea.gov.br/bitstream/11058/3459/1/Radar_n14.pdf 2011.

IBGE - Instituto Brasileiro de Geografia e Estatística. (2023b). Pesquisa Industrial Anual. *PIA Empresa*. Disponível em: https://www.ibge.gov.br/estatisticas/economicas/industria/9042-pesquisa-industrial-anual.html. Acesso em janeiro 2023.

IBGE – Instituto Brasileiro de Geografia e Estatística. (2023ª). *Contas Nacionais*. Disponível em: https://www.ibge.gov.br/estatisticas/economicas/contas-nacionais/9052-sistema-de-contas-nacionais-brasil.html. Acesso em janeiro 2023.

IBGE – Instituto Brasileiro de Geografia e Estatística. (2023c) *Contas Regionais 2000-2020*. Disponível em: https://www.ibge.gov.br/estatisticas/economicas/contas-nacionais/9054-contas-regionais-do-brasil.html. Acesso em janeiro 2023.

Matteo, M. Heterogeneidade Regional. IPEA (2022): *Radar: tecnologia, produção e comércio exterior*. Brasília: IPEA, n. 14, p. 33-38, jul. 2011. Disponível em: https://www.ipea.gov.br/portal/images/stories/PDFs/radar/110727_radar14.pdf. Acesso em set. 2022.

MDIC – Ministério do Desenvolvimento da Indústria e Comércio (2023). Disponível em: https://www.gov.br/mdic/pt-br 2010. Acesso em: 10/05/2023.

Nogueira, M.O. & Oliveira, J.M. de. (2013). Uma análise da heterogeneidade intrassetorial no Brasil na última década. In: CEPAL, LC/BRS/R.287. Disponível em: https://www.cepal.org/pt-br/publicaciones/37943-analise-heterogeneidade-intrassetorial-brasil-ultima-decada.

Nogueira, M.O. & Oliveira, J.M. de. (2015). Uma análise da heterogeneidade intrassetorial no Brasil na última década. In: Infante, R.; Mussi, C. e Oddo, M. (Editores). *Por um desenvolvimento inclusivo: o caso do Brasil*. CEPAL/OIT/IPEA 2015. Disponível em: https://repositorio.cepal.org/bitstream/handle/11362/37823/1/S1420736_pt.pdf.

OECD (1987). *Structural Adjustment and Econômic Performance*. Organization for Economic cooperation and Development.

Pavitt, K. (1984). Sectoral Patterns of technical change: towards a taxonomy and a Theory. *Research Policy*, v. 13, n. 6, p. 343-373, dec.

Pinto, A. (2000). Natureza e implicações da "heterogeneidade estrutural" da América Latina. In: Bielschowsky, R. (Org.) *Cinquenta anos de pensamento na CEPAL*. Rio de Janeiro: Record. Disponível em: https://repository.eclac.org/bitstream/handle/11362/1627/S33098N962Av2_pt.pdf?sequence=1&isAllowed=y 2000. Acesso em mar. 2023.

SEBRAE – Serviço Brasileiro de Apoio às Micro e Pequenas Empresas (2013.). *Anuário do trabalho na micro e pequena empresa: 2013*. 6ª edição. São Paulo: Dieese. Disponível em: https://www.sebrae.com.br/Sebrae/Portal%20Sebrae/Anexos/

Anuario%20do%20Trabalho%20Na%20Micro%20e%20Pequena%20Empresa_2013.pdf. Acesso em janeiro de 2023.

Silva, A.C. da. (2012). *Heterogeneidade estrutural e a dinâmica da produtividade do trabalho*: uma análise por porte da indústria de transformação brasileira. (Tese) Doutorado em Economia. Instituto de Economia e Relações Internacionais, Universidade Federal de Uberlândia. Uberlândia, MG.

Soares, S. A (2015). Queda na heterogeneidade estrutural explica a queda da desigualdade dos rendimentos do trabalho? Uma análise preliminar. In: Infante, R.; Mussi, C., & Oddo, M. (Editores). CEPAL/OIT/IPEA. Disponível em: https://repositorio.cepal.org/bitstream/handle/11362/37823/1/S1420736_pt.pdf. Acesso em nov. 2022.

Squeff, F.C. & Nogueira, M.O. (2015). A heterogeneidade estrutural no Brasil de 1950 a 2009. In: Infante, R.; Mussi, C. e Oddo, M. (Editores). *Por um desenvolvimento inclusivo:* o caso do Brasil. CEPAL/OIT/IPEA. Disponível em: https://repositorio.cepal.org/bitstream/handle/11362/37823/1/S1420736_pt.pdf

Squeff, G.C. & Araújo, V.L. (2015). Trajetória da taxa de câmbio e heterogeneidade estrutural na indústria brasileira. In: Infante, R.; Mussi, C. e Oddo, M. (Editores). *Por um desenvolvimento inclusivo:* o caso do Brasil. Cepal/IPEA, p. 189-226. Disponível em: https://repositorio.cepal.org/bitstream/handle/11362/37823/1/S1420736_pt.pdf 2015. Acesso em set. 2022.

Squeff, G.C. (2012). *Desindustrialização: luzes e sombras no debate brasileiro*. Brasília: IPEA. Texto para discussão n. 1747, jun. 2012.

Torezani, T. A. (2018) *Evolução da produtividade brasileira: mudança estrutural e dinâmica tecnológica em uma abordagem multisetorial.* (Tese) Doutorado em Economia. Universidade Federal do Rio Grande do Sul. Porto Alegre – RS.

Vasconcelos, L.F. & Nogueira, M.O. (2011). Heterogeneidade estrutural no setor industrial. In: IPEA - *Radar* nº14, junho de 2011. Disponível em: https://repositorio.ipea.gov.br/bitstream/11058/3459/1/Radar_n14.pdf 2011

Vieira Filho, J.; Santos, G.R. (2011) Heterogeneidade no setor agropecuário brasileiro: contraste tecnológico. IPEA: *Radar: tecnologia, produção e comércio exterior.* Brasília: IPEA, n. 14, p. 15-20, jul. 2011. Disponível em: https://www.ipea.gov.br/portal/images/stories/PDFs/radar/110727_radar14.pdf. Acesso em set. 2022.

Capítulo 9

DESINDUSTRIALIZAÇÃO E CADEIAS GLOBAIS DE VALOR: CONSIDERAÇÕES SOBRE O CASO BRASILEIRO

Marília Bassetti Marcato
Pedro Dias de Oliveira

9.1 Introdução

O processo de desindustrialização caracterizado pelo encolhimento e pela perda de tração do setor industrial não ocorre de forma homogênea entre países de diferentes padrões de desenvolvimento e, portanto, teve seu conceito modificado e adaptado ao longo dos anos. Mais recentemente, as mudanças ocorridas na organização da produção global e na divisão internacional do trabalho no período de hiperglobalização permitem supor que o processo de desindustrialização também vem passando por mudanças e complexificando-se, o que evidencia a necessidade de investigar e atualizar sua conceituação e os sinais indicativos do fenômeno da desindustrialização.

Há uma vasta literatura que busca investigar a importância do desenvolvimento industrial como mecanismo de propulsão do crescimento econômico, tendo em vista as características inerentes à indústria, como a capacidade inovativa, a geração de empregos de qualidade e de encadeamentos produtivos, e por apresentar índices de produtividade mais elevados que os demais setores. Logo, o processo de desindustrialização observado na segunda metade do século XX nos países desenvolvidos, compreendido, na visão clássica, como uma redução do setor industrial na estrutura ocupacional, ganhou relevância na literatura econômica, pois poderia ter reflexos negativos sobre o desenvolvimento econômico no médio e longo prazo (Rowthorn & Ramaswamy, 1997; Singh, 1987). Mais recentemente, observou-se o surgimento e a consolidação de uma literatura sobre o fenômeno da desindustrialização no contexto de países em desenvolvimento sendo, por vezes, relacionada à dificuldade que alguns países enfrentam de conseguir realizar a transição para uma renda mais elevada.

O comércio internacional também tem papel importante no processo de desenvolvimento econômico. Não somente por ser um canal de demanda que possibilita a expansão e escoamento da produção, mas também como um meio de obtenção de insumos, bens de capitais e tecnologia, que permitem a modernização da estrutura produtiva. Ao final do século XX, o processo de globalização intensificou-se, em um fenômeno que teve como condicionantes mudanças ocorridas, principalmente, no âmbito político e tecnológico. A quebra do paradigma econômico protecionista em direção a uma visão mais liberal promoveu a queda de barreiras tarifárias e não tarifárias, barateando os custos de transação e permitindo a expansão do comércio internacional. Por outro lado, a rápida evolução tecnológica nos setores de tecnologia da informação e de comunicação possibilitou a coordenação de sistemas produtivos cada vez mais complexos e permitiu que as firmas explorassem o diferencial de salários entre países (Magacho, 2015). Como resultado, observou-se um rápido crescimento do volume do comércio, principalmente de produtos intermediários, em escala global. Ao mesmo tempo que o modelo de produção disperso internacionalmente representa uma oportunidade para a inserção comercial dos países em desenvolvimento, vale destacar que a produção mundial continua altamente concentrada em pouco menos de 20 países que controlam cerca de 80% do valor adicionado da indústria mundial (Andreoni & Tregenna, 2018).

A partir desse impulso à fragmentação da produção internacional e dispersão geográfica de etapas dos processos produtivos, desenvolveu-se o arcabouço teórico das cadeias globais de valor (CGV), que são constituídas de estruturas de produção verticalmente fragmentadas, com etapas dos processos produtivos que atravessam as fronteiras nacionais múltiplas vezes. Nessas cadeias diversos países participam de etapas da produção, adicionando valor até que o bem alcance a demanda final. Nesse contexto, a divisão internacional do trabalho aprofunda-se, uma vez que os países não mais controlam processos produtivos por completo, mas, sim, etapas da produção. Por conseguinte, o processo de desenvolvimento revela não ser apenas setor-específico com relação à indústria, mas também atividade-específico, uma vez que a composição do setor industrial, relativo à intensidade tecnológica das atividades, influencia sua capacidade de encadeamento e as externalidades positivas que transbordam na sua consolidação. Com efeito, a participação e a posição das economias nas CGV, tendo em vista os padrões de especialização vertical dos países, podem auxiliar a esclarecer de que forma o país se insere nessa estrutura e que papel desempenha na organização da produção global.

Dessa forma, este trabalho articula as interpretações sobre desindustrialização com as contribuições mais recentes acerca das cadeias globais de valor (CGV) para melhor compreender o fenômeno da desindustrialização na atual organização da produção internacional. A integração às CGV pode ocorrer de múltiplas formas, e seu caráter produz resultados distintos. Desse modo, busca-se contribuir com a literatura ao analisar a coevolução do padrão de especialização comercial em relação à estrutura produtiva, com foco no desenvolvimento do setor industrial. Nesse sentido, tendo em vista o caso brasileiro, buscou-se compreender de que forma o setor manufatureiro brasileiro se integrou ao comércio internacional no período de 2008 a 2018, observando a composição setorial da indústria brasileira, e quais as principais evidências de um processo de desindustrialização prematura à luz da evolução recente do padrão de integração brasileiro às CGV.

Para tanto, foram utilizados indicadores de comércio em valor adicionado que permitem um retrato mais preciso da participação dos países no comércio internacional, uma vez que elimina distorções causadas, principalmente, pela múltipla contagem[102]. A partir da matriz de comércio em valor adicionado formulada pela OCDE e OMC (*Trade in Value Added*, TiVA) e da análise desagregada da indústria entre setores de baixa, média e alta tecnologia, buscou-se retratar o padrão de integração da economia brasileira às CGVs, tendo em vista as possíveis mudanças na composição intrasetorial da indústria brasileira. Vale destacar, ainda, que o trabalho não tem por objetivo analisar as evidências do processo de desindustrialização de forma multifacetada, restringindo-se à perspectiva das relações de comércio internacional. Ademais, o recorte temporal atende à disponibilidade restrita de dados das matrizes de insumo-produto internacionais, considerando ainda o período demarcado como de desaceleração do comércio internacional.

Além da introdução, este trabalho conta com mais três seções. A segunda seção procura estabelecer a relevância do setor industrial a partir da abordagem kaldoriana, para então recuperar as principais contribuições acerca da desindustrialização, desde a visão clássica até trabalhos mais recentes que retratam a desindustrialização prematura em países em desenvolvimento. Buscou-se, ainda, apresentar de forma sucinta o arcabouço teórico das cadeias globais de valor e apresentar os possíveis mecanismos de relação entre comércio e desindustrialização. A terceira seção apresenta, em um

---

[102] Com a emergência das cadeias globais de valor, o problema da dupla contagem contida nos indicadores econômicos tradicionais (que usam valores brutos de comércio) acentuou-se, uma vez que os insumos atravessam as fronteiras nacionais múltiplas vezes até finalização dos produtos.

primeiro momento, uma revisão da literatura do caso brasileiro, com foco nas discussões sobre um possível caso de desindustrialização prematura, e o padrão de inserção do Brasil nas CGVs. Em seguida, abordou-se os indicadores e a fonte dos dados utilizados para a análise. Finalmente, a quarta seção apresenta uma análise descritiva dos indicadores selecionados e os principais resultados do estudo de caso brasileiro. Por fim, apresenta se as conclusões do trabalho, buscando articular a base teórica apresentada com os resultados empíricos analisados para caso brasileiro.

9.2 Referencial teórico

9.2.1 Sobre a importância da indústria

Ao longo das décadas que sucederam a II Guerra Mundial, o mundo experimentou um período de rápido crescimento econômico que se baseou na expansão e complexificação do setor industrial, principalmente nas economias mais desenvolvidas. Na literatura econômica, o debate sobre o caráter idiossincrático das manufaturas, no que tange à capacidade de gerar crescimento, foi extenso. Por um lado, economistas comumente denominados "ortodoxos" sustentavam a ideia de que o crescimento é setor-indiferente, isto é, nenhum setor da economia tem características peculiares que geram crescimento mais rápido que outros. Em contrapartida, a ala do debate econômico denominada "heterodoxa" defendia a hipótese de que a indústria seria o único setor capaz de sustentar um processo de desenvolvimento prolongado e dinâmico.

Um dos expoentes da defesa da indústria como motor do crescimento no debate acadêmico foi Nicholas Kaldor, que, partindo de uma visão keynesiana – isto é, preconizando a importância da demanda agregada –, formulou sua teoria de crescimento. Uma das preocupações de Kaldor em seu modelo foi explicar a estabilidade do processo de crescimento de longo prazo das economias avançadas no pós-Guerra. A hipótese defendida pelo autor é de que, inicialmente, a demanda seria originada pelo setor primário, no período de transição de uma estrutura agrária para industrial; posteriormente, a principal fonte de demanda que permitia o crescimento sustentado dessas economias seriam as exportações, principalmente, as de produtos industriais. Por meio de uma análise setorial, Kaldor identifica que o setor industrial, exclusivamente, permitia ganhos crescentes de escala, que, portanto, deveria ser o cerne da estratégia de crescimento (Kaldor, 1957, 1967; Magacho, 2015).

No modelo kaldoriano, as exportações representam a maior fonte de demanda autônoma, tendo, portanto, protagonismo no processo de desenvolvimento por atuarem em dois pilares do crescimento: primeiro, como demanda agregada que estimula o aumento da produção industrial, permitindo maiores ganhos de escala e produtividade; segundo, em virtude de os produtos industriais conterem maior valor agregado, sua exportação é uma importante fonte de divisas que aliviam as restrições de balança de pagamentos[103]. Apesar da evolução tecnológica e dos ganhos de produtividade serem induzidos pelo lado da oferta, baseado nos ganhos dinâmicos de escala, o crescimento do produto induz o crescimento da produtividade. Por sua vez, o produto é determinado pela demanda seguindo o Princípio da Demanda Efetiva, portanto, a fonte primária do progresso técnico seria a demanda. Como o processo de crescimento, em linhas gerais, gera a necessidade de crescimento das importações, seja de matéria-prima, seja de bens de produção que permitam o progresso técnico, o desempenho das exportações é uma forma importante de financiar esse processo, que, caso contrário, necessitaria de fluxo de capitais para evitar um crescimento instável (*"stop and go pattern"*) (Kaldor, 1957, 1975; Lamonica & Feijó, 2011; Silva, 2018).

Kaldor (1957,1967) então apresenta três principais argumentos que justificam o protagonismo do setor industrial no processo de crescimento econômico. Primeiro, a existência de forte correlação do crescimento da produção industrial com o Produto Interno Bruto (PIB) e, adicionalmente, o aumento da produção industrial também estaria fortemente correlacionado com o crescimento da produção de não manufaturados. Segundo, a denominada "Lei de Kaldor-Verdoorn", desenvolvida por Verdoorn (1951), identifica a correlação entre crescimento da produção industrial e crescimento da produtividade do trabalho nesse mesmo setor, o que revelaria a capacidade da indústria de gerar ganhos estáticos e dinâmicos de escala; posteriormente, a expressão *"learning by doing"* foi utilizada para representar esse processo cumulativo de progresso técnico. Terceiro, uma relação negativa entre a taxa de crescimento da produtividade na economia como um todo e o emprego nos setores não industriais, isto é, mudanças na estrutura de empregos afetariam o crescimento da produtividade média. Em decorrência de a indústria ser caracterizada por gerar um crescimento de produtividade mais rápido que os outros setores, a redução no emprego

---

[103] O tema da restrição externa nesse modelo de crescimento é aprofundado posteriormente por Thirlwall, o que ficou conhecido como Lei de Thirlwall.

não industrial geraria aumento de produtividade ao transferir fator de produção no setor mais eficiente (Magacho, 2015; Weiss & Jalilian, 2016; Marconi, Reis, & Araújo, 2016).

Nesse contexto, a eficiência do setor industrial devia-se ao fato de que ele exibia maiores índices de produtividade, de crescimento da produtividade e de retornos dinâmicos crescentes, devido à sua capacidade de encadeamento com o resto da economia e as externalidades, principalmente tecnológicas, geradas no seu desenvolvimento que afetam também os setores não manufatureiros. Essa ideia vai ao encontro das teorias defendidas por outros autores como a linha de pensamento estruturalista e schumpeteriana[104], que vê na indústria o cerne da "destruição criativa", ou seja, o setor responsável por promover e propagar as inovações tecnológicas que promovem o progresso técnico.

Mais recentemente, a exclusividade da indústria na capacidade de gerar rápido progresso técnico e tecnológico vem sendo questionada, uma vez que o setor de serviços sofisticados, com alto valor adicionado, também tem demonstrado essa capacidade em algumas experiências de desenvolvimento, a exemplo da Índia. Entretanto, trabalhos mais recentes que puseram à prova as "Leis de Kaldor" encontraram evidências sugerindo que o setor industrial ainda sustenta, mesmo na atual conjuntura de avançado processo de globalização, seu papel como principal motor do crescimento econômico dinâmico e sustentado. Esse resultado se demonstrou ainda mais forte em economias com estágio de desenvolvimento mais atrasado e com menor renda per capita (Libânio & Moro, 2009 Weiss & Jalilian, 2016; Marconi et al., 2016).

Rocha (2018) argumenta que, apesar de o setor de serviços sofisticados apresentar grande interdependência com o setor manufatureiro, o desenvolvimento desses serviços seria resultado da evolução do setor manufatureiro, uma vez que este seria a origem do conhecimento e inovação. Além disso, o setor industrial é a principal fonte de demanda pelos serviços de alta produtividade, como financeiro, design, contabilidade e engenharia. Su e Yao (2017, em um trabalho empírico, encontram evidências de que a ordem de causalidade dá-se primeiro com o crescimento da manufatura, em conseguinte, o setor manufatureiro gera tração para o desenvolvimento de um setor de serviços mais complexo. Por fim, Rodrik (2013) apresenta evidências que corroboram a ideia de que o setor manufatureiro, exclusivamente, passa por um processo de convergência incondicional e generalizada em termos de produtividade do trabalho.

---

[104] Vergnhanini (2013) concatena as principais ideias dessas linhas de pensamento econômico.

9.2.2 Sobre a desindustrialização clássica

Com o fim dos anos dourados do capitalismo e a redução do ritmo de crescimento globalmente, a literatura econômica passa a observar um novo processo que surgia: a perda de participação da indústria no emprego total, principalmente nas economias desenvolvidas. A desindustrialização, à época, se manifestava por meio da redução do emprego industrial nos países desenvolvidos que passavam por um processo de mudança na estrutura ocupacional, observando-se um aumento da participação do das ocupações do setor de serviços. Esse fenômeno que atingia as principais economias desenvolvidas teve como causa principal a assimetria na evolução dos índices de produtividade na indústria *vis-à-vis* os outros setores. O progresso técnico, por ocorrer mais rapidamente no setor industrial, teria efeito poupador do fator trabalho, que seria realocado para o setor de serviços (Singh, 1987). Além disso, o preço relativo de produtos manufaturados com relação aos serviços também se reduz, tendo por consequência uma mudança nos padrões de consumo, uma vez que uma parcela maior da renda passa a ser gasta com serviços (Rowthorn & Ramaswamy, 1997).

A partir da perspectiva de desindustrialização como redução da participação relativa da indústria na estrutura de empregos, Rowthorn (1994) busca estabelecer uma relação entre o emprego industrial e a renda per capita e, como resultado, encontra uma curva de U invertido – o que corrobora a hipótese de que a desindustrialização seria um resultado "natural" do crescimento. A hipótese defendida para explicar o formato da curva seria que, em níveis de renda muito baixos, o processo de industrialização e de transição de uma estrutura de empregos majoritariamente agrária, para uma industrial, promoveria rápido crescimento da renda por meio do crescimento da produtividade do trabalho e dos encadeamentos gerados no setor manufatureiro. Porém, o crescimento de participação relativa do emprego industrial chega ao seu ápice e, após certo nível de renda, a indústria perderia espaço para o desenvolvimento do setor de serviços – processo identificado pelo autor como desindustrialização.

Todavia, nem todos os países que experimentavam a redução do emprego industrial haviam alcançado o ponto de inflexão da curva, denotando que, para alguns casos, a desindustrialização não se dava por meio do processo natural. Rowthorn e Ramaswamy (1999) dividem os casos de industrialização em dois tipos: os "positivos" e "negativos".

Primeiro, a desindustrialização "positiva" se referia ao processo de desindustrialização que se observava em economias maduras, que realizaram o processo de primeira transição do agrário para o industrial, em sua completude, consolidando um setor industrial na fronteira tecnológica. Esse processo tem como consequência uma segunda transição, desta vez, do setor industrial para o de serviços, porém, no caso da desindustrialização positiva, o setor terciário desenvolve também processos de geração de alto valor agregados, de alta tecnologia e que se assemelham à produção industrial no que tange à capacidade de promover o crescimento da economia. Portanto, essa desindustrialização não resultaria em desemprego, nem em redução de produtividade, apenas em uma mudança de composição intersetorial. Em contrapartida, a desindustrialização "negativa" pode ocorrer em países de diferentes níveis de desenvolvimento e se caracteriza por um processo recessivo no qual os índices de participação da indústria estagnam-se, tanto no valor adicionado quanto no emprego. Esse tipo de desindustrialização seria sintomático de uma economia pouco dinâmica e que enfrenta dificuldades em estabelecer um ritmo acelerado de crescimento devido à incapacidade de explorar os progressos técnicos gerados pelo setor industrial (Rowthorn & Ramaswamy, 1997).

Outro possível mecanismo que poderia amplificar esse processo de desindustrialização madura, que se observava nos países desenvolvidos, seria o comércio internacional. As relações comerciais norte-sul associadas à divisão internacional do trabalho tiravam a competitividade dos setores intensivos em trabalho nos países desenvolvidos que não poderiam competir com os baixos salários dos países em desenvolvimento. Desse modo, o setor industrial perdia espaço na estrutura de empregos dos países ao norte, que, ao explorar suas vantagens comparativas, expandiam a produção de bens capital intensivos. Entretanto, para os casos de desindustrialização dos países desenvolvidos, as evidências empíricas encontradas indicavam que o processo seria explicado majoritariamente pela própria dinâmica interna de evolução da estrutura industrial e do diferencial de produtividade entre setores não manufatureiros e o setor manufatureiro, além de mudanças nos padrões de demanda que passavam a favorecer bens do setor de serviços em detrimento dos bens manufaturados (Rowthorn & Ramaswamy, 1997).

Apesar disso, o fenômeno de desindustrialização manifesta-se de forma heterogênea entre os países, tornando difícil estabelecer um único diagnóstico. Nem todos os casos de desindustrialização podem ser explicados pela "dinâmica natural" da evolução capitalista (Dosi, Riccio, & Virgilito, 2021; Rodrik, 2016 Tregenna, 2014). Evidentemente, alguns casos demonstravam ser resultado de uma fragilização do setor manufatureiro que fracassava em atuar como cerne do crescimento econômico por intermédio dos encadeamentos gerados na sua expansão.

9.2.3 Sobre a desindustrialização prematura

As primeiras experiências de processos de desindustrialização em países em desenvolvimento surgiram a partir da década de 1980. De forma geral, trata-se de economias que se industrializaram tardiamente e ainda com desenvolvimento do setor manufatureiro incipiente, destacadamente alguns países do Leste Asiático, África e América do Sul. A desindustrialização observada nesses países diferenciava-se dos casos de países desenvolvidos, pois ocorreu antes de eles alcançarem a renda per capita relativa ao pico do emprego industrial na curva de U invertido. Por esse motivo, cunhou-se o termo de *desindustrialização prematura* (Palma, 2014; Tregenna, 2014).

O surgimento prematuro desse processo não se explica pelo crescimento da produtividade como visto anteriormente, fazendo-se necessário, então, investigar outros caminhos explicativos para esse processo (Rodrik, 2016). Em Palma (2014), o autor aprofunda o estudo da curva de U invertido estabelecida anteriormente na literatura e observa que, ao longo do tempo, não apenas os países percorrem o trajeto da curva de acordo com seu desenvolvimento, mas também a curva sofreu deslocamentos que levaram o ponto de inflexão para o início da desindustrialização a ocorrer em níveis tanto de emprego industrial quanto de renda cada vez mais baixos. Essa mudança da curva poderia ser explicada por alguns fatores, tais como a *ilusão estatística* gerada pela redefinição e terceirização de atividades que antes eram realizadas intrafirma e que passam a ser realizadas por empresas de serviço especializadas, sendo que esse efeito não necessariamente denuncia um enfraquecimento da indústria. Por esse motivo, o termo "ilusão" é utilizado. Além disso, o aprofundamento da divisão internacional do trabalho associado ao rápido crescimento da produtividade no setor industrial levaria à transferência de postos de trabalho pouco qualificado de economias maduras para economias de renda baixa, e, por fim, a redução da elasticidade-renda dos manufaturados tolheu a capacidade da demanda de substanciar a expansão do setor industrial como no passado (Rowthorn & Coutts, 2004; Palma, 2014).

Em contribuição recente, Tregenna (2009) amplia o diagnóstico de desindustrialização para os casos em que o setor industrial perde participação relativa tanto no emprego quanto no valor adicionado produzido em dada economia. Essa mudança se origina em um entendimento teleológico de que o processo de desindustrialização caracteriza-se por um enfraquecimento persistente do setor industrial com consequências perniciosas para economia, comprometendo o crescimento econômico. Portanto, a mudança na estrutura de empregos, originada no diferencial de aumento da produtividade, não seria necessariamente um caso de desindustrialização negativa.

Mais recentemente, a evolução do arcabouço teórico acerca das cadeias globais de valor trouxe à tona uma nova faceta do desenvolvimento econômico. Além de setor-específico, observa-se que a composição intrasetorial também está relacionada ao desempenho e ao ritmo de progresso técnico. Dentro do próprio setor industrial, há atividades que se diferenciam na intensidade de uso do fator trabalho, na capacidade de geração de inovações tecnológicas, na capacidade de encadeamento com o sistema produtivo e na produção de externalidades para a economia (Tregenna, 2009).

A análise desagregada do processo de desindustrialização permite inferir que este não ocorre de maneira homogênea dentro do setor (Haraguchi, 2016), uma vez que algumas atividades observam sua participação na economia reduzir-se em níveis de renda mais baixos do que outras. Logo, o processo de desenvolvimento dinâmico é caracterizado por uma mudança intrasetorial na manufatura, ao passo que a economia se desenvolve e o PIB per capita aumenta, algumas atividades mais trabalho-intensivas perdem participação em favor de atividades mais capital intensivas que geram maior valor agregado (Tregenna, 2009).

A partir desse prisma, fica evidente que, ao longo da consolidação da literatura econômica acerca do fenômeno da desindustrialização, o seu próprio conceito evoluiu, deixando claro que se trata de um processo complexo e heterogêneo. Faz-se necessário, portanto, investigar de maneira mais detalhada as causas e os sintomas desse processo, indo além dos indicadores de emprego e renda.

9.2.4 Sobre o comércio internacional e as cadeias globais de valor

Desde os seus primórdios, a literatura sobre desindustrialização foi permeada pelo debate sobre a importância do comércio internacional para o aprofundamento ou reversão desse fenômeno. Comércio e estrutura produtiva estão diretamente relacionados, todavia as formas de interação são diversas. Torracca (2017) destaca duas vias opostas no processo de "coevolução" desses setores. A primeira, denominada *outward*, tem origem na teoria ricardiana de vantagens comparativas, que imputa à estrutura de custos inerente a cada país a definição do padrão de comércio que será desenvolvido. Consequentemente, a direção da interação seria "de fora para dentro", isto é, a estrutura produtiva seria desenvolvida em função do padrão de produtos que o país apresentasse vantagens competitivas no comércio internacional. Em contrapartida, a autora destaca uma segunda via, *inward*, que se caracteriza pelo caminho inverso, ou seja, a demanda doméstica e políticas econômicas seriam os responsáveis por moldar a estrutura produtiva que, posteriormente, se integraria ao comércio internacional pautada pelos setores que construíram maiores vantagens competitivas.

Entretanto, comércio e estrutura produtiva não necessariamente evoluem de maneira alinhada, sendo que algumas economias têm sua estrutura produtiva direcionada para as necessidades da demanda doméstica. Portanto, ao passo que a nova conformação das cadeias globais de valor apresenta novas possibilidades de especialização vertical, esse processo também pode representar maior disputa da demanda doméstica por produtores internacionais (Marcato & Ultremare, 2018). Isto é, o padrão de integração ao comércio internacional pode não ser completamente representativo do sistema produtivo doméstico.

Logo, seja como causa, seja como sintoma, é inequívoca a importância do comércio para melhor compreensão dos processos de mudança estrutural, incluindo o fenômeno da desindustrialização. Para Singh (1987), os processos de desindustrialização "negativa" seriam resultado de desequilíbrios estruturais que produzem setores manufatureiros "ineficientes" e incapazes de aliviar as restrições de balança de pagamentos. O setor manufatureiro eficiente seria caracterizado por satisfazer a demanda doméstica, ao passo que também é capaz de financiar as necessidades de importação de um país a partir das rendas de suas exportações (Singh, 1987).

Vale salientar que o simples desenvolvimento de um setor manufatureiro eficiente não seria decisivo para determinar a capacidade do setor de atuar como motor do crescimento, uma vez que o tipo de especialização comercial também impacta diretamente a estrutura ocupacional. A análise dos padrões de exportação mostra que não é somente relevante a diferenciação entre países exportadores de bens industriais e bens primários e serviços, mas também, dentro do grupo de exportadores de manufaturados, há discrepância entre os casos de países desenvolvidos que têm a tendência de se especializar em bens produzidos com trabalho qualificado e capital--intensivos e países de renda média-baixa que produzem bens industriais intensivos no fator trabalho, por, dentre outros fatores, disporem de uma estrutura econômica com baixo custo de salários (Hausmann, Hwang & Rodrik, 2007).

Nesse âmbito, algumas evidências apontam que a desindustrialização ocorreu de maneira mais intensa em países que não obtiveram sucesso em desenvolver uma pauta de exportação de produtos manufaturados e de maior valor agregado, o que ressalta o efeito da especialização comercial e da divisão internacional de funções nesses casos (Hausmann et al., 2007). Ademais, outra hipótese bastante difundida sustenta que a abertura comercial realizada pelos países de industrialização tardia e incompleta teria exposto suas indústrias a um ambiente altamente competitivo que promoveu uma regressão no ritmo de crescimento de suas indústrias (Palma, 2014; Rodrik, 2016).

No contexto atual, o aprofundamento da globalização também modificou a forma que o comércio internacional se articula com a produção internacional, tendo em vista a emergência das cadeias globais de valor (CGV). As CGVs são fruto da fragmentação da produção que passa a transbordar os limites domésticos, isto é, as diferentes etapas do processo de produção passam a ser realizadas em países diferentes, o que ampliou o comércio de bens intermediários que passam a atravessar as fronteiras diversas vezes antes de sua finalização. Essa mudança foi viabilizada, principalmente, pela conjuntura política de afrouxamento de medidas protecionistas, traduzida em redução de barreiras tarifárias e não tarifárias, e pelo progresso tecnológico que reduziu consideravelmente os custos de transporte e de informação, permitindo a coordenação dessas cadeias globais de valor que se estendem ao redor do mundo (Marcato & Ultremare, 2018), explorando as vantagens competitivas peculiares a cada economia.

Em linha com a ideia de que países exportadores de bens manufaturados observam um processo de desindustrialização mais lento (Palma, 2014), avançando esse argumento para o nível intrasetorial, a análise do padrão de inserção nas CGVs permite-nos compreender mais especificamente as atividades nas quais cada economia tem vantagem competitiva e incorpora valor adicionado doméstico. A participação nessas cadeias pode significar uma oportunidade para os países em desenvolvimento, uma vez que permite que estes participem de processos de produção de bens antes inacessíveis e pode desdobrar-se em maior adensamento produtivo, bem como *upgrading* econômico e social, com avanços paulatinos para atividades mais intensivas em tecnologia, com melhores salários e mais externalidades positivas para a economia local. Ainda assim, é evidente que essas oportunidades não significam que a participação nas CGVs é uma panaceia do desenvolvimento, uma vez que uma série de condicionantes tecnológicos, políticos e econômicos podem condenar as economias a uma inserção pouco virtuosa (Dosi et al., 2021).

Nesse âmbito, o conceito de *upgrading* econômico está relacionado à melhoria de desempenho de uma economia que passa a produzir mais valor agregado. Esse *upgrade* pode ter origem em diferentes mudanças: i) *upgrading* de processo caracterizado pelo aumento da eficiência e redução de custos na realização das atividades que já estão estabelecidas no país; ii) *upgrading* de produto no qual as economias passam a produzir novos bens de maior valor agregado, sendo que esse incremento no valor agregado está associado à intensificação do uso de capital, tecnologia e mão de obra especializada; iii) *upgrading* funcional, segundo o qual a economia realiza uma transição dentro da cadeia de valor, passando a realizar atividades dessa cadeia que geram maior valor agregado, ou seja, apropriando-se de uma parcela maior do valor agregado contido no produto; iv) *upgrading* de cadeia, que se resume em participar e se conectar a novas CGVs que produzem bens de maior valor agregado (Marcato & Baltar, 2020; Andreoni & Tregenna, 2020).

A dualidade do comércio como fonte de crescimento é um tema recorrente no debate acadêmico. Enquanto o crescimento das outras economias tem caráter complementar, pois representa um aumento da demanda por exportações, em contrapartida, também representa um aumento na competitividade no comércio internacional na disputa por mercados (Singh, 1987). Analogamente, apesar de as CGVs representarem um caminho para o desenvolvimento e o acesso a novas tecnologias, elas também foram responsáveis pelo processo de desverticalização da estrutura produtiva (Cimoli & Correa, 2002), relacionado a um grande aumento da importação de bens intermediários que dificultam o efeito de encadeamento interno característico do setor industrial.

Desse modo, a integração ao comércio internacional impõe desafios para os países em desenvolvimento e de renda média, os quais, por terem seu processo de industrialização interrompido antes do tempo de maturação, não foram capazes de absorver os benefícios gerados por uma indústria dinâmica que promove inovação e progresso técnico tanto internamente, quanto nos outros setores da economia (Tregenna, 2014). Ao mesmo tempo que esses países têm dificuldade em competir com economias com baixos salários na produção de bens trabalho-intensivos, eles também não são conseguem competir diretamente com os países desenvolvidos na produção de bens tecnológicos e de alto valor agregado, uma vez que os últimos se beneficiaram de um processo de industrialização completo, consolidando os efeitos *spillover* do crescimento industrial, dispondo de uma infraestrutura de produção moderna (Magacho, 2015).

Esse desafio tem sido denominado "armadilha tecnológica de renda média", caracterizado por um longo período de baixo crescimento do PIB per capita, resultante de três fatores: i) os limites de competitividade em escala e tecnologia em um contexto no qual a produção manufatureira global permanece consistentemente concentrada; ii) a dificuldade enfrentada pelas empresas desses países de se conectar a CGV, enquanto simultaneamente se conecta à rede de produção nacional (a ideia é estimular a produção nacional de bens intermediários e capturar a demanda internacional); iii) a dificuldade de manter o ritmo de inovação e de avanço tecnológico praticado pelas economias desenvolvidas (Andreoni & Tregenna, 2020).

Mais recentemente, no período pós-crise de 2008, vem sendo observada uma tendência de desaceleração do comércio internacional e de redução da elasticidade-renda do comércio. Marcato (2018) reúne os principais fatores explicativos desse processo que se dividem entre fatores cíclicos e estruturais. Entre os fatores cíclicos, destaca-se o enfraquecimento da demanda de maneira geral e uma possível mudança da composição da demanda agregada. Componentes como investimento e exportação têm caráter mais intensivo em importações; logo, a diminuição da participação desses fatores na composição da demanda agregada pode ajudar a explicar a redução da elasticidade-renda do comércio. Já dentre os fatores estruturais, ressalta-se a desaceleração do processo de fragmentação da produção e de integração às CGV observada na última década. Além disso, o chamado "efeito-China" aponta para a verticalização da estrutura produtiva chinesa, traduzida pelo aumento do valor adicionado doméstico nas suas exportações. Consequentemente, ao substituir os insumos importados por versões domésticas, a China reduziu a demanda por insumos no mercado internacional, fator que se torna relevante pela magnitude da economia chinesa.

A partir da contribuição de Dosi et al. (2021), fica mais evidente que a simples participação nas CGV não é garantia de evolução tecnológica, nem de crescimento econômico. Na verdade, os autores argumentam que o modelo de globalização que vem ocorrendo desde a década de 1990 apresenta a tendência de aprofundar as vantagens comparativas já existentes, isto é, concentrar os setores de inovação e da fronteira tecnológica em países já desenvolvidos e manter países em desenvolvimento presos nas armadilhas de baixa e média renda. Dessa forma, ainda mais importante do que se conectar às CGV é a forma pela qual cada economia participa desse fenômeno. O processo de desenvolvimento passa pela diversificação da produção, aumentando cada vez mais o conteúdo tecnológico e intensivo em conhecimento da sua cesta de produção. Do mesmo modo, mudar de posição e função nas CGV em direção a atividades que geram mais valor agregado tem sido defendido como um mecanismo de *catching up* e de transicionar para uma estrutura produtiva de alta renda.

9.3 Considerações sobre o caso brasileiro

9.3.1. Panorama da desindustrialização e perfil comercial brasileiro

O Brasil contempla uma estrutura produtiva diversificada que passou pelo auge do processo de industrialização entre as décadas de 1950 e 1970. Nesse período, os índices de participação do setor agrícola reduziram-se, e observou-se um crescimento acelerado da indústria, acompanhado por crescimento da produtividade e renda. Esse forte processo de industrialização resultou no aumento dos índices de participação da indústria na economia brasileira, tanto no valor agregado quanto em emprego. Para alguns autores, inclusive, esse crescimento foi excessivo devido ao excesso de estímulo associado ao protecionismo. Esse ciclo de crescimento acelerado, baseado na política de substituição de importações, teve seu término em meados dos anos 1970 e culminou, combinado a uma conjuntura externa desfavorável, na crise da dívida externa na década de 1980 (Paccola, 2014; Maia, 2020).

É a partir dos anos 1980 que o Brasil começa a apresentar os primeiros sinais de um possível processo de desindustrialização, em um ambiente de severas restrições de balança de pagamentos e de aprofundamento do processo inflacionário. Os indicadores de participação da indústria começam a apresentar tendência de queda, mesmo antes de o Brasil alcançar a renda per capita relativa ao ponto de inflexão da curva de U invertido descrita por Rowthorn (1994) (Morceiro & Guilhoto, 2019).

O *turning point* da economia brasileira ocorre na década de 1990, com o processo de estabilização para combater a espiral inflacionária. Nesse período, a política econômica foi caracterizada pela abertura comercial, sobrevalorização cambial e por juros altos. Esse conjunto de medidas mostrou-se eficiente no controle da inflação, entretanto, seus efeitos sobre a indústria são motivo de discordância na literatura econômica. Para Nassif (2008), esse período foi proveitoso para a indústria nacional, pois o câmbio valorizado e a remoção das barreiras comerciais permitiram a modernização do maquinário, o que explicaria o crescimento da produtividade no período. Não somente, a manutenção dos índices de participação da indústria no valor agregado descartaria a hipótese de que houve desindustrialização durante essa década.

Entretanto, para outros autores, há evidências claras de que as políticas de estabilização foram responsáveis por um duro golpe na indústria brasileira que já tinha seu desempenho claudicante desde a década anterior. Coutinho (1997) demonstra que houve grande crescimento da participação de insumos importados na indústria brasileira. Já Oreiro (2010) compreende que as evidências são conclusivas para o diagnóstico de desindustrialização na década de 1990, baseando-se, principalmente, na deterioração dos indicadores de participação da indústria no PIB e do saldo comercial de manufaturados que se torna deficitário.

O debate acerca da ocorrência de desindustrialização na economia brasileira ganha ainda mais relevância no século XXI. O *boom* das *commodities*, impulsionado pelo rápido crescimento da economia chinesa, associado ao crescimento do consumo, facilitado pela expansão do crédito, e do investimento foi fonte importante de demanda que deu tração ao crescimento da economia brasileira na primeira década desse século. Porém, o desenvolvimento do setor industrial não acompanhou o resto da economia, refletido na redução dos índices de participação da indústria no valor agregado e emprego. Alguns autores compreendem a redução dos índices de participação como um processo de desindustrialização relativa e prematura pelo qual o Brasil estaria passando nesse período (Maia, 2020; Sampaio, 2019; Morceiro & Guilhoto, 2020). Não obstante, a estagnação da produtividade nessa primeira década também configura um indício de que, apesar do crescimento econômico, a fragilização da indústria nacional não foi resolvida (Nassif, Feijó, & Araujo, 2020; Maia, 2020).

Pela ótica do comércio internacional, a tônica do período é a reprimarização da pauta de exportação (Nassif et al., 2020), melhorando a balança comercial de forma geral, mas, ao analisar apenas a balança para produtos manufaturados, a tendência é oposta. A indústria brasileira passou a utilizar cada vez mais insumos importados, aumentando, portanto, a importação de bens intermediários, processo que contribuiu para a redução da participação do setor no valor agregado (Marconi & Rocha, 2012), tendo em vista que o aumento da penetração das importações ocorre também na demanda por bens finais. Marcato e Ultremare (2018) revelam que o processo de vazamento de demanda[105] aprofunda-se após a crise de 2008, fruto de uma retomada do consumo mais rápida comparativamente à produção doméstica.

A hipótese de desindustrialização, entretanto, não é consenso. Squeff (2012) argumenta que a perda de participação da indústria no valor agregado poderia ter origem na mudança de preços relativos e que a manutenção da participação relativa do setor no total de empregos seria um sinal que contradiz tal hipótese. O autor também identifica outro sinal contrário à hipótese ao analisar a composição intrasetorial, indicando que, no período de 2000 a 2009, não houve redução da participação de grupos de média e alta tecnologia tanto no valor agregado quanto no emprego.

Em tom semelhante, Passoni (2019) considera os efeitos das mudanças dos preços relativos e conclui que a desindustrialização no período entre 2000 e 2014 foi menos intensa do que se imaginava. A evidência apresentada pela autora aponta que a mudança de preços relativos tanto dos bens manufaturados quanto das *commodities* foi significante no período e afetou o cálculo da participação da manufatura no valor agregado. A análise da participação da manufatura no valor adicionado brasileiro, tendo o efeito de mudança de preços isolado, revelou que não houve perda de participação para indústria inovativa e que o fenômeno pode ter um caráter mais temporário do que estrutural.

Morceiro e Guilhoto (2020) mostram que a indústria de transformação brasileira continuou apresentando, de maneira geral, grau elevado de adensamento produtivo entre 2003 e 2013. Isso se deve ao fato que a maior parte do produto industrial é representada por setores de baixa e média tecnologia, já os setores de alta e média tecnologia, que contribuem menos para o produto industrial, apresentam uma tendência mais acelerada de desadensamento. Esses dados corroboram a ideia de que a

---

[105] As autoras utilizam o conceito de vazamento de demanda como o excesso de demanda doméstica que não é suprida pela produção nacional e acaba resultando no aumento das importações.

desindustrialização ocorre de maneira heterogênea intrasetorialmente. Enquanto o desadensamento de setores de média e baixa tecnologia está no nível esperado para a renda brasileira, a fragilização dos setores de média e alta tecnologia ocorre de forma prematura (Haraguchi, 2016; Morceiro & Guilhoto, 2019).

O Brasil manteve no período um perfil pouco integrado[106] às CGVs, sob o ponto de vista dos indicadores tradicionais utilizados, com sua inserção sendo representada majoritariamente pelo índice de participação para frente, isto é, fornecendo matéria-prima para a exportações de outros países. Isso fica evidente ao analisarmos a composição da cesta de exportação brasileira, entre 2000 e 2014: a participação de produtos industriais na cesta da exportação cai de, aproximadamente, 75% para 49%. Em contrapartida, a exportação de produtos básicos e *commodities* aumenta de, aproximadamente, 23% para 48%, ratificando a hipótese de reprimarização da pauta de exportação (Ferreira & Schneider, 2015).

Esses índices atestam para um possível processo de *downgrade* econômico, no qual a função desempenhada pelo Brasil nas CGVs seria relacionada a atividades que geram cada vez menos valor adicionado. A interseção da análise da integração do Brasil às CGV com as evidências de desadensamento apresentadas promove questionamentos acerca da capacidade da indústria brasileira de atuar como motor do crescimento, principalmente, os setores de alta e média tecnologia. Nas seções posteriores, será explorada a hipótese de que as evidências apresentadas nessa revisão da literatura, tanto sob o prisma do comércio quanto sob a ótica da desindustrialização, estão relacionadas e que o padrão recente de inserção da indústria brasileira nas cadeias globais de comércio evidencia uma faceta do processo de desindustrialização prematura.

9.3.2 Metodologia e indicadores

A ascensão das CGVs impõe novos desafios para análise do desempenho comercial, uma vez que o alto volume de importação e exportação de insumos agravou o problema de dupla contagem das estatísticas tradicionais. Os indicadores baseados em valor bruto passaram a gerar um efeito cada vez mais ilusório dos resultados comerciais. Países que se posicionam

---

[106] Pela forma que são construídos os indicadores de inserção comercial, há uma influência direta do padrão de especialização comercial, podendo gerar resultados que não são completamente verossímeis. As limitações desses indicadores são discutidas em Marcato (2018).

mais a jusante nas CGVs observam resultados brutos superestimados por atuarem em etapas de produção com bens mais processados e, portanto, com maior quantidade de valor adicionado embutido. Logo, para evitar as distorções geradas no modelo atual de produção altamente fragmentada internacionalmente, as análises econômicas passaram a utilizar indicadores baseados no valor adicionado (Marcato, 2018; Hermida, 2016).

O recorte temporal selecionado é o período pós-crise do *subprime*, até os dados mais recentes disponíveis da TiVA, tendo como resultado o intervalo de 2008 a 2018[107]. A escolha por esse intervalo temporal também permite identificar as tendências de mudança no médio e longo prazo mais claramente, evitando *outliers* e, simultaneamente, buscando dirimir efeitos de grandes saltos tecnológicos que podem ocorrer caso o período de análise seja muito extenso.

Por sua vez, o modelo de desagregação do setor industrial utilizado seguirá o padrão de mudança estrutural apresentado em Haraguchi (2016). O autor apresenta evidências de que há um padrão no desenvolvimento industrial que está relacionado ao nível de renda de cada economia: conforme a renda per capita evolui, os subsetores da manufatura que atuam como fonte de tração para o desenvolvimento vão sofrendo alteração. No estágio inicial, os subsetores se caracterizam por indústrias relacionadas às necessidades básicas, como alimento e vestimenta; em geral, são indústrias intensivas em trabalho. Já o estágio intermediário é caracterizado por indústrias de processamento de matéria-prima que fornecem insumos necessários para outras indústrias mais avançadas. O estágio avançado, por sua vez, consiste em indústrias com maior valor agregado, maior conteúdo tecnológico e intensivas em conhecimento e capital. O autor segmenta os três estágios de desenvolvimento da seguinte forma:

a. *Estágio Inicial* (renda média abaixo de U$ 6.500)[108]: alimentos e bebidas, tabaco, têxtil, vestimenta, produtos de madeira, impressão, móveis e minerais não metálicos.

b. *Estágio Intermediário* (renda média entre U$ 6.500 e U$ 15.000): petróleo refinado e coque, papel, metal e metal processado.

---

[107] A disponibilidade de dados de matrizes insumo-produto internacionais restringe o período de análise, tendo em vista que a TIVA/WTO-OMC apresenta dados até 2018. Ademais, como anunciado na introdução, buscou-se analisar o período marcado pela desaceleração do comércio internacional.

[108] Renda calculada a preços constantes PPC de 2005.

c. *Estágio Avançado* (renda média acima de U$ 15.000): borracha e plástico, automóveis, químico, maquinaria e equipamentos, maquinaria e equipamentos elétricos, informática e eletrônica.

A fonte principal de dados para esse estudo é a base *Trade-in Value Added* (TiVA) produzida pela OECD/WTO, que consiste em uma tabela pronta para uso com os resultados das trocas comerciais em valor adicionado. Essa base de dados usa como base uma matriz insumo-produto internacional, também produzida pela OECD/WTO, que utiliza como fonte de dados tabelas de usos de recursos e o sistema de contas nacionais de cada país. O uso dessa matriz impõe limites temporais ao estudo, uma vez que há certa defasagem na atualização dos dados. Por outro lado, o benefício do seu uso é que esses dados vêm acompanhados de diversos indicadores já calculados em congruência com o ambiente de CGVs, que permitem traçar um retrato mais fiel do perfil comercial de cada economia.

Ademais, também foi utilizado o Sistema de Contas Nacionais (SCN) produzido pelo IBGE como fonte de dados mais específicos da economia brasileira que não estão disponíveis na matriz TiVA. Os indicadores escolhidos para a análise foram os seguintes:

a. participação da indústria no valor adicionado: obtido a partir do Sistema de Contas Nacionais, é calculado pela razão entre o valor adicionado do setor industrial e o valor adicionado total da economia;

b. participação da indústria na estrutura de emprego: obtido a partir do Sistema de Contas Nacionais, calculado pela razão entre o total de ocupações do setor industrial e o total de ocupações de todos os setores;

c. participação desagregada dos subsetores industriais (por estágio de desenvolvimento) em valor adicionado: obtido a partir da TiVA, esse indicador é calculado pela razão entre o valor adicionado produzido pelo subsetor e o valor adicionado total do setor manufatureiro (esse índice é representativo da composição da indústria e auxilia a identificar mudanças intrasetoriais);

d. participação desagregada dos subsetores industriais (por estágio de desenvolvimento) em valor adicionado exportado: obtido a partir da TiVA, esse indicador é calculado pela razão entre o valor adicionado doméstico exportado por cada subsetor e o valor adicionado doméstico exportado total (esse indicador é representativo da composição pauta de exportação e auxilia a identificar mudanças no perfil comercial);

e. participação do valor adicionado doméstico no valor bruto da produção (PROD_VASH): obtido por meio da TiVA, é calculado a partir da razão entre valor adicionado doméstico e valor da produção bruta (trata-se de um indicador do grau de verticalização e de dependência externa de cada setor da indústria);

f. penetração dos insumos importados (PII): calculado com base nos dados da TiVA, pela razão entre o valor dos insumos importados e o valor da produção bruta (representa a fatia de participação dos insumos importados na produção nacional);

g. insumos reexportados (REII): obtido pela TiVA, esse índice é calculado pela razão entre os insumos importados que foram reexportados e o total de insumos importados (representa a porcentagem de insumos importados que foram utilizados em produção para exportação e pode ser uma medida para variação de competitividade a partir da utilização de insumos estrangeiros);

h. participação do Valor adicionado doméstico indireto nas exportações brutas (EXGR_IDC): obtido pela TiVA, é calculado pela razão entre o valor adicionado doméstico indireto e o total das exportações, calculado para cada subsetor. O valor adicionado indireto está relacionado ao valor adicionado incluso nas exportações de uma indústria, mas que tem origem em outra mais a montante, por meio de insumos (este indicador está relacionado ao nível de encadeamento gerado pelas exportações no restante da economia);

i. participação do valor adicionado estrangeiro nas exportações brutas (EXGR_FVASH): obtido pela TiVA, esse indicador também é conhecido como de participação para trás na CGVs e revela a parcela das exportações que diz respeito ao valor adicionado produzido por países terceiros (em geral, países mais a jusante apresentam valor mais elevado desse indicador);

j. Participação do valor adicionado doméstico nas exportações estrangeiras: obtido pela TiVA, esse índice complementa[109] o anterior ao retratar a participação para frente na CGV, isto é, a parcela de contribuição insumos exportados para a exportação de países terceiros (países posicionados a montante na CGV apresentam valor mais elevado desse índice);

---

[109] Baseado em Koopman et al. (2010), a soma dos indicadores de participação para trás e para frente representa a participação total de um país nas CGV.

k. vantagem Comparativa Revelada em valor adicionado: esse índice foi calculado a partir dos dados disponíveis na TiVA. A fórmula para cálculo consiste na divisão entre a participação das exportações do subsetor sob análise no total de exportações do país em análise, pela participação das exportações mundiais do subsetor sob análise no total de exportações do mundo. Quando este índice e maior do que a unidade, o país apresenta vantagem comparativa na exportação de determinado produto *vis-à-vis* resto do mundo, quando menor que a unidade é sinal de desvantagem comparativa.

9.3.3 Um retrato do caso brasileiro

A partir da perspectiva de desindustrialização clássica, ao analisar os dados da participação do setor industrial brasileiro na estrutura de empregos, observa-se, inicialmente, um crescimento sutil desse indicador, o que, a princípio, descartaria a hipótese de desindustrialização. Entretanto, ao tomarmos o conceito mais abrangente de desindustrialização que abarca os casos de economias em desenvolvimento, devemos analisar também a participação da indústria no valor adicionado (Tregenna, 2009).

Gráfico 1 – Participação Valor Adicionado (VA) e Emprego (%) – período: 2008-2018

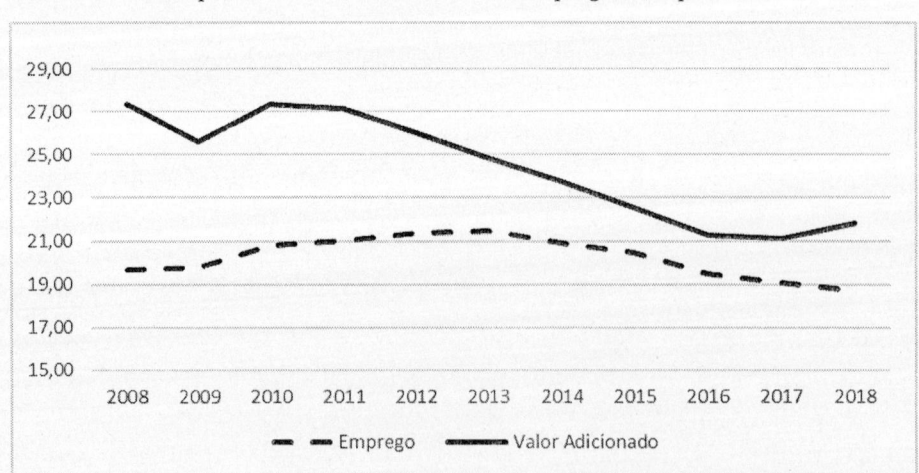

Fonte: elaborado pelos autores, a partir das Contas Nacionais (IBGE).

Ao observarmos os dois indicadores de forma conjugada, evidencia-se o caráter contraditório pontuado em Squeff (2012). Apesar de o emprego no setor industrial ter aumentado relativamente, mesmo que de forma sutil, a participação da manufatura no valor adicionado brasileiro apresentou tendência relevante de queda, reduzindo de 27,3%, em 2008, para 21,8%, em 2018. Essa diminuição pode ser um caráter sintomático do fraco desempenho da manufatura brasileira e de um possível processo de desindustrialização prematura.

Nesse período, o padrão de integração do Brasil às CGVs não se altera significativamente, mantendo-se o padrão apresentado em Ferreira e Schneider (2015), caracterizado pelos autores como de baixo nível de inserção, sendo ela majoritariamente representada pelo índice de participação para frente, como observado no Gráfico 2.

Gráfico 2 – Participação do valor adicionado estrangeiro nas exportações brutas (participação para trás) e participação do valor adicionado doméstico nas exportações estrangeiras (participação para frente) (em %) – período: 2008-2018

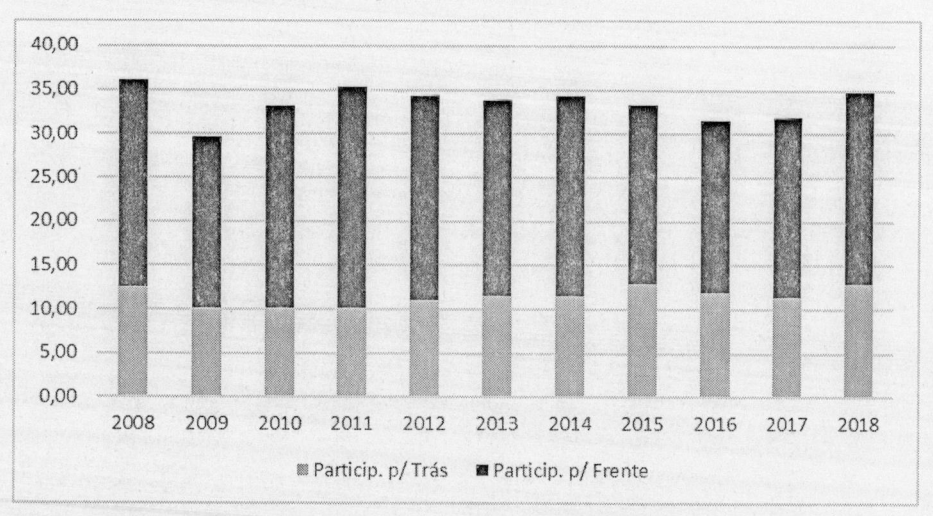

Fonte: elaborado pelos autores, a partir de dados da TiVA (OECD).

Uma das explicações para o maior nível de participação para frente dá-se pelo perfil de especialização comercial brasileiro, que tem tido como foco a exportação de bens primários e matérias-primas (Ferreira & Schneider, 2015; Reis & Almeida 2014). A manutenção do mesmo nível de integração e da mesma posição na CGV pode ser sinal da dificuldade que o país enfrenta em realizar o *upgrading* econômico, que representa um importante mecanismo de *catching up* para escapar da armadilha da tecnologia de renda média e atuar em novas etapas de produção com maior valor agregado (Andreoni & Tregenna, 2020).

Os indicadores supramencionados auxiliam a compreender o desempenho da manufatura brasileira no período, porém de forma incompleta. O processo de desenvolvimento envolve a mudança da composição intrasetorial da indústria para setores mais intensivos em tecnologia e P&D. O Gráfico 3 apresenta a composição do valor adicionado da manufatura brasileira, tendo em vista a divisão em três estágios de desenvolvimento tal como descrito em Haraguchi (2016), observa-se que a composição da indústria brasileira vem traçando o caminho reverso do padrão demonstrado pelo autor.

Gráfico 3 – Composição do Valor Adicionado da manufatura por estágios de desenvolvimento* (em %) - período: 2008-2018

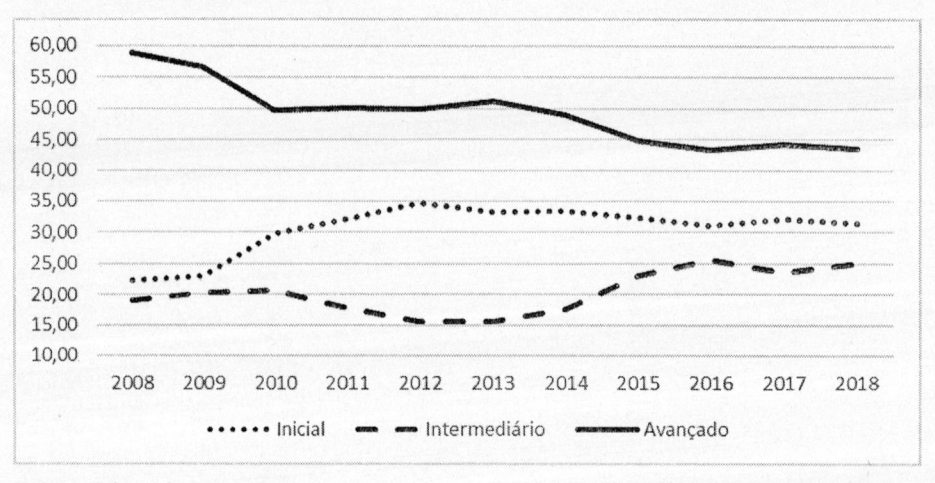

Fonte: elaborado pelos autores, a partir dos dados da TiVA (OECD). *: baseado em Haraguchi (2016).

O Brasil, por fazer parte do grupo de economias de renda média, tem como próximo passo do processo de desenvolvimento a ampliação do grupo de indústrias de "estágio avançado", porém o que se observa é uma mudança estrutural na direção oposta. No período pós-crise, as indústrias que compõem o grupo "avançado" observaram perda relativa de participação no valor adicionado gerado pelo setor manufatureiro. A contribuição desse subsetor reduz-se de 58,8% para 43,6%. Em contrapartida, tanto os subsetores do estágio inicial quanto intermediário observaram crescimento em sua participação. Essa tendência é alarmante, pois as indústrias de estágio avançado são caracterizadas por apresentarem maior teor tecnológico, maiores ganhos de escala e capacidade de encadeamento com o restante da economia; logo, configuram um mecanismo importante para que os países de renda média sejam capazes de transacionar para uma estrutura produtiva de renda alta (Hermida, 2016).

Outra forma de avaliar o desempenho desses grupos industriais é por meio da capacidade de competição no mercado internacional. Para essa análise, vemos na Tabela 1 a participação desses grupos no total do valor adicionado exportado pela economia brasileira.

Tabela 1 – Participação no Valor Adicionado Exportado (em %), setor industrial por estágios de desenvolvimento* - período: 2008-2018

	Inicial	Intermediário	Avançado	Manufatura
2008	17,2	14,9	22,3	54,4
2009	18,9	12,4	19,5	50,8
2010	16,8	11,5	17,1	45,4
2011	15,4	11,3	15,4	42,1
2012	15,2	11,5	16,2	42,9
2013	15,2	10,6	16,8	42,6
2014	14,9	11,5	14,7	41,0
2015	15,3	12,4	15,1	42,8
2016	16,6	11,8	16,6	45,0
2017	15,1	11,7	16,3	43,1
2018	13,8	12,3	14,8	40,9

Fonte: elaborada pelos autores, com base nos dados da TiVA (OCDE). *: baseado em Haraguchi (2016).

A Tabela 1 corrobora o retrato de deterioração da qualidade do setor industrial brasileiro, isto é, os subsetores com atividades de menor valor adicionado vêm aumentando sua participação relativa, em detrimento dos setores avançados que produzem bens tecnológicos e de maior valor adicionado. A manufatura brasileira, de forma geral, perde, aproximadamente, 14 p.p. de participação no valor adicionado da exportação, dando continuidade a um processo que vinha ocorrendo anteriormente à crise de 2008 (Ferreira & Schneider, 2015). Além disso, ao analisar de forma desagregada, observa-se que essa queda é ainda mais acentuada no grupo de indústrias de estágio avançado. Para esse grupo, a queda foi de, aproximadamente, um terço de sua participação. Essas evidências podem configurar sintoma de uma desindustrialização prematura para esse setor industrial, uma vez que o Brasil ainda não alcançou a alta renda na qual essa diminuição seria considerada prevista dentro dos padrões observados.

Ainda pela ótica das exportações, a Tabela 2 apresenta dois indicadores que são representativos da qualidade e da forma que as exportações reverberam no restante da economia.

Tabela 2 – Participação do Valor Adicionado estrangeiro nas exportações brutas (EXGR_FVASH) e Participação do valor adicionado doméstico indireto nas exportações brutas (EXGR_IDC), setor industrial por estágios de desenvolvimento* - período: 2008-2018

	Particip. V.A. Estrangeiro nas Export.			V.A. Doméstico Indireto nas Export.		
	2008	2013	2018	2008	2013	2018
Inicial	11,6	11,1	11,3	61,8	56,4	56,8
Intermediário	20,1	20,1	20,0	51,0	53,1	47,5
Avançado	18,4	18,6	21,7	41,8	43,0	42,6

Fonte: elaborada pelos autores, com base nos dados TiVA (OCDE). *: baseado em Haraguchi (2016).

O indicador EXGR_FVASH revela que, além de o grupo de indústrias avançadas perder participação na pauta de exportação, ele também apresenta índices cada vez maiores de valor adicionado estrangeiro. Esse aumento pode estar relacionado a um processo de desverticalização da estrutura produtiva que, especialmente nesses setores de maior conteúdo tecnológico e com maior potencial de inovação, reduz a capacidade de modernização da estrutura industrial e de crescimento da produtividade. Ao conjugar a perda de relevância na pauta de exportação com o aumento do valor adicionado estrangeiro, uma interpretação possível é que os produtos manufaturados brasileiros, principalmente dos setores mais avançados, vêm perdendo competitividade no mercado internacional. A evidência empírica aponta que os países que conseguiram ganhar competitividade foram os capazes de aumentar o nível de valor adicionado doméstico (Marcato, Baltar, & Sart, 2019).

Já o indicador de valor adicionado indireto pode ser compreendido como uma forma de avaliar o nível de encadeamento do setor industrial com o restante da economia. Nesse período, não houve alteração significativa nesse índice, observando apenas uma pequena redução para as indústrias de estágio inicial. Esse resultado contradiz a hipótese de desverticalização e de perda dos encadeamentos da estrutura produtiva em virtude do aumento do valor adicionado estrangeiro nas exportações.

Contudo, na economia brasileira, as exportações representam uma parte minoritária do PIB. Em razão disso, os índices relacionados à exportação podem não ser suficientes para traçar um retrato completo do tecido industrial. Tendo em vista que as indústrias do grupo avançado são as principais responsáveis por gerar dinamismo econômico e estarem relacionadas à sustentação de um processo de crescimento elevado no longo prazo, a Tabela 3 tem por objetivo detalhar o desempenho desse grupo no período.

Tabela 3 – Participação dos Insumos Importados na Produção Bruta (PII) e Índice de insumos importados que são reexportados (REII), para indústrias do grupo de estágio de desenvolvimento avançado* (em %) – período: 2008-2018

	Particip. Insumo Importado			Insumos import. e reexportados		
	2008	2013	2018	2008	2013	2018
Borracha e Produtos Plásticos	10,3	11,5	10,6	17,51	15,18	20,14
Computadores, eletrônicos e equipamentos elétricos	9,2	17,9	18,6	14,31	8,84	12,44
Maquinário e equipamento	16,9	13,9	13,9	18,78	18,86	28,87
Transporte	6,8	7,4	10,1	28,22	21,34	36,77
Químico e Farmacêutico	16,4	18,2	21,3	20,47	19,61	26,46
Outras manufaturas; Reparo e Instalação de Maquinário	0,7	3,8	4,3	16,17	12,9	20,82
Média	10,09	12,49	14,36	19,62	17,14	25,79

Fonte: elaborada pelos autores, com base nos dados da TiVA (OCDE). *: baseado em Haraguchi (2016).

A Tabela 3 apresenta os indicadores em um nível maior de desagregação, esclarecendo a origem das mudanças ocorridas no grupo de indústrias avançadas. Os índices PII e REII permitem compreender o perfil de importação de insumos estabelecido para esse grupo. A importação possui uma dualidade intrínseca à sua função em uma economia. Se, por um lado, ela pode ter um efeito positivo ao baratear custos e permitir acesso a melhores tecnologias, por outro, a importação pode representar desverticalização, perda de encadeamentos e supressão de fornecedores nacionais. No pós-crise, fica evidente o aumento da penetração dos insumos importados no grupo de indústrias avançadas, de maneira geral, crescendo cerca de 40%.

Esse crescimento se deu majoritariamente nos setores de "Computadores e eletrônicos, e Química e farmacêutica", duas atividades econômicas que alguns autores defendem como primordiais para o desenvolvimento e a redução do *gap* tecnológico entre os países de renda média em relação aos de renda alta, pois concentram grande parte dos investimentos em P&D (Morceiro & Guilhoto, 2020). O setor de "Computadores e eletrônicos" apresenta sinais preocupantes de desverticalização: no período, a participação de insumos importados dobra de 9,2% para 18,6%, e não há contrapartida na taxa de reexportação dos insumos, que cai de 14,31% para 12,44%. Ou seja, além de uma possível desverticalização pelo progressivo aumento de uso de insumos estrangeiros, essa indústria pode estar perdendo competitividade no cenário internacional.

O indicador de participação dos insumos importados e reexportados (REII) está relacionado à parte positiva da dualidade da importação. Caso os insumos tenham sido reexportados, isso pode ser interpretado como um sinal de ganho de competitividade, já que o produto ganha espaço no mercado internacional. Com exceção do setor de "Computadores e eletrônicos", todos os demais desse estágio de desenvolvimento observaram aumento no indicador. Essa evidência pode ser um indicador positivo de que o aumento da penetração das importações de insumos mencionadas anteriormente pode ter promovido um ganho de competitividade para as indústrias desse grupo. Para verificar este argumento, a Tabela 4 apresenta o índice de Vantagem Comparativa Revelada e o indicador de participação do valor adicionado na produção bruta.

Tabela 4 – Participação do Valor Adicionado na produção bruta (em %) e Índice de Vantagem Comparativa Revelada em Valor Adicionado, para indústrias do estágio de desenvolvimento avançado*

	V.A. Doméstico na Prod. Bruta			Vantagem Comparativa Revelada		
	2008	2013	2018	2008	2013	2018
Borracha e Produtos Plásticos	22,4	34,1	32,0	0,65	0,58	0,44
Computadores, eletrônicos e equipamentos elétricos	38,0	31,4	28,7	0,14	0,12	0,08
Maquinário e equipamento	51,9	35,4	34,4	0,89	0,47	0,41
Transporte	27,1	31,6	28,2	1,48	1,18	1,00
Químico e Farmacêutico	25,8	29,4	29,8	0,84	0,68	0,46
Outras manufaturas; Reparo e Instalação de Maquinário	75,3	49,1	45,1	0,45	0,55	0,22
Média	37,22	33,50	31,68	0,69	0,53	0,39

Fonte: elaborada pelos autores, com base nos dados da TiVA (OCDE). *: baseado em Haraguchi (2016).

O indicador PRODVASH representa a participação do valor adicionado na produção bruta. Observa-se que, na contramão do que a literatura compreende como um processo de desenvolvimento e ganho de competitividade do setor industrial, a manufatura brasileira vem perdendo participação (Marcato et al., 2019). A queda desse indicador aponta a possibilidade de um processo de desarticulação das cadeias de produção nacionais para os setores de "Computadores e eletrônicos, Maquinário e equipamento e, Outras manufaturas". Esse comportamento merece atenção, pois são setores de grandes economias de escala e alto índice de encadeamento e efeito *spillover*. Em contrapartida, as indústrias de "Borracha e Produtos Plásticos e Químico e Farmacêutico" apresentaram crescimento nesse indicador, evidência que pode representar um efeito positivo nesses subsetores, entretanto, vai de encontro à evidência anterior estabelecida pelo crescimento do índice de participação dos insumos importados.

Por fim, o indicador de Vantagem Comparativa Revelada foi construído com base nos valores adicionados exportados, que, no contexto atual, fornece um retrato mais fiel das vantagens competitivas, descartando os efeitos da múltipla-contagem e do posicionamento nas CGVs (Marcato et al., 2019). Esse indicador foi o que produziu resultados mais alarmantes para esse subsetor. No período analisado, todas as indústrias tiveram perdas significativas de competitividade. À exceção da indústria de "Transporte", todas as outras apresentam perda de vantagem comparativa revelada, principalmente o setor de "Computadores e eletrônicos", que apresentava um índice de 0,14, em 2008, e reduz sua competitividade a 0,08, em 2018. De forma geral, esse indicador corrobora a ideia de que esse grupo de indústrias que compõem o estágio de desenvolvimento avançado apresenta um processo de desindustrialização prematura, perdendo relevância, dinamismo e competitividade internacional. Esse retrato pode ser considerado um *downgrade* econômico de produto, na medida em que a manufatura brasileira tem apresentado a tendência de foco na produção e comercialização de bens com menor valor agregado, trabalho-intensivos e com menor conteúdo tecnológico, representados pelas indústrias dos grupos de estágio de desenvolvimento inicial e intermediário.

9.4 Considerações finais

Este trabalho teve como objetivo aprofundar o entendimento sobre o fenômeno da desindustrialização, tendo em vista o padrão de especialização comercial de um país no contexto de cadeias globais de valor. Ao articular a literatura clássica sobre desindustrialização com as contribuições mais recentes, foi possível identificar os padrões de mudanças intersetoriais e intrasetoriais que funcionaram como mecanismo de crescimento para os atuais países desenvolvidos e compreender quais seriam os sinais de retrocesso do desenvolvimento industrial. A partir dessa compreensão, buscou-se traçar o panorama atual das CGVs e estabelecer os mecanismos de interdependência entre o perfil comercial e o desempenho industrial. Para tal, realizou-se um retrato do caso brasileiro utilizando os dados mais recentes disponibilizados pela TiVA (OECD/WTO). O estudo teve como foco principal a análise de desempenho do grupo de indústrias identificadas como de estágio de desenvolvimento avançado, que são caracterizadas por apresentar, de maneira geral, maior conteúdo tecnológico, ser mais intensivas em conhecimento e produzir maior valor adicionado.

O Brasil faz parte do grupo de países de renda média e enfrenta, ademais, o desafio de sair da armadilha tecnológica de renda média, tal como apontado por Andreoni e Tregenna (2020). A revisão da literatura ressaltou a importância da mudança na composição industrial em direção às indústrias de caráter mais avançado, mudança da pauta de exportação para bens com maior conteúdo tecnológico e crescimento do valor adicionado doméstico na produção como mecanismos de *catching up* e consolidação de um processo de crescimento sustentado no longo prazo. Os resultados deste estudo mostram que a manufatura brasileira retrocedeu em todos esses aspectos.

Partindo de uma interpretação teleológica da desindustrialização como perda de relevância e de dinamismo do setor industrial, é possível afirmar que o Brasil passou por um processo de desindustrialização prematura nesse subsetor de indústrias de estágio avançado. Esse cenário se configura a partir da redução do índice de participação da manufatura no valor agregado produzido, redução de participação na pauta de exportação e redução da participação do valor adicionado doméstico na produção industrial bruta.

Outra tendência, que já vinha sendo observada pela literatura econômica, era o aumento da penetração de importação, principalmente, nos setores de maior conteúdo tecnológico. Essa tendência se aprofundou no período de análise, sendo observado um efeito mais negativo no setor de "Computadores e eletrônicos", um setor primordial para o avanço tecnológico e que concentra parte relevante do P&D, bem como um setor representativo das estruturas de produção verticalmente fragmentadas.

Ademais, é preciso destacar que este trabalho apresenta algumas restrições em sua análise. O estudo se limitou a avaliar os indicadores de valor adicionado das exportações, porém a literatura econômica sobre desindustrialização também dá importância para o comportamento da estrutura de empregos que está fora do escopo do estudo. Outros fatores importantes, como variações monetárias e cambiais, não são avaliados diretamente neste estudo, apesar de estarem relacionadas ao desempenho comercial. Os indicadores de produtividade e a discussão acerca de sua forma de cálculo também não foram abordados. Essas questões dão margem para novos estudos e maior aprofundamento do tema deste trabalho.

Por fim, fica evidente que o Brasil não tem conseguido extrair os benefícios da integração às CGVs. De forma análoga ao conceito de *upgrading* econômico nas CGVs, pode-se considerar que as evidências apontam para um processo de *downgrade* econômico no caso brasileiro, uma vez que os setores usualmente retratados como intensivos em tecnologia vêm perdendo relevância e aumentando os insumos importados, podendo perder os encadeamentos na estrutura produtiva. Esse resultado merece posterior investigação, pois pode representar um dos principais fatores responsáveis pela perda de dinamismo econômico e pelo baixo crescimento observado ao longo da última década.

Referências

Andreoni, A.; Tregenna, F. (2020). Escaping the middle-income technology trap: A comparative analysis of industrial policies in China, Brazil and South Africa. *Structural Change and Economic Dynamics*, v. 54, p. 324–340.

Andreoni, A.; Tregenna, F. (2018). Stuck in the middle: Premature desindustrialisation and industrial policy. *Center for Competition Regulation and Economic Development (CCRED)*, n. 11.

Castillo, M.; Martins, A. (2016). Premature deindustrialization in Latin America. ECLAC - *Production Development Series*, n. 205, jun.

Cimoli, M.; Correa, N. (2002). Trade Openess and Technological Gaps in Latin America: a Low Growth Trap. *Laboratory of Economics and Management (LEM)*.

Coutinho, L. (1997). A especialização regressiva: um balanço do desempenho industrial pós-estabilização. In: Veloso, J. P. Dos R. (Ed.). *Brasil: desafios de um país em transformação*. Rio de Janeiro: José Olympio, p. 82–105.

Dosi, G., Riccio, F., & Virgilito, M. (2021). Varieties of deindustrialization and patterns of diversification: why microchips are not potato chips. *Structural Change and Economic Dynamics*, Elsevier, vol. 57, p. 182-202.

Ferreira, J. D.; Schneider, M. B. (2015). As cadeias globais de valor e a inserção da indústria brasileira. Revista Tecnologia e Sociedade. Curitiba, v.11, n. 21.

Haraguchi, N. (2016). Patterns of structural change and manufacturing development. In: Weiss, J.; Tribe, M. (Ed.). *Routledge Handbook of Industry and Development.* Abingdon: New York: Routledge, p. 38–64.

Hausmann, R. Hwang, J., & Rodrik, D. (2007). What you export matters. *Journal of Economic Growth,* v.12, p.1-25.

Hermida, C. (2016). *Padrão de especialização comercial e crescimento econômico: uma análise sobre o Brasil no contexto da fragmentação da produção e das cadeias globais de valor.* Tese (Doutorado em Economia), Universidade Federal de Uberlândia, Uberlândia, Minas Gerais.

Hiratuka, C.; Sarti, F. (2015). *Transformações na estrutura produtiva global, desindustrialização e desenvolvimento industrial no Brasil: uma contribuição para o debate.* Campinas: Instituto de Economia / Unicamp, jun. (Texto para Discussão, n. 255).

Kaldor, N. (1957). A Model of Economic Growth. *Economic Journal,* v. 67.

Kaldor, N. (1975). Economic growth and the Verdoorn law: a comment of Mr. Rowthorn's article. *The Economic Journal.* v. 85, p. 891-896.

Kaldor, N. (1967). *Strategic factors in economic development.* New York. Cornell University.

Robert, K.; Powers W.; Wang, Z. & Wei, S. (2010). Give credit where is due: tracing value in global production chains. *NBER Working Paper,* no 16426. Cambridge, M.

Lamonica, M. T.; Feijó, C. A. (2011). Crescimento e industrialização no Brasil: uma interpretação à luz das propostas de Kaldor. *Revista Economia Política,* São Paulo, v. 31, n. 1, p. 118-138.

Libânio, G.; Moro, S. (2009). Manufacturing industry and economic growth in Latin America: A Kaldorian Approach. In *Anais do XXXVII Encontro Nacional de Economia da ANPEC,* Foz do Iguaçu, PR.

Magacho, G. R. (2015). *Growth and Stagnation in Developing Economies: a Structural Approach.* Teste (Doutorado em Filosofia) – University of Cambridge.

Maia, B. A. A. (2020). Há desindustrialização no Brasil? Um estudo da abordagem clássica e de análises alternativas entre 1998 e 2014. *Economia e Sociedade,* Campinas, v. 29, n. 2, p. 549-579.

Marcato, M. B.; Baltar, C. T. (2020). Upgrading econômico: conceitos e medidas. *Revista Brasileira de Inovação,* Campinas, v. 19, p. 1-25.

Marcato, M. B.; Ultremare, F. O. (2018). Produção industrial e vazamento de demanda para o exterior: uma análise da economia brasileira. *Economia e Sociedade,* v. 27, n. 2.

Marcato, M. (2018). *Integração comercial em uma estrutura de produção verticalmente fragmentada: teoria, métricas e efeitos.* Tese (Doutorado em Economia) – Instituto de Economia, Universidade Estadual de Campinas.

Marcato, M.; Baltar, C; Sarti, F. (2019). International competitiveness in a vertically fragmented production structure: empirical challenges and evidence. *Economics Bulletin,* AccessEcon, vol. 39(2), p. 876-893.

Marconi, N., Reis, C. F. de B., Araújo, E. C. (2016). Manufacturing and economic development: The actuality of Kaldor's first and second laws. *Structural Change and Economic Dynamics,* v. 37, p. 75-89.

Marconi, N.; Rocha, M. (2012). *Insumos importados e evolução do setor manufatureiro no Brasil.* Brasília: IPEA. (Texto para Discussão, n. 1780).

Montanha, R. A. (2019). *Análise comparativa das mudanças no coeficiente de importação: Brasil, China e Principais Blocos Econômicos no período 1995 – 2014.* Tese (Doutorado em Economia) – Instituto de Economia, Universidade Federal do Rio de Janeiro, Rio de Janeiro.

Morceiro, P. C. (2012). *Desindustrialização na economia brasileira no período 2000-2011: abordagens e indicadores.* (Dissertação de Mestrado). Universidade Estadual Paulista, Faculdade de Ciências e Letras, Campus de Araraquara, Araraquara.

Morceiro, P. C.; Guilhoto, J. J. M. (2020). Adensamento produtivo e esgarçamento do tecido industrial brasileiro. *Economia e Sociedade,* Campinas, v. 29, n. 3, p. 835-860.

Morceiro, P. C.; Guilhoto, J. J. M. (2019). *Desindustrialização setorial e estagnação de longo prazo da manufatura brasileira.* São Paulo: Department of Economics, FEA-USP. (Working Paper Series, n. 2019-01).

Nassif, A., Feijó, C., & Araujo, E. (2020). Mudança estrutural e crescimento da produtividade no Brasil: onde estamos? *Revista de Economia Política,* v. 40, n. 2, p. 243-263.

Nassif, A. (2008). Há evidências de desindustrialização no Brasil? *Revista Economia Política,* São Paulo, v. 28, n. 1, p. 72-96.

OECD. (2021). *Guide to OECD's Trade in Value Added Indicators 2021 Edition*. Paris: OECD Publications.

Oreiro, J. L.; Feijó, C. (2010). Desindustrialização: conceituação, causa, efeitos e o caso brasileiro. *Revista de Economia Política*.

Paccola, M. A. (2014). *Política econômica e trajotória da Indústria no Brasil: Das origens à crise atual.* Teste (Mestrado em Ciências Sociais) Faculdade de Filosofia e Ciências, Universidade Estadual Paulista, Marília, São Paulo, 2014.

Palma, J. G. (2014). De-Industrialisation, 'Premature' De-Industrialisation and the Dutch-Disease. *Revista NECAT*, v. 3, n. 5, 7-23.

Palma, J. G. (2008). Deindustrialisation, premature deindustrialisation, and the Dutch disease. In: Blume, L.E; S.N. Durlauf (eds.), *The New Palgrave: A Dictionary of Economics*, 2nd edition, Basingstoke: Palgrave Macmillan, pp. 401-410.

Passoni, P. (2019). *Deindustrialization and Regressive Specialization in the Brazilian economy between 2000 and 2014: a critical assessment based on the input-output analysis.* Tese (Doutorado em Economia) Instituto de Economia, Universidade Federal do Rio de Janeiro, Rio de Janeiro.

Peres, S. C.; Araújo, E; Araújo, E.; Punzo, L. (2018). Uma investigação sobre determinantes da desindustrialização: teorias e evidências para os países desenvolvidos e em desenvolvimento (1970-2015). In *Anais do Encontro Internacional da Associação Keynesiana Brasileira "Desafios para a Economia Brasileira: uma perspectiva keynesiana"*, Faculdade de Ciências Econômicas da Universidade Federal do Rio Grande do Sul, Porto Alegre, RS.

Reis, C.F.B.; Almeida, J. S. G. (2014). *A inserção do Brasil nas cadeias globais de valor comparativamente aos BRIICS*. Campinas: Instituto de Economia, UNICAMP, 2014 (Textos para discussão).

Rocha, I. L. (2018). Manufacturing as Driver of Economic Growth. *PSL Quarterly Review* v. 71 n. 285, jun.

Rodrik, D. (2013), "Unconditional Convergence in Manufacturing," *Quarterly Journal of Economics*, 128 (1), p. 165-204, 2013.

Rodrik, D. (2016). Premature deindustrialization. *Journal of Economic Growth*, v. 21, n.1, p. 1-33.

Rowthorn, R. and Coutts, K. (2004). 'Deindustrialisation and the balance of payments in advanced economies', *Cambridge Journal of Economics*, 28(5), 767-790.

Rowthorn, R.; Ramaswamy, R. (1997). Deindustrialisation: causes and implications. *International Monetary Fund (IMF)*. (IMF Working Paper n° 97/42)

Rowthorn, R.; Ramaswamy, R. (1999). Growth, trade, and deindustrialization. IMF Staff Papers 46(1). Washington, DC: International Monetary Fund.

Rowthorn, R. (1994). 'Korea at the Cross- roads', Working Paper 11. Cambridge: Centre for Business Research.

Sampaio, D. P. (2019). Economia brasileira no início do século XXI: desaceleração, crise e desindustrialização (2000-2017). *Semestre Econômico*, v. 22, n. 50, p. 107-128.

Silva, M. E. L. (2018). *Dinâmica da Indústria Brasileira no período 2002-2017: Uma estimação da Lei Kaldor-Verdoorn*. Dissertação (Mestrado em Economia) –Universidade Federal do Rio Grande.

Singh, A. (1987). Manufacturing and de-industrialization. *In*: Eatwell, J. et al. (org.), *The New Palgrave: a dictionary of economics*. London: Mac-millan. v.3.

Souza, I. E. L.; Verissimo, M. P. (2019). Produção e emprego industrial nos estados brasileiros: evidências de desindustrialização. *Nova Economia*, Belo Horizonte, v. 29, n. 1, p. 75-101.

Squeff, G. C. (2012). Desindustrialização em debate: aspectos teóricos e alguns fatos estilizados da economia brasileira. Radar. *Diretoria de Estudos e Políticas Setoriais, de Inovação, Regulação e Infraestrutura* - n. 21 (ago. 2012) - Brasília: Ipea.

Su, D.; Yao, Y. (2017). Manufacturing as the key engine of economic growth for middle-income economies. *Journal of the Asia Pacific Economy*, v.22, n. 1, p. 47-70.

Torracca, J.F (2017). *Coevolução das Estruturas de Produção e Comércio Exterior da Indústria Brasileira: Convergência ou Desarticulação?* Tese (Doutorado em Economia) – Instituto de Economia, Universidade Federal do Rio de Janeiro, 2017.

Tregenna, F. (2014). A new theoretical analysis of deindustrialization. *Cambridge Journal of Economics*, v.38, n. 6, p. 1373-1390.

Tregenna, F. (2009). Characterising deindustrialisation: an analysis of changes in manufacturing employment and output internationally. *Cambridge Journal of Economics*, v.33, p.433-66.

Tregenna, F. (2016). Deindustrialization and premature deindustrialization. *In:* *Handbook of Alternative Theories of Economic Development*, Edward Elgar Publishing, p. 710-728.

Verdoorn, P. J. (1951). One empirical law governing the productivity of labor. Econometrica, April, p. 209-210.

Verguhanini, R. (2013). *O debate sobre a mudança estrutural da economia brasileira nos anos 2000.* Dissertação (Mestrado em Economia) –Universidade Federal do Rio de Janeiro.

Weiss, J.; Jalilian, H. (2016). Manufacturing as an Engine of Growth. *In:* J.Weiss and M. Tribe (org.), *Routledge Handbook of Industry and Development.* New York: Routledge, p. 26-37.

Capítulo 10

SISTEMAS NACIONAIS DE INOVAÇÃO E MUDANÇA ESTRUTURAL: A ECONOMIA BRASILEIRA EM PERSPECTIVA COMPARADA

Samuel Costa Peres

10.1 Introdução

A mudança estrutural tem sido uma importante força motriz do desenvolvimento econômico ao longo das últimas décadas. Para a teoria da transformação estrutural (Kuznets, 1957, 1973; Chenery, 1960; Fourastié, 1963; Ocampo, Rada, & Taylor, 2009; Oqubay, 2020), o desenvolvimento é impulsionado por uma mudança da extração de matérias-primas e atividades do setor primário para processos de transformação técnica cada vez mais complexos, os quais se encontram no interior do setor manufatureiro.

Nessa literatura, portanto, os países que conseguem romper as barreiras da pobreza são aqueles bem-sucedidos em diversificar suas atividades para além da agricultura e segmentos a ela relacionados. Quando o trabalho e outros recursos migram para as atividades manufatureiras, especialmente aquelas mais intensivas em tecnologia e de maior valor agregado, a produtividade da economia em geral aumenta e a renda se expande. A capacidade de realizar essa transformação estrutural, bem como a velocidade em que ela ocorre, distinguem os países com trajetórias bem-sucedidas de crescimento econômico e aqueles que se mantêm estagnados ao longo do tempo. Nas últimas décadas, contudo, e excluindo-se alguns países asiáticos, a maioria dos países em desenvolvimento, entre eles o Brasil, experimentou uma redução da participação do valor adicionado do setor manufatureiro. Além disso, a maior parte desses não conseguiu aumentar a participação de tecnologias superiores na manufatura, e alguns estão, inclusive, migrando para setores de baixa tecnologia. Dessa forma, o *gap* tecnológico entre países em desenvolvimento e aqueles desenvolvidos tem aumentado (Unctad, 2021).

Os fatores subjacentes que contribuem ou impedem os países de desenvolver capacidades e ensejar um processo de mudança estrutural pró-crescimento têm sido estudados extensivamente na literatura sobre desenvolvimento e, mais recentemente, a partir da abordagem evolucionária de sistemas de inovação. Um sistema de inovação refere-se ao conjunto de organizações e instituições engajadas em processos de aprendizagem interativa e criação e difusão de conhecimento.

Esses sistemas de inovação podem ser analisados em diferentes níveis. Um sistema nacional de inovação (SNI) pode ser definido como um sistema aberto, em evolução e complexo, que abrange relacionamentos dentro e entre organizações, instituições e estruturas socioeconômicas que determinam a taxa e a direção da inovação e da construção de competências que emanam dos processos de aprendizado baseados na ciência e na experiência (Lundvall, Vang, Joseph, & Chaminade, 2009).

O foco no nível nacional não implica negligenciar o papel que a dimensão regional ou internacional possui para a inovação e, em última análise, para o crescimento e desenvolvimento. Entretanto, o foco em SNIs justifica-se na medida em que as políticas nacionais e a governança nacional de modo geral continuam a exercer um papel fundamental na inovação, transformação industrial, crescimento, desenvolvimento e competitividade. Ademais, a inovação é dependente da trajetória, e as organizações, instituições e seus relacionamentos são fortemente influenciados por condições históricas e estratégias de política econômica, de ciência, tecnologia e inovação.

Nesse contexto, esta pesquisa explora a relação entre mudança estrutural e SNIs. Mais especificamente, a pesquisa busca defender a hipótese de que as diferentes trajetórias de mudança estrutural e *catching-up* observadas nas últimas décadas, entre o Brasil e economias emergentes mais bem-sucedidas, notadamente as asiáticas, derivam, ainda que parcialmente, da capacidade ou incapacidade de desenvolvimento de um núcleo endógeno de dinamização tecnológica (Fajnzylber, 2000), expresso pelo conceito mais amplo de SNI.

O capítulo está estruturado da seguinte forma. Na primeira seção, após esta introdução, discute-se, do ponto de vista teórico, a relação entre SNI e mudança estrutural, ou o processo de desenvolvimento econômico de modo geral. A seção seguinte analisa, em perspectiva comparada, a trajetória de mudança estrutural e *catching-up* do Brasil, a competitividade do seu setor manufatureiro na economia global e a evolução de indicadores representativos do seu SNI. A última seção sumariza os *insights* da pesquisa e discute as implicações de política para o Brasil.

10.2 O nexo entre sistemas nacionais de inovação, mudança estrutural e desenvolvimento econômico

A história econômica revela que o crescimento por si só não é suficiente para sustentar o desenvolvimento econômico. Por outro lado, a mudança estrutural tem sido uma importante força motriz do desenvolvimento econômico ao longo das últimas décadas. A mudança estrutural é caracterizada por mudanças setoriais, crescimento sustentado da produtividade e transbordamento tecnológico, acompanhados por mudanças na demanda, ocupações e níveis de renda, bem como mudanças institucionais e socioeconômicas (Kuznets, 1957, 1973; Chenery, 1960; Fourastié, 1963; Ocampo et al., 2009; Oqubay, 2020).

A transformação estrutural envolve mudanças de atividades e setores de baixa para alta produtividade, diversificação para novas atividades e indústrias e aprofundamento e modernização industrial específica do setor. Ou seja, o desenvolvimento é impulsionado por uma mudança da extração de matérias-primas e atividades do setor primário para processos de transformação técnica cada vez mais complexos, os quais se encontram no interior do setor manufatureiro. Um processo de mudança estrutural fundamental requer o desenvolvimento e a expansão da capacidade produtiva de um país, isto é, a acumulação de vários tipos de capacidades.

Do lado da oferta, as fontes dessa transição incluem o desenvolvimento de *know-how*, o aumento da mão de obra qualificada e o avanço tecnológico, além de possibilitar a aplicação de novos métodos de produção. Do lado da demanda, o aumento do padrão de vida induz uma mudança do consumo de alimentos e outras mercadorias primárias para bens de consumo, que geralmente são manufaturados. Essa transformação leva a maior valor agregado e maior bem-estar econômico. Portanto, nessa perspectiva, o crescimento sustentado de longo prazo, que oferece oportunidades econômicas para todos, só pode ser alcançado por meio de uma mudança para atividades produtivas mais complexas e, logo, de maior valor agregado.

Nesse sentido, uma proposição amplamente defendida pela perspectiva estruturalista é a de que o setor manufatureiro possui propriedades especiais, que são críticas para o dinamismo de longo prazo dos sistemas industrial e econômico de forma geral. Essas propriedades incluem a capacidade de gerar efeitos de ligação, retornos crescentes de escala e ganhos de produtividade, tanto dentro do setor manufatureiro quanto na economia como um todo por meio de encadeamentos intersetoriais para frente e para trás, transbordamentos tecnológicos e criação de empregos (diretos e indiretos). A importância relativa dessas propriedades especiais varia entre os subsetores manufatureiros e os níveis de desenvolvimento econômico (Kaldor, 1967; Szirmai, 2012; Young, 1928; Hirschman, 1958; Pasinetti, 1993, 1981; Prebisch, 1950).

Por exemplo, a produtividade agrícola é aumentada por meio de pesquisas e aplicação de avanços tecnológicos desenvolvidos no setor manufatureiro. A manufatura também estimulou o crescimento dos serviços, com a transferência de atividades como distribuição, logística e marketing para o setor de serviços e a terceirização de outras atividades, como contabilidade e gestão de recursos humanos (Andreoni & Chang, 2017). A intensidade do conhecimento no setor de serviços varia desde o setor informal até setores de alta produtividade, como de tecnologia da informação e comunicação e logística, que são decisivos para a competitividade da manufatura. De modo geral, o setor de serviços e seu potencial de crescimento são parcialmente moldados pela escala e pelo nível de sofisticação do setor manufatureiro (Oqubay, 2020).

Igualmente, as exportações e o posicionamento no comércio internacional têm sido reconhecidos como fundamentais para o crescimento, e as exportações, associadas à mudança estrutural, especialmente como estímulo à industrialização e às exportações de manufaturados (Thirlwall, 2013). Os formuladores de políticas podem buscar uma variedade de estratégias de promoção de exportações, com resultados distintos. No entanto, de uma perspectiva estruturalista, há, ao menos, três razões fundamentais pelas quais as exportações desempenham um papel estratégico no crescimento econômico e na mudança estrutural.

Em primeiro lugar, as exportações são fontes e propulsoras do aprendizado internacional, já que o posicionamento no comércio internacional exige competitividade em termos de qualidade, prazo de entrega e custo. As exportações também servem como canais para exportadores indiretos e fornecedores domésticos e geram efeitos de transbordamento nas empresas locais por meio de habilidades de gerenciamento, transferência de força de trabalho e emulação. Em segundo lugar, as exportações contribuem para a superação de restrições de balanço de pagamentos que podem desacelerar o crescimento econômico e impedir a rápida industrialização, o que, em última análise, retarda o processo de mudança estrutural e pode desencadear crises macroeconômicas. Uma economia incapaz de usar as exportações para gerar divisas provavelmente dependerá de fontes menos estáveis, como ajuda e empréstimos externos (Thirlwall, 2011).

Em terceiro lugar, em atividades em que um país tem capacidade limitada de agregar valor, as exportações podem estimular a economia local, ao criar mercados para a produção doméstica excedente, bem como para os recursos naturais para os quais não há demanda local suficiente. Isso destaca a complementaridade das estratégias de industrialização liderada por exportações (ELI) e industrialização por substituição de importações (ISI). Conforme Amsden (1989), a estratégia ELI, cuidadosamente sincronizada com a ISI, ofereceu um caminho de industrialização acelerada para os países retardatários do século XX, como o Japão, as economias recém-industrializadas do Leste Asiático (Coreia do Sul, Taiwan, Cingapura) e a China.

Cabe mencionar que, embora o investimento estrangeiro direto (IED) possa representar um importante elemento para o crescimento das exportações e a aprendizagem internacional, a contribuição de longo prazo para a economia receptora não é automática nem inerente ao IED. De acordo com Akyüz (2017), a contribuição do IDE para o balanço de pagamentos e a estabilidade financeira externa, crescimento e industrialização é altamente controversa. Grande parte do IED é na realidade "fantasma", sendo apenas transferências de lucros entre países, mas dentro das empresas multinacionais, ou seja, pouco contribuem para a ampliação das capacidades produtivas dos países em desenvolvimento.

Nesse sentido, os impactos do IED dependem fundamentalmente das políticas dos países receptores. Isto é, com uma política industrial deliberada e eficaz, o IED pode servir como uma fonte de aprendizagem internacional e ter efeitos de transbordamento significativos (tecnológicos, habilidades gerenciais e mercadológicas), especialmente em estágios iniciais de industrialização, os quais podem ser mais importantes para o *catch-up*[110] do que a contribuição do IED para a formação de capital e sustentabilidade do balanço de pagamentos. No entanto, maximizar os benefícios do IED requer capacidade de absorção local tanto no nível da empresa quanto da economia como um todo. Algumas economias, como as do Leste Asiático, incluindo-se a China, têm sido mais eficazes do que outras na gestão do IED (Amsden, 1989; Akyüz, 2017; Lee, 2019a; Oqubay, 2020).

A importância das exportações no contexto de transformação estrutural tem sido igualmente defendida na recente literatura sobre complexidade econômica. Hidalgo, Klinger, Barabasi, e Hausmann (2007), Hidalgo

---

[110] Seguindo Lee e Malerba (2018), o processo de *catching-up* deve ser entendido como o estreitamento da distância entre países retardatários e países pioneiros, líderes, que estão situados na fronteira tecnológica e possuem alto nível de desenvolvimento econômico. De acordo com essa perspectiva, o *catch-up* requer estratégia e política deliberadas e intervenção ativa do estado.

e Hausmann (2009), entre outros, desenvolveram uma metodologia para a análise empírica do processo de desenvolvimento econômico. Em vez de medir diretamente as capacidades de um país, essa metodologia infere a complexidade da estrutura produtiva de um país, usando o número de bens que um país exporta com vantagem comparativa revelada (medida de diversidade) e o número de países capazes de exportar esses bens com vantagem comparativa revelada (medida de ubiquidade), o que permite calcular os índices de complexidade de cada produto e país.

A ideia subjacente é a de que cada produto requer um conjunto variado e potencialmente grande de diferentes insumos complementares não comercializáveis, denominados capacidades. Os países diferem nas capacidades presentes em seu território, enquanto os produtos diferem nas capacidades de que necessitam para serem produzidos. Como consequência, os países com mais capacidades serão mais diversificados e os produtos que exigirem mais capacidades estarão acessíveis a menos países e, portanto, serão menos ubíquos. Países com maior volume de capacidades fabricam produtos "mais exclusivos" e complexos, pois possuem capacidades que poucos possuem. Os índices de complexidade em termos de país e produto estão fortemente correlacionados com os níveis de PIB per capita e com taxas de crescimento mais rápidas em países que conseguiram afastar-se de setores tradicionais, baseados em recursos naturais para outros mais modernos e complexos (Hausmann, Hwang, & Rodrik, 2007; Mcmillan, Rodrik, & Verduzco-Gallo, 2014; Hartmann, Zagato, Gala, & Pinheiro, 2021).

Essa noção está relacionada à antiga questão das vantagens comparativas e suas implicações estratégicas para a política industrial. Evidências históricas e empíricas mostram que existem países que alcançaram progressos significativos na ascensão da escada do desenvolvimento, construindo vantagens competitivas para sustentar o *catch-up* e a transformação estrutural sem depender de suas vantagens comparativas existentes (Chang, 2003). Isso não implica abandonar as vantagens comparativas, isto é, conformar-se e desafiar as vantagens comparativas não são decisões mutuamente excludentes. Por exemplo, Schwartz (2010) argumenta que as economias avançadas e as economias recém-industrializadas do final do século XX apoiaram-se tanto na "estratégia ricardiana" de aproveitar as vantagens comparativas existentes quanto na "estratégia kaldoriana" de criar novas vantagens comparativas.

Assim, embora seja benéfico explorar plenamente as vantagens comparativas já existentes, o que mais importa para o *catching-up* e o aprofundamento da transformação estrutural é a capacidade de criar e moldar vantagens comparativas. Em poucas palavras, a mudança estrutural deve balizar a política industrial. No entanto, essa estratégia de política provavelmente será incompleta sem uma perspectiva equivalente sobre o aprendizado tecnológico e o *catch-up*.

A economia evolucionária ou tradição evolucionária schumpeteriana oferece uma visão importante acerca do papel da tecnologia e inovação no processo de mudança estrutural. Essa perspectiva se baseia na centralidade da mudança técnica ou tecnológica como motor do capitalismo e enfatiza a importância da aprendizagem e do desenvolvimento de capacidades como um fator-chave da competitividade das empresas e do crescimento econômico dos países (Nelson & Winter, 1982; Mowery & Rosenberg, 1989; Rosenberg, 1994; Casadella & Uzunidis, 2017; Sesay, Zhao, & Wang, 2018; Dosi & Nelson, 2018; Khan, 2022).

A mudança técnica é o processo pelo qual novas tecnologias estão sendo constantemente introduzidas nas atividades econômicas por melhorias incrementais e inovação. Geralmente, surgem em várias formas e são dependentes da trajetória, no sentido de que sua forma ou direção tende a ser fortemente influenciada pela sequência particular de eventos anteriores, dos quais uma nova tecnologia emergiu.

Dentro da perspectiva evolucionária, os fatores que contribuem ou impedem os países de desenvolver capacidades e ensejar um processo de mudança estrutural pró-crescimento têm sido estudados, entre outras, pela abordagem de sistemas de inovação, em que um sistema de inovação refere-se ao conjunto de organizações e instituições engajadas em processos de aprendizagem interativa e criação e difusão de conhecimento.

Não há um conceito definitivo de sistemas de inovação. Na realidade, essa abordagem fornece uma visão holística das condições necessárias para criar um ambiente que apoie as atividades inovadoras das empresas. Nesse sentido, descreve as capacidades de uma nação, abrangendo empresas, indústrias, redes institucionais e a interação entre os principais atores.

A noção de sistemas de inovação foi popularizada a partir da década de 1980, com Nelson e Winter (1982), Mowery e Rosenburg (1989), Kim e Nelson (2000), Lundvall et al. (2009), entre outros. As contribuições sobre sistemas de inovação enfocam os sistemas nacionais de inovação como uma *proxy* para a construção de capacidade de absorção, incluindo o sistema educacional, o sistema de Pesquisa e Desenvolvimento (P&D), o financiamento governamental de pesquisa, universidades, centros de pesquisa, agências governamentais e interações entre elas. A estrutura dos sistemas de inovação e a infraestrutura de ciência e tecnologia são alicerces para o desenvolvimento da inovação e da capacidade tecnológica.

É interessante notar que, do ponto de vista da política econômica, a noção de sistemas de inovação não envolve apenas políticas de ciência, tecnologia e inovação, mas também políticas industriais e macroeconômicas e a coordenação entre elas. Bingwen e Huibo (2010), por exemplo, descrevem uma visão de sistemas de inovação como uma parte do sistema social que contribui para o desenvolvimento, a disseminação e a sustentabilidade da inovação tecnológica. Esse sistema engloba três subsistemas. O primeiro é o subsistema de inovação no nível microeconômico, incluindo empresas inovadoras, universidades, institutos de pesquisa, parques tecnológicos, recursos humanos e tecnológicos etc. O segundo é o subsistema de apoio à inovação no nível médio, que inclui as estruturas de produção, comercial, industrial, de emprego, financiamentos, infraestrutura etc. O terceiro é o subsistema do ambiente de inovação no nível macroeconômico, incluindo a política macroeconômica, a população, a produção econômica, o crescimento econômico, a distribuição de renda, geopolítica etc. Esses três subsistemas interagem e se promovem mutuamente, formando o Sistema Nacional de Inovação.

Estudos empíricos sobre a relação entre sistemas de inovação, crescimento econômico, mudança estrutural e *catching-up* têm florescido desde os anos 2000. Esses estudos consideraram e mediram variados fatores e dimensões do sistema nacional de inovação, incluindo dimensões tecnoeconômicas ou socioinstitucionais e infraestruturas relacionadas às tecnologias da informação e comunicação (Desai, Fukuda-Parr, Johansson, & Sagasti, 2002; Fagerberg & Verspagen 2002; Archibugi & Coco 2004; Fagerberg & Srholec 2008; Lee & Kim 2009; Castellacci, 2011; Filippetti & Peyrache 2011; Lee 2013; Castellacci & Natera 2015; Lee & Malerba, 2018; Khan, 2022).

De modo geral, os resultados empíricos sugerem que um sistema nacional de inovação bem desenvolvido é essencial para os países que desejam obter sucesso no *catch-up*. Os países que conseguem desenvolver e sustentar fortes capacidades de inovação e sistemas de governança adequados tendem a sustentar um processo virtuoso de mudança estrutural e desenvolvimento econômico, enquanto aqueles que falham tendem a ficar para trás.

Uma corrente de pesquisa dentro da literatura sobre aprendizagem tecnológica, *catching-up* econômico e desenvolvimento tardio concentrou-se na análise de estratégias de *catching-up* e de desenvolvimento de capacidades produtivas e tecnológicas, com base em evidências empíricas dos últimos países que se industrializaram no final do século XX (Amsden, 1989; Lee, 2013, 2019a; Best, 2018).

Amsden (1989) afirma que, apesar da diversidade, todos os países bem-sucedidos no processo de industrialização tardia têm em comum a industrialização com base na aprendizagem. Interessante notar que, no trabalho de Lee (2013) sobre o *catching-up* do Leste Asiático, especialmente da Coreia do Sul, o autor aponta que esse não é automático e não pode ser realizado simplesmente imitando os precursores, porque os precursores também estão constantemente avançando e desenvolvendo capacidades superiores, o que implica um grande esforço em termos de investimento para o desenvolvimento de capacidades tecnológicas.

Nessa linha, pesquisas recentes têm mostrado que o *catch-up* dos níveis de renda média, caso do Brasil, para alta, raramente ocorre, e o termo "armadilha da renda média" foi cunhado. Uma explicação recorrente aponta para o baixo investimento em capacidade tecnológica e de inovação, o que se torna mais difícil à medida que a produtividade converge para aquela dos pioneiros (Abramovitz, 1989, 1994; Paus, 2019; Lee, 2019b).

Segundo Paus (2019), a mudança estrutural da produção de *commodities* para atividades de maior valor agregado e mais intensivas em conhecimento está no centro da transição de uma economia de renda média para uma economia de alta renda. O crescimento da produtividade seria, então, a característica distintiva entre os países de renda média que conseguiram realizar a transição para o grupo de renda alta e aqueles que não conseguiram.

Da mesma forma, de acordo com Lin (2016), a armadilha da renda média seria o resultado do fracasso de um país de renda média em aumentar a produtividade do trabalho por meio de inovação tecnológica e *upgrading* industrial. Para a Unctad (2016), o *catch-up* depende da trajetória de industrialização seguida, que pode levar a um *catch-up* bem-sucedido ou resultar no aprisionamento do país na armadilha de nível baixo ou médio de desenvolvimento econômico.

10.3 Sistema nacional de inovação e mudança estrutural no Brasil: evolução e competitividade na economia global

Considerando a discussão da seção 2 sobre o papel central do setor manufatureiro, dadas as suas propriedades especiais, e das exportações de manufaturados para um processo de mudança estrutural fundamental, esta seção analisa, primeiramente, a evolução da indústria brasileira nas últimas décadas, em termos de desenvolvimento tecnológico e competitividade na economia global. Mais adiante, são explorados indicadores representativos do sistema nacional de inovação brasileiro, bem como do processo de *catching-up* (ou melhor, de *falling behind*) da economia brasileira.

Ao mesmo tempo, dado que a literatura sobre desenvolvimento destaca as experiências do Leste Asiático como exemplos bem-sucedidos de industrialização e *upgrading* tecnológico entre os países de industrialização tardia, a trajetória da economia brasileira é comparada às trajetórias da Coreia do Sul, de Taiwan e da China. Ainda, considera-se os Estados Unidos como país referência em termos de desenvolvimento tecnológico e econômico de modo geral, bem como os países membros da Organização para a Cooperação e Desenvolvimento Econômico (OCDE), tomados em conjunto, já que, em sua maioria, são economias avançadas, algumas pioneiras e líderes no desenvolvimento industrial e tecnológico global.

Antes de explorar os dados do setor manufatureiro, vale definir o que será entendido como competitividade. Competitividade industrial é um conceito familiar, e, no entanto, sua definição é, muitas vezes, vaga. O conceito de competitividade é difícil de definir porque é um conceito relativo; implica que um país compete contra um concorrente e, portanto, não interessa apenas o desempenho do país em questão, mas sim o seu desempenho em relação ao seu concorrente. Além disso, a palavra desempenho pode ter diferentes significados, mas, muitas vezes, se refere: i) ao desempenho econômico do país e à prosperidade de seus cidadãos; e/ou ii) ao desempenho comercial ou de exportação (Unido, 2020).

A Organização das Nações Unidas para o Desenvolvimento Industrial (Unido, 2020) define a competitividade industrial como a capacidade dos países de aumentar sua presença nos mercados internacional e doméstico, desenvolvendo setores e atividades industriais de maior valor agregado e conteúdo tecnológico. De acordo com essa definição, a melhoria da competitividade industrial requer dois elementos essenciais. A primeira é a expansão da produção manufatureira, necessária para aumentar a presença nos mercados doméstico e internacional. A expansão da produção – medida em valor agregado e/ou exportação – é frequentemente acompanhada de um aumento de participação no mercado local e externo em relação aos seus concorrentes estrangeiros.

O segundo elemento é o aumento do conteúdo tecnológico. Ou seja, enquanto o primeiro elemento da competitividade industrial concentra-se na expansão da produção, o segundo abrange a "qualidade" dessa expansão. Em linha com o discutido na seção anterior, não é apenas importante produzir mais, os tipos de bens produzidos são igualmente importantes. Isso porque a criação de bens intensivos em tecnologia tende a estar associada a uma maior capacidade de inovar e adotar novas tecnologias, o que está fortemente correlacionado com o bom desempenho comercial, com a mudança estrutural fundamental e o maior crescimento econômico.

Portanto, o aumento da competitividade do setor manufatureiro é fundamental para o desenvolvimento industrial e, assim, prioridade máxima na agenda de desenvolvimento de muitos países. De acordo com essa definição de competitividade, expandir a produção industrial, subir na escada tecnológica e aumentar a presença no mercado local e global são meios eficazes para aumentar a competitividade industrial e, consequentemente, importantes contribuintes para o desenvolvimento econômico de um país. Além disso, em alusão ao conto "Alice no país das maravilhas", a literatura evolucionária cunhou o termo "efeito da rainha vermelha" (sugere que o desempenho de um país não deve ser avaliado pela distância da linha de partida, mas sim pelo progresso relativo de um país em comparação com seus concorrentes (Baumol, 2004; Robson, 2005). É por esse motivo que a mudança estrutural é analisada, a seguir, em termos relativos, isto é, em termos de competitividade.

A Tabela 1 apresenta indicadores de mudança estrutural relativa em três dimensões. A dimensão 1 se refere à capacidade dos países de produzir e exportar manufaturados. Em uma economia globalizada, a capacidade de um país produzir bens manufaturados está intimamente relacionada com sua capacidade de exportá-los. Por sua vez, ambos são fatores-chave no estágio de desenvolvimento industrial de um país e contribuem para sua trajetória de mudança estrutural. À medida que os produtos fabricados localmente tornam-se mais competitivos, a participação no mercado local tende a aumentar, e, eventualmente, alguns produtos importados são substituídos. Melhorias adicionais na competitividade resultam na expansão da participação em mercados estrangeiros. Para que esses valores sejam comparáveis entre países de tamanhos diferentes, o indicador composto da dimensão 1 considera o valor agregado da manufatura e as exportações de manufaturados em termos per capita.

A dimensão 2 capta o aprofundamento e o *upgrading* tecnológico por meio de dois índices compostos. Primeiro, o grau de intensidade da industrialização estima a complexidade dos processos de produção a partir da parcela do valor adicionado do setor manufatureiro no PIB e a parcela do valor adicionado manufatureiro de média e alta tecnologia no valor adicionado total do setor manufatureiro. O segundo índice composto é de qualidade das exportações, a qualidade do processo de integração do setor manufatureiro do país. Quanto maior a complexidade tecnológica dos bens exportados pelo país, maior a qualidade de sua inserção nos mercados globais. A qualidade das exportações é estimada com base em dois indicadores suplementares: a parcela das exportações de manufaturados de média e alta tecnologia no total das exportações de manufaturados e a parcela das exportações de manufaturados no total das exportações.

Já a dimensão 3 capta o impacto ou importância do setor manufatureiro do país no mercado global do setor. A noção subjacente a essa dimensão é que a competitividade industrial de um país pode beneficiar-se de um maior impacto mundial, podendo se traduzir em melhor acesso ao capital estrangeiro, novos investimentos em infraestrutura e até maior poder de negociação em acordos comerciais. Esse índice capta o impacto mundial com base em dois indicadores: a participação do país no valor adicionado manufatureiro mundial e no comércio mundial de bens manufaturados. Quanto maiores os valores dessas participações, maior será o impacto do país na produção e no comércio mundial de manufaturados.

Por fim, essas três dimensões são utilizadas para o cálculo do *Competitive Industrial Performance Index* (CIP), que, por sua vez, foi utilizado para a apresentação, na Tabela 1, do posicionamento dos países no *ranking* de desempenho e competividade industrial da Unido, que conta com 154 países.

Tabela 1 – Desenvolvimento tecnológico e competitividade do setor manufatureiro, 1990-2020

		1990	1995	2000	2005	2010	2015	2020
EUA	Dimensão 1	0.17	0.21	0.25	0.19	0.20	0.18	0.13
	Dimensão 2	0.65	0.65	0.65	0.62	0.62	0.58	0.57
	Dimensão 3	0.93	1.00	1.00	0.85	0.74	0.54	0.44
	CIP Rank	3	3	1	3	3	2	6
OCDE (média)	Dimensão 1	0.21	0.24	0.28	0.28	0.28	0.26	0.21
	Dimensão 2	0.51	0.52	0.53	0.55	0.57	0.55	0.57
	Dimensão 3	0.12	0.12	0.11	0.11	0.09	0.07	0.06
	CIP Rank	27	27	26	26	27	28	28
Coreia do Sul	Dimensão 1	0.12	0.18	0.24	0.28	0.37	0.36	0.28
	Dimensão 2	0.64	0.72	0.75	0.81	0.88	0.83	0.85
	Dimensão 3	0.11	0.15	0.17	0.20	0.22	0.17	0.14
	CIP Rank	16	12	11	5	4	4	5
Taiwan	Dimensão 1	0.16	0.22	0.28	0.28	0.37	0.37	0.34
	Dimensão 2	0.63	0.67	0.72	0.80	0.89	0.89	0.93
	Dimensão 3	0.07	0.09	0.09	0.09	0.10	0.08	0.08
	CIP Rank	17	15	15	14	8	8	8
China	Dimensão 1	0.01	0.01	0.02	0.03	0.06	0.08	0.07
	Dimensão 2	0.52	0.55	0.59	0.72	0.77	0.74	0.73
	Dimensão 3	0.15	0.25	0.31	0.69	1.00	1.00	1.00
	CIP Rank	35	28	23	16	6	3	2
Brasil	Dimensão 1	0.03	0.03	0.03	0.03	0.04	0.03	0.02
	Dimensão 2	0.57	0.58	0.51	0.51	0.48	0.44	0.40
	Dimensão 3	0.09	0.10	0.08	0.10	0.09	0.05	0.04
	CIP Rank	26	26	30	29	31	37	42

Fonte: elaborada pelos autores, a partir de dados da Unido Statistics. Os indicadores das dimensões 1, 2 e 3 variam de 0 a 1.

Os dados da Tabela 1 evidenciam um retrocesso relativo do setor manufatureiro do Brasil nas três dimensões analisadas, que resultaram na queda significativa da economia brasileira no *ranking*, de 26º, em 1990, para 42º, em 2020. Em 1990, inclusive, o Brasil se encontrava à frente da

China, que, em 2020, ocupou o 2º lugar no *ranking*. Em termos de mudança estrutural, esses dados revelam que a trajetória da economia brasileira tem sido de aumento da distância não só em relação às principais economias desenvolvidas, mas também em relação a outras economias em desenvolvimento, como as asiáticas presentes na tabela.

Coreia do Sul, Taiwan e China têm conseguido reduzir a distância das economias de fronteira, principalmente, via aprimoramentos na dimensão 2, ou seja, por meio de um aumento da participação do setor manufatureiro no PIB, concomitantemente com o desenvolvimento tecnológico do setor e da complexidade dos produtos exportados. Conforme definido anteriormente, o desempenho das economias asiáticas representa um processo de mudança estrutural fundamental e ajuda a explicar o *catching-up* acelerado destas em termos de PIB per capita (ver Gráfico 1). No caso da China, merece destaque também a significativa evolução na dimensão 3, que reflete o impacto do país na produção e no comércio mundial de manufaturados.

Profundamente relacionado a esses resultados está o desempenho desses países no *ranking* de complexidade econômica. Como discutido na seção 2, o *Economic Complexity Index* (ECI) é uma medida indireta (via comércio internacional) das capacidades tecnológicas de um país. A ideia é a de que os países com maiores capacidades serão mais diversificados, e os produtos que exigirem maiores capacidades estarão acessíveis a menos países e, portanto, serão menos ubíquos. Dessa forma, o ECI pode ser visto como um indicador *latente* do desenvolvimento tecnológico das economias, bem como das trajetórias de mudança estrutural em perspectiva comparada.

A Tabela 2 mostra a evolução da economia brasileira no *ranking* de complexidade nas últimas décadas, além das economias selecionadas a título de comparação. Em linha com os dados da Tabela 1, a Tabela 2 revela um retrocesso da economia brasileira no *ranking* global de complexidade. Além disso, destaca-se que, no início da década 1990, a economia brasileira era mais complexa não só do que a China, mas também que boa parte das economias da OCDE. Desde então, diferentemente das economias do Leste Asiático, que vêm subindo no *ranking* e, logo, realizando o emparelhamento de suas capacidades produtivas e tecnológicas àquelas das economias mais desenvolvidas, a economia brasileira vem ficando para trás, inclusive, de outras economias em desenvolvimento, dada a sua posição mais recente no *ranking*.

Tabela 2 – *Ranking* de Complexidade Econômica, 1990-2021

	1990	1995	2000	2005	2010	2015	2020	2021
EUA	11	8	5	7	8	9	9	10
OCDE (média)	37	25	21	22	25	25	25	25
Coreia do Sul	18	22	28	18	12	5	5	4
Taiwan	n/d	n/d	22	12	5	4	3	3
China	32	42	54	44	31	31	28	25
Brasil	28	30	29	31	36	37	47	49
Nº países	100	118	97	109	124	131	128	131

Nota: os dados representativos de Taiwan referem-se a Taipei, capital do país.
Fonte: elaborada pelos autores, a partir de dados do Observatory of Economic Complexity (OEC).

Antes de observar dados referentes aos sistemas nacionais de inovação dos países aqui considerados, o Gráfico 1 ilustra as diferenças em termos de trajetória de desenvolvimento entre o Brasil e as economias do Leste Asiático, as quais têm conseguido, em maior ou menor medida, aproximar-se das economias mais desenvolvidas em termos de desenvolvimento econômico (representado pelo PIB per capita) e de capacidades tecnológicas.

Na literatura sobre desenvolvimento econômico e *catching-up*, o *gap* tecnológico e de nível de desenvolvimento entre países retardatários e aqueles da fronteira tecnológica é geralmente aproximado pela razão entre o PIB per capita dos retardatários e o de uma economia de referência, comumente os Estados Unidos. O Gráfico 1 também demonstra a distância entre a média dos países membros da OCDE, em sua maioria de países de elevado nível de desenvolvimento, e o país de referência.

Gráfico 1 – PIB real per capita relativo aos EUA, 1980-2022

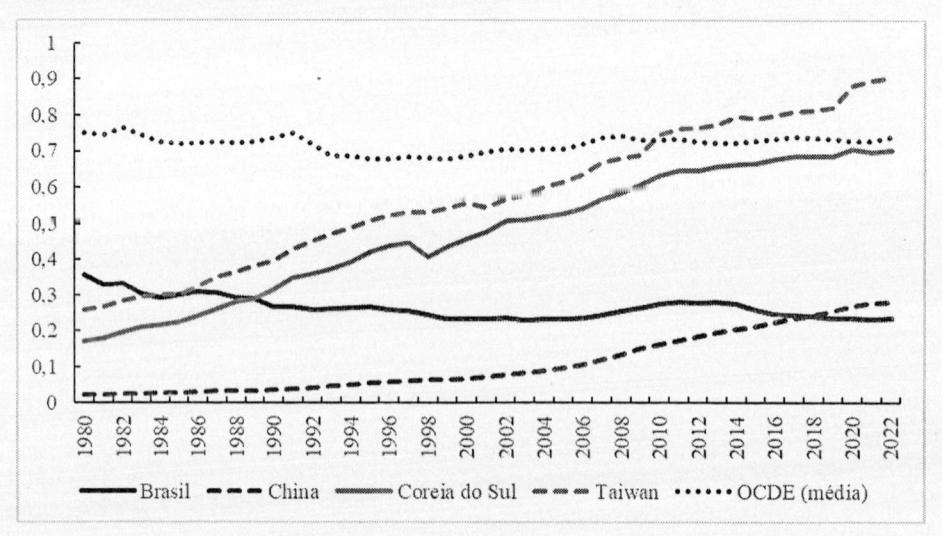

Nota: PIB real per capita em paridade do poder de compra (PPC), dólar internacional de 2017.
Fonte: elaborado pelos autores, a partir de dados do FMI.

Destaca-se, no Gráfico 1, que, no início dos anos 1980, o Brasil se encontrava mais próximo dos EUA do que as economias selecionadas do Leste Asiático. Contudo, desde então, a economia brasileira seguiu uma trajetória de distanciamento (*falling behind*), enquanto as economias asiáticas adentraram numa trajetória acelerada de *catching-up*. Conforme sugerido pela literatura e discutido anteriormente, essas distintas trajetórias estão associadas aos níveis de investimento em capacidade tecnológica e de inovação ou, em outros termos, à eficácia e maturidade dos sistemas nacionais de inovação desses países.

Na literatura especializada, não há uma medida exata acerca do investimento necessário para que um país pudesse apropriar-se efetivamente dos benefícios associados à ciência, tecnologia e inovação. Há apenas projeções, estimativas e metas, elaboradas pela comunidade científica e demais organizações que compõem o SNI de cada país. Além disso, os resultados frequentemente dependem de diversas condições iniciais, das políticas macroeconômicas e do comportamento de variáveis-chave (e.g. taxas de juros e câmbio), e por isso a importância da coordenação. Em todo caso, o investimento em P&D em proporção do PIB é um dos indicadores mais tradicionais e bem-definidos internacionalmente, permitindo a comparação dos esforços dos países na descoberta de produtos e processos por meio da ciência e engenharia, e tem sido meta central dos planejamentos e estratégias desenvolvidos pelos governos.

A Tabela 3 ilustra o comportamento do investimento em P&D no Brasil, em comparação com principais centros tecnológicos mundiais, isto é, os países da OCDE (em média), entre eles, os Estados Unidos, país que representa a fronteira tecnológica, e as economias do Leste Asiático.

Tabela 3 – Gastos internos brutos em P&D (% do PIB), 1990-2020

	1990	1995	2000	2005	2010	2015	2020
EUA	2.56	2.41	2.62	2.50	2.71	2.79	3.47
OCDE (média)	1.32	1.32	1.51	1.58	1.72	1.86	2.13
Coreia do Sul	n/d	2.16	2.13	2.52	3.32	3.98	4.80
Taiwan	n/d	1.69	1.91	2.33	2.82	3.00	3.63
China	0.48	0.57	0.89	1.31	1.71	2.06	2.41
Brasil	0.86	0.87	1.05	1.00	1.16	1.37	1.17

Nota: os dados representativos de Taiwan referem-se a Taipei, capital do país.
Fonte: elaborada pelos autores, a partir de dados do OECD.Stat., Unesco Institute for Statistics (UIS) e Castellacci e Natera (2011).

A Tabela 4 mostra o número de pesquisadores dedicados a atividades de P&D. Considerando as Tabelas 3 e 4 em conjunto, estudos apontam que o retorno social das atividades de P&D torna-se visível apenas quando certa fração do PIB (maior que 1%) é investida e uma "massa crítica" mínima de pesquisadores por milhão de habitantes (entre 1 mil e 1,2 mil) são alocados em atividades de P&D, em regime de tempo integral. Quando o SNI não atinge esses patamares mínimos, é pouco provável que haja um impacto econômico significativo.[111]

Tabela 4 – Número de pesquisadores em equivalência de tempo integral de trabalho (por milhão de habitantes), 1996-2020

	1996	2000	2005	2010	2015	2020
EUA	3128.0	3462.4	3546.7	3555.7	3906.3	4504.0
OCDE (média)	2134.0	2461.6	3162.0	3497.9	3881.0	4598.9
Coreia do Sul	2184.2	2305.3	3731.7	5329.9	6987.1	8618.3
Taiwan	17009.9	20989.0	33704.6	48282.6	53930.2	60090.6
China	450.1	550.5	858.1	905.2	1173.3	1584.9
Brasil	n/d	295.2	509.0	686.1	887.7	n/d

Nota: os dados representativos de Taiwan referem-se a Taipei, capital do país. Fonte: elaborada pelos autores, a partir de dados do OECD.Stat. e World Development Indicators, do Banco Mundial; para a população: World Development Indicators e Taipei City Government (2023);

---

[111] Ver, por exemplo, Unesco (2018).

Esses dados mostram que, embora o investimento em P&D no Brasil seja ligeiramente superior ao patamar mínimo recomendado, ainda é bastante inferior ao dos principais *players* internacionais, além de crescer a menores taxas. Igualmente, o número de pesquisadores no país encontra-se não só abaixo do limiar sugerido, como muito distante dos países considerados. A combinação atual entre investimento em P&D e número de pesquisadores torna bastante difícil a transformação do país em uma economia do conhecimento e ajuda a justificar a trajetória de distanciamento do nível de desenvolvimento das economias avançadas. Por outro lado, os dados das economias do Leste Asiático ajudam a explicar a trajetória de *catching-up* acelerado das últimas décadas.

Em termos de variáveis de resultado, as patentes são uma medida-chave do desempenho em P&D de países, empresas, setores industriai etc. e permitem rastrear o nível de difusão do conhecimento produzido, tanto nacionalmente quanto internacionalmente. A Tabela 5 revela que o número de patentes da família IP5 por milhão de habitantes registradas pelo Brasil é o menor do grupo de países analisados, com cerca de duas patentes por milhão de habitantes. Em contraste, destaca-se a impressionante evolução do número de patentes registradas pelos países do Leste Asiático.

Tabela 5 – Patentes IP5 (por milhão de habitantes), 1990-2018

	1990	1995	2000	2005	2010	2015	2018
EUA	88.2	100.3	153.6	139.5	123.2	143.8	149.8
OCDE (média)	47.3	56.7	98.9	108.4	106.5	117.3	116.2
Coreia do Sul	22.6	86.5	131.6	372.6	364.2	456.1	428.3
Taiwan	94.3	121.8	1024.4	3047.3	4016.4	3765.2	4113.4
China	0.1	0.1	1.4	3.8	7.9	16.3	24.4
Brasil	0.5	0.5	1.0	1.5	1.7	2.0	2.1

Nota: os dados representativos de Taiwan referem-se a Taipei, capital do país. A família de patentes IP5 baseia-se no método de contagem total, conforme os países dos inventores e os anos em que as patentes foram registradas em, pelo menos, dois dos cinco maiores escritórios de propriedade intelectual do mundo: o Escritório de Patentes e Marcas Comerciais dos EUA, o Escritório Europeu de Patentes, o Escritório Japonês de Patentes, o Escritório Coreano de Propriedade Intelectual e o Escritório Estatal de Propriedade Intelectual da China.
Fonte: elaborada pelos autores, a partir de dados do OECD.Stat.; para a população: *World Development Indicators* do Banco Mundial e Taipei City Government (2023)

Outro indicador importante de um SNI e que reflete o esforço dos países em ciência, tecnologia e inovação é a publicação de artigos científicos. A Tabela 6 mostra que, também nesse quesito, o desempenho do Brasil é inferior aos demais países destacados e, novamente, se destacam as trajetórias das economias asiáticas.

Tabela 6 – Publicações em periódicos científicos indexados pela *Scopus* (por milhão de habitantes), 1996-2021

	1996	2000	2005	2010	2015	2020	2021
EUA	1299.5	1253.3	1568.1	1666.5	1755.4	1852.9	1902.6
OCDE (média)	826.4	945.5	1315.9	1742.0	2131.2	2531.1	2727.8
Coreia do Sul	225.9	389.3	780.0	1214.7	1538.0	1771.1	1875.3
Taiwan	500.8	607.7	1115.9	1695.8	1562.0	1660.0	1843.5
China	25.0	40.5	130.4	251.8	322.4	527.9	594.4
Brasil	54.6	86.7	140.5	246.7	321.6	421.2	440.6

Nota: são considerados os documentos passíveis de citação.
Fonte: elaborada pelos autores, a partir de dados do SCImago Journal & Country Rank [Portal], junho 2023; para a população: *World Development Indicators* do Banco Mundial e National Statistics, Republic of China (Taiwan).

Por fim, é interessante observar, na Tabela 5, o posicionamento do Brasil no *ranking* do Índice de Inovação Global (GII), publicado pela Universidade Cornell, Insead, e pela Organização Mundial de Propriedade Intelectual, em parceria com outras organizações e instituições. O GII considera instituições, capital humano e pesquisa, infraestruturas, sofisticação de mercado e sofisticação de negócios como insumos e subíndices de inovação. Conhecimento, tecnologia e produtos criativos são considerados índices de produção de inovação.

Tabela 7 – *Ranking* Global de Inovação, 2007-2022

	2007	2012	2017	2022
EUA	1	10	4	2
OCDE (média)	25	27	24	25
Coreia do Sul	19	21	11	6
China	29	34	22	11
Brasil	40	58	69	54
Nº países	107	141	127	132

Nota: o GII não disponibiliza dados para Taiwan.
Fonte: elaborada pelos autores, a partir de dados do Global Innovation Index (GII) database.

Em 2007, na primeira edição do GII, que incluía 107 países, o Brasil ocupava a 40ª posição no *ranking*, passando para a 54ª, em 2022, dentre 132 países. Colocando em perspectiva, entre 2007 e 2022, a Coreia do Sul e a China subiram consideravelmente no *ranking*, enquanto o Brasil seguiu trajetória de queda.

Portanto, os dados referentes ao SNI do Brasil revelam um cenário preocupante de desempenho bastante inferior à média das principais economias do mundo desenvolvido, bem como das economias asiáticas consideradas bem-sucedidas em suas trajetórias recentes de *catching-up*. Ainda, esses dados ajudam a compreender as diferentes trajetórias dessas econômicas em termos de desenvolvimento industrial, *upgrading* tecnológico da estrutura produtiva e complexidade das exportações, isto é, das trajetórias de mudança estrutural, tal como observado no início da seção.

10.4 Considerações finais

O tema da mudança estrutural e sua relação com o desenvolvimento econômico tem sido extensamente discutido desde a década de 1950, principalmente com a literatura estruturalista que floresceu nesse período. E embora a importância da mudança estrutural para o crescimento e desenvolvimento esteja bem documentada, a maior parte do mundo em desenvolvimento tem falhado nas tentativas de promover uma trajetória sustentada de mudança estrutural.

Na realidade, muitos países em desenvolvimento, entre eles o Brasil, têm experimentado uma mudança estrutural reversa, isto é, têm visto a participação do setor manufatureiro no PIB encolher, bem como uma migração da produção e das exportações para atividades de baixo conteúdo tecnológico. Ou seja, não há uma receita para o desenvolvimento econômico que sirva para todos, mas há algumas lições e fatores em comum a serem apreendidos das experiências de sucesso.

Para a literatura evolucionária e de uma perspectiva de *catch-up,* a aprendizagem tecnológica é central no desenvolvimento tardio. A estrutura dos sistemas nacionais de inovação e a infraestrutura de ciência e tecnologia são alicerces para o desenvolvimento da inovação e da capacidade tecnológica. Nesse particular, os indicadores representativos do sistema nacional de inovação brasileiro apontam a urgência de se repensar as políticas industriais e de ciência tecnologia e inovação no Brasil, para que o país possa trilhar um caminho sustentado de desenvolvimento. Essa fragilidade do sistema nacional de inovação brasileiro revela-se claramente quando este é comparado aos sistemas de inovação das economias do Leste Asiático, as quais se destacam como exemplos bem-sucedidos de desenvolvimento de capacidades tecnológicas, mudança estrutural e *catching-up.*

Oqubay (2020) explica que a aprendizagem possui duas dimensões: aprendizado tecnológico em empresas e aprendizado de políticas pelos governos. Ou seja, governos e empresas aprendem com outras empresas ou outros governos, mas também, e talvez mais importante, com eles mesmos. A experiência dos países do Leste Asiático mostra que eles foram não apenas pragmáticos, mas também estratégicos em suas escolhas de políticas e setores e na formulação de suas políticas industriais e de comércio internacional. Eles aperfeiçoaram suas tentativas e erros e aderiram estritamente a uma visão nacional pragmática e a uma estratégia de desenvolvimento. Portanto, o pragmatismo está no cerne da política industrial, pois as decisões políticas devem ser baseadas no que funciona ou não, e nenhuma ação política está imune ao teste da prática. O pragmatismo rejeita o dogmatismo, adota o que funciona e serve à visão e à estratégia de longo prazo, adaptando-se constantemente à realidade internacional e doméstica.

O motor do aprendizado tecnológico e da política industrial é a sinergia entre industrialização ou capacidade produtiva, exportações e inovação. As exportações fornecem a oportunidade de mercado para expandir economias de escala e escopo e explorar ganhos de produtividade. Além de seu papel estratégico como um dos principais motores do crescimento, as exportações continuam sendo um importante dispositivo disciplinador para as empresas, promovendo o aprendizado internacional, dinamizando o aprendizado tecnológico e a inovação e atestando sua competitividade internacional.

O desenvolvimento de capacidades tecnológicas e de inovação sustenta a relação simbiótica e dinâmica entre aprendizado tecnológico, política industrial e *catch-up*. Uma abordagem coerente e estratégica para P&D, comercialização de tecnologia, mecanismos de suporte, educação e habilidades tem como alvo as principais indústrias dinâmicas (e empresas) e novas tecnologias, recompensando o aprendizado e fornecendo suporte consistente e abrangente.

Nesse sentido, a colaboração entre os principais agentes econômicos aparece como requisito fundamental para a construção e o desenvolvimento de um sistema dinâmico de inovação. Os papéis das empresas industriais, da comunidade acadêmica e dos centros de pesquisa independentes financiados pelo governo (bem como alguns privados), bem como a orientação e o foco do ensino superior e das conexões entre universidades e a indústria, são elementos críticos da infraestrutura de ciência e tecnologia. O desenvolvimento da inovação e das capacidades tecnológicas não deve ser dissociado do desenvolvimento da capacidade produtiva e da promoção do mercado. Embora as políticas de inovação variem entre os países e no tempo, elas devem servir para aprimorar a coordenação entre os principais agentes e fortalecer o desenvolvimento estratégico.

Portanto, ao integrar o objetivo de *catch-up*, o papel ativo do Estado como organizador da produção, o dinamismo das empresas e a importância da mudança estrutural, essa perspectiva serve como um importante guia para se pensar as políticas industriais, de ciência, tecnologia e inovação, a política econômica no Brasil, de modo geral. O compromisso com a transformação estrutural e o desenvolvimento da capacidade tecnológica de um país requer o apoio e a intervenção do Estado e uma interação criativa entre Estado e mercado.

Referências

Abramovitz, M (1989). Catching up, Forging ahead, and Falling behind. In Abramovitz, M. (Ed.) *Thinking About Growth: And Other Essays on Economic Growth and Welfare*. (pp. 220-44). Cambridge: Cambridge University Press.

Abramovitz, M (1994). Catch-up and Convergence in the Growth Boom and After, In Baumol, W., Nelson, R., & Wolf, E. (Eds.), *Convergence of Productivity: Cross-national Studies and Historical Evidence*. (pp. 86-128). Oxford: Oxford University Press.

Akyűz, Y. (2017). *Playing with Fire: Deepened Financial Integration and Changing Vulnerabilities of the Global South*. Oxford: Oxford University Press.

Amsden, A. (1989). *Asias Next Giant: South Korea and Late Industrialization*. Oxford: Oxford University Press.

Andreoni, A., & Chang, H-J. (2017). Bringing Production and Employment back into Development: Alice Amsdens Legacy for a New Developmentalist Agenda. *Cambridge Journal of Regions, Economy and Society*, 10(1), 173-87.

Archibugi, D., &Coco, A. (2004). A new indicator of technological capabilities for developed and developing countries (ArCo). *World Development*, 32, 629-654

Baumol, W. J. (2004). Red-Queen games: arms races, rule of law and market economies. *Journal of Evolutionary economics*, 14(2), 237-247.

Best, M. (2018). *How Growth Really Happens: The Making of Economic Miracles through Production, Governance, and Skills*. Princeton, NJ: Princeton University Press.

Bingwen, Z., & Huibo, Z. (2010, agosto). Estudo comparativo sobre sistemas nacionais de inovação nas economias BRIC. *Revista Tempo do Mundo*, 2(2), pp.119-147.

Casadella, V., & Uzunidis, D. (2017). National innovation systems of the south, innovation and economic development policies, a multidimensional approach. *J. Innovat. Econ. Manag.*, 23(2), 137-157.

Castellacci F., & Natera J. M. (2015). The convergence paradox: the global evolution of national innovation systems. In Archibugi, D., Filippetti, A. (Eds.) *The handbook of global science, technology, and innovation*. (pp.15-45). Chichester: Wiley Blackwell.

Castellacci, F. (2011). Closing the technology gap? *Rev Dev Econ*, 15, 180-197

Castellacci, F., & Natera, J. M. (2011, abril). A new panel dataset for cross-country analyses of national systems, growth and development (CANA). *Innovation and Development*, 1(2), pp. 205-226.

Chang, H-J. (2003). *Kicking away the Ladder: Development Strategy in Historical Perspective*. London: Anthem Press.

Chenery H. B. (1960). Patterns of industrial growth. *American Economic Review*. 50(4), 624-654.

Desai, M., Fukuda-Parr, S., Johansson, C., & Sagasti, F. (2002). Measuring the technology achievement of nations and the capacity to participate in the network age. *J Hum Dev Capabil.*, 3, 95-122

Dosi, G., & Nelson, R. R. (2018). Technical Change and Industrial Dynamics as Evolutionary Processes. In Halland, B., Rosenberg, N. (Eds.) *Economics of Innovation*, Vol. I. (pp. 51-128). Burlington, VI: Academic Press.

Fagerberg, J., & Srholec, M. (2008). National innovation systems, capabilities and economic development. *Res. Policy*, 37, 1417-1435

Fagerberg, J., & Verspagen, B. (2002). Technology-gaps, innovation-diffusion and transformation: an evolutionary interpretation. *Res. Policy*, 31, 1291-1304

Fajnzylber, R. F. (2000). Da caixa preta ao conjunto vazio. In Bielschowsky, R. (Org.) *Cinquenta Anos de Pensamento na CEPAL*. pp.851-886. Record.

Filippetti, A., & Peyrache, A. (2011). The patterns of technological capabilities of countries: a dual approach using composite indicators and data envelopment analysis. *World Development*, 39, 1108-1121

Fourastié, J. (1963). *Le Grand Espoir Du XXe Siècle*. Paris : Gallimard.

Hartmann, D., Zagato, L., Gala, P., & Pinheiro, F. L. (2021). Why did some countries catch-up, while others got stuck in the middle? Stages of productive sophistication and smart industrial policies. *Structural Change and Economic Dynamics*, 58, 1-13.

Hausmann, R., Hwang, J., & Rodrik, D. (2007). What You export Matters. *Journal of Economic Growth*, 12, 1-25

Hidalgo, C. A., & Hausmann, R. (2009). The Building Blocks of Economic Complexity. *Proceedings of the National Academy of Sciences*, 106(26), 10570-10575.

Hidalgo, C. A., Klinger, B., Barabasi, A-L., & Hausmann, R. (2007). The product space and its consequences for economic growth. *Science*, 317, 482-487.

Hirschman, A. (1958). *The Strategy of Economic Development*. New Haven, CT: Yale University Press.

Kaldor, N. (1967). *Strategic Factors in Economic Development*. Ithaca, NY: New York State School of Industrial and Labour Relations, Cornell University

Khan, M. S. (2022). Absorptive capacities approaches for investigating national innovation systems in low and middle income countries. *International Journal of Innovation Studies*, 6, 183-195.

Kim, L., & Nelson, R. R. (Eds.) (2000). *Technology, Learning and Innovation: Experiences of Newly Industrializing Economies*. Cambridge: Cambridge University Press.

Kuznets, S. (1957). Quantitative aspects of the economic growth of nations: Industrial distribution of national product and labor force. *Economic Development and Cultural Change*. 5(4), 1-111

Kuznets, S. (1973). Modern Economic Growth: Findings and Reflections. *American Economic Review* 63, 247-58.

Lee, K. (2013). *Schumpeterian analysis of economic catch-up: knowledge, path-creation, and the middle-income trap*. Cambridge University Press, Cambridge

Lee, K. (2019a). The Origin of Absorptive Capacity in Korea: How Korean Industry Learnt. In Oqubay, A., Ohno, K. (Eds.) *How Nations Learn: Technological Learning, Industrial Policy, and Catch-up*. (pp. 125-48). Oxford: Oxford University Press.

Lee, K. (2019b). *The Art of Economic Catch-up: Barriers, Detours and Leapfrogging in Innovation Systems*. Cambridge: Cambridge University Press.

Lee, K., & Malerba, F. (2018). Economic Catch-up by Latecomers as an Evolutionary Process. In Nelson, R. R. (Ed.). *Modern Evolutionary Economics: An Overview*. (pp.272-207). Cambridge: Cambridge University Press.

Lee, K., & Kim, B-Y. (2009). Both institutions and policies matter but differently for different income groups of countries: determinants of long-run economic growth revisited. *World Development*, 37, 533-549

Lin, J. Y. (2016). The Latecomer Advantages and Disadvantages: A New Structural Economics Perspective. In Andersson, M., & Axelsson, T. (Eds.) *Diverse Development Paths and Structural Transformation in Escape from Poverty*. (pp. 43-67).Oxford: Oxford University Press.

Lundvall, B., Vang, J., Joseph, K., & Chaminade, C. (2009). Innovation system research and developing countries. In Lundvall, B., Vang, J., Joseph, K., & Chaminade, C. (Eds.) *Handbook of innovation systems and developing countries: Building domestic capabilities in a global setting*. (pp.1-32). Cheltenham: Edward Elgar.

Mcmillan, M., Rodrik, D., & Verduzco-Gallo, Í. (2014). Globalization, Structural Change, and Productivity Growth, with an Update on Africa. *World Development*, 63(C), 11-32.

Mowery, D. C., & Rosenberg, N. (1989). *Technology and the Pursuit of Economic Growth*. Cambridge: Cambridge University Press.

Nelson, R. R., & Winter, S. (1982). *An Evolutionary Theory of Economic Change*. Cambridge: Cambridge University Press.

Ocampo, J. A., Rada, C., & Taylor, L. (2009). *Growth and Policy in Developing Countries: A Structuralist Approach*. New York: Columbia University Press.

Oqubay, A (2020). The Theory and Practice of Industrial Policy. In Oqubay, A., Cramer, C., Chang, H-J., & Kozul-Wright, R. (Eds.) *The Oxford Handbook of Industrial Policy*. Oxford Handbooks. (p. 17-62). (2020, online edn, Oxford Academic, 10 Nov. 2020).

Pasinetti, L. (1981.) *Structural Change and Economic Growth: A Theoretical Essay on the Dynamics of the Wealth of Nations*. Cambridge: Cambridge University Press.

Pasinetti, L. (1993). *Structural Economic Dynamics: A Theory of the Economic Consequences of Human Learning*. Cambridge: Cambridge University Press.

Paus, E. (2019). Innovation Strategies Matter: Latin Americas Middle-income Trap Meets China and Globalisation. *The Journal of Development Studies* 56(4), 657-79.

Prebisch, R. (1950). *The Economic Development of Latin America and its Principal Problems*. New York: UN Department of Economic Affairs.

Robson, A. J. (2005). Complex evolutionary systems and the Red Queen. *The Economic Journal*, 115(504), 211-224.

Rosenberg, N. (1994). *Exploring the Black Box: Technology, Economics and History*. Cambridge: Cambridge University Press.

Schwartz, H. (2010). *States versus Markets: The Emergence of a Global Economy*. 3. ed. New York: Palgrave.

Sesay, B., Zhao, Y., & Wang, F. (2018). Does the national innovation system spur economic growth in Brazil, Russia, India, China and South Africa economies? Evidence from panel data. *S. Afr. J. Econ. Manag. Sci.*, 21(1), 1-12.

Szirmai, A. (2012). Industrialisation as an engine of growth in developing countries, 1950-2005. *Structural Change and Economic Dynamics,* 23(4), 406-420.

Thirlwall, A. P. (2011). Balance of Payments Constrained Growth Models: History and Overview. *PSL Quarterly Review,* 64(259), 307-51.

Thirlwall, A. P. (2013). *Economic Growth in an Open Developing Economy: The Role of Structure and Demand.* Cheltenham: Edward Elgar.

Unctad (2016). Structural Transformation for Inclusive and Sustained Growth. *Trade and Development Report.* Geneva: United Nations.

Unctad (2021). *Towards sustainable industrialization and higher technologies.* Geneva, Switzerland: United Nations Conference on Trade and Development.

Unesco (2018). Mapping Research and Innovation in Lao Peoples Democratic Republic, G. A. Lemarchand, G. A., & Tash, A. (Eds.). *Go Spin Country Profiles in Science, Technology and Innovation Policy,* vol. 7. Paris: United Nations Educational, Scientific and Cultural Organization.

Unido (2020). *Competitive Industrial Performance Report 2020.* Vienna, Austria.

Young, A. (1928). Increasing Returns and Economic Progress, *Economic Journal* 38(152), 527-42.

Capítulo 11

FINANCING PÚBLICO COMO POLÍTICA PARA O DESENVOLVIMENTO INDUSTRIAL NO BRASIL: AUGE E DECLÍNIO NO LIMIAR DO SÉCULO XXI

Elisangela Araujo
Murilo Andriato
Roberto Rodrigues

11.1 Introdução

Ao longo das décadas de 1930 a 1980, o Estado brasileiro, identificado com uma agenda desenvolvimentista baseada na industrialização, adotou grandes programas de desenvolvimento, além de diversas ações e instrumentos, tais como: a administração das taxas de câmbio, regimes especiais de importação, incentivos fiscais, creditícios e subsídios às exportações, conformando um cenário que levou à mudanças profundas na estrutura produtiva doméstica, acompanhado de crescimento econômico robusto e sustentado.

A crise dos anos 1980, no entanto, engendrou os principais elementos que levariam à reversão deste modelo nos anos 1990, levando ao abandono da estratégia desenvolvimentista alicerçada na industrialização, procedendo a uma ampla liberalização do comércio e das finanças, paralela à redução do papel do Estado na economia, consolidando uma ampla agenda neoliberal tardia que não foi eficaz em conciliar estabilidade com crescimento, deixando o país mais distante de realizar o seu processo *catching up* em relação às economias de alta renda.

Foi somente a partir de 2004, embalado pelo cenário externo favorável e sob a administração de governos mais identificados com a agenda desenvolvimentista, que o país voltou a colocar a política industrial na pauta das discussões das políticas e, entre aquele ano e 2011, implementou três grandes programas, na forma de ações e instrumentos concretos para o desenvolvimento do setor produtivo, a saber: a Política Industrial,

Tecnológica e de Comércio Exterior (PITCE), lançada no ano de 2004; a Política de Desenvolvimento Produtivo (PDP), no ano de 2008; e o Plano Brasil Maior (PBM), no ano de 2011.

O retorno da política industrial tinha aderência ao pacto global dos *Objetivos de Desenvolvimento Sustentável*, particularmente, ao objetivo 9, que trata da temática da *Indústria, inovação e infraestrutura*, e, sendo o Brasil um dos países signatários, comprometeu-se com as ações, segundo a ONU Brasil (2013):

> *9.2 - Promover a industrialização inclusiva e sustentável e, até 2030, aumentar significativamente a participação da indústria no setor de emprego e no PIB, de acordo com as circunstâncias nacionais, e dobrar sua participação nos países menos desenvolvidos; e também,*

> *9.5 - Fortalecer a pesquisa científica, melhorar as capacidades tecnológicas de setores industriais em todos os países, particularmente os países em desenvolvimento, inclusive, até 2030, incentivando a inovação e aumentando substancialmente o número de trabalhadores de pesquisa e desenvolvimento por milhão de pessoas e os gastos público e privado em pesquisa e desenvolvimento.*

Diante disso, esta pesquisa tem como objetivo fazer uma investigação sobre as políticas para a industrialização brasileira no século XXI, mais especificamente às ligadas ao *financing*. A discussão tem como pano de fundo os *Objetivos de Desenvolvimento Sustentável* (ODS), supracitados, sendo questão central buscar compreender: i) qual é o panorama atual das políticas públicas para o *financing* industrial no Brasil nesse limiar do século XXI; ii) se suas características têm evoluído em condições aderentes ao pactuado nos ODS e, sobretudo, têm potencial para induzir o crescimento econômico.

No intuito de cumprir com essa proposta, após esta introdução, o capítulo traz uma discussão acerca da relevância das políticas de *financing*, em especial, do setor público em países em desenvolvimento, com destaque, no caso brasileiro, para o Banco Nacional de Desenvolvimento Econômico e Social (BNDES), a principal fonte de crédito de longo prazo. Na sequência, tem-se uma discussão breve das políticas industriais adotadas entre 2004-2014, traçando-se, após, um panorama do crédito industrial no Brasil – por volume, macrosetores e setores industriais beneficiados, crédito à inovação, dentre outros –, elencando-se os principais fatos estilizados nas últimas décadas. A parte empírica da pesquisa traz uma análise de dados em painel, considerando o impacto do crédito industrial no desenvolvimento dos municípios brasileiros entre 2004 e 2015.

Além de se verificar o distanciamento das ações necessárias para se cumprir com ODS, os principais resultados empíricos da pesquisa indicaram que a maior variação positiva do PIB per capita (2004-2010) dos municípios brasileiros coincidiu com a fase de maior destinação de recursos para a indústria de transformação nesses municípios, vis-à-vis os demais setores. Tal fato reafirma a centralidade da indústria e, consequentemente, coloca o *financing* como uma política central na promoção do crescimento, realidade que tem sido negligenciada no país, especialmente no pós-2014.

11.2 Financiamento do desenvolvimento industrial: aspectos teóricos e evidências empíricas

Nas economias monetárias modernas, a disponibilidade de fontes de financiamento exerce um papel relevante para a atividade econômica, em especial quando se trata de projetos de longo prazo e com potencial dinâmico, gerando efeitos positivos sobre emprego e renda (Belluzzo & Almeida, 1990).

Não obstante essa constatação, a visão aceita pelo *mainstream economics* é a da Hipótese dos Mercados Eficientes (HME), segundo a qual o sistema financeiro é um agente intermediário neutro, cuja função é fornecer a informação adequada para os agentes econômicos – detentores de poupança e os tomadores de crédito –, permitindo-lhes diversificar seus investimentos e reduzir os custos de transação. Nesse cenário, não haveria limitações ao crescimento da firma, que poderia financiar sua expansão sem restrições, via mercado (Rodrigues, 2023).

Todavia, tais premissas não condizem com o que observa empiricamente, em especial, no caso dos países em desenvolvimento (Lima, 2003). Nestes, a realidade que se apresenta é a existência de uma restrição considerável nesse campo, principalmente na falta de empréstimos de longo prazo. Esse fato pode gerar obstáculos ao financiamento de grandes projetos industriais e de infraestrutura e, em particular, aos novos empreendimentos requeridos, para se arcar com os elevados custos na descoberta de novas tecnologias e processos produtivos, fundamentais ao aumento da competitividade e à melhoria da inserção externa (Hausmann & Rodrik, 2003).

Embora sabido que a existência de poupança, ou de *funding*, por si só, não constitui condição suficiente para o acesso ao *financing*, pois isso dependerá do estado das expectativas e do grau de preferência pela liquidez dos referidos agentes que cogitam realizar investimentos produtivos, a literatura empírica ressalta a importância do crédito, especialmente, do crédito público, como um fator promotor do desenvolvimento, conferindo um papel central aos bancos públicos.

Em linha com esta abordagem, a literatura empírica sobre a importância do crédito de longo prazo às atividades produtivas traz diversas evidências relevantes. Luna-Martínez e Vicente (2012) reportaram a importância dos bancos de desenvolvimento (BDs) numa amostra contendo 90 bancos de desenvolvimento, de 61 países de desenvolvimento – na África, Ásia, nas Américas, na Europa e Ásia Central, no Oriente Médio e Norte da África, entre janeiro e junho 2011. Esses bancos de desenvolvimento responderam a uma pesquisa lançada pelo Banco Mundial e a Federação Mundial de Instituições Financeiras de Desenvolvimento (WFDFI) para analisar as características e os desafios enfrentados por essas instituições, particularmente, em países de baixa e média renda. Foram respondidas 72 perguntas, agrupadas em sete áreas específicas: tamanho, financiamento, modelos de negócios e produtos, rentabilidade e qualidade dos ativos, governança corporativa, regulamentação e supervisão e, finalmente, desafios. Dentre os principais resultados da pesquisa, verificou-se um papel anticíclico relevante: indicaram que 87% dos bancos de desenvolvimento expandiram sua carteira de empréstimos imediatamente após a crise do *subprime*, sendo que em 24% deles essa expansão foi superior a 50%. Se considerados aqueles que tiveram expansão em suas carteiras superior a 20%, totaliza-se 57% dos bancos. No que se refere ao foco, considerando um total, de nove setores (serviços e comércio, indústria e manufatura, agricultura, moradia e construção, infraestrutura, energia, saúde, mineração e educação), demonstrou-se que 86% dos bancos de desenvolvimento visavam aos setores de comércio e serviços, 84% indústria e manufatura, 83% agricultura, 74% construção e habitação, 66% energia e 65% infraestrutura e, em menor percentual, saúde, 45% educação e 43% mineração.

Outro ponto relevante da pesquisa foi acerca do tipo de cliente. Neste quesito, 92% dos BDs responderam que visam a pequenas e médias empresas (PMEs), 60% grandes empresas privadas, 55% indivíduos e famílias, 54% outras empresas estatais e 46% intermediários financeiros privados. Para a maioria desses bancos, as PMEs são o principal público, e mesmo em países de alta renda, como Alemanha e Canadá, também é objetivo o atendimento às PME. Acrescente-se a isso o fato de que as modalidades de crédito que os BDs mais oferecem a seus clientes são, primeiramente, empréstimos de longo prazo (90%), seguidos por empréstimos para capital de giro (85%), enquanto os empréstimos sindicalizados consistiam em 52% de toda a oferta dos BDs, e os empréstimos não garantidos 25%. Acerca do prazo oferecido, contataram que 48% se referiam a empréstimos entre 11 anos e 30 anos. Se considerados os empréstimos com prazo superior a seis anos e até 30 anos, o percentual aumenta para 84%.

Tristão, Bender Filho, e Coronel (2015) estudaram a influência de algumas variáveis macroeconômicas sobre o volume de crédito concedido para a indústria no Brasil, no período compreendido entre 1994 e 2012, tendo em vista que, nessa fase, se observou uma trajetória decrescente de crédito industrial, em particular, a partir de meados dos anos 2000. Desse modo, a busca dos autores foi no sentido de entender quais os fatores estariam por trás dessa queda, investigando os determinantes do crédito industrial, sendo este entendido como o volume de recursos repassados pelos bancos públicos para as atividades daquele setor. O estudo realizou uma análise de séries temporais com a estimação de um Modelo de Correção de Erros (VEC), para estimar a relação entre o crédito industrial concedido e algumas variáveis explicativas – taxa de juros, taxa de câmbio, PIB e inflação. Dentre os resultados obtidos, observam a influência da positiva da taxa de câmbio e do produto, enquanto a taxa de juros e a taxa de inflação apresentaram um comportamento negativo na explicação dos determinantes do comportamento das operações de credito industrial na economia brasileira, no período analisado.

Prates e Freitas (2013) analisaram a evolução do crédito bancário corporativo no Brasil ao longo do ciclo de retomada do crescimento que compreendeu o período de 2003 a 2009, considerando-se os bancos públicos: Banco do Brasil (BB), Caixa Econômica Federal (CEF) e o Banco Nacional de Desenvolvimento Econômico e Social (BNDES) – os dois últimos 100% públicos – e, ainda, cerca de 10 bancos privados, que, ao todo, correspondiam a 84% do total das operações de crédito no país. O estudo considerou os seis grandes segmentos: indústria, comércio, serviços, infraestrutura, imobiliário e setor rural, para os quais destacou as características do crédito, tais como a participação no total do crédito bancário, a origem dos recursos, a propriedade do capital – se banco é público ou privado –, dentre outros aspectos.

Dentre as principais constatações do estudo, ficou evidenciado que existe uma "divisão do trabalho" entre os bancos brasileiros, sendo que, de um lado, estão os bancos públicos (CEF, BB e BNDES), especializados em empréstimos de longo prazo, sendo a CEF mais voltada para a infraestrutura e habitação, enquanto o BB tem grande importância na agricultura, mas se nota a crescente atuação estratégica no financiamento de infraestrutura, crédito a empresas, a partir de recursos direcionados. Por outro lado, as instituições privadas têm seu foco no crédito de curto prazo destinado, principalmente, a capital de giro, mas também atuando nas modalidades de maior prazo/risco, todavia, a partir de repasses do BNDES, para setores como a indústria, serviços, infraestrutura. Destaque-se que o BNDES é o principal concedente de crédito de longo prazo, devido às condições de prazos, custo e garantias mais favoráveis, tendo como principal de destino a indústria, que obteve entre 40 e 52% do crédito concedido pela instituição no período 2003-2009. Verificou-se também que os recursos direcionados predominaram nos setores rural, imobiliário e de infraestrutura, enquanto os recursos livres se direcionaram mais para a indústria e, sobretudo, de serviços e comércio, com ênfase em linhas de prazo mais curto, como de capital de giro e a conta garantida. Todavia, a indústria possui uma elevada dependência de recursos direcionados nas operações de longo prazo. Finalmente, a pesquisa notou a relevante atuação anticíclica dos bancos públicos no contexto da crise do *subprime,* quando os bancos privados contraiam o crédito e elevavam sua preferência pela liquidez.

11.3 Políticas públicas para a indústria no Brasil no século XXI: escopo e resultados

Os anos de 1930 marcaram o avanço da industrialização por meio do Processo de Substituição de Importações (PSI). Entre aquela década e os anos 1980, o Estado brasileiro atuou no planejamento, na articulação e no financiamento direto e indireto, por meio de suas políticas e instituições, viabilizando a instalação de um parque industrial relativamente denso e moderno para um país em desenvolvimento como o Brasil (Mello, 1998; Suzigan, 1986; Tavares, 1998). Grandes programas específicos, como o Plano de Metas de J. K. (1956-1961) e o II Plano Nacional de Desenvolvimento (1974-1979), somados a uma vasta gama de políticas e instrumentos (administração do câmbio, regimes especiais de importação pouco ou nada seletivos, promoção das exportações através de créditos fiscais e financiamentos subsidiados), propiciaram um crescimento médio do PIB da ordem de 7,4%[112] entre 1948 e 1980, acompanhados de mudanças profundas na economia brasileira.

---

[112] Em 1948, tem-se o início da medição do PIB no Brasil por meio do Sistema de Contas Nacionais/IBGE.

Durante a década de 1980, todavia, o cenário de expansão cedeu lugar a uma grave crise materializada no forte endividamento do Estado e descontrole inflacionário. Motivada por fatores estruturais e conjunturais, de ordem interna e externa, fez com que a indústria brasileira sofresse com a falta de investimentos, acumulando uma considerável defasagem tecnológica em relação aos países da fronteira. Assim, ao ingressar na década de 1990, ante a ascensão do ideário do neoliberalismo e sob o discurso da competitividade, o Estado brasileiro se afastou da política industrial, passando a adotar um conjunto de políticas macroeconômicas com um forte viés antiprodutivo, especialmente, a partir do Plano Real (1994) (Ulhôa, Botelho & Avellar, 2019).

É importante mencionar que os processos de abertura comercial e financeira, as privatizações de estatais e a desregulamentação em diversos setores foram adotados no âmbito da Política Industrial e de Comércio Exterior (PICE) nos anos 1990. Conforme Moreira e Correa (1997), extinguiu-se a maioria das barreiras não tarifárias do período anterior, definiu-se um cronograma de redução tarifária, resultando numa queda da tarifa média de importação de 40% para 11%, em 1994. Nesse cenário, modificou-se o arcabouço político-institucional vigente, com o fim das políticas do período desenvolvimentista, tornando a ação do Estado praticamente inexistente, além de um esvaziamento das instituições que atuavam no campo da política industrial, restando alguns programas dispersos e desarticulados no aparelho do Estado brasileiro (Cano & Silva, 2010).

Foi somente a partir de 2004 que o país voltou a colocar a política industrial na agenda de desenvolvimento e, entre esse ano e 2011, foram criadas três grandes políticas, na forma de medidas e programas concretos para o desenvolvimento do setor produtivo, são elas: a Política Industrial, Tecnológica e de Comércio Exterior (PITCE), que foi lançada no ano de 2004; a Política de Desenvolvimento Produtivo (PDP), no ano de 2008; e, o Plano Brasil Maior (PBM), no ano de 2011.

A primeira política – a PITCE – teve suas bases lançadas em novembro de 2003, no início do primeiro governo Lula (2003-2006), e representou uma mudança importante em relação ao modo como as políticas industriais vinham sendo concebidas desde os anos de 1990. A novidade dessa política consistia em atrelar o desenvolvimento industrial à inovação tecnológica para a melhoria da inserção externa. Portanto, considerava os pilares da eficiência e transformação da estrutura produtiva.

Conforme discutido por Salerno e Daher (2006), a PITCE estava articulada em três eixos básicos: *Linhas de ação horizontais*: a) inovação e desenvolvimento tecnológico; b) inserção externa/exportação; c) modernização industrial; e d) melhoria do ambiente institucional/ampliação da capacidade e escala produtiva; *Opções estratégicas*: a) semicondutores; b) *softwares*; c) bens de capital; e d) fármacos e medicamentos e *Atividades Portadoras de Futuro*: a) biotecnologia, b) nanotecnologia e c) biomassa e energias renováveis (em linha com as tratativas do Protocolo de Quioto).

Para atingir a finalidade pretendida, a PITCE realizou esforços no sentido de reconstruir um arcabouço institucional no país, o que se fez necessário após cerca de um quarto de século de ausência de política industrial. Dentre as ações relevantes, vale notar a criação do Conselho Nacional de Desenvolvimento Industrial (CNDI) e da Agência Brasileira de Desenvolvimento Industrial (ABDI), que operavam junto ao Ministério do Desenvolvimento, Indústria, Comércio e Serviços (MDIC) e o Ministério da Ciência, Tecnologia e Inovação (MCT). Acrescente-se também um novo tratamento dado às pequenas empresas com o projeto da Lei Geral da Micro e Pequena Empresa, com o apoio por meio de instituições como a Financiadora de Estudos e Projetos (FINEP), BNDES e CEF.

Cabe destacar, ainda, a aprovação da Lei da Inovação (Lei 10973/04), um novo marco para a relação entre universidades, institutos de pesquisa públicos e empresas privadas, ampliando o apoio do Estado à inovação empresarial, por exemplo, pela possibilidade de investimento público em empresas privadas, estímulos para contratação de pesquisadores ou, ainda, que pesquisadores constituam empresa para desenvolver atividades inovativas. Outras duas leis relevantes do período foram: i) a *Lei do bem*, que trouxe incentivos para os investimentos em Pesquisa e Desenvolvimento (P&D), reduzindo o custo e o risco próprios de tais atividades; ii) a *Lei da Informática*, cujo objetivo consiste na concessão de benefícios fiscais às empresas desse segmento e que realizam investimentos em P&D.

Acerca dos resultados da PITCE, destacam-se alguns pontos positivos, tais como o retorno do planejamento, articulação e coordenação das instituições em prol do desenvolvimento industrial, bem como o avanço na criação de leis essenciais (Lei da Inovação, Lei do Bem, Lei da Informática). Todavia, dentre as principais críticas recebidas pela política, tem-se a incompatibilidade da política industrial pretendida com a política macroeconômica, que foi caracterizada por taxas de câmbio valorizadas e juros altos, fatores que impediram o alcance das metas pretendidas (Cano & Silva, 2010).

De fato, nesses anos, a participação da indústria no PIB manteve-se declinante: de 17,8% caiu, ligeiramente, para 16,5%, entre 2004 e 2008, concomitante à piora da inserção externa brasileira, visto que a participação das exportações de produtos manufaturados caiu de 54,9% para 46,8% do total exportado, enquanto a participação dos produtos se elevou-se: de 29,6% para 36,9%, no período 2004-2008 (MDIC, 2023).

A segunda política dos anos 2000 foi a PDP, lançada no segundo governo Lula e em vigor de 2008-2010. O intuito dessa política era a sustentação do novo ciclo de expansão que a economia vivenciava naquele momento, com o crescimento do emprego e da renda doméstica, inflação moderada e elevado volume de reservas internacionais. Assim, a ideia era promover a ampliação da capacidade de oferta da economia, para se ajustar à demanda em expansão, pela via do investimento e da inovação, estimulando a geração de empregos e promovendo a competitividade internacional.

Conforme o IED (2008), a PDP foi mais abrangente que a PITCE, que incluía apenas quatro setores produtivos (software, bens de capital, fármacos e componentes eletrônicos), atribuindo prioridade a 25 setores produtivos da indústria de transformação, complexo de serviços, construção civil e energia, estabelecendo uma renúncia fiscal de R$ 21,4 bilhões; R$ 210,4 bilhões para projetos de ampliação, modernização e de inovação, além de programas da FINEP para complementar os esforços em P&D. Além de incorporar novos setores produtivos, a PDP contou com maior disponibilidade de recursos orçamentários, fiscais, créditos direcionados, subvenções, e, especialmente, financiamentos via BNDES, cujos desembolsos anuais cresceram substancialmente, passando de 39,8 bilhões de reais, em 2008, para 90,8 bilhões de reais, em 2011 (BNDES, 2023).

A PDP foi estruturada a partir de quatros grandes metas a serem alcançadas pela economia brasileira no período 2008-2010, a saber: a ampliação do investimento fixo (de 17,6% para 21% do PIB), melhoria da participação nas exportações mundiais (de 1,18% para 1,25%), aumento do gasto privado em pesquisa e desenvolvimento (P&D) (de 0,51% para 0,65% do PIB) e aumento de 10% no número de micro e pequenas empresas (MPEs) exportadoras (cerca de 11,7 mil empresas em 2008) (IEDI, 2008).

Acerca do desempenho obtido, cabe notar que a implementação da PDP coincidiu com o contexto da Crise Financeira Internacional (CFI) – iniciada a partir da crise das hipotecas *subprime* nos Estados Unidos – e seus desdobramentos a partir do último trimestre de 2008, implicando uma série de consequências negativas sobre a economia mundial e brasileira, tais como efeitos sobre as decisões de investimento, quedas das exportações, aumento da concorrência internacional. No caso brasileiro, aliada à trajetória do câmbio valorizado e à política de juros altos, resultou em severos efeitos sobre a indústria, com a ampliação da participação relativa dos produtos primários na pauta exportadora, relativamente aos manufaturados.

Tendo em vista o cenário descrito, Cano e Silva (2010) destacam que, apesar das inúmeras iniciativas, as metas da PDP, estabelecidas para o período 2008-2010, não foram atingidas. De fato, o investimento em 2010 alcançou seu maior valor desde 1995 (18,4% do PIB), mas bem inferior à meta almejada (21% do PIB), ao mesmo tempo que 51% da pauta exportadora tornava-se composta por *commodities*. Ademais, a participação da indústria de transformação no PIB seguiu em queda, alcançando 15%, ressaltando-se o fato de que a balança comercial da indústria (diferença entre exportações e importações de produtos manufaturados) tornou-se deficitária desde 2008 e, em 2010, registrou um déficit de US$ 34,8 bilhões (MDIC, 2023).

O Plano Brasil Maior (PBM) foi a política industrial do primeiro Governo Dilma, em vigor no período entre 2011 e 2014. O contexto na qual a política foi criada, no entanto, diferiu significativamente de seu antecessor, pois, além dos desdobramentos da CFI, se somaram os efeitos da crise da Zona do Euro, deflagrada em 2009-2010. Conforme Mello e Rossi (2017), essa foi uma conjuntura adversa, com taxas de investimento e crescimento declinantes, além do acirramento da concorrência internacional. Associado a este contexto externo desfavorável, somava-se a taxa de câmbio valorizada, suscitando a necessidade de um novo modelo de desenvolvimento, para estimular o investimento a partir da melhora na estrutura produtiva do país, corrigindo o desequilíbrio existente entre demanda e oferta, que se materializava no crescente déficit externo.

Sob o *slogan* "Inovar para competir, competir para crescer", o PBM se mostrou mais amplo que as duas políticas que o precederam (PITCE e PDP), passando a englobar a indústria, o comércio exterior, a agroindústria, a infraestrutura e os serviços. Os objetivos do PBM dividiram-se em 10 metas que deveriam ser alcançadas no ano de 2014: 1) ampliar o investimento fixo para 22,40% do PIB, 2) elevar gastos empresarial em P&D (0,90 % do PIB); 3) promover qualificação de recursos humanos (65% dos trabalhadores da indústria com, pelo menos, nível médio); 4) aumentar o valor da transformação industrial/valor bruto da produção (VTI/VBP) para 45,30; 5) elevar a participação do VTI da indústria de alta e média-alta tecnologia no total da indústria para 31,50; 6) aumentar em 50% o total de micro, pequenas e médias empresas (MPMEs) inovadoras (para 58.000 no total); 7) reduzir o consumo de energia por unidade de PIB industrial (para 137,0 tonelada equivalente de petróleo por milhão); 8) ampliar a participação percentual do país no comércio internacional para 1,60; 9) aumentar o VTI/VBP dos setores ligados à energia para 66,00; e 10) ampliar o número de domicílios com acesso à banda larga (40 milhões) (Plano Brasil Maior, 2023).

Conforme Silva (2021), para cumprir com as metas propostas, foram utilizados os mais variados instrumentos, tais como: medidas fiscais, financeiras e institucionais, com destaque para a desoneração da folha de pagamento, que chegou a abranger 55 setores de atividades, o aumento do volume de recursos para financiamento às exportações, inovações, qualificação profissional, além do aperfeiçoamento do marco regulatório para inovação e compras governamentais. As medidas para a implementação da política organizaram-se na forma de ações transversais e setoriais, articuladas em torno dos ministérios competentes e de 19 comitês executivos e conselhos de competitividade criados, agrupados em cinco blocos de sistemas produtivos, além da agroindústria.

Cabe notar que, além da agenda específica para o setor industrial, o período 2011-2014 foi marcado pela tentativa, que se mostraria fracassada, de implementação de uma mudança no rumo das políticas macroeconômicas, destacadamente, câmbio valorizado e juros altos, que tanto prejudicavam o setor produtivo. Nesse intuito, o governo tentou implementar, a partir de 2011, a "Nova Matriz Macroeconômica", que consistia na promoção de medidas como: a redução dos custos de crédito (queda dos juros e do *spread* bancário); desvalorização da taxa de câmbio, com vistas a maior competitividade dos produtos brasileiros no exterior; a redução dos custos de insumos, principalmente, energia elétrica e combustível; dentre outras medidas (Mello & Rossi, 2017).

Acerca dos resultados obtidos pelo PBM, Silva (2021) analisa que nenhuma das grandes metas estabelecidas foi atingida, sendo que alguns indicadores, em 2014, estiveram até abaixo do que vigorava em 2010. O autor destaca que a implementação do PBM deparou-se com falhas e obstáculos, advindos: i) dos desdobramentos da crise internacional sobre a economia brasileira; ii) da política macroeconômica de juros altos e câmbio valorizado em contraposição à política industrial (a despeito da tentativa da implementação da "nova matriz macroeconômica"); iii) do elevado custo financeiro dos instrumentos, especialmente as desonerações, e seus resultados modestos; iv) da falta de foco e da priorização de setores mais estratégicos no escopo da política.

O Quadro 1, a seguir, traz um breve comparativo das três políticas: PITCE, PDP e Plano Brasil Maior.

Quadro 1 – Comparativo políticas industriais dos anos 2000, Brasil, 2004-2014

Política	PITCHE	PDP	Plano Brasil Maior
Contexto	Governo Lula I (2004-2007), após décadas de ausência do Estado no campo da política industrial	Governo Lula II (2004-2007), após o ciclo de crescimento a partir de 2003 (contexto do *boom* de *commodities* e de expansão da renda e emprego no país).	Governo Dilma I (2011-2014), conjuntura de estagnação e dos desdobramentos das duas grandes crises (*subprime* e da "Zona do Euro")
Objetivos	Promover o desenvolvimento industrial, aliado à inovação tecnológica e à melhoria da inserção externa brasileira	Sustentar o ciclo de crescimento em vigor, ajustando a oferta à demanda, pelo estímulo ao investimento e à inovação, geração de empregos e maior competitividade.	Estimular o investimento, melhoria na estrutura produtiva do país, corrigindo o desequilíbrio existente entre demanda e oferta domésticas, que se materializava no crescente déficit externo
Principais medidas	Criação de instituições, avanço do marco legal (Lei da Informática, Lei da Inovação, Lei do Bem), articulação entre governo e instituições em prol do desenvolvimento do setor industrial.	Incorporação de novos setores produtivos, maior disponibilidade de recursos orçamentários, fiscais, créditos direcionados, subvenções, financiamentos via BNDES.	Concessão de estímulos diretos a diversos produtivos, não só a indústria, principalmente por meio de desonerações fiscais, aumento de recursos para inovação, qualificação da mão de obra, dentre outras medidas. Em paralelo, houve a tentativa da mudança na condução das políticas macroeconômicas.

Política	PITCHE	PDP	Plano Brasil Maior
Resultados	Alguns pontos positivos foram o retorno do planejamento, articulação e coordenação das políticas e instituições, mas não avançou nos objetivos pretendidos, em particular, pela incompatibilidade entre a agenda industrial e política macroeconômica em curso.	As metas ficaram aquém do estabelecido. A conjuntura externa conturbada e as políticas macroeconômicas domésticas, contribuíram para o aumento da participação dos produtos primários na pauta exportadora, com a queda da participação relativa da indústria.	Nenhuma das grandes metas estabelecidas foi atingida, algumas até regrediram. O cenário adverso, a falta de seletividade dos estímulos e o elevado custo de algumas políticas, estiveram entre os principais obstáculos ao avanço das políticas.

Fonte: os autores.

Feitas as considerações acerca do período 2004-2014, cabe assinalar que, após 2015, com a crise econômica, política e institucional que se abateu sobre o país, novamente, a política industrial deixou de ser um elemento importante na agenda do desenvolvimento nacional. As políticas dos governos anteriores (PITCE, PDP e PBM), embora apresentassem certos problemas, tais como uma abrangência inadequada, falta de foco, objetivos pretensiosos, e mesmo imediatistas, com resultados aquém do esperado, consistiram numa tentativa relevante, pode-se dizer até anticíclica, de fomentar o desenvolvimento pelo estímulo ao setor industrial.

Tais planos, no entanto, ainda que pudessem ter sido aperfeiçoados e continuados, foram substituídos pela ausência de uma política de Estado com vistas ao desenvolvimento brasileiro. Os programas dos governos que assumiram a presidência desde então, fortemente identificados com a ultradireita liberal, reduziram os instrumentos e medidas voltadas ao setor produtivo, sendo o crédito industrial um dos aspectos mais negligenciados, como será visto adiante subseção 4, num cenário que levaria à continuidade e ao aprofundamento das mudanças estruturais regressivas na economia brasileira.

11.4 BNDES e o financiamento da indústria no Brasil: alguns fatos estilizados do período 2002-2022

Antes de se passar a análise do papel desempenhado pelo BNDES no fomento industrial no Brasil, no período de 2002-2022, é importante fazer algumas considerações importantes acerca das peculiaridades do mercado brasileiro.

A estrutura de *financing* no Brasil, construída a partir da reforma bancária e financeira de 1964 e demais regulações que a sucederam, pode ser resumida da seguinte forma.

Para os projetos de longo prazo, notadamente os relacionados à aquisição de bens de capital e aumento da capacidade produtiva, acessam os recursos do Banco Nacional de Desenvolvimento Econômico e Social (BNDES). Em que pese o fato de que os recursos estejam se tornado mais escassos no período recente, esta é ainda a principal fonte para o financiamento de longo prazo. No âmbito do agronegócio, os pequenos produtores contam com crédito subsidiado pelo governo federal para custear sua produção e a aquisição de bens de capital, assim como médios e grandes produtores também conseguem acessar taxas de crédito mais atrativas no âmbito das linhas do Plano Safra, operacionalizadas pelas instituições financeiras de varejo. As grandes corporações que possuem capital aberto acessam o mercado de capitais, seja via emissão primária de ações, seja emissão de dívidas securitizáveis. No entanto, cabe ressaltar que o mercado de capitais brasileiro é relativamente pequeno, sendo pouco mais de 350 empresas com ações listadas em nossa Bolsa de Valores, reforçando a ideia de se tratar de um ambiente bastante restrito às grandes corporações.

As empresas de modo geral, desde que ofereçam risco de crédito aceitável, conseguem recursos para seu capital de giro ou necessidades de investimentos via instituições financeiras de varejo, as quais disputam território também no atendimento aos segmentos das pessoas físicas das faixas de renda mais elevadas. Finalmente, têm-se, ainda, os microempreendedores individuais, *startups* e indivíduos de faixas de renda inferiores, os quais nem sempre conseguem acesso adequado às suas necessidades de *financing,* ou, quando conseguem, o custo é relativamente elevado e, por vezes, proibitivo.

Dito isso, a seguir, serão destacadas algumas características marcantes, que chamaremos de fatos estilizados, na análise do *financing* industrial no Brasil, no período 2002-2022.

Fato estilizado 1: o volume de recursos disponibilizados para o crédito industrial foi baixo em termos do PIB, particularmente, desde meados da última década

Um primeiro aspecto a ser constatado refere-se ao baixo volume de crédito total e em percentual do PIB, concedido pelo setor público ao setor produtivo no Brasil. Em que pese o fato que o BNDES também atue na concessão de crédito de prazo mais curto, como para pessoa física e para o capital de giro das empresas, por exemplo, verifica-se a sua relevância no crédito de longo prazo, pois, em média, no ano de 2022, 82,2%[113] dos desembolsos do banco foram na forma de crédito de longo prazo, relacionados à aquisição de bens de capital e ao aumento da capacidade produtiva da economia.

Conforme o Gráfico 1, os desembolsos do BNDES vêm se tornando escassos nos anos recentes. Após uma fase de ascensão entre 2004 e 2014, que coincidiu com as políticas industriais discutidas na seção 3, tais recursos atingiram o máximo de 4,3% do PIB (2010), mas declinaram fortemente, chegando a perfazer somente 0,7% do PIB, nos anos de 2019 e 2021, e, no último ano da série (2022), representou 0,98% do PIB, evidenciando que a principal fonte de financiamento de longo prazo no Brasil está praticamente desaparecendo nos últimos anos.

Gráfico 1 – Desembolsos totais do BNDES no Brasil, total e em % do PIB, 2002-2022

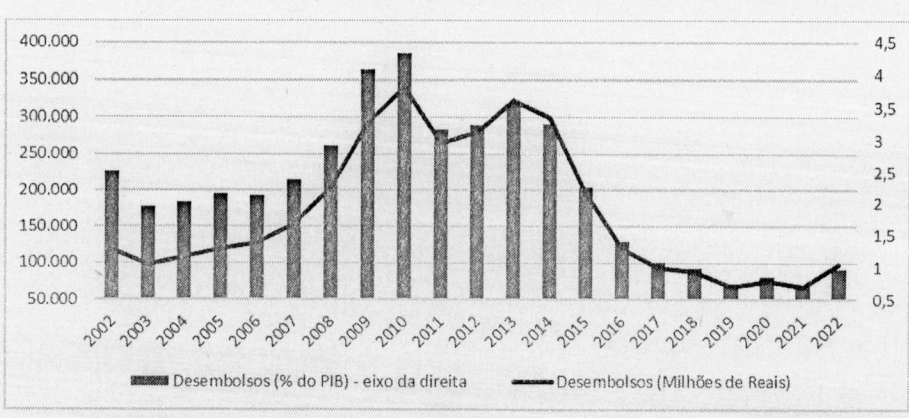

Nota: Valores deflacionados pelo IPCA (2002-2022)
Fonte: elaborado pelos autores, a partir dos dados do BNDES (2023) e IPEADATA (2023)

Como um aspecto adicional acerca do *financing* público no Brasil, cabe mencionar acerca das taxas de juros. Considerando o período 2012-2022, dados do BCB (2023) mostram que a taxa média de juros das operações de crédito para pessoas jurídicas foi de 13,5 % a.a., considerando os segmentos livres e direcionados. Considerando que a taxa de inflação no mesmo período foi de 8,7% a.a, em média, nota-se que as taxas praticadas não podem ser consideradas baixas. Todavia, dado o baixo volume con-

---

[113] Média para o ano de 2022. Confira BNDES (2023)

cedido (Gráfico 1) e a dificuldade relatada pelas empresas de contar com recursos específicos, tais como inovação (Tabela 2), isso sugere a lacuna a ser preenchida nesse segmento.

Fato estilizado 2: o crédito público, destinado ao setor industrial, vem perdendo importância e se manteve concentrado regionalmente

Além do volume baixo e declinante, é interessante observar a dinâmica dos desembolsos do BNDES em termos dos macrossetores. Conforme mostra o Gráfico 2, até 2010, a indústria de transformação constituiu-se no destino da maior parte de recursos, representando, entre 2002 e 2010, 44,20% do total de recursos nominais desembolsados. Já entre 2011 e 2022, esse percentual caiu para 24,84%, enquanto a representatividade dos setores da agropecuária e comércio e serviços ganham relevância.

Gráfico 2 – Representatividade dos macro setores nos desembolsos totais do BNDES, 2002-2022

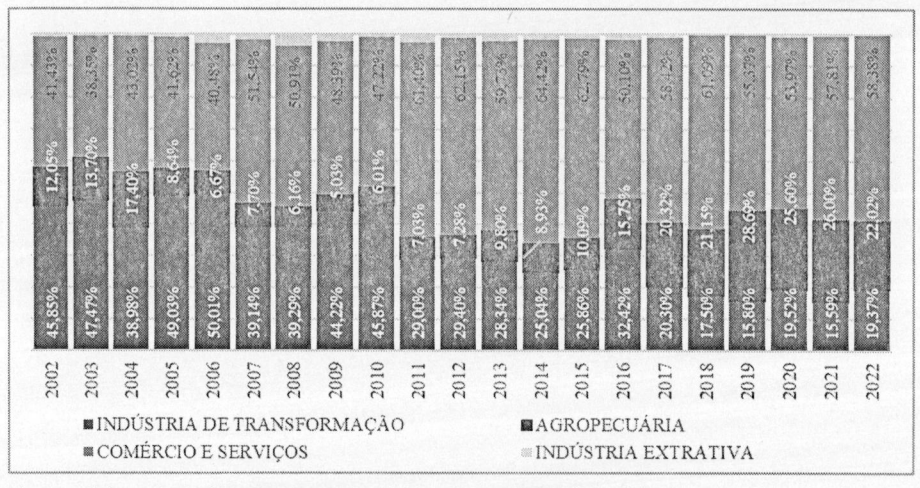

Fonte: elaborado pelos autores, com dados do BNDES (2023).

Nota-se ainda, no Gráfico 2, que setor de comércio e serviços sempre teve grande representatividade no total de desembolsos do BNDES, mas, a partir de 2016, houve um crescente aumento relativo da representatividade da agropecuária, a qual passou de 8,21% do total de desembolsos, entre 2002 e 2015, em média, para 22,26% do total de recursos alocados pelo BNDES, entre 2016 e 2022, em média.

Fato estilizado 3: os recursos especificamente direcionados às atividades de inovação foram declinantes e concentrados dentro da própria indústria de transformação

Em se tratando dos desembolsos do BNDES destinados às atividades inovativas, um primeiro aspecto que chama a atenção no Gráfico 3 é que estes são praticamente insignificantes entre 2002 e 2007, passando a crescer a partir daí. Nota-se que houve um período de ascensão entre 2011 e 2015, fase coincidente com a implementação do Plano Brasil Maior e que tinha a inovação como um de seus pilares. Mas, desde então, vem ocorrendo uma importante inflexão, e a tendência se invertendo a partir de 2016, chegando, em 2022, a patamares reais de desembolsos inovativos menores que os de 2011.

Além disso, em termos setoriais, nota-se que os desembolsos, tanto para o setor de serviços, quanto para a indústria de transformação, eram os mais representativos e obtinham quase a totalidade dos recursos, em patamares percentuais de relativa proximidade até 2017. Após este ano, além de declinantes, esses recursos passaram a se direcionar para a agropecuária, que acaba por se tornar o principal recebedor dos desembolsos inovativos, em detrimento da indústria e dos serviços.

Gráfico 3 – Desembolsos inovativos do BNDES por macro setor de 2002 a 2022 (preços constantes de dez/2022)

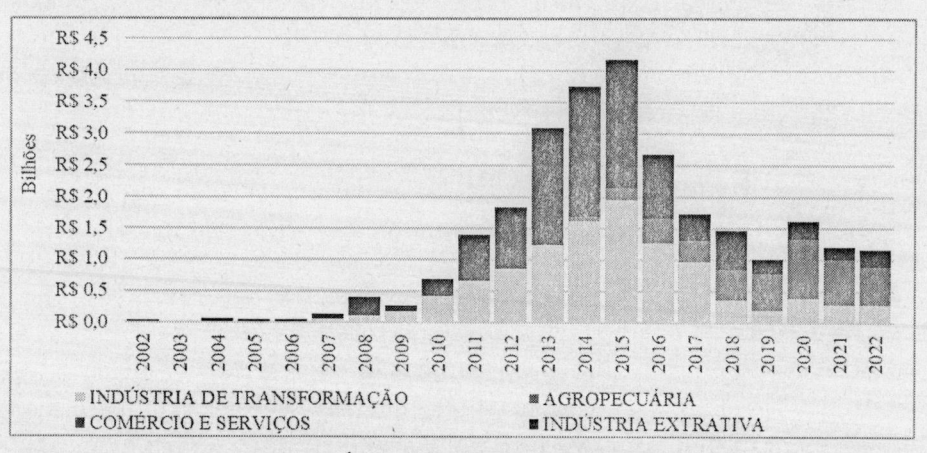

Nota: valores deflacionados pelo Índice Nacional de Preços ao Consumidor Amplo (IPCA/IBGE, 2023)
Fonte: elaborado pelos autores, com dados do BNDES (2023).

Outro destaque importante, quando se analisa somente a indústria de transformação e seus subsetores, é que os desembolsos em inovação do BNDES apresentam uma concentração de recursos em poucos setores. De fato, conforme dados da Tabela 3, a análise por quadriênio para o período de 2003 a 2022 denota a maior representatividade de quatro subsetores: material de transporte, mecânica, metalurgia e produtos e química e petro-química, em detrimento de outras atividades industriais.

Tabela 1 – Desembolsos inovativos do BNDES por subsetor da indústria de transformação entre 2003 e 2022

Subsetores da Indústria	2003-2006	2007-2010	2011-2014	2015-2018	2019-2022
Material de Transporte	37,41%	48,67%	41,47%	57,07%	18,69%
Mecânica	21,52%	29,43%	15,45%	15,88%	26,63%
Metalurgia e Produtos	23,54%	6,23%	0,98%	0,45%	6,06%
Química e Petroquímica	14,60%	12,99%	35,79%	16,22%	35,69%
Outras atividades industriais	2,93%	2,68%	6,31%	10,38%	12,92%

Fonte: elaborada pelos autores, com dados do BNDES (2023).

Como é possível observar a partir da Tabela 1, embora se alterem a importância relativa dos quatro setores mencionados no recebimento dos desembolsos inovativos ao longo do tempo, inclusive, destacando-se a maior importância das outras atividades, a partir de 2015 até 2022, setores importantes e mais intensivos em tecnologia de ponta parecem pouco abarcados pelas políticas de *financing* público destinados à inovação.

Fato estilizado 4: existe uma lacuna da participação do setor público no financiamento da inovação no setor industrial no Brasil

Além dos recursos escassos e concentrados setorialmente, nota-se uma ausência do apoio à inovação no país. Conforme as informações obtidas da Pesquisa de Inovação (Pintec), divulgada pelo Instituto Brasileiro de Geografia e Estatística (IBGE) de 2017, dentre as empresas que implementaram algum produto e/ou processo novo substancialmente aprimorado no período, 63,89% reportaram que existe um grau médio ou alto de dificuldade no acesso a fontes apropriadas de financiamento para essas atividades inovativas.

Conforme a Tabela 2, do total de empresas consideradas pela pesquisa, apenas 17,38% implementaram alguma atividade de inovação.

Tabela 2 – Grau de importância da escassez de fontes de financiamento para as empresas inovativas no período 2015-2017

Macro Setor	Total de empresas	Implementaram inovações	% de empresas inovativas	Grau de importância da escassez de fontes apropriadas de financiamento	
				Média e Alta	Baixa ou não relevante
Indústrias extrativas	2.297	178	7,75%	61,80%	38,20%
Indústrias de transformação	100.216	17.759	17,72%	64,14%	35,86%
Eletricidade e gás	594	43	7,24%	20,93%	79,07%
Serviços	13.854	2.343	16,91%	62,91%	37,09%
Total	116.961	20.323	17,38%	63,89%	36,11%

Nota: foram consideradas as empresas que implementaram produto e/ou processo novo substancialmente aprimorado.
Fonte: elaborada pelos autores, com dados da Pesquisa de Inovação (PINTEC 2017), IBGE/PINTEC, 2023.

Sabe-se que, além dos recursos próprios, as principais fontes para financiar a atividade das empresas são a emissão de títulos de crédito no mercado financeiro, os recursos públicos, predominantemente disponibilizados pelo Banco Nacional de Desenvolvimento Econômico (BNDES), e recursos externos ou ainda o restrito mercado de capitais.

No Brasil, em se tratando do financiamento de projetos de longo prazo, as instituições financeiras exercem um papel bastante marginal, dado que suas decisões de alocação de portfólio estão sempre sujeitas às restrições de preferência pela liquidez, com forte caráter pró-cíclico. Observa-se ainda um mercado de capitais pequeno, com pouco mais 350 empresas com ações listadas na Bolsa de Valores (B3), espaço acessível somente às grandes corporações. Em termos estruturais, o advento dos bancos digitais, das *fintechs* e de outras inovações como o *open finance* não são, até o momento, fenômenos que criaram condições mais favoráveis ao financiamento de longo prazo no Brasil e/ou que indiquem uma inflexão no panorama de escassez de recursos privados destinados à inovação ou compatíveis com um desejável processo de reindustrialização (Paula, 2022; Rodrigues, 2023).

Têm-se, portanto, que o setor público tem maior relevância dentre as fontes de recursos de terceiros disponíveis ao financiamento de inovativo e de longo prazo no Brasil. Não obstante, os dados da Pintec 2017, na Tabela 3, mostram que, dentre as empresas que implementaram inovações no ano de 2017, os recursos de terceiros representaram apenas 11% do total dispendido em atividades internas de Pesquisa e Desenvolvimento (P&D), sendo apenas 7% dos recursos obtidos do setor público.

Tabela 3 – Financiamento das atividades internas de Pesquisa e Desenvolvimento das empresas que implementaram inovações em 2017

| Macro Setor | Dispêndios em P&D[1] (R$ mil) | Fontes Próprias | Fontes de Terceiros | | | |
			Total	Outras empresas[2]	Público	Exterior
Indústrias extrativas	672.299	89%	11%	4%	6%	1%
Indústrias de transformação	17.054.188	89%	11%	3%	7%	1%
Eletricidade e gás	376.307	100%	-	-	-	-
Serviços	7.521.593	90%	10%	-	9%	-
Total	**25.624.387**	**89%**	**11%**	**2%**	**7%**	**1%**

Nota: foram consideradas as empresas que implementaram produto e/ou processo novo substancialmente aprimorado.
[1]Dispêndios realizados nas atividades internas de Pesquisa e Desenvolvimento das empresas que implementaram inovações; [2]Inclui empresas estatais e entidades privadas como empresas, instituições de pesquisa, centros tecnológicos e universidades.
Fonte: elaborada pelos autores, com dados da Pesquisa de Inovação (PINTEC 2017) - IBGE/PINTEC, 2023)

O fato de os recursos próprios serem tão representativos no total de recursos dispendidos nas atividades internas de P&D no Brasil consiste em um objeto de pesquisa amplo, e sua compreensão demandaria estudos específicos para que seja possível compreender esse fenômeno adequadamente. Entretanto, por hipótese, é possível inferir que a proeminência do autofinanciamento em P&D esteja relacionada à baixa quantidade de empresas com iniciativas inovativas estruturadas, mas também, e talvez até por isso, pela inexistência ou insuficiência de fontes alternativas de terceiros, como fundos de *venture capital*, mercado de capitais mais acessível e mercado de crédito disponível.

Nesse sentido, havendo recursos disponíveis pelo setor público, notadamente via BNDES, ou a possibilidade de acessar recursos de terceiros para atividades inovativas e crédito de longo prazo, as empresas se lançam nas atividades inovativas. Na ausência destas, não havendo tal possibilidade, restaria às empresas o autofinanciamento.

Tal fato contribui para explicar o baixo gasto em inovação no Brasil. De fato, de acordo com o BNDES, do total de recursos concedidos direta ou indiretamente no período de 2002 a 2022, apenas 1,74% foram destinados a atividades inovativas[114]. Nota-se que, além de o setor público ser pouco representativo em termos de oferta de recursos para as atividades inovativas das empresas, o principal agente dessas políticas públicas de financiamento da indústria e de projetos de longo, não tem alocado recursos em inovação.

Relacionando tais dados com as informações obtidas da Pintec (Tabelas 2 e 3), há que se considerar que, embora a quantidade de empresas e o volume total dispendido por estas em atividades internas de P&D sejam relativamente pequenos e, ainda, que a entre as empresas que inovaram 63,89% alegaram dificuldade com fontes de recursos, é possível inferir que a predileção pelo autofinanciamento esteja mais ligada à escassez de fontes de terceiros, do que simplesmente a uma baixa predisposição à alavancagem.

Por fim, cabe destacar um último aspecto relevante, na Tabela 4, que é a grande concentração regional na destinação de recursos à inovação. Somente em três, ao longo do período 2002-2022 (2002, 2004 e 2005), o Norte foi a região que mais recebeu desembolsos para inovação por parte do BNDES. Em todos os demais anos, as regiões mais beneficiadas com tais recursos foram o Sul e o Sudeste.

---

[114] Para o BNDES, uma inovação é a implementação de um produto (bem ou serviço) novo ou significativamente melhorado, ou um processo, ou um novo método de marketing, ou um novo método organizacional nas práticas de negócios, na organização do local de trabalho ou nas relações externas.

Tabela 4 – Desembolsos inovativos totais do BNDES por região entre 2002 e 2022

ANO	SUL	SUDESTE	CENTRO--OESTE	NORTE	NORDESTE
2002	0,00%	3,49%	0,00%	58,85%	37,67%
2003	95,38%	4,06%	0,00%	0,00%	0,56%
2004	0,27%	18,36%	0,00%	81,37%	0,00%
2005	0,41%	30,97%	0,00%	68,62%	0,00%
2006	9,70%	49,56%	3,69%	33,71%	3,34%
2007	3,27%	92,39%	1,80%	0,00%	2,54%
2008	4,34%	73,13%	2,75%	0,00%	19,78%
2009	10,12%	89,63%	0,23%	0,00%	0,02%
2010	24,35%	71,58%	0,09%	0,34%	3,64%
2011	7,00%	92,74%	0,26%	0,00%	0,00%
2012	12,54%	82,25%	0,10%	0,07%	5,04%
2013	18,86%	63,11%	0,05%	0,30%	17,67%
2014	12,31%	78,63%	0,44%	0,14%	8,47%
2015	15,80%	68,58%	3,78%	0,00%	11,84%
2016	17,50%	69,85%	2,32%	0,70%	9,64%
2017	22,44%	61,77%	0,97%	0,76%	14,06%
2018	16,65%	70,50%	1,41%	0,00%	11,44%
2019	32,01%	63,60%	4,30%	0,09%	0,00%
2020	12,66%	87,34%	0,00%	0,00%	0,00%
2021	56,75%	37,44%	5,31%	0,06%	0,43%
2022	45,36%	41,86%	10,76%	0,06%	1,95%

Fonte: elaborada pelos autores, com dados do BNDES (2023).

Notadamente, essa maior concentração na alocação de recursos nas regiões Sul e Sudeste é reflexo da heterogeneidade e do incipiente desenvolvimento industrial no país, que se desenvolveu concentrado no Sudeste e assim permaneceu, sem se deslocar de seu centro dinâmico. Desse modo, o que se observa em termos de desembolsos por parte do BNDES é não somente o reflexo desta concentração geográfica da indústria de transformação, mas também um sinal de que não tem havido uma política pública consistente com a promoção do desenvolvimento regional com a criação de mais polos industriais capazes de dinamizar a economia.

Ante ao exposto acerca dos fatos estilizados do financiamento do desenvolvimento industrial no Brasil, entre 2002-2022, parece claro que a referida política pública, materializada nos desembolsos do BNDES, não está levando em conta uma estratégia de desenvolvimento setorial voltada para a modernização da estrutura produtiva, com a adoção de políticas voltadas para o aumento de P&D, tampouco considera um papel redistributivo em termos regionais, de modo que a política pública de crédito de longo prazo e/ou inovativo, especialmente o destinado à indústria de transformação, parece contribuir para a manutenção do atual *status quo*.

11.5 *Financing* público para a indústria e crescimento econômico no Brasil: evidências empíricas para o período 2004-2015

11.5.1 Procedimentos metodológicos

É notório que as políticas públicas para o financiamento dos investimentos industriais no Brasil, cuja fonte relevante é o BNDES, não desempenharam o papel esperado nas duas primeiras décadas dos anos 2000, especialmente quando se tem em mente os ODS e as políticas industriais que buscavam a expansão do setor e a melhoria da inserção externa da economia brasileira.

Com o objetivo de apresentar evidências empíricas sobre o efeito das políticas de *financing* sobre o crescimento, foi elaborado um modelo de dados em painel para os municípios brasileiros, que receberam e não receberam recursos do BNDES de 2004 a 2015.

Esse modelo empregado se destaca frente aos outros modelos tradicionais pelo controle da heterogeneidade individual, aumento da variabilidade, redução da colinearidade. Diferentemente das séries de tempo que avaliam um indivíduo para T períodos, ou dos dados em corte transversal que analisam n indivíduos para um único período, o Painel avalia N indivíduos para T períodos (NxT observações) (Judson & Owen, 1999; Baltagi, 2005).

Cabe notar que esse modelo pode ser estudado, quando observa as premissas clássicas do modelo de Regressão Linear, de três formas: empilhada, com efeitos fixos ou com efeitos aleatórios. O modelo empilhado não considera a existência de heterogeneidade dos indivíduos, que é capturada pelo método de efeitos fixos, diferenciando os valores das variáveis em relação à média do indivíduo analisado. Esse modelo não permite trabalhar com variáveis invariantes no tempo. Outro modelo que busca corrigir a heterogeneidade é o modelo de efeitos aleatórios, só que este utiliza como base o termo de erro (Gujarati & Poter, 2011).

Três testes facilitam a escolha do modelo utilizado. O teste de Chow compara o modelo de efeitos fixos e o modelo empilhado, com hipótese nula que o modelo empilhado é melhor que o de efeitos fixos. O teste de Breusch--Pagan compara o modelo efeitos aleatórios e empilhado, com hipótese nula que o empilhado é melhor. Por fim, o teste de Hausman testa se os efeitos fixos são melhores que os aleatórios, com hipótese nula que o último é melhor que o primeiro. Destaca-se que os testes foram realizados para todos os modelos, sendo que o modelo de efeitos fixos destacou-se como melhor modelo a ser utilizado.

11.5.2. Base de dados e variáveis dos modelos

Os dados utilizados foram construídos a partir de duas bases, a saber, os microdados de liberação de recursos do BNDES e os dados municipais do IBGE. A Tabela 5 apresenta as variáveis utilizadas para construir os dois modelos estimados na pesquisa: i) um tendo como variável explicada o crescimento (cresc), que é média da variação do produto do município durantes os cinco anos subsequentes ao ano base (t); e ii) a que o Desenvolvimento (cresc-pc), que mostra a média da variação do produto per capita durantes os cinco anos subsequentes ao ano base.

Essa metodologia foi adotada visando analisar se o crescimento médio dos municípios se acelerou com os recursos do BNDES. Considerando a referida metodologia, uma vez que os dados do PIB e PIB per capita são calculados até 2020 pelo IBGE, o ano-base deste estudo é 2015.

Cabe notar que foi retirado o ano-base da média, pois, em certos projetos, a liberação de recursos excedia o PIB do município. Além disso, destaca-se também que não foi possível considerar o cronograma de liberação dos recursos, apenas o volume total da operação.

Tabela 5 – Variáveis do Modelo de Dados em Painel

VARIÁVEL	DESCRIÇÃO	Fonte	TIPO
CRESC	Crescimento médio do PIB do Município de t+1 à t+5	IBGE (2023)	%
CRESC-PC	Crescimento médio do PIB per capita do Município de t+1 à t+5	IBGE (2023)	%
AGRO	Setor do Agronegócio recebeu recursos (=1)	BNDES (2022)	binária
COM_E_SERV	Setor de Comércio e Serviços recebeu recursos (=1)	BNDES (2022)	binária
EXTR	Setor de Industria Extrativa recebeu recursos (=1)	BNDES (2022)	binária
IND	Setor de Industria de Transformação recebeu recursos (=1)	BNDES (2022)	binária
PERCT_VOL_PIB	Percentual do recurso recebido em relação ao PIB do município	BNDES (2023) e IBGE (2023)	%

Fonte: os autores.

No intuito de compreender a influência do crédito, específico para o setor industrial, foram utilizadas variáveis binárias. As referidas variáveis permitem diferenciar o crédito destinado pelo BNDES aos diferentes macrosetores: setor do Agronegócio (Agro), de Comércio e Serviços (com_e_serv), da indústria extrativa (extr), do setor de Infraestrutura (infra) ou da indústria de transformação (ind). Também foi utilizado o percentual do volume em relação ao PIB do município. Uma ressalva a ser feita é que, nos demonstrativos anteriores, o setor de infraestrutura está contido no setor de Comércios e Serviços.

11.5.3 Modelo estimado

Foram construídos dois modelos: um para o crescimento do PIB e outro para o crescimento do PIB per capita dos municípios brasileiros, como função do volume total de crédito. A Tabela 6 apresenta as estatísticas descritivas das variáveis utilizadas. Destaca-se que tanto o crescimento do PIB quanto o crescimento do PIB per capita apresentam grande variância, sendo que, em percentual, alguns municípios de menor porte cresceram muito nesse período analisado, chegando, por exemplo, a crescimento do PIB em 1700% e PIB per capita em 1699%. Outro destaque é referente à mediana do setor Agropecuário, de Comércio e Serviços e Infraestrutura, que, sendo 1, representa que mais da metade dos municípios receberam recursos para esses setores, registrando-se 63,5% no setor Agropecuário, 62,1% do setor de Comércio e Serviços e 52,4% para infraestrutura.

Tabela 6 – Estatística Descritiva da Variáveis

	CRESC PIB	CRESC PIB per capita	AGRO	COM_E_SERV	EXTR	IND	INFRA	PERCT_VOL_PIB
Média	0.182	0.173	0.635	0.621	0.082	0.435	0.524	0.050
Mediana	0.176	0.167	1.000	1.000	0.000	0.000	1.000	0.018
Máximo	17.454	16.992	1.000	1.000	1.000	1.000	1.000	50.873
Mínimo	-0.636	-0.631	0.000	0.000	0.000	0.000	0.000	0.000
Desvio Padrão	0.163	0.159	0.483	0.485	0.274	0.496	0.499	0.370
Skewness	65.790	65.706	-0.537	-0.499	3.045	0.261	-0.096	73.881
Kurtosis	6461.422	6489.808	1.357	1.250	10.274	1.068	1.009	8033.169
Jarque-Bera	116000000000.000	117000000000.000	10719.910	11292.570	250488.300	11143.910	11131.230	180000000000.000
Probability	0.000	0.000	0.000	0.000	0.000	0.000	0.000	0.000
Soma	12168.85	11576.64	42379	41478	5481	29072	34987	3362.444
Soma dos Desvios quadrados	1778.092	1680.851	15589.44	15719.74	5031.185	16416.93	16658.46	9162.738
Observations	66786	66786	66786	66786	66786	66786	66786	66786

Fonte: elaborada pelos autores, com dados do BNDES (2023) e IBGE (2023).

Considerando os dados para a Indústria, tem-se que 43,5% dos municípios receberam recursos para este setor. O volume total de recursos recebidos, em relação ao PIB do município, é, em média, 5% do PIB, mas, em alguns casos, os recursos chegam a 5000% do PIB. Vale destacar, que foram excluídos os municípios que possuem abaixo de 20 mil munícipes, ou que apresentaram crescimento maior que 100% no período.

Um fato que chamou a atenção no estudo foi uma diferença notória entre os dados de 2004 a 2010 e de 2011 a 2015, que evidenciam, respectivamente, fases de alto crescimento e fases de baixo crescimento, além de mudanças consideráveis no âmbito das trajetórias das séries com quebras estruturais, razão pela qual se optou por separar os modelos estimados em dois subperíodos.

A Tabela 7 apresenta os resultados do modelo para o crescimento do PIB e para o modelo do crescimento do PIB per capita com a variável binária da indústria, isto é, indústria foi o setor que mais recebeu recursos, relativamente aos demais. Analisando o modelo de crescimento do PIB para o período de 2004 a 2015, nota-se que as variáveis binárias, com exceção da infraestrutura, apresentaram sinal negativo, sendo que foi relevante a variável volume de crédito em relação ao PIB. Por outro lado, quando se analisa o período de 2004 a 2010, observa-se que o volume de crédito em relação ao PIB não apresenta significância estatística. Nessa fase, o fator explicativo mais relevante é o macrossetor que recebe o recurso. Assim, nota-se que os setores primários (agro e extr) apresentam sinais negativos, mas sem ser estatisticamente significativos. Por outro lado, o setor da indústria de transformação, de comércio e serviços e de infraestrutura apresentam coeficientes positivos e significativos.

Considerando o período de 2011 a 2015, encontram-se resultados parecidos com o período total, no qual o volume de crédito em relação ao PIB aparece como sendo o fator mais importante do que o macrossetor que o recebe o recurso. Assim, tem-se que a indústria, embora tenha coeficiente positivo, este não foi significativo. Pela constante, observa-se também que o crescimento médio do período de 2004 a 2010 foi superior ao período de 2011 a 2015.

Tabela 7 – Modelo de Crescimento do PIB e do Crescimento do PIB per capita – Variável Binária da Indústria – 2004-2015

	CRESC PIB			CRESC PIB per capita		
PERÍODO	2004-2015	2004-2010	2011-2015	2004-2015	2004-2010	2011-2015
MUNICÍPIOS	5570	5565	5570	5570	5565	5570
ANOS	12	7	5	12	7	5
OBSERVAÇÕES	66786	38946	27840	66786	38946	27840
AGRO	-0.0084 (0.0019***)	-0.0032 (0.0021)	-0.0016 (0.0034)	-0.0092 (0.0019***)	-0.0036 (0.002*)	-0.0029 (0.0033)
COM_E_SERV	-0.0151 (0.0015***)	0.0112 (0.0017***)	-0.0118 (0.0042***)	-0.0123 (0.0014***)	0.0118 (0.0016***)	-0.0101 (0.0041**)
EXTR	-0.013 (0.0027***)	-0.0053 (0.0036)	-0.0011 (0.0043)	-0.0128 (0.0026***)	-0.0052 (0.0035)	-0.0009 (0.0041)
INFRA	0.0097 (0.0016***)	0.0074 (0.0017***)	0.0185 (0.003***)	0.008 (0.0016***)	0.006 (0.0017***)	0.0156 (0.0029***)
IND	-0.0113 (0.0018***)	0.0064 (0.002***)	0.0004 (0.0035)	-0.0115 (0.0017***)	0.0048 (0.002**)	0.0003 (0.0034)
PERCT_VOL_PIB	0.0174 (0.0017***)	0.0015 (0.0016)	0.0772 (0.0052***)	0.0163 (0.0016***)	0.001 (0.0015)	0.0755 (0.005***)
C	0.197 (0.0016***)	0.19 (0.0016***)	0.1561 (0.0052***)	0.1879 (0.0016***)	0.1811 (0.0016***)	0.1501 (0.005***)
R-squared	0.30782	0.32735	0.597325	0.307346	0.311797	0.60259
Adjusted R-squared	0.244776	0.21509	0.496494	0.244259	0.196941	0.503077
S.E. of regression	0.1418	0.113477	0.14205	0.137915	0.110576	0.138041
Prob(F-statistic)	0	0	0	0	0	0

ELIANE ARAÚJO | CARMEM FEIJÓ (ORG.)

	CRESC PIB			CRESC PIB per capita		
Mean dependent var	0.182207	0.198067	0.16002	0.173339	0.1881	0.15269
Akaike info criterion	-0.989004	-1.382707	-0.888198	-1.04456	-1.434501	-0.945462
Schwarz criterion	-0.228467	-0.156828	0.761014	-0.284023	-0.208622	0.70375
Hannan-Quinn criter.	-0.753931	-0.994195	-0.357141	-0.809487	-1.045989	-0.414405
Durbin-Watson stat	0.796337	1.240504	1.132332	0.805241	1.246898	1.145743

Fonte: elaborada pelos autores, com dados do BNDES (2023) e IBGE (2023).

O modelo de crescimento do PIB per capita apresenta resultados semelhantes ao crescimento do PIB. Em geral, o que importa é o percentual do volume de crédito recebido em relação ao PIB do município, tanto para o período total, quanto para o subperíodo de 2011 a 2015 (de baixo crescimento). Porém, cabe notar que, de 2004 a 2010, que foi período com maior crescimento econômico médio, relativamente a 2011 2015, o setor que recebeu mais recursos foi mais importante que o volume total de recursos, e, neste caso, o setor agropecuário apresentou coeficiente valor negativo e significativo. Tal fato revela que recursos destinados prioritariamente para o setor primário, com baixa capacidade para induzir encadeamentos, inovações, por exemplo, não promovem o crescimento.

Em suma, considerando-se as políticas adotadas no país entre 2004-2014 e, especialmente, o período de 2015 em diante, percebe-se que as políticas que visam ao crescimento estão seguindo uma trajetória oposta à explicitada pela literatura que analisa o papel do *financing*, especialmente nos países em desenvolvimento, cuja trajetória exitosa depende inevitavelmente de políticas públicas coerentes e consistentes.

11.6 Comentários finais

Este capítulo analisou as políticas para a industrialização brasileira no século XXI, particularmente às ligadas ao *financing*. A partir da análise dos *Objetivos de Desenvolvimento Sustentável* (ODS), relacionados ao quesito *Indústria, inovação e infraestrutura*, notou-se que as diversas políticas adotadas nas últimas décadas (PITCE, PDP e Plano Brasil Maior) não foram capazes de levar ao aumento da parcela relativa da indústria no produto e do emprego industrial, tampouco fomentar a inovação no país.

Em linha à análise da literatura teórica e empírica sobre essa temática, as estatísticas descritivas também demonstraram que, a despeito da relevância das políticas públicas de *financing* nos países em desenvolvimento, em especial, o papel do Banco Nacional de Desenvolvimento Econômico e Social (BNDES) como principal fonte de crédito de longo prazo, esta instituição reduziu sua atuação significativamente nos últimos anos e vem piorando a sua atuação, seja em termos qualitativos, seja qualitativos.

Os principais resultados obtidos pela pesquisa evidenciaram que o crédito total avançou até 2014, atingindo os patamares mais baixos no ano de 2019 e 2021 – menos de 1% do PIB. Nesse cenário, a indústria de transformação vem perdendo espaço relativo cada vez maior, enquanto a representatividade dos setores da agropecuária e comércio e serviços ganha relevância.

Ademais, de um modo geral, a parte empírica demonstrou que, além de um distanciamento das ações que seriam requeridas para se cumprir com ODS, verificou-se que o *financing* como política industrial é um elemento de importância ímpar, na medida em que a maior variação positiva do PIB per capita (2004-2010) dos municípios brasileiros coincidiu com a fase de maior destinação de recursos para a indústria de transformação vis-à-vis os demais setores. Todavia, o que vem ocorrendo no país é justamente uma trajetória oposta, suscitando a urgência de ações que promovam a indústria e, consequentemente, *financing* de forma consistente, coerente e focada em setores de mais alta tecnologia, como uma política central na promoção do crescimento.

Referências

Baltagi, B. H. (2005). Econometric analysis of panel data. 3rd ed ed. Chichester; Hoboken, NJ: J. Wiley & Sons.

Belluzzo, L. G. de M. & Almeida, J. S. G. de. (1990). Crise e reforma monetária no Brasil. São Paulo: São Paulo em Perspectiva, p. 63-75.

BNDES. (2023). *Estatísticas Operacionais do Sistema BNDES*. Disponível em: https://www.bndes.gov.br/wps/portal/site/home/transparencia/estatisticas-desempenho. Acesso em 17/05/23

Brasil. Plano Brasil Maior (2011-2014): inovar para competir. Competir para crescer. Brasília: MDIC. Disponível em: http://www.mdic.gov.br/sistemas_web/renai/public/arquivo/arq1332874273.pdf. Acesso em 31/05/2023.

Cano, W.; Silva, A.L.G. (2010). Política industrial do governo Lula. Campinas: IE/UNICAMP, *Texto para discussão*, 181.

Gujarati, D. N.; Porter, D. C. (2011). *Econometria básica*. Porto Alegre: Grupo A – AMGH.

Hausmann, R.; Rodrik, D. (2023). Economic development as a self-discovery. *Journal of Development Economics*, v. 72 (2), 603-633.

IBGE – (2023). Instituto Brasileiro de Geografia e Estatística. Pesquisa de Inovação - PINTEC 2017. Disponível em: https://www.ibge.gov.br/estatisticas/

multidominio/ciencia-tecnologia-e-inovacao/9141-pesquisa-de-inovacao.html. Acesso em 18/05/2023.

IEDI (2008). Instituto De Estudos para o Desenvolvimento Industrial A Política De Desenvolvimento Produtivo. Disponível em: <https://www.iedi.org.br/admin_ori/pdf/20080529_pdp.pdf> Acesso em 10/03/2023.

IPEADATA (2023). *Índice nacional de preços ao consumidor amplo (IPCA): taxa de variação 1980-2022*. Disponível em http://www.ipeadata.gov.br/Default.aspx. Acesso em 28/05/2023.

Judson, R. A.; Owen, A. L. (2019). Estimating dynamic panel data models: a guide for macroeconomists. *Economics Letters*, v. 65, n. 1, p. 9–15, out.

Lima, L. A. O. (2003). Auge e declínio da hipótese dos mercados eficientes. *Revista de Economia Política*, v. 23, 4 (92).

Luna-Martínez, J. de.; Vicente, C. L. (2012) Global Survey of Development Banks. *Policy Research Working Paper* n°. 5969, February.

MDIC – (2023). *Ministério do Desenvolvimento, Indústria, Comércio e Serviços. Estatísticas de Comércio Exterior em Dados Abertos – Fator Agregado*. Disponível em: https://www.gov.br/produtividade-e-comercio-exterior/pt-br/assuntos/comercio-exterior/estatisticas/base-de-dados-bruta.Acesso em 16/05/2023.

Mello, G.; Rossi, P. (2017). Do industrialismo à austeridade: a política macro dos governos Dilma. Texto para Discussão, IE/Unicamp, n. 309, p. 1-36.

Mello, J. M. C. de. (1998). *O capitalismo tardio: contribuição à revisão crítica da formação e do desenvolvimento da economia Brasileira*. 10 ed. Campinas, (SP): UNICAMP/IE.

Moreira, M.M.; Correa, P. G. (1997). Abertura comercial e indústria: o que se pode esperar e o que se vem obtendo," *Revista de Economia Política*, vol. 17, 2 (66), abril-junho.

ONU Brasil (2023). Os Objetivos de Desenvolvimento Sustentável no Brasil. *Nações Unidas Brasil*. Disponível em: https://brasil.un.org/pt-br/sdgs. Acesso em: 14/10/2023.

Paula, L. F. *Fintechs,* (2022). *Bancos Digitais e Open Banking e seus efeitos sobre o setor bancário brasileiro*. IE-UFRJ: *texto para discussão* 014.

Prates, D. M.; Freitas, M. C. P. (2013). Crédito bancário corporativo no Brasil: evolução recente e perspectivas. *Revista Economia Política*, v. 33, n. 2, p. 322-340, abr./jun.

Rodrigues, R. S. (2023). *Taxa de juros, preferência pela liquidez e aplicações financeiras das pessoas físicas no Brasil: uma análise por segmentos de aplicadores (2014-2021)*. Dissertação de Mestrado: Universidade Estadual de Maringá (UEM), Maringá, PR...

Salerno, M. S.; Daher, T. (2006). Política Industrial, Tecnológica e de Comércio Exterior – Pitce: balanço e perspectivas. Brasília: ABDI.

Silva, T. H. C. da. (2021) Avaliação do plano brasil maior para o setor siderúrgico: uma análise de custo-efetividade1. *Planejamento e Políticas Públicas*, n. 59, p. 11-48.

Suzigan, W. (1986). *Indústria brasileira*: origem e desenvolvimento. São Paulo: Brasiliense.

Tavares, M. da C. (1998). *Acumulação de capital e industrialização no Brasil*. Campinas, SP: IE/UNICAMP.

Tristão, P. A.; Bender Filho, R., & Coronel, D. A. (2015). Evolução do crédito industrial no Brasil: uma análise a partir de fatores macroeconômicos. *Revista de Economia Contemporânea*, 19(1), p. 5-29.

Ulhôa, W. M. M.; Botelho, M. dos R. A., &Avellar, A. P. M. (2019). Política Industrial no Brasil nos Anos 2000: uma análise sob a perspectiva da execução orçamentária da União. *Planejamento e Políticas Públicas*. n. 53 jul./dez. p. 81-113.

Capítulo 12

UMA ANÁLISE REGIONALIZADA DOS DESEMBOLSOS DO BNDES POR NÍVEL DE COMPLEXIDADE DAS ATIVIDADES E REGIÕES

João Prates Romero
Cinthia Santos
Alexandre de Queiroz Stein
Gustavo Britto

12.1 Introdução

As políticas industriais e tecnológicas são fundamentais para fomentar o desenvolvimento econômico. Tais políticas induzem mudanças qualitativas na estrutura produtiva de cada país ou região rumo a setores gradativamente mais complexos. Intuitivamente, tem-se que as regiões complexas são mais diversificadas e produzem bens mais sofisticados. De modo análogo, produtos mais complexos, ou seja, mais exigentes em capacidades técnicas e conhecimentos produtivos, são menos ubíquos e produzidos por economias mais diversificadas. Estudos apontam que o aumento da complexidade está associado a maior crescimento do PIB per capita, maior crescimento do emprego, menor desigualdade e menor intensidade de emissões de gases de efeito estufa (Hidalgo & Hausmann, 2009; Hausmann et al., 2014; Hausmann, Santos, & Obach, 2017; Romero & Gramkow, 2021; Romero et al., 2022).

A economia brasileira, por sua vez, tem apresentado redução progressiva nos indicadores de complexidade da sua estrutura produtiva. Esse quadro de regressão da estrutura produtiva sugere uma gradativa perda de conhecimento produtivo e, consequentemente, de desperdício de oportunidades para a diversificação e para o desenvolvimento de setores industriais mais complexos (Rezende, Santos, Santos, Stein, & Romero, 2022).

Depois de mais de duas décadas imobilizadas por políticas de combate à inflação e de estabilização macroeconômica, a estruturação de políticas industriais no âmbito do governo federal foi retomada a partir do primeiro governo Lula. A Política Industrial, Tecnológica e de Comércio Exterior (PITCE) foi lançada em 31 de março de 2004, com o objetivo de fortalecer e expandir a base industrial brasileira por meio da melhoria da capacidade inovadora das empresas. Dando continuidade à PITCE, a Política de Desenvolvimento Produtivo (PDP) foi instituída pelo governo federal, em 2008, com o objetivo de fortalecer a economia do país, sustentar o crescimento e incentivar a exportação. Já o Plano Brasil Maior (PBM) estabeleceu a política industrial, tecnológica, de serviços e de comércio exterior para o período de 2011 a 2014, enfatizando o estímulo à inovação e à produção nacional para alavancar a competitividade da indústria.

Parte considerável dessas políticas foi viabilizada por meio de financiamentos do BNDES. Nesses termos, o banco é um dos principais instrumentos do governo federal para o financiamento de longo prazo a setores econômicos estratégicos. O BNDES é um dos maiores bancos de desenvolvimento do mundo, apoiando empresas de todos os portes em projetos de modernização, expansão e estabelecimento de novos empreendimentos, visando à geração de inovações, empregos, renda e inclusão social no país. Além disso, em períodos de crise, o banco atua de forma anticíclica, auxiliando na retomada do crescimento econômico (BNDES, 2022). De forma ampla, portanto, os empréstimos realizados pelo BNDES visam ao desenvolvimento socioeconômico do Brasil. No período de vigência das políticas industriais recentes, foram desembolsados pelo BNDES[115] um total de R$ 213,1 bilhões na PITCE, R$ 454,9 bilhões na PDP e R$ 525,9 bilhões no PBM.

Analisando os desembolsos do BNDES, o trabalho pioneiro de Machado (2019) identificou que os desembolsos do banco foram focalizados majoritariamente em atividades de baixa complexidade. Machado (2019) mostrou que a média ponderada da complexidade das atividades financiadas durante cada política mostrou-se abaixo da complexidade brasileira. Este quadro indica que os desembolsos do BNDES estiveram concentrados, em média, em atividades de complexidade inferior à média brasileira, indicando divergência em relação aos objetivos de atuação do Banco. Ele observa ainda que a PDP e o PBM foram consideravelmente mais conservadores que a PITCE quanto à complexidade média das atividades financiadas. Esse resultado serve de alerta para a formulação de políticas de desenvolvimento, uma vez que ampla literatura tem apontado a importância da diversificação rumo a setores de maior complexidade para alavancar o crescimento econômico e o desenvolvimento nacional.

---

[115]　Todos os valores foram deflacionados pelo IPCA para a data de 12/2021. Por ser uma análise regionalizada, foram considerados somente os valores com destino municipal.

As grandes desigualdades regionais do Brasil, porém, tornam necessária uma análise regionalizada dos desembolsos. Uma atividade de baixa complexidade em relação à média nacional pode, na verdade, ter complexidade acima da média em diversas das regiões menos desenvolvidas do país. Nesse caso, os investimentos, embora em setores menos complexos do que a média nacional, podem estar contribuindo para aumentar o nível da complexidade produtiva local, reduzindo, portanto, a heterogeneidade da estrutura produtiva entre regiões que marca historicamente a economia brasileira.

Nesse contexto, este capítulo tem como objetivo analisar se os desembolsos do BNDES foram direcionados a atividades de complexidade superior à média de cada região, tanto nos períodos das políticas industriais (PITCE, PDP e PBM), como após 2015. Para isso, são utilizados indicadores de complexidade em nível regional construídos a partir dos dados de emprego da Relação Anual de Informações Sociais (RAIS).

12.2 Complexidade econômica

O desenvolvimento econômico está intrinsecamente relacionado a processos contínuos de mudança estrutural. Na literatura clássica sobre desenvolvimento econômico, esse processo era sinônimo do aumento participação relativa da indústria na economia, com a redução percentual da participação da agricultura (Schumpeter, 1934; Prebisch, 1961; Furtado, 1964; Hirschman, 1958; Kaldor, 1966). Ao longo do tempo, tornou-se claro o fato de que a mudança estrutural está também relacionada a processos de aprendizado que permitem a assimilação ou criação novas atividades econômicas. À medida que a tecnologia evoluiu, alguns setores se tornaram mais dependentes de avanços científicos do que outros, e os mercados de produtos manufaturados mudaram significativamente. Consequentemente, as abordagens modernas do desenvolvimento econômico começaram a enfatizar a importância da mudança tecnológica e estrutural para a fabricação de bens e serviços de alta tecnologia para o desenvolvimento sustentável (Nelson, 1992; Lundvall, 1993; Romero & Britto, 2017).

A relação entre desenvolvimento tecnológico, mudança estrutural e desenvolvimento econômico tem se tornado cada vez mais importante, tendo em vista que a dinâmica da ciência e da tecnologia tem sido cada vez maior. Em uma tentativa de avaliar o conhecimento contido na produção de bens, bem como a relação entre diversos bens, o trabalho de Hidalgo, Klinger, Barabási, e Hausmann (2007) utilizou dados desagregados de comércio internacional para criar uma rede que interconecta produtos de acordo com a probabilidade de coprodução competitiva. Essa rede, o Espaço de Produtos, indica a proximidade do conhecimento produtivo necessário para produzir cada par de mercadorias. Com isso, foi possível demonstrar que o desenvolvimento é fortemente dependente da trajetória devido às diferenças no conhecimento acumulado entre as economias.

Poucos anos mais tarde, usando os mesmos dados de comércio, Hidalgo e Hausmann (2009) mostraram que a diversificação de cada economia (número de bens em que é competitiva), dado o nível de ubiquidade de cada bem (número de países competitivos na produção do bem), está fortemente associado aos seus níveis de renda e de crescimento. Combinando essas medidas de diversificação e ubiquidade, os autores criaram o índice de complexidade dos produtos (ICP) e o índice de complexidade econômica (ICE). O primeiro indica a quantidade de conhecimento produtivo necessário para produzir cada bem de forma competitiva. O segundo indica a quantidade de conhecimento produtivo disponível em cada economia.

O índice de Vantagem Comparativa Revelada (VCR) é utilizado para determinar se o país é competitivo ou não na produção de cada bem. Se a participação da exportação do bem no total exportado pela economia for superior à participação relativa da exportação mundial do bem, então esse país é considerado competitivo na produção do bem em questão.[116]

Um país com alta diversificação é considerado menos complexo se os produtos que ele produz de forma competitiva apresentarem alta ubiquidade. Por outro lado, um produto com baixa ubiquidade é considerado mais complexo se for produzido por países muito diversificados. Consequentemente, ao repetir esse processo e realizar iterações contínuas entre os dois indicadores, é possível extrair informações progressivamente mais refinadas sobre a complexidade econômica de cada produto e país.

Hausmann et al. (2014) mostraram que o aumento da complexidade econômica prevê taxas de crescimento consideravelmente maiores da renda per capita no futuro, mesmo após o controle de diversas variáveis adicionais. O sucesso dessa abordagem foi demonstrado por Hidalgo (2021), que elenca dezenas de trabalhos que utilizam a abordagem da complexidade econômica em ramos correlatos da literatura. Por exemplo, estudos recentes

---

[116] $VCR_{cp} = \frac{x_{cp}/\Sigma_p x_{cp}}{\Sigma_c x_{cp}/\Sigma_c \Sigma_p x_{cp}}$, em que x denota o quantum de exportação, enquanto os subscritos c e p denotam país e produto, respectivamente. Uma VCR acima de 1 indica que o país é competitivo na produção do bem, enquanto o oposto ocorre se o índice for inferior a um.

usaram indicadores baseados na metodologia de complexidade econômica para orientar a formulação de políticas de desenvolvimento. Hausmann e Chauvin (2015) usaram uma série de indicadores construídos com base na complexidade econômica e na relação entre produtos para identificar setores promissores para o desenvolvimento de Ruanda. Hausmann et al. (2017) usaram uma metodologia semelhante para identificar os setores promissores para o desenvolvimento do Panamá.

Paralelamente ao desenvolvimento da literatura sobre complexidade econômica, vários estudos também investigaram a importância da diversificação para o desenvolvimento regional. Glaeser, Kallal, Scheinkman, e Schleifer (1992) forneceram evidências seminais da importância da diversificação regional em relação à especialização para o crescimento do emprego. Alguns anos depois, Frenken, Van Oort, e Verburg (2007), investigando a economia holandesa, mostraram que é a diversificação em atividades relacionadas que contribui para o crescimento do emprego, enquanto a diversificação em atividades não relacionadas contribui para aumentar a resiliência regional, reduzindo o crescimento do desemprego. Resultados semelhantes foram obtidos para outros países (Essletzbichler, 2005; Bishop & Gripaios, 2009). Boschma e Iammarino (2009) argumentam que a variedade relacionada também pode fluir de uma região para outra por meio de vínculos comerciais entre os setores. Usando dados de comércio regional, os autores mostram que os fluxos de conhecimento inter-regionais estão associados ao crescimento do emprego regional, quando esses fluxos vêm de setores relacionados aos setores da região.

Mais recentemente ainda, estudos têm combinado as evidências sobre a diversificação regional com as evidências da importância da complexidade econômica para o desenvolvimento regional. Dados de patentes e empregos têm sido usados para calcular indicadores de complexidade econômica. Balland, Boschma, Crespo, e Rigby (2019), por exemplo, usam dados de patentes para medir o conhecimento tecnológico local, adaptando indicadores e métodos da abordagem original da complexidade econômica. Os autores constatam que a diversificação relacionada aumenta a probabilidade de se tornar competitivo em um determinado setor. Além disso, os autores usam essa conclusão para orientar a formulação de estratégias regionais de especialização inteligente.

Os dados utilizados neste trabalho foram obtidos da Relação Anual de Informações Sociais (RAIS) e das operações de desembolsos do BNDES, disponibilizadas pelo próprio banco.[117] Para o cálculo dos indicadores de complexidade, foram utilizados os dados de emprego setoriais por regiões intermediárias do IBGE, classificadas em 1360 atividades das subclasses da CNAE 2.0. Para a mensuração, foi utilizado o método dos reflexos, de acordo com a metodologia proposta por Hidalgo e Hausmann (2009). A classificação de complexidade de atividades e regiões em níveis (alta, média e baixa) foi realizada por tercis a partir dos Indices de Complexidade dos Produtos (ICP) e das Regiões (ICE).

O índice de Vantagem Comparativa Revelada (VCR) é novamente utilizado para indicar a competitividade. Se a participação da atividade na economia no âmbito regional for superior à participação relativa da atividade no âmbito da economia nacional, essa região é considerada competitiva na atividade em questão. É importante ressaltar que a complexidade de cada atividade é calculada tomando como base a estrutura produtiva brasileira. Dessa forma, o cálculo chega a um *ranking* de complexidade das atividades segundo distribuição da sua produção no território nacional.

12.3 Financiamentos e complexidade: Brasil

A Tabela 1 apresenta os valores das 10 maiores atividades financiadas pelo BNDES durante a PITCE. Nota-se que a atividade de transporte rodoviário de carga, exceto produtos perigosos e mudanças, intermunicipal, interestadual e internacional, foi a maior receptora de financiamentos durante o PITCE, representando 20% de todos os financiamentos operacionalizados pelo banco, sendo essa considerada de média complexidade.

[117] https://www.bndes.gov.br/wps/portal/site/home/transparencia/estatisticas-desempenho/desembolsos/desembolsos-nos-anos-anteriores

Tabela 1 – 10 atividades com maiores financiamentos durante a PITCE (2004-2008)

Setores	Valores Desembolsados (R$ milhões) *	%	Nível de Complexidade	ICP
Transporte rodoviário de carga, exceto produtos perigosos e mudanças, intermunicipal, interestadual e internacional	43.302,74	20%	Média	-0,26
Transporte dutoviário	22.354,90	10%	Alta	1,38
Fabricação de celulose e outras pastas para a fabricação de papel	9.314,77	4%	Média	-0,26
Fabricação de álcool	9.242,01	4%	Baixa	-1,12
Fabricação de açúcar em bruto	8.045,80	4%	Baixa	-0,96
Produção de ferroligas	6.440,25	3%	Baixa	-0,89
Navegação de apoio marítimo	5.934,40	3%	Alta	0,98
Distribuição de energia elétrica	5.692,47	3%	Baixa	-0,96
Transmissão de energia elétrica	5.226,37	2%	Baixa	-0,60
Transporte marítimo de cabotagem – Carga	3.950,44	2%	Alta	0,56
TOTAL DAS DEZ ATIVIDADES	115.553,71	56%	-	-

* O valor total desembolsado na PITCE foi R$ 213,1 bilhões
Fonte: elaborada pelos autores, com base nos dados do BNDES (2022) e RAIS/MTE (2022).

A Tabela 2 apresenta as 10 atividades econômicas com os maiores valores financiados pelo BNDES durante o período de vigência da PDP. Assim como na PITCE, a atividade que mais recebeu recursos durante a PDP foi a atividade de transporte rodoviário de carga, exceto produtos perigosos e mudanças, intermunicipal, interestadual e internacional. Observa-se uma queda do montante das 10 principais atividades, sinalizando uma desconcentração do financiamento entre as atividades econômicas. A atividade de fabricação de produtos do refino de petróleo, que não se destaca na PITCE, aparece como a segunda principal atividade financiada na PDP.

Tabela 2 – 10 atividades com maiores financiamentos durante a PDP (2008-2011)

Setores	Valores Desembolsados (R$ milhões)*	%	Nível de Complexidade	ICP
Transporte rodoviário de carga, exceto produtos perigosos e mudanças, intermunicipal, interestadual e internacional	86.140,37	19%	Média	-0,32
Fabricação de produtos do refino de petróleo	23.862,06	5%	Alta	1,26
Fabricação de álcool	15.279,51	3%	Baixa	-1,04
Administração pública em geral	12.050,85	3%	Baixa	-1,56
Navegação de apoio marítimo	10.849,79	2%	Alta	0,79
Fabricação de açúcar em bruto	9.985,79	2%	Baixa	-0,87
Fabricação de celulose e outras pastas para a fabricação de papel	9.709,13	2%	Média	-0,09
Fabricação de produtos petroquímicos básicos	8.074,18	2%	Alta	1,39
Concessionárias de rodovias, pontes, túneis e serviços relacionados	7.883,58	2%	Média	0,27
Transporte rodoviário coletivo de passageiros, com itinerário fixo, municipal	7.856,27	2%	Média	0,39
TOTAL DAS DEZ ATIVIDADES	191.691,52	42%	-	-

* O valor total desembolsado na PDP foi R$ 454,9 bilhões
Fonte elaborada pelos autores, com base nos dados do BNDES (2022) e RAIS/MTE (2022).

Em relação às 10 atividades econômicas que mais tiveram financiamento pelo BNDES durante o período de vigência do PBM, a Tabela 3 evidencia que a distribuição dos aportes foi maior no PBM, visto que a soma das 10 principais atividades totalizou 32% do programa. Mais uma vez, a atividade de transporte rodoviário de carga continuou sendo a que mais recebeu recursos do banco, mas tendo uma queda expressiva de participação. Nota-se que as atividades relacionadas a transporte foram destaque durante o PBM, bem como fabricação de celulose, de álcool e automóveis, sendo a última de alta complexidade.

No período pós-PBM, entre 2015 e 2020, mantém-se distribuição similar ao PBM. A atividade de transporte rodoviário de cargas ainda é a atividade que mais recebe desembolsos. Porém, o montante recebido pelo setor no PBM, que chegou a R$ 66 milhões, reduz-se para um terço deste valor, conforme apresentado na Tabela 4. Isso é reflexo da queda geral dos desembolsos do BNDES, visto que o período pós-PBM foi aquele de menor desembolso médio nos últimos 20 anos.

Tabela 3 – 10 atividades com maiores financiamentos durante o PBM (2011-2014)

Setores	Valores Desembolsados (R$ milhões) *	%	Nível de Complexidade	ICP
Transporte rodoviário de carga, exceto produtos perigosos e mudanças, intermunicipal, interestadual e internacional	67.827,05	13%	Média	-0,31
Operação dos aeroportos e campos de aterrissagem	15.529,24	3%	Média	-0,16
Comércio atacadista de álcool carburante, biodiesel, gasolina e demais derivados de petróleo, exceto lubrificantes, não realizado por transportador retalhista (TRR)	13.709,64	3%	Média	0,18
Fabricação de celulose e outras pastas para a fabricação de papel	12.234,87	2%	Média	0,02
Agências de fomento	11.617,00	2%	Alta	0,73
Transporte metroviário	11.470,75	2%	Alta	2,86
Transporte rodoviário coletivo de passageiros, com itinerário fixo, municipal	10.130,87	2%	Alta	0,50
Fabricação de álcool	8.880,12	2%	Baixa	-1,05
Construção de rodovias e ferrovias	8.548,72	2%	Baixa	-0,82
Fabricação de automóveis, camionetas e utilitários	8.503,20	2%	Alta	1,91
TOTAL DAS DEZ ATIVIDADES	168.451,45	32%	-	-

* O valor total desembolsado no PBM foi R$ 525,9 bilhões
Fonte: elaborada pelos autores, com base nos dados do BNDES (2022) e RAIS/MTE (2022).

Entre a PITCE e o período pós-PBM, observa-se uma queda dos desembolsos em atividades de alta complexidade, de 32% para 24% (Gráfico 1). Além disso, verifica-se também um aumento do percentual de desembolsos em atividades de baixa complexidade, de 30% para 40%.

Tabela 4 – 10 atividades com maiores financiamentos no período pós-PBM (2015-2020)

Setores	Valores Desembol-sados (R$ milhões)*	%	Nível de Comple-xidade	ICP
Transporte rodoviário de carga, exceto produtos perigosos e mudanças, intermunicipal, interestadual e internacional	22.245,06	11%	Média	-0,40
Distribuição de energia elétrica	7.424,33	4%	Baixa	-0,58
Fabricação de celulose e outras pastas para a fabricação de papel	6.930,29	3%	Média	-0,15
Transporte metroviário	5.638,82	3%	Alta	2,94
Operação dos aeroportos e campos de aterrissagem	5.077,55	2%	Média	-0,42
Transporte rodoviário coletivo de passageiros, com itinerário fixo, municipal	4.172,24	2%	Alta	0,67
Transporte ferroviário de carga	4.078,36	2%	Média	0,35
Navegação de apoio marítimo	4.051,30	2%	Alta	1,20
Produção de semiacabados de aço	3.517,55	2%	Alta	1,91
Cultivo de cana-de-açúcar	3.448,22	2%	Baixa	-0,65
TOTAL DAS DEZ ATIVIDADES	66.583,73	33%	-	-

* O valor total desembolsado no período de 2015 a 2020 foi R$ 203,3 bilhões.
Fonte: elaborada pelos autores, com base nos dados do BNDES (2022) e RAIS/MTE (2022).

Gráfico 1 – Percentual de desembolsos por nível de complexidade das atividades financiadas por período

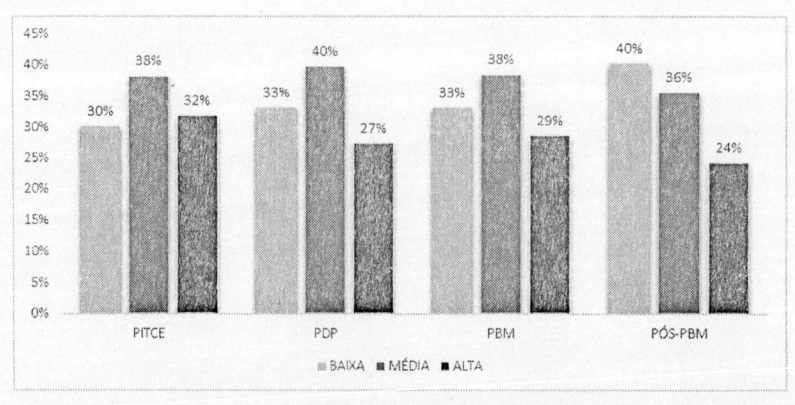

Fonte: elaborado pelos autores, com base nos dados do BNDES (2022) e RAIS/MTE (2022).

12.4 Financiamento e complexidade: unidades federativas

A Figura 1 traz informações sobre o nível de complexidade dos estados brasileiros durante os quatro períodos analisados. A complexidade dos estados foi calculada pela média da complexidade das regiões intermediárias de cada estado para cada ano em questão, e os estados foram categorizados em alta, média e baixa complexidade pela divisão em tercis do ICE. A figura indica não ter havido mudança nos níveis de complexidade das UFs de 2006 (PITCE) para 2008 (PDP), mas, sim, para 2011 (PBM). Destacam-se: (i) a queda do nível de complexidade de Minas Gerais, do Ceará e de Rondônia; e (ii) o aumento do nível de complexidade de Pernambuco, Bahia e Goiás. Observando o período pós-PBM, verifica-se queda de complexidade nos estados do Rio Grande do Norte e da Bahia e aumento na complexidade em Minas Gerais e no Ceará.

Figura 1 – Complexidade dos estados brasileiros por período

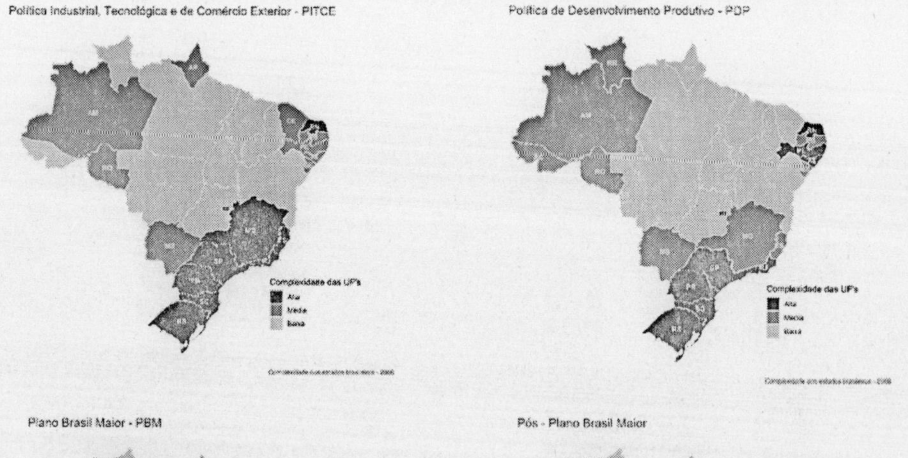

Fonte: elaborada pelos autores, com base nos dados da RAIS/tem (2022).

Em somente seis estados, a principal atividade financiada era de alta complexidade, entre elas o transporte dutoviário e atividades ligadas à produção de petróleo (Quadro A1, no apêndice). Entre os estados, nota-se Pernambuco e Alagoas tendo atividades de alta complexidade como a de maior recebimento. Esses estados aumentaram o seu nível de complexidade entre a PITCE e o PBM. Observa-se também que o Distrito Federal se apresentou como de alta complexidade durante os três programas, com a principal atividade financiada sendo a atividade de agências de fomento, ligada ao setor terciário.

Na maior parte dos estados, a atividade com maior ICP financiada estava dentro do setor terciário, principalmente os estados em que a complexidade média é mais baixa (Quadro A2, no apêndice). Estados como Amazonas, Pará, Alagoas, Sergipe, Bahia, Rio de Janeiro, Paraná, Mato Grosso do Sul e Goiás tiveram atividades ligadas ao setor secundário como principal atividade. Nota-se também que o percentual de desembolsos recebidos pelo setor não ultrapassou 1% do recebimento do estado, com exceção do Distrito Federal, em que a atividade de transporte metroviário recebeu 1,85% dos recebimentos totais.

Gráfico 2 – Percentual de desembolsos por nível de complexidade dos estados e por período

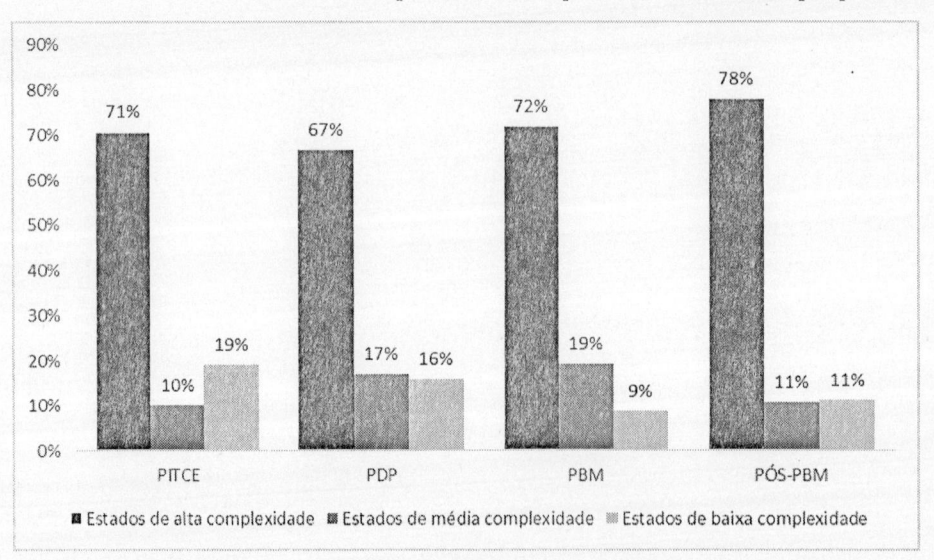

Fonte: elaborado pelos autores, com base nos dados do BNDES (2022).

Os estados de baixa complexidade perderam 8 pontos percentuais do total dos desembolsos do BNDES entre a PITCE (19%) e o período pós--PBM (11%) (Gráfico 3). Por outro lado, os estados de alta complexidade ficaram com o nível de participação praticamente inalterado entre a PITCE e o PBM, concentrando o maior percentual dos recursos investidos. Essa concentração aumenta 6 pontos percentuais do PBM (72%) para o período pós-PMB (78%). Já os estados que eram considerados de média complexidade aumentaram sua participação em 9 pontos percentuais da PITCE (10%) para o PBM (19%), caindo, então, 8 pontos no período pós-PBM (11%).

Houve paulatina redução do financiamento de atividades mais complexas do que o padrão da estrutura produtiva dos estados ao longo do tempo. O Gráfico 3 mostra o percentual de desembolsos do BNDES voltados a atividades que são mais complexas que a média do estado onde ocorreu o desembolso, ou seja, o percentual de recursos destinados a atividades que tendem a aumentar o nível de complexidade da UF. É possível observar uma diminuição no percentual de atividades com ICP acima da média financiadas, na média total.[118]

Gráfico 3 – Percentual de desembolsos direcionados a atividades com ICP maior do que o ICP médio da região, por nível de complexidade das UFs.

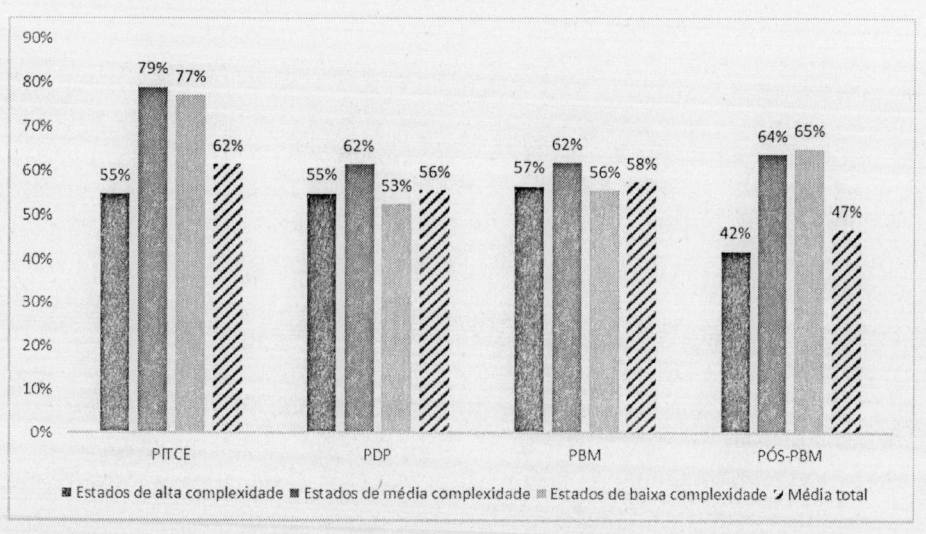

Nota: O ICP médio da região é dado pela média do ICP das atividades com VCR >= 1 na região.

Fonte: elaborado pelos autores, com base nos dados do BNDES (2022).

---

[118] Partindo do VCR, calculou-se a média do ICP das atividades em que as regiões eram consideradas competitivas (VCR>1), sendo definida como VCR_M. Posteriormente, foram calculadas as médias (por ano, e programa) do ICP de todas as atividades (competitivas ou não) de cada região, sendo definido como ICP_M. Feito isso, foram calculados o percentual de desembolsos que as regiões intermediárias receberam em atividades que o ICP_M fosse superior ou igual ao VCR_M.

Durante o PITCE, para as UFs de complexidade baixa e média, 77% e 79% dos desembolsos recebidos, respectivamente, foram para atividades que estavam acima do seu ICP médio. Por outro lado, nos estados de alta complexidade, 55% dos desembolsos foram para atividades acima da complexidade média das atividades dos estados. Esse resultado demonstra que os financiamentos nos estados de baixa e média complexidade estavam direcionados a atividades mais complexas do que as existentes em suas estruturas produtivas. No entanto, nos estados mais complexos os financiamentos buscavam em sua maioria preservar a estrutura produtiva existente.

O padrão de financiamentos durante o PDP e o PBM foi semelhante para os estados mais complexos, que permaneceram com os mesmos montantes de desembolsos em atividades com ICP acima de suas médias. Tem-se uma queda, entretanto, no percentual de desembolsos em atividades de ICP maior do que a média dos estados, para os estratos de média e baixa complexidade (62% e 53%, respectivamente). Na média geral, é possível verificar uma queda de 6% nesse percentual. No PBM, o destaque é para os estados de baixa complexidade por terem aumentado 3 pontos percentuais dos recursos desembolsados em atividades mais complexas que a média de suas atividades.

O caminho para aumentar a complexidade de uma região é a diversificação com foco em **novas atividades,** cuja complexidade seja maior que o padrão já existente naquela economia. Assim, se o objetivo da política industrial for o aumento da complexidade, e os investimentos em novas atividades produtivas de maior complexidade são o caminho adequado tal, é possível tomar o indicador do Gráfico 5 como uma forma de medida parcial de acerto dos financiamentos realizados[119]. Esse gráfico apresenta o percentual de desembolsos para atividades em que as UFs **não possuíam** vantagem comparativa e cujo nível de complexidade era superior ao nível de complexidade média da UF, ou seja, recursos destinados ao desenvolvimento de novas atividades produtivas com o potencial de ampliar o nível de complexidade da região.

---

[119]   O indicador em questão é uma medida somente parcial do acerto dos desembolsos para o aumento de complexidade, pois ainda carece ser complementado com uma perspectiva de *relatedness*. Ou seja, não está sendo considerado nesse indicador o nível de coerência entre as atividades que receberam financiamento e a estrutura produtiva existente nos estados naquele momento. Sob a perspectiva da complexidade, além do objetivo de ampliar os níveis de complexidade, é fundamental que as políticas adotadas também considerem a factibilidade do desenvolvimento das novas atividades produtivas, dado pelo *pool* de *capabilities* e conhecimentos produtivos disponíveis na região em questão.

O percentual de financiamento para a elevação da complexidade das estruturas produtivas em estados menos complexos foi maior na PITCE do que os períodos subsequentes. Nesse período, 54% dos investimentos realizados em estados de baixa complexidade e 74% dos investimentos nos estados de média complexidade estiveram focados em atividades novas, que a região ainda não possuía especialização, e de maior complexidade que a média da região, indicando investimentos com grande potencial de complexificação da estrutura produtiva. Nas políticas subsequentes, os investimentos de alto potencial nas regiões de baixa complexidade caem para a faixa de 40% a 46%. Queda mais significativa nesse tipo de investimento verifica-se nas UFs de média complexidade, que oscilaram entre 39% e 21%, sendo seu menor valor no período pós-PBM.

Gráfico 4 – Percentual de desembolsos direcionados a atividades em que a UF não possuía vantagem comparativa e cujo ICP era maior do que o ICP médio da região, por nível de complexidade das UFs.

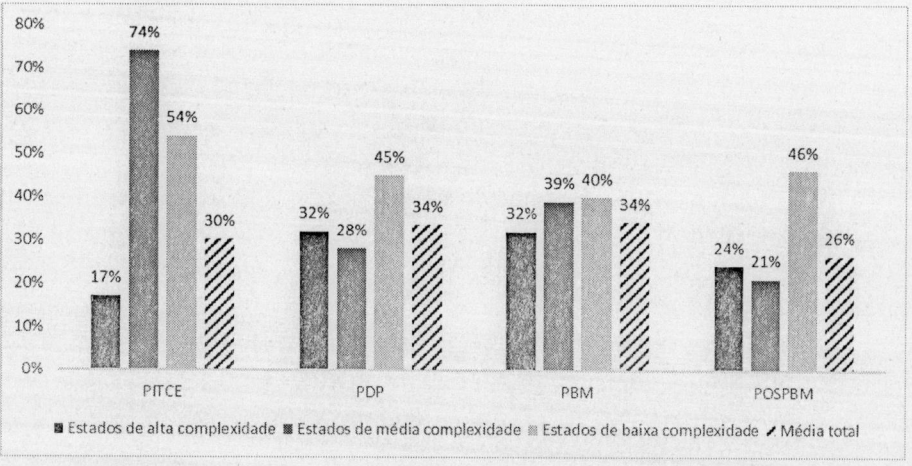

Nota: O ICP médio da região é dado pela média do ICP das atividades com VCR >= 1 na região.
Fonte: elaborado pelos autores, com base nos dados do BNDES (2022).

A política industrial visando ao aumento de complexidade em estados de alta complexidade, entretanto, foi mais adequada durante a PDP e o PBM. Como é possível notar, o percentual de investimentos em novas atividades com potencial de complexificação das economias sai de 17%, durante a PITCE, e alcança 32%, durante a PDP e durante o PBM, sofrendo queda após esse período. Esses dados trazem a intuição de que, durante a PITCE, houve maior preocupação com as desigualdades regionais do que nas outras políticas industriais, uma vez que os incentivos à ampliação de complexidade parecem mais acertadas para regiões de média e baixa complexidade.

É pertinente notar que o financiamento para setores já competitivos, mas de complexidade acima da média da região, é também importante para a manutenção e o desenvolvimento da estrutura produtiva da região. Contudo, é crucial que parte relevante dos financiamentos seja direcionada a setores de complexidade acima da média que ainda não são competitivos na região.

12.5 Financiamentos e complexidade: regiões intermediárias

Ao comparar a Figura 1 com a Figura 3, observa-se a existência de importantes diferenças regionais dentro de cada estado que não são passíveis de se identificar a partir dos dados agregados. Nos estados do Sul e Sudeste, por exemplo, a porção Leste dessas regiões demonstra níveis maiores de complexidade do que a porção Oeste. A Figura 3 indica também que são poucas as mudanças do nível de complexidade das regiões intermediárias brasileiras no período analisado, havendo uma concentração de regiões de alta complexidade no Sul e Sudeste do Brasil. Durante a PITCE, dentre as regiões intermediárias de alta complexidade, 41% estavam na região Sudeste e 27% na região Sul, ao passo que 55% e 57% das regiões intermediárias que compõe a região Sudeste e Sul, respectivamente, eram consideradas de alta complexidade. O cenário é oposto quando se trata da região Norte, Nordeste e Centro-Oeste. As três regiões somam 96% das regiões intermediárias de baixa complexidade do Brasil, sendo 53% na região Nordeste, 27% no Norte e 16% no Centro-Oeste. Além disso, 57% das regiões intermediárias do Nordeste eram de baixa complexidade, assim como 55% das regiões do Norte e 47% das regiões do Centro-Oeste também eram.

Da PITCE para a PDP, verifica-se indícios de uma leve desconcentração das regiões de alta complexidade. A região Sudeste pouco se alterou. A região Sul, contudo, passou a concentrar 25% das regiões intermediárias de alta complexidade (menos 2 p.p.), e, do total das regiões que compõem o Sul, 52% eram de alta complexidade (menos 5 p.p.). Por outro lado, a região Norte, que antes concentrava 5% do total regiões de alta complexidade, passa a ter 7%. Já a região Nordeste, onde 57% do total de suas regiões era de baixa complexidade, passa a ter 52%, ampliando de 21% para 26% as regiões com média complexidade. Conforme indicado anteriormente, essas modificações podem estar relacionadas aos acertos verificados na PITCE em termos de incentivo a novas atividades de maior complexidade nos estados menos complexos.

Figura 2 – Complexidade das regiões intermediárias do Brasil por período

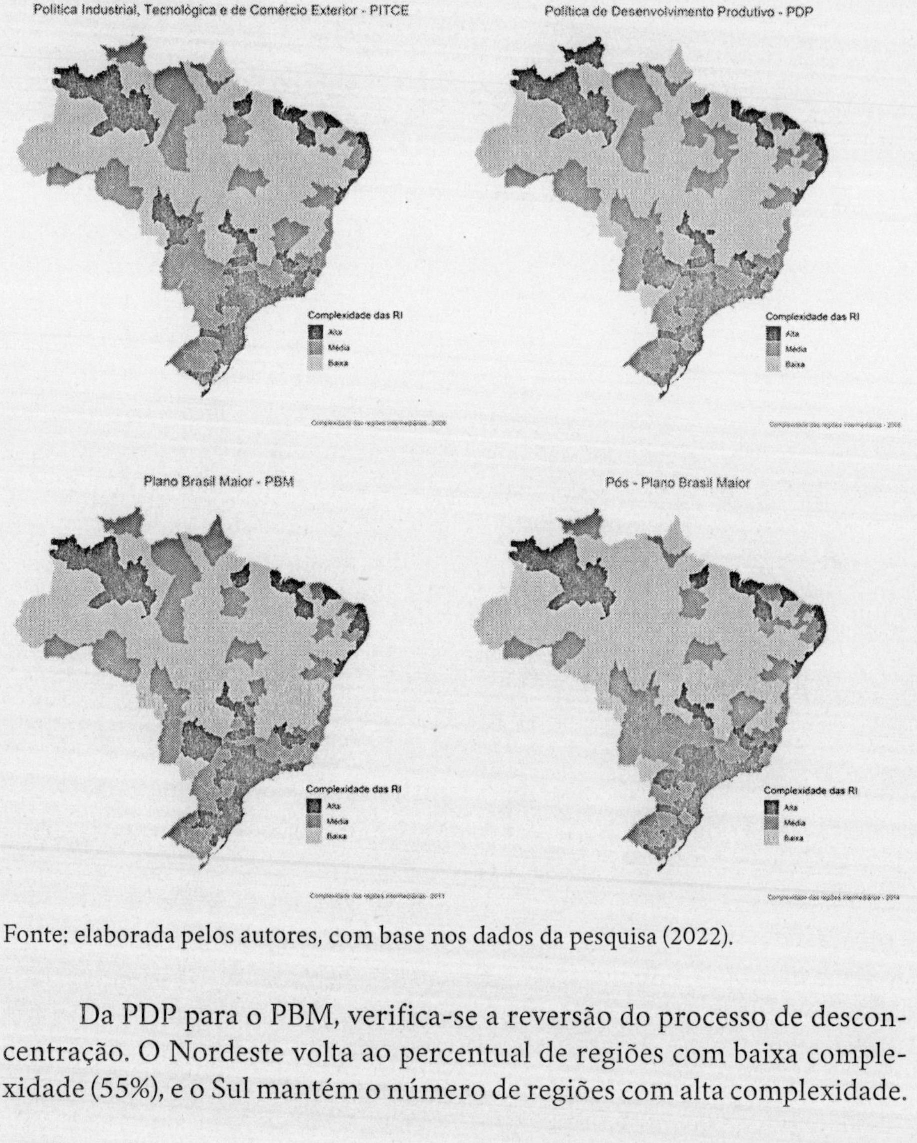

Fonte: elaborada pelos autores, com base nos dados da pesquisa (2022).

Da PDP para o PBM, verifica-se a reversão do processo de descon-centração. O Nordeste volta ao percentual de regiões com baixa comple-xidade (55%), e o Sul mantém o número de regiões com alta complexidade.

Destaca-se que as regiões de alta complexidade (3) na região Centro-Oeste são as mesmas (Campo Grande, Goiânia e Distrito Federal). Outro ponto é que em nenhum dos períodos é possível encontrar regiões do Sul entre as de baixa complexidade. No Sudeste, somente duas regiões (Teófilo Otoni e Patos de Minas) aparecem como de baixa complexidade no período da PITCE e da PDP, e somente três (Teófilo Otoni, Patos de Minas e Montes Claros), no período do PBM. Ressalta-se também que todas as regiões de baixa complexidade do Sudeste encontram-se em Minas Gerais.

A análise dos desembolsos por nível de complexidade para as regiões intermediárias demonstra um quadro muito semelhante ao verificado para os estados, em que predomina o financiamento a regiões de alta complexidade. Entretanto, mostra-se mais grave no que diz respeito às regiões de baixa complexidade (Gráfico 6). O percentual de desembolsos para estados de baixa complexidade, que oscilou entre 19% (PITCE) e 9% (PBM) na análise dos estados, cai para 4% a 6%, quando realizamos o mesmo cálculo para regiões intermediárias. Por outro lado, as regiões de média complexidade apresentam percentuais que variam entre 17% e 22%, na análise das regiões intermediárias, percentuais acima do que foi identificado sob a ótica das UFs. Para todos os recortes e todas as análises, o financiamento em regiões de alta complexidade manteve-se sempre acima de 67%. Esses resultados atestam dois aspectos importantes: i) a falta de prioridade dada à questão das desigualdades regionais na definição das políticas; e ii) mesmo quando há destinação de recursos a estados menos desenvolvidos, esses são focalizados nas regiões mais desenvolvidas desses estados, com tendência de favorecer a ampliação da heterogeneidade interna às UFs.

Ao analisar a proporção de investimentos realizados em atividades com ICP acima da média das regiões intermediárias (Gráfico 7), é possível observar um padrão distinto em comparação ao agregado por UF. Durante o período do PITCE, por exemplo, constatou-se que 77% dos desembolsos eram para atividades com ICP acima da média nas UFs de baixa complexidade (Gráfico 4). No entanto, quando consideramos os dados desagregados por região intermediária, apenas 33% dos desembolsos foram para atividades com ICP maior que a média nas regiões de baixa complexidade (Gráfico 7). Essa disparidade evidencia a heterogeneidade existente dentro dos estados brasileiros. Em outras palavras, embora os dados indiquem melhor foco dos financiamentos em UFs de baixa complexidade, esse padrão esconde um pior foco nos financiamentos para regiões intermediárias de baixa complexidade durante a PITCE.

Gráfico 5 – Percentual de desembolsos por nível de complexidade das regiões intermediárias e por período

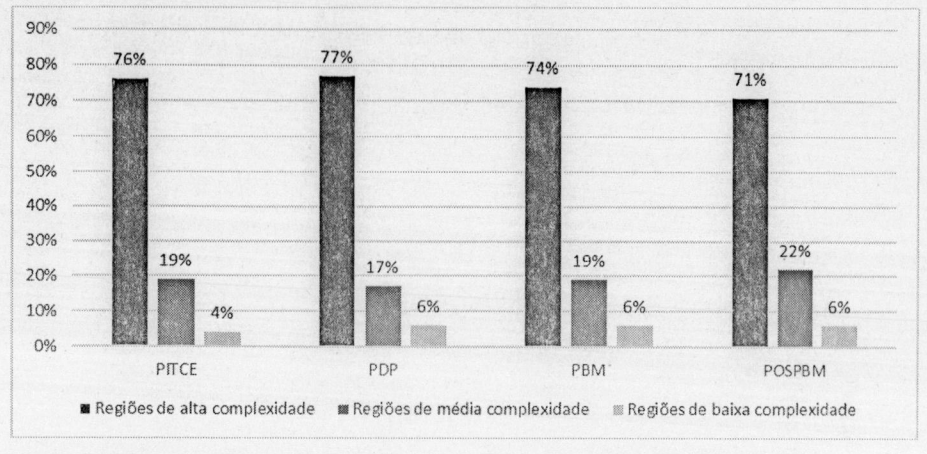

Fonte: elaborado pelos autores, com base nos dados do BNDES (2022).

Gráfico 6 – Percentual de desembolsos direcionados a atividades com ICP maior do que o ICP médio da região, por nível de complexidade das regiões intermediárias.

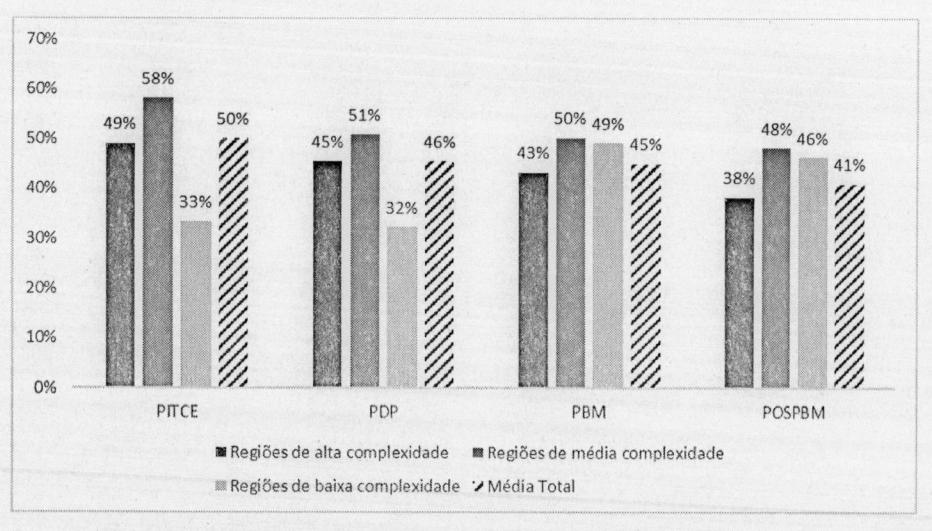

Fonte: elaborado pelos autores, com base nos dados do BNDES (2022).

De forma geral, o Gráfico 7 indica uma paulatina queda do percentual de desembolsos em atividades com ICP acima da média da região. Durante a PITCE, nas regiões de média e alta complexidade, 58% e 49% dos desembolsos, respectivamente, foram em atividades com ICP maior que a média das atividades já existentes nas regiões. Esses percentuais caem para 48% e 38% no pós-PBM, respectivamente. Inversamente, nas regiões de baixa complexidade, esse percentual sai de apenas 33% na PITCE para 46% no pós-PBM. A melhora desse grupo, contudo, não é suficiente para reverter a tendência geral de piora demonstrado pela média.

Gráfico 7 – Percentual de regiões intermediárias com mais de 50% dos desembolsos em atividades com ICP maior do que o ICP médio da região

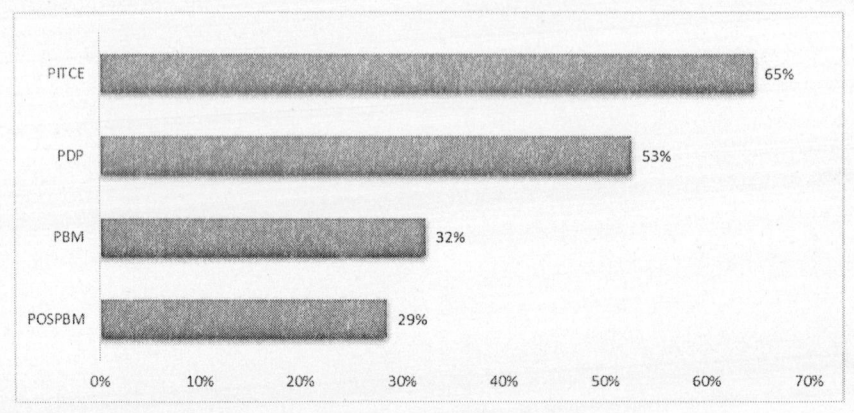

Fonte: elaborado pelos autores, com base nos dados do BNDES (2022).

Outro indicador que apresenta grande piora ao longo do tempo é o percentual de regiões intermediárias com mais de 50% dos desembolsos em atividades com ICP maior que o ICP médio da região (Gráfico 8). Durante a PITCE, esse percentual era de 65%, caiu para 53% na PDP, para 32% no PBM e, então, para 29% no período posterior ao PBM. Em outras palavras, atualmente, 71% das regiões têm mais da metade dos desembolsos do BNDES em atividades de complexidade abaixo da média da região, o que constitui um cenário extremamente preocupante.

A Figura 4 ilustra a progressiva piora do padrão dos financiamentos do BNDES nas regiões intermediárias, que vêm se tornando gradativamente mais conservadores e menos focados em atividades com complexidade acima da média das atividades competitivas em cada região. Embora os desembolsos do BNDES tenham se expandido até o PBM, o que se observa é que esses aumentos foram em grande medida concentrados em atividades pouco complexas, de forma que se observa gradativa queda do número de regiões com mais da metade dos financiamentos em atividades com complexidade acima da média da região (Gráfico 7).

Na PITCE, 50% do total de desembolsos (R$ 107 bilhões) foram destinados a atividades com ICP maior que o ICP médio da região. É relevante destacar que, dentre as regiões situadas no Norte e Nordeste, 78% receberam desembolsos superiores a 50% em atividades com ICP maior que a média de suas atividades. No entanto, é preciso considerar que essas regiões possuem vantagem comparativa em atividades de pouca complexidade, o que facilita o financiamento de atividades com ICP acima da média.

Figura 3 – Percentual de desembolsos em setores com PCI acima da média das atividades da região intermediária por período

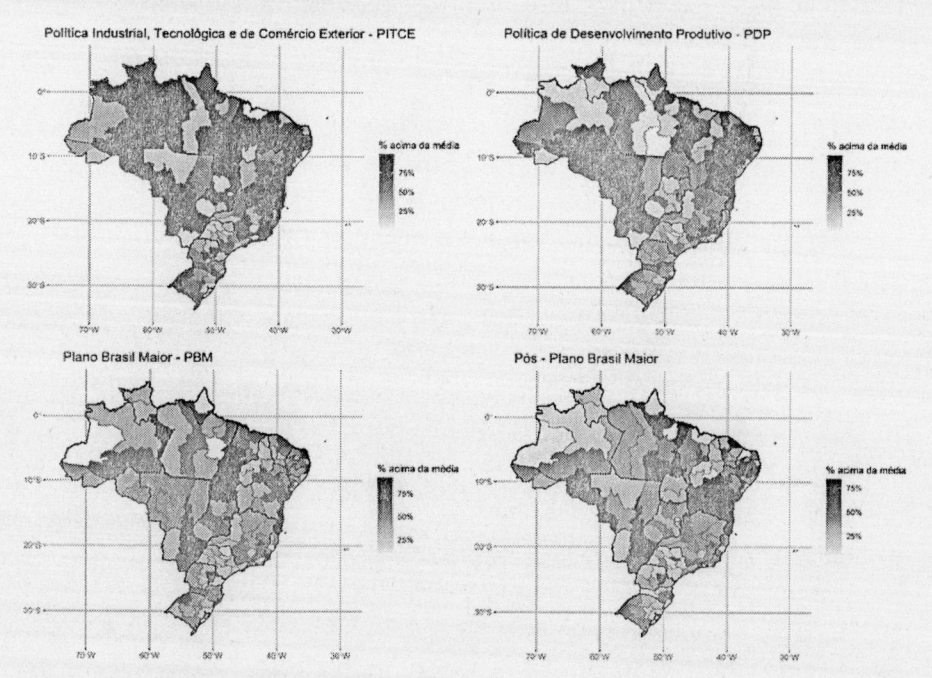

Nota: Foram considerados o percentual de desembolsos em setores que estão acima da média das atividades com vantagem comparativa maior que 1 da própria região.
Fonte: elaborada pelos autores, com base nos dados da pesquisa (2022).

Já na PDP, o percentual de desembolsos para atividades com ICP superior ou igual à média cai para 46% (R$ 216 bilhões). Na PITCE, 65% das regiões tinham mais de 50% dos desembolsos em atividades com ICP acima da média. Na PDP, esse percentual cai para 53%. Esse cenário é nítido para Sul e Sudeste, em que somente 33% das suas regiões mais de 50% dos desembolsos foram em atividades com ICP acima da média. Observa-se, pela Figura 4, que grande parte das regiões com mais de 50% dos desembolsos em atividades com ICP acima da média estão na região do Nordeste, enquanto a região Norte e Centro-Oeste tem clara redução no percentual de desembolsos em atividades com ICP acima da média.

Durante o PBM, observa-se uma queda ainda maior nos desembolsos para atividades com complexidade acima do ICP médio, com o percentual caindo para 45% (R$ 238 bilhões). O percentual de regiões com mais de 50% dos desembolsos em atividades com ICP acima da média cai para 32% (ante 65% na PITCE). Sul e Sudeste passam a ter somente 28% das regiões com mais de 50% dos desembolsos em atividades com ICP acima da média, e no Norte e Nordeste, apenas 34%.

Durante o período do Pós-PBM (2015 a 2020), 41% (R$ 84 bilhões) dos desembolsos foram destinados a atividades com complexidade acima do ICP médio da região. Vale ressaltar que, enquanto os programas PITCE, PDP e PBM tiveram duração de cerca de três anos, o PÓS-PBM abrangeu seis anos, sendo, no entanto, o pior período analisado. Além da queda no volume de desembolsos em atividades competitivas e complexas, entre 2015 e 2020, o valor desembolsado pelo BNDES não superou o valor real do PITCE. Adicionalmente, apenas 29% das regiões intermediárias do Brasil receberam investimentos em atividades com ICP acima da média de suas respectivas regiões, ante 65% na PITCE.

O quadro mais preocupante de toda a análise, contudo, diz respeito aos baixíssimos percentuais de desembolsos em atividades com ICP acima da média da região e nas quais a região não era competitiva (Gráfico 9). Esse percentual, que já era de apenas 30% na análise por UF (Gráfico 5), cai para 20% na análise por região intermediária, se considerado o período da PITCE, que, em geral, apresenta os melhores resultados. No período recente, esse percentual cai para ínfimos 11%. Ou seja, 89% dos desembolsos são focados em atividade já competitivas na região ou com complexidade abaixo da média da região. Nas regiões de complexidade baixa, esse percentual cai de 29%, na PITCE para 24% no período Pós-PBM. Já nas regiões de média e alta complexidade, os percentuais passam de 15% e 21%, respectivamente, para 10%, em ambos os grupos no Pós-PBM.

Gráfico 8 – Percentual de desembolsos direcionados a atividades em que a região não possuía vantagem comparativa e cujo ICP era maior do que o ICP médio das atividades da região, por nível de complexidade das regiões.

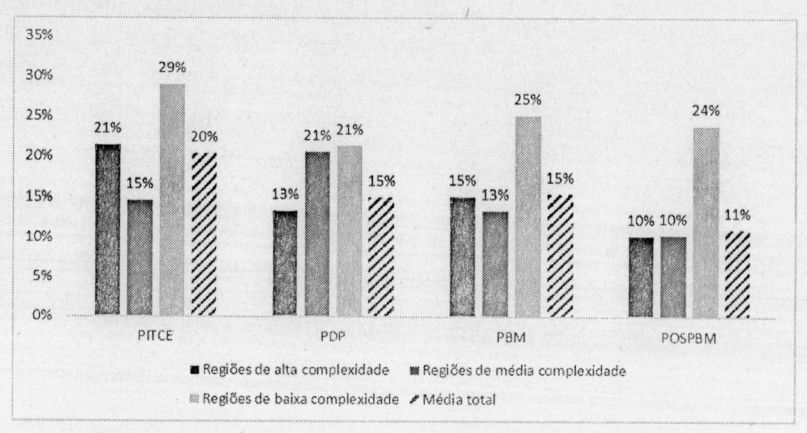

Fonte: elaborado pelos autores, com base nos dados da pesquisa (2022).

É importante ressaltar que os financiamentos para atividades com ICP acima da média da região têm ido majoritariamente para atividades já competitivas. A comparação dos Gráficos 7 e 9 revela que, embora 50% dos desembolsos do BNDES fossem para atividades com complexidade acima da média da região intermediária na PITCE, apenas 20% iam para atividades ainda não competitivas na região. Essa diferença se mantém em cerca de 30 pontos percentuais ao longo de todo o período.

12.6 Considerações finais

Este trabalho teve como objetivo analisar se os desembolsos do BNDES foram direcionados a atividades de complexidade superior à média de cada região, tanto nos períodos das políticas industriais PITCE, PDP e PBM, como após 2015. A existência de importantes diferenças regionais dentro de cada estado revelaram ser fundamental realizar a análise por regiões intermediárias (ou mesmo microrregiões) para a correta avaliação do padrão de desembolsos do BNDES. Ao comparar os resultados nos dois níveis, observa-se, por exemplo, que, enquanto a análise por UF indica queda de 8 pontos percentuais (de 19 para 11%) dos financiamentos para estados de baixa complexidade, a análise por região intermediária indica a estabilidade da participação das regiões de baixa complexidade (de 4% para 6%) e aumento das de média complexidade (de 19 para 22%).

O principal resultado encontrado diz respeito à gradativa piora do padrão de desembolsos do BNDES, entre 2004 e 2020, em termos dos indicadores de complexidade econômica. De forma geral, os desembolsos do BNDES em atividades de alta complexidade caem de 32% na PITCE para 24%, no período pós-PBM (2015-20). O percentual de regiões intermediárias com mais de 50% dos desembolsos em atividades com complexidade acima da média da região foi de 65%, durante a PITCE, indicando melhor focalização dos desembolsos nessa política. Contudo, esse percentual cai para 53% durante a PDP, 32% durante o PBM e depois 29% no Pós-PBM, indicando que os desembolsos se tornaram gradativamente mais conservadores ao longo do tempo, ao contrário do que se poderia esperar. Além disso, os desembolsos em atividades sem vantagem comparativa e com complexidade acima da média da região representam um percentual extremamente baixo e que foi caindo ao longo do tempo, passando de 20%, na PITCE, para ínfimos 11%, no pós-PBM.

É importante destacar, contudo, que são necessários estudos adicionais para entender com maior clareza a evolução do padrão de atuação do BNDES. Entre outras possíveis análises, mostra-se extremamente relevante analisar o número de operações por nível de complexidade e por porte das empresas, e não somente a distribuição dos desembolsos, como feito aqui. Esta análise pode revelar resultados diferentes dos encontrados aqui, caso um maior número de operações tenha sido focado em empresas de maior complexidade que a média da região.

Embora o trabalho apresente uma análise descritiva inicial dos dados desembolsos do BNDES, ele traz informações relevantes para a formulação de políticas de desenvolvimento produtivo e regional do Brasil. Diversos estudos têm apontado a importância da diversificação produtiva rumo a setores de maior complexidade para o desenvolvimento regional (e.g. Frenken et al., 2007). Além disso, na União Europeia, por exemplo, estratégias de especialização inteligente já começam a ser avaliadas com base em indicadores de complexidade (e.g. Balland et al., 2019).

Nesse sentido, mostra-se crucial a incorporação das evidências recentes oriundas da abordagem da complexidade como parte das estratégias de formulação de políticas de desenvolvimento para o Brasil. A incorporação dos conceitos e indicadores de complexidade para a formulação de políticas de desenvolvimento produtivo e tecnológico constituiria um importante avanço para aprimorar o direcionamento dos recursos públicos e, assim, potencializar o resultado dos investimentos e acelerar o desenvolvimento do país e de suas diversas regiões.

Referências

Balland, P.-A., Boschma, R., Crespo, J., & Rigby, D. L. (2019). Smart specialization policy in the European Union: relatedness, knowledge complexity and regional diversification. *Regional Studies*, 53(9), 1252-1268.

Bishop, P., & Gripaios, P. (2009). Spatial Externalities, Relatedness and Sector Employment Growth in Great Britain. *Regional Studies*, 44(4),443-454.

Boschma, R., & Iammarino S. (2009). Related variety, trade linkages and regional growth in Italy. *Economic Geography*, 85(3),289-311.

Essletzbichler, J. (2005). Diversity, stability and regional growth in the U.S. (1975-2002). Papers in Evolutionary Economic Geography No. 05.13 http://econ.geo.uu.nl/peeg/peeg0513.pdf.

Frenken, K., Van Oort, F.G., & Verburg, T. (2007). Related variety, unrelated variety and regional economic growth. *Regional Studies*, 41(5),685-697.

Furtado, C. (1964). *Development and Underdevelopment*. Berkeley: University of California Press.

Glaeser, E.L., Kallal, H.D., Scheinkman, J.A., & Schleifer A. (1992). Growth in Cities. *Journal of Political Economy*, 100(6),1126-1152.

Hartmann, D., Guevara, M., Jara-Figueroa, C., Aristarán, M., & Hidalgo, C. (2017). Linking Economic Complexity, Institutions, and Income Inequality, *World Development*, Vol. 93, pp. 75-93.

Hausmann, R., & Chauvin, J. (2015). Moving to the adjacent possible: discovering paths of export diversification in Rwanda. *Center for International Development (CID) Faculty Working Paper*, Harvard University, Working Paper 294. http://www.tinyurl.com/2925ztml

Hausmann, R., Hidalgo, C., Bustos, S., Coscia, M., Simoes, A., & Yildirim, M. (2014). *The atlas of economic complexity: Mapping paths to prosperity*. Massachusetts: MIT Press.

Hausmann, R., Santos, M. A., & Obach, J. (2017). Appraising the Economic Potential of Panama: Policy Recommendations for Sustainable and Inclusive Growth. *Center for International Development (CID) Faculty Working Paper*, Harvard University, 334. http://www.tinyurl.com/264nlv9c

Hidalgo, C. A. (2021). Economic complexity theory and applications. *Nature Reviews Physics*, 3(2), 92-113.

Hidalgo, C., & Hausmann, R. (2009). The building blocks of economic complexity. *Proceedings of the National Academy of Sciences*, 106(26),10570-10575.

Hidalgo, C.A., Klinger, B., Barabási, A. L., & Hausmann, R. (2007). The Product Space Conditions the Development of Nations. *Science*, 317(5837),482-487.

Hirschman, A. O. (1958). *The Strategy of Economic Development*. New Haven: Yale University Press.

Kaldor, N. (1966). *Causes of the Slow Rate of Economic Growth of the United Kingdom*. London: Cambridge University Press.

Lundvall, B. A. (Ed.) (1992). *National Systems of Innovation: Towards a Theory of Innovation and Interactive Learning*. London: Pinter.

Machado, F. A. (2019). *Avaliação da implementação das políticas industriais do século XXI (PITCE, PDP E PBM) por meio da atuação do BNDES sob a ótica da complexidade econômica*. (Dissertação de Mestrado), IPEA, Brasília.

Nelson, R. R. (Ed.). (1993). *National innovation systems: a comparative analysis*. Oxford: Oxford University Press.

Prebisch, R. (1962). The economic development of Latin America and its principal problems. *Economic Bulletin for Latin America*, 7(1), 1-19.

Rezende, E., Santos, F., Santos, C., Stein, A. Q., & Romero, J. P. (2022). *Complexidade e emprego no Brasil entre 2006-2020: Evidência da regressão produtiva*. Nota Técnica 01-2022 do GPPD. Belo Horizonte: Cedeplar-UFMG.

Romero, J. P., & Britto, G. (2017). Increasing returns to scale, technological catch-up and research intensity: endogenising the Verdoorn coefficient. *Cambridge Journal of Economics*, 41, 391-412.

Romero, J. P., Freitas, E., Silveira, F., Britto, G., Cimini, F., & Jayme JR., F. G. (2022). Economic complexity and regional economic development: evidence from Brazil. In *Anais do 50º Encontro de Economia Brasileira da ANPEC*, Fortaleza, CE.

Romero, J. P., & Gramkow, C. (2021). Economic complexity and greenhouse gas emissions. *World Development*, 139, pp. 1-18.

Schumpeter, J. (1934). *The Theory of Economic Development*. Cambridge, MA: Harvard University Press.

Apêndice

Quadro A1 – Principal atividade financiada por estado – Todos os programas

ESTADOS	Setor de maior financiamento da UF	Valor financiado do setor (R$ bilhões)	Valor total da UF (R$ bilhões)	% do setor	ICP do setor	ICP médio da UF
Rondônia	Geração de energia elétrica - hidrelétrica	34,88	41,86	83	Baixa	-0,39
Acre	Administração pública em geral	0,75	2,03	37	Baixa	-0,54
Amazonas	Transporte dutoviário	7,56	17,89	42	**Alta**	-0,31
Roraima	Transporte rodoviário de carga*	0,07	0,43	17	Média	-0,70
Pará	Beneficiamento de minérios de cobre, chumbo, zinco e outros minerais metálicos não ferrosos não especificados anteriormente	4,04	29,21	14	Baixa	-0,62
Amapá	Geração de energia elétrica - hidrelétrica	1,77	2,99	59	Baixa	-0,25
Tocantins	Geração de energia elétrica - hidrelétrica	9,14	17,00	54	Baixa	-0,66
Maranhão	Geração de energia elétrica - Térmica	4,49	19,99	22	Baixa	-0,65
Piauí	Geração de energia elétrica - Eólica	1,40	5,11	27	Baixa	-0,75
Ceará	Geração de energia elétrica - Térmica	4,32	28,75	15	Baixa	-0,44
Rio Grande do Norte	Geração de energia elétrica - Eólica	7,53	14,64	51	Baixa	0,14

ESTADOS	Setor de maior financiamento da UF	Valor financiado do setor (R$ bilhões)	Valor total da UF (R$ bilhões)	% do setor	ICP do setor	ICP médio da UF
Paraíba	Transporte rodoviário de carga*	0,82	5,59	15	Média	-0,20
Pernambuco	Fabricação de produtos do refino de petróleo	20,40	65,29	31	**Alta**	0,10
Alagoas	Fabricação de produtos petroquímicos básicos	0,99	5,73	17	**Alta**	0,00
Sergipe	Transporte rodoviário de carga*	0,80	3,88	21	Média	0,01
Bahia	Transporte dutoviário	12,85	66,69	19	**Alta**	-0,45
Minas Gerais	Transporte rodoviário de carga*	20,57	132,48	16	Média	0,06
Espírito Santo	Transporte rodoviário de carga*	7,38	32,64	23	Média	0,14
Rio de Janeiro	Navegação de apoio marítimo	15,45	171,20	9	**Alta**	1,22
São Paulo	Transporte rodoviário de carga*	51,77	359,64	14	Média	1,02
Paraná	Transporte rodoviário de carga*	25,52	122,03	21	Média	0,42
Santa Catarina	Transporte rodoviário de carga*	22,82	87,68	26	Média	0,87
Rio Grande do Sul	Transporte rodoviário de carga*	16,31	103,65	16	Média	0,50
Mato Grosso do Sul	Fabricação de celulose e outras pastas para a fabricação de papel	7,12	30,17	24	Média	-0,32
Mato Grosso	Transporte rodoviário de carga*	6,50	35,45	18	Média	-0,72

ESTADOS	Setor de maior financiamento da UF	Valor financiado do setor (R$ bilhões)	Valor total da UF (R$ bilhões)	% do setor	ICP do setor	ICP médio da UF
Goiás	Fabricação de álcool	8,32	47,12	18	Baixa	-0,48
Distrito Federal	Agências de fomento	13,38	28,75	47	**Alta**	2,25

* Transporte rodoviário de carga, exceto produtos perigosos e mudanças, intermunicipal, interestadual e internacional

Fonte: elaborado pelos autores, com base nos dados do BNDES (2022).

Quadro A2 – Atividade com maior ICP financiada por estado – todos os programas

ESTADOS	Setor de maior financiamento da UF	Valor financiado do setor (R$ bilhões)	Valor total da UF (R$ bilhões)	% do setor	ICP médio da UF
Rondônia	Comércio atacadista de equipamentos de informática	0,41	41.859,07	0,00	-0,39
Acre	Suporte técnico, manutenção e outros serviços em tecnologia da informação	0,17	2.026,43	0,01	-0,54
Amazonas	Fabricação de chapas, filmes, papéis e outros materiais e produtos químicos para fotografia	1,83	17.886,71	0,01	-0,31
Roraima	Comércio atacadista de equipamentos de informática	0,55	429,76	0,13	-0,70
Pará	Fabricação de pneumáticos e de câmaras-de-ar	1,82	29.213,25	0,01	-0,62
Amapá	Comércio atacadista de instrumentos e materiais para uso médico, cirúrgico, hospitalar e de laboratórios	0,37	2.993,45	0,01	-0,25

ESTADOS	Setor de maior financiamento da UF	Valor financiado do setor (R$ bilhões)	Valor total da UF (R$ bilhões)	% do setor	ICP médio da UF
Tocantins	Suporte técnico, manutenção e outros serviços em tecnologia da informação	0,25	16.996,70	0,00	-0,66
Maranhão	Suporte técnico, manutenção e outros serviços em tecnologia da informação	0,73	19.989,32	0,00	-0,65
Piauí	Emissão de vales-alimentação, vales-transporte e similares	0,17	5.106,67	0,00	-0,75
Ceará	Atividades de administração de fundos por contrato ou comissão	0,78	28.752,91	0,00	-0,44
Rio Grande do Norte	Suporte técnico, manutenção e outros serviços em tecnologia da informação	0,11	14.635,36	0,00	0,14
Paraíba	Transporte ferroviário de passageiros municipal e em região metropolitana	2,87	5.589,93	0,05	-0,20
Pernambuco	Sociedade seguradora de seguros não vida	0,09	65.286,18	0,00	0,10
Alagoas	Fabricação de embalagens de vidro	0,88	5.727,32	0,02	0,00
Sergipe	Fabricação de embalagens de vidro	8,14	3.877,11	0,21	0,01
Bahia	Fabricação de chapas, filmes, papéis e outros materiais e produtos químicos para fotografia	0,17	66.689,46	0,00	-0,45

ESTADOS	Setor de maior financiamento da UF	Valor financiado do setor (R$ bilhões)	Valor total da UF (R$ bilhões)	% do setor	ICP médio da UF
Minas Gerais	Atividades de administração de fundos por contrato ou comissão	0,05	132.481,04	0,00	0,06
Espírito Santo	Estacionamento de veículos	1,00	32.639,01	0,00	0,14
Rio de Janeiro	Fabricação de chapas, filmes, papéis e outros materiais e produtos químicos para fotografia	6,65	171.202,74	0,00	1,22
São Paulo	Sociedade seguradora de seguros não vida	21,83	359.640,23	0,01	1,02
Paraná	Fabricação de chapas, filmes, papéis e outros materiais e produtos químicos para fotografia	1,66	122.031,42	0,00	0,42
Santa Catarina	Sociedade seguradora de seguros não vida	0,18	87.676,66	0,00	0,87
Rio Grande do Sul	Sociedade seguradora de seguros não vida	0,13	103.647,44	0,00	0,50
Mato Grosso do Sul	Fabricação de chapas, filmes, papéis e outros materiais e produtos químicos para fotografia	3,77	30.165,99	0,01	-0,32
Mato Grosso	Sociedade seguradora de seguros não vida	0,14	35.449,48	0,00	-0,72
Goiás	Fabricação de chapas, filmes, papéis e outros materiais e produtos químicos para fotografia	1,01	47.120,01	0,00	-0,48
Distrito Federal	Transporte metroviário	5,31	28.751,41	1,85	2,25

Fonte: elaborado pelos autores, com base nos dados do BNDES (2022).

Tabela A1 – Classificação dos estados conforme nível de ICP e programa

	ESTADOS	PITCE	PDP	PBM	PÓS-PBM
Norte	Rondônia	Média	Média	Baixa	Baixa
	Acre	Baixa	Média	Baixa	Baixa
	Amazonas	Média	Média	Média	Média
	Roraima	Baixa	Média	Baixa	Baixa
	Pará	Baixa	Baixa	Baixa	Baixa
	Amapá	Média	Baixa	Média	Média
	Tocantins	Baixa	Baixa	Baixa	Baixa
Nordeste	Maranhão	Baixa	Baixa	Baixa	Baixa
	Piauí	Baixa	Baixa	Baixa	Baixa
	Ceará	Média	Baixa	Baixa	Média
	Rio Grande do Norte	Alta	Alta	Alta	Média
	Paraíba	Média	Média	Média	Média
	Pernambuco	Média	Alta	Alta	Alta
	Alagoas	Média	Alta	Média	Média
	Sergipe	Média	Média	Média	Média
	Bahia	Baixa	Baixa	Média	Baixa
Sudeste	Minas Gerais	Alta	Média	Média	Alta
	Espírito Santo	Alta	Média	Alta	Alta
	Rio de Janeiro	Alta	Alta	Alta	Alta
	São Paulo	Alta	Alta	Alta	Alta
Sul	Paraná	Alta	Alta	Alta	Alta
	Santa Catarina	Alta	Alta	Alta	Alta
	Rio Grande do Sul	Alta	Alta	Alta	Alta
Centro-Oeste	Mato Grosso do Sul	Média	Média	Média	Média
	Mato Grosso	Baixa	Baixa	Baixa	Baixa
	Goiás	Baixa	Baixa	Média	Média
	Distrito Federal	Alta	Alta	Alta	Alta

Fonte: os autores.

Capítulo 13

MUDANÇA ESTRUTURAL PARA UM DESENVOLVIMENTO SUSTENTÁVEL: UMA ANÁLISE MULTIDIMENSIONAL DE SETORES ECONÔMICOS

Matheus Terentin
Tiago Couto Porto
Nelson Marconi

13.1 Introdução

O crescimento e desenvolvimento econômico, que possibilita a elevação da renda per capita e melhoria nos padrões de vida da população, sempre foi um objetivo central buscado pela maioria dos países. Mais recentemente, como evidenciado pelo Acordo de Paris, a esse objetivo foi adicionado outro elemento central: o desenvolvimento deve ser sustentável, social e ambientalmente. Apesar de ser uma meta comum dos países, há intenso debate sobre qual a melhor estratégia para se alcançar e promover o desenvolvimento econômico sustentável. Uma generalização comumente usada, muito embora seja simplificadora, é dividir essas visões em dois grandes campos: O liberal, que argumenta sobre a eficiência do livre mercado para coordenar todo o processo econômico e a alocação de recursos; e o desenvolvimentista, que acredita que há um papel a ser desempenhado pelo Estado, que, junto do mercado, deve coordenar a economia. Essas visões, quase opostas, implicam importantes diferenças em termos de proposições de políticas públicas e econômicas. Uma dessas diferenças é o tratamento que esses campos econômicos dão aos impactos sobre o crescimento resultante da *performance* de distintos setores da economia.

Para a primeira, que é consubstanciada pela escola neoclássica, uma estratégia de desenvolvimento baseia-se em garantir o livre funcionamento do mercado, pois este aloca o recurso de maneira mais eficiente. Mesmo admitindo possíveis e eventuais falhas de mercado, estas são substancialmente menores que as imperfeições e os erros que possam ocorrer nas intervenções estatais. O Estado, portanto, deve ater-se a funções limitadas, como a garantia das propriedades privadas e intelectual, a educação básica, a infraestrutura etc. Além da teoria da eficiência do mercado, a teoria ricardiana das vantagens comparativas também delega ao livre mercado, agora global, a alocação de recursos. A nova configuração comercial das cadeias globais de valor, com crescente fragmentação internacional da produção, não altera a lógica da teoria, que prevê que os países se tornariam mais especializados na realização de atividades dentro dos estágios do processo de produção com base em suas vantagens comparativas (Baldwin & Evenett, 2015). Dessa forma, para essa visão, as estratégias e políticas econômicas que buscam alterar a estrutura produtiva dos países não são eficientes, e seus defensores argumentam, por exemplo, que uma expansão baseada na produção e exportação de *commodities* não exerceria um efeito negativo sobre o crescimento econômico, pois, além de serem capazes de gerar renda por meio das exportações, esse setor teria capacidade de gerar renda além do consumo e teria efeitos indiretos sobre outras cadeias produtivas, como os setores de serviços relacionados (Schultz, 1964; Lipton, 1973; Chayanov, 1966; Davis, 1995; Mikesell, 1997). Importaria mais uma suposta eficiência da alocação dos recursos via mercado que a definição de setores que possam gerar maior crescimento, mesmo porque não haveria uma distinção relevante, para os neoclássicos, entre os impactos gerados pelos diversos setores sobre o processo de desenvolvimento econômico.

A segunda visão, na qual se insere este capítulo, enxerga o desenvolvimento como um processo de transformação da estrutura produtiva de um país, na qual há um aumento relativo de importância de setores mais dinâmicos e sofisticados, que empregam mão de obra mais qualificada e com maiores salários, e que também são mais sustentáveis. Essa visão tem suas raízes no estruturalismo que argumentava que a mudança na estrutura de produção em direção a setores com ganhos crescentes de economia de escala, como a manufatura, é central para o processo de desenvolvimento (Prebisch, 1950; Singer, 1950; Lewis, 1954; Furtado, 1961). O setor manufatureiro teria algumas características particulares e propulsoras do desenvolvimento, como uma maior elasticidade da demanda por exportações (Gouvea & Lima, 2010) e maiores retornos crescentes de escala (McCombie, Pugno, & Soro, 2002), que podem gerar um processo de cumulação causativa, como foi argumentado por Kaldor (1978) e, recentemente, por Boggio e Barbieri (2017). Naturalmente, essa visão vem evoluindo, e atualmente, atribui-se importante papel aos serviços modernos (Evangelista, Lucchese, & Meliciani, 2013; Pereira, Missio, & Jayme Jr, 2020) e à compreensão sobre a importância de se analisar o nível de complexidade econômica e de conhecimento e tecnologia envolvido em cada atividade e produto econômico. Argumenta-se que exportar produtos mais sofisticados e/ou complexos que incorporam maior quantidade de conhecimento produtivo é essencial para possibilitar o alcançamento (*catch-up*) de países em desenvolvimento (Hausmann & Hidalgo, 2011; Rodrik, 2013).

Além da argumentação teórica, essa visão se baseia na análise do processo de *catch-up* econômico de diversos países ao longo da história. Esta análise foi iniciada com o estudo de países como os Estados Unidos (List, 1885) e a Alemanha (Gershenkron, 1962), que demonstraram que estes países utilizaram instrumentos de intervenção estatal para conseguir o alcançamento, opostos aos apregoados atualmente pelas instituições globais e pelos países desenvolvidos para os países em desenvolvimento (Chang, 2002). A visão desenvolvimentista foi posteriormente corroborada com o rápido processo de crescimento econômico de países coordenados por Estados com tais características, como foi o caso do Japão (Jhonson, 1982), da Coreia do Sul (Amsden 1992; Lee, 2018) e de Taiwan (Wade, 1990). Mais recentemente, essa visão tem ajudado a entender e analisar os processos extremamente divergentes de crescimento econômico e *catch-up* entre países que optaram por seguir as receitas neoliberais de abertura comercial e financeira à risca – como os países da América Latina (Bresser-Pereira, Araujo, & Costa Peres, 2020) – e países que continuaram a atribuir um papel relevante à coordenação estatal – como o caso da China (Weber, 2021) e outros países asiáticos.

A intervenção e coordenação estatal continua sendo importante, inclusive, em países geralmente classificados como de "livre-mercado", como Alemanha e EUA. Estes países implementaram, especialmente após os anos 1990, um conjunto de políticas industriais (Wade, 2015) – que são quase que invariavelmente entendidas como "intervenção excessiva" pela teoria neoliberal. Estudos recentes vêm apontando para o papel importante que políticas industriais possam exercer na chamada transição verde e para alcançar o desenvolvimento sustentável. Rodrik (2014) estuda políticas industriais verdes adotadas por Alemanha, China, Estados Unidos e Índia, identificando impactos positivos destas, incluindo o desenvolvimento da produção de painéis solares e energia eólica, devido, em parte, ao direcionamento de compras públicas – um instrumento de política industrial.

Outros autores demonstram como o financiamento de P&D por agências americanas foi central para o desenvolvimento de certos produtos, incluindo os semicondutores, que são hoje a base para o desenvolvimento tecnológico (Berger, 2013; Mazzucato, 2013). A indústria de semicondutores, inclusive, foi recentemente alvo de políticas industrial tanto nos Estados Unidos, por meio do "CHIPS Act of 2022", quanto na China, por meio do "Made in China 2025".

Se, por um lado, há diversos exemplos de utilização de políticas industriais e de intervenção e coordenação estatal nos países que alcançaram e vêm realizando o alcançamento econômico e tecnológico, por outro, os países que não estão sendo bem-sucedidos são justamente aqueles que optaram por abandonar políticas similares. Ocampo e Porcile (2020) analisaram a evolução das políticas industriais de Argentina, Brasil, Colômbia e Mexico, também apontando para o resultado relativamente positivo das políticas industriais estatais dos anos 1950 até o início da década de 1980, sobretudo para Brasil e México, e como tal ciclo passou a ser revertido após a crise da dívida externa em 1982. No período que se seguiu, em que as políticas econômicas foram baseadas no consenso de Washington, um terreno pouco fértil para políticas industriais, observou-se uma desindustrialização prematura destes países (Oreiro & Feijó, 2010), mesmo durante períodos em que houve um retorno tímido de políticas industriais, como o início dos anos 2000, não houve um macroeconômico propício para o desenvolvimento produtivo (Bresser-Pereira, Oreiro, & Marconi, 2015). Essa falta de coordenação entre a política macroeconômica e a política industrial (Bresser & Rugitsky, 2018; Nassif, Bresser-Pereira, & Feijó, 2018) contribuiu para uma menor efetividade das medidas implementadas nas décadas de 2000 e 2010.

Entretanto, mesmo dentro do campo econômico que argumenta a favor da coordenação estatal e da promoção da mudança estrutural na direção de setores e produtos mais sofisticados, há divergência sobre qual é a melhor estratégia a se adotar. A multitude de possíveis arranjos de políticas para o desenvolvimento suscita duas perguntas centrais: a primeira diz respeito a quais instrumentos – como impostos, subsídios e tarifas – devem ser adotados e em que medida; e a segunda é sobre quais os setores que deverão ser priorizados e de que maneira deverá ser feira esta priorização, dada a multitude de possibilidades. Grande parte dos trabalhos e das análises está concentrada na análise da primeira questão, enquanto este artigo pretende contribuir para a segunda discussão.

O objetivo deste estudo é compreender as mudanças estruturais ocorridas em países em desenvolvimento de crescimento rápido e, a partir deste grupo, identificar quais setores aparentam ter maior capacidade em impulsionar o desenvolvimento sustentável. Para isso, utilizaram-se as matrizes da World Input-Output Database (WIOD), publicada em 2016 (Timmer, Dietzenbacher, LosStehrer, & de Vries, 2015) para calcular indicadores para 56 setores de 43 países que auxiliassem na compreensão das características econômicas, sociais e ambientais dos setores econômicos, possibilitando ter uma visão inicial sobre os setores que devem ser priorizados à luz dos objetivos específicos de cada país e do contexto em que está inserido. As dimensões selecionadas incluem a capacidade de absorver mão de obra, o salário médio relativo, as emissões de CO_2 por milhão produzido, além de multiplicadores de renda e emprego e dos encadeamentos produtivos. Ao incluir multiplicadores e interdependências setoriais, é possível compreender de maneira mais aprofundada o potencial de cada setor em impulsionar o crescimento da renda (Hirschman 1958; Myrdal, 1958; Kaldor, 1966).

Outros indicadores também seriam relevantes para estimar o impacto da priorização de setores específicos para o processo de desenvolvimento, como o impacto do uso da terra sobre o desmatamento, que refletiria melhor a realidade de países da amostra como Brasil e Indonésia. Sendo assim, essa análise não pretende cobrir todas as possibilidades de indicadores relevantes que possam contribuir para tal priorização, mas indicar possiblidades que podem ser complementadas ou analisadas em maior profundidade em estudos posteriores.

O capítulo será estruturado da seguinte maneira. Na seção seguinte, apresentamos um panorama da evolução da estrutural setorial do emprego, comparando grupos de países por níveis de crescimento e os setores por complexidade da produção, mensurada aqui pelo gasto em pesquisa e desenvolvimento incorporado. Na terceira seção, realizamos uma análise das oito dimensões selecionadas, demonstrando como estas variáveis evoluíram entre o início e o final da série. Dessa análise, derivaram-se 10 setores que apresentaram melhores resultados dentro das oito dimensões consideradas para os países em desenvolvimento de crescimento rápido. Esses 10 setores são analisados individualmente na seção seguinte, de forma a considerar os *trade-offs* existentes em qualquer escolha setorial, além de apresentar algumas das inúmeras dimensões não incluídas na análise. A última parte do capítulo é dedicada a uma discussão sobre a potencial aplicação dos resultados e sobre como outras políticas, em particular macroeconômicas, podem contribuir para o sucesso ou o fracasso de políticas setoriais bem--intencionadas e bem-executadas.

13.2 Mudanças estruturais em países em desenvolvimento de crescimento rápido

A necessidade de adotar políticas com diferenciação setorial, incluindo a política industrial, mas também a tarifária e a regulatória, torna a escolha de setores inerente ao processo de desenvolvimento de políticas. Países não só adotam conjuntos diferentes de instituições e políticas para o desenvolvimento, como também têm o desafio de continuamente adaptar e mudar essas políticas conforme a estrutura produtiva do país avança (Chang & Andreoni, 2020). Algumas políticas, como o recente "CHIPS and Science Act", focam em um número pequeno de setores, enquanto outras buscam lidar com uma multitude de produtos para selecionar quais podem ser protegidos e/ou subsidiados. Compreender as mudanças estruturais que ocorreram nos países de crescimento rápido – sejam estas direcionadas pelo Estado ou pelo setor privado – contribui para que outros países possam compreender quais setores parecem mais capazes de impulsionar o desenvolvimento e direcionar os esforços neste caminho.

Para estudar a mudança estrutural que ocorreu nos diferentes grupos de países, utilizamos a última base de dados da *World Input-Output Database (WIOD)*, publicada em 2016 (Timmer et al., 2015), com dados de 43 países e 56 setores. As matrizes de insumo-produto são essenciais para essa análise, já que nos ajudam a compreender as interdependências e complementariedades intersetoriais, assim identificando setores com um potencial maior para impulsionar o crescimento econômico. Sendo o nosso objetivo compreender as mudanças ocorridas nos países que cresceram rápido, o primeiro passo foi identificar esse grupo. Para isso, classificamos os países presentes naquela base de acordo com o crescimento anual da renda per capita (em dólares constantes de 2015):

1. Países desenvolvidos: grupo de países que, no início da série (2000), já eram classificados como de renda alta pelo Banco Mundial (World Bank, 2022). Dos 43 países presentes nas matrizes de insumo produto, 25 já eram considerados de renda alta no início da série, sendo 20 países europeus, além de Australia, Canada, Japão, EUA e Taiwan.

2. Países em desenvolvimento de crescimento rápido: países que não tinham classificação de renda alta no ano 2000 e que registraram um crescimento da renda per capita mais alto que a médio do conjunto de 142 países em desenvolvimento. Dos 43 países na WIOD, 18 foram classificados como em desenvolvimento em 2000, dos quais 13 registraram crescimento de renda per capita acima da média (Bulgária, China, Indonésia, Índia, Coréia do Sul, Lituânia, Letônia, Polônia, Romênia, Rússia, Eslováquia e Turquia).

3. Países em desenvolvimento de crescimento lento: países que cresceram anualmente abaixo da média do conjunto de países em desenvolvimento. Dos 18 países em desenvolvimento nas matrizes da WIOD, cinco tiveram crescimento abaixo da média (Brasil, República Tcheca, Croácia, Hungria e México).

A média da taxa de crescimento anual composto dos 142 países com dados de 2000 a 2014 no World Development Indicators atingiu 2,66% ao ano. Dos 43 países incluídos na base de dados da WIOD, os 13 de crescimento rápido registraram uma taxa média de crescimento anual de 4,36% no período, enquanto os de crescimento lento cresceram apenas 1,72%.

Um dos argumentos acerca da mudança estrutural que ocorre em países em crescimento rápido é que estes passaram a exportar produtos mais sofisticados e/ou complexos e incorporam maior quantidade de conhecimento tecnológico, sendo essa uma mudança essencial para o desenvolvimento econômico (Hausmann & Hidalgo, 2009). Dessa forma, também nos interessa classificar os setores de acordo com o grau de incorporação de tecnologia. Para isso, utilizamos uma classificação baseada na adotada pelas Nações Unidas (2009), baseada no conteúdo de P&D incorporado direta e indiretamente na produção dos setores. Realizamos uma segunda agrupação a partir daquela sugerida pela ONU para as seguintes duas seções. A lista de setores e países encontra-se nos Anexos I e II.

Quando comparados os países em desenvolvimento de crescimento rápido e de crescimento lento durante o período constante da base da WIOD (2000-2014), observa-se que a estrutura setorial dos empregos e da renda apresentaram tendências opostas, com o conjunto da manufatura passando a representar 16% no último ano do período entre o primeiro grupo, 2 p.p. mais que no ano 2000, e os serviços de conhecimento intensivo também passando a empregar proporcionalmente mais – o inverso do que ocorreu com o grupo de crescimento lento. Não só houve o movimento do emprego para setores mais complexos, como também uma diversificação da produção nos países de crescimento rápido. No Anexo III, são apresentados os seis gráficos com a composição setorial dos empregos nos anos de 2000 e 2014, para os grupos de países classificados por crescimento.

Dentre os países desenvolvidos, também houve uma redução da representatividade da manufatura na estrutura de emprego, que reduziu a participação em 3,5 p.p. para 11,7%, em 2014. Já a representatividade dos serviços de conhecimento intensivo mercado e não mercado aumentou em 4,2 p.p. no período, correspondendo a 36,1% dos empregos, em 2014. Estudos recentes têm sido dedicados a compreender a contribuição econômica dos serviços modernos, apontando para o papel que esses setores podem ter no desenvolvimento (Porto, Lee, & Mani, 2021; Pereira et al., 2020) e para os encadeamentos existentes entre esses setores e o restante da manufatura, em especial, contribuindo para agregar valor aos produtos de alta e média-alta tecnologias (Evangelista et al., 2013; Marconi, Magacho, & de Souza, 2017).

Ademais, analisar os setores considerando um maior número de dimensões e, portanto, de *trade offs* tornou-se imperativo à luz do desafio imposto pelo aquecimento global, com países buscando um desenvolvimento que não só seja sustentado como também sustentável. O Acordo de Paris firmado recentemente deixa isso evidente, e a pressão é ainda maior sobre os países em desenvolvimento, sendo este o grupo que será mais impactado diretamente pelas consequências das mudanças climáticas (Arnell et al., 2016). O tipo de mudança estrutural verde pode ser buscado de duas formas: por um lado, por meio do aumento da importância de setores de baixa emissão em contrapartida a uma redução de importância de setores de alta emissão, e, por outro lado, mediante uma redução transversal da emissão por valor adicionado de todos os setores (Magacho, Espagne, Godin, Mantes, & Yilmaz, 2023; Semieniuk, Campiglio, Mercure, Volz, & Edwards, 2021). A proposta deste artigo vai na direção do primeiro tipo de mudança estrutural descrito, buscando identificar, de maneira comparativa, os setores com maior potencial de impulsionar a economia, ao mesmo tempo que seja promovida uma redução na emissão de CO_2 por valor adicionado. Para isso, na seguinte seção, aprofundamo-nos nas mudanças setoriais que começaram a ser abordadas anteriormente, comparando a evolução das dimensões escolhidas entre os grupos de países.

13.3 Dimensões analisadas para a proposta setorial: dados, metodologia e evolução

13.3.1 Dados: matrizes insumo produto e conta satélite de emissões (CO_2)

O modelo básico de insumo-produto, desenvolvido por Leontief (1936), é central para desenvolvimento da proposta apresentada, que utiliza essa base teórica para analisar quais setores econômicos têm maior potencial para acelerar o desenvolvimento com um menor impacto na emissão de CO_2. As matrizes de insumo produto computam as transações entre os setores econômicos interdependentes, conectando as diversas transações intermediárias de produção até o consumo final. As interdependências e complementariedades intersetoriais são essenciais para entender toda a extensão do impacto econômico e ambiental de cada setor.

As matrizes de insumo produto representam a totalidade das economias, computando todas as transações intermediárias e entre agentes econômicos que compõem a demanda final de uma economia, ou seja, o conjunto de agentes que consome a totalidade dos produtos resultantes das transações intermediárias. O comércio entre os setores é computado na "matriz de transações intermediárias", que inclui todas as transações monetárias entre os setores econômicos: uma matriz com fabricantes de borracha e de pneus, por exemplo, inclui tanto as vendas de borracha para os fabricantes de pneus quanto as compras de pneus pelos fabricantes de borracha.

Além da matriz intermediária, estão também representados os agentes de consumo final – famílias, governo (por meio de impostos e subsídios), investimento e importações/exportações –, divididos em matrizes de demanda final" e de "valor adicionado". A matriz de demanda final contém as transações em que os agentes recebem os produtos (como a compra de cadeiras pelas famílias), e a matriz de "valor adicionado" contém as transações em que os setores pagam os agentes (como famílias que recebem dividendos da fábrica de plástico). Dado o objetivo de incluir impacto ambiental na análise, também incluímos no estudo a conta satélite que computa as emissões total de CO_2 decorrentes da produção de cada setor, por país e ano.

Para calcular as matrizes insumo produto, multiplicadores e índices de encadeamento, foram utilizadas as bases de dados do World Input-Output Database (WIOD), para os anos de 2010 a 2014. Foi considerada a última base, publicada em 2016 (Timmer et al., 2015), com dados de 43 países e 56 setores – os países foram agrupados para a análise descritiva que segue, enquanto os setores foram analisados primeiro de maneira agregada e depois de forma desagregada. Para dados ambientais de emissão total de CO_2, utilizamos a conta satélite publicada pelo Joint Research Centre da Comissão Europeia, publicada em 2018 (Corsatea et al., 2019) com dados para o mesmo conjunto de países e setores presentes nas matrizes da base WOID.

A análise descritiva das dimensões analisadas, apresentadas nas duas seções seguintes, permite compreender o processo de mudança estrutural que ocorreu nesses países, analisando se realmente houve uma sofisticação maior nos países de crescimento mais rápido. Para essa primeira parte da análise, os 56 setores presentes na base de dados da WIOD foram agrupados por nível de sofisticação, enquanto, na segunda parte, setores individuais são analisados comparando oito dimensões.

13.3.2 Impacto direto setorial: participação setorial no emprego, salário médio relativo, participação setorial no valor adicionado e emissões de CO_2

Do ponto de vista estruturalista, o crescimento econômico ocorre por meio do processo denominado "sofisticação produtiva" (Bresser-Pereira, Oreiro, & Marconi, 2015), caracterizado pela reorientação produtiva na direção de setores que produzem maior valor agregado por trabalhador e, portanto, pagam salários mais altos e proporcionam melhores padrões de vida. É essa reorientação, movendo os trabalhadores para posições com salários mais altos, que induz a uma diversificação da demanda, que passa a buscar produtos mais sofisticados e, por seu turno, desencadeia o processo de desenvolvimento econômico (Chenery, Robinson, Syrquin, & Feder, 1986; Rowthorn & Ramaswamy 1999; Palma, 2005).

A Tabela 1 demonstra como a estrutura de emprego – por níveis de sofisticação e de salário – modificou-se entre o início e o final da série, comparando os países em desenvolvimento de crescimento rápido e lento e países desenvolvidos:

Tabela 1 – Diferença da população empregada nos setores e média salarial setorial

	Países em desenvolvimento de crescimento rápido		Países em desenvolvimento de crescimento lento		Países desenvolvidos	
	Diferença da pop. Empregada no setor (p.p. de 2014 - 2000)	Salário relativo do setor (% do salário médio agregado no país, de 2000 a 2014)	Diferença da pop. Empregada no setor (p.p. de 2014 - 2000)	Salário relativo do setor (% do salário médio agregado no país, de 2000 a 2014)	Diferença da pop. Empregada no setor (p.p. de 2014 - 2000)	Salário relativo do setor (% do salário médio agregado no país, de 2000 a 2014)
Manufatura de baixa tecnologia	0.8 p.p.	85%	-1.7 p.p.	74%	-1.5 p.p.	89%
Manufatura de média-baixa tecnologia	0.2 p.p.	130%	-0.1 p.p.	117%	-1.0 p.p.	110%
Manufatura de alta e média alta tecnologia	1.1 p.p.	162%	-0.1 p.p.	148%	-1.1 p.p.	124%
Primário (Agricultura, silvicultura, produção animal e extração mineral)	-15.7 p.p.	61%	-5.0 p.p.	63%	-0.8 p.p.	71%
Construção	2.6 p.p.	109%	1.6 p.p.	84%	-1.0 p.p.	98%
Infraestrutura	-0.1 p.p.	212%	0.1 p.p.	179%	0.1 p.p.	144%
Outros serviços de conhecimento intensivo (não mercado)	2.4 p.p.	136%	1.6 p.p.	148%	2.9 p.p.	113%

	Países em desenvolvimento de crescimento rápido		Países em desenvolvimento de crescimento lento		Países desenvolvidos	
	Diferença da pop. Empregada no setor (p.p. de 2014 - 2000)	Salário relativo do setor (% do salário médio agregado no país, de 2000 a 2014)	Diferença da pop. Empregada no setor (p.p. de 2014 - 2000)	Salário relativo do setor (% do salário médio agregado no país, de 2000 a 2014)	Diferença da pop. Empregada no setor (p.p. de 2014 - 2000)	Salário relativo do setor (% do salário médio agregado no país, de 2000 a 2014)
Serviços conhecimento intensivo (mercado e alta tecnologia)	1.2 p.p.	175%	-0.8 p.p.	179%	1.3 p.p.	129%
Serviços de conhecimento pouco intensivo	6.7 p.p.	101%	4.1 p.p.	85%	1.2 p.p.	81%
Serviços financeiros	0.9 p.p.	241%	0.2 p.p.	291%	-0.2 p.p.	170%

Fonte: elaborada pelos autores, com dados da WIOD (Timmer et al., 2015)

Efetivamente, os países de desenvolvimento rápido tiveram uma mudança na estrutura do emprego mais acentuada que os outros dois grupos de países, com uma grande redução na proporção de trabalhadores empregados em setores primários, acompanhada de um aumento dos empregados na manufatura e nos serviços de conhecimento intensivo. Houve, portanto, uma mudança na direção da sofisticação produtiva, conforme o processo de desenvolvimento descrito pela teoria estruturalista. A comparação entre os países de desenvolvimento rápido e lento deixa a conclusão ainda mais clara, com esse segundo grupo de países reduzindo a participação justamente nos setores de salários mais altos e, portanto, com maior potencial para desencadear o processo de desenvolvimento descrito no capítulo anterior.

Os salários relativos mais elevados são pagos no setor de infraestrutura (que inclui, na classificação adotada, a extração de petróleo), serviços financeiros, serviços intensivos em conhecimento orientados ao mercado e na manufatura de alta e média tecnologia. Nos países de crescimento elevado, todos esses setores registraram aumento na participação no emprego total, indicando que a estratégia de desenvolvimento adotada está associada, possivelmente como causa e efeito, à melhoria do emprego nas atividades que praticam maiores remunerações.

A diferença na trajetória do grupo de países em desenvolvimento de crescimento rápido e lento também se reflete na participação de valor adicionado e na participação de emissões de CO_2 de cada grupo de setores econômicos, conforme demonstrado na Tabela 2:

Tabela 2 – Contribuição do setor para o VA e participação das emissões totais de CO_2

	Países em desenvolvimento de crescimento rápido		Países em desenvolvimento de crescimento lento		Países desenvolvidos	
	Participação no VA total (2014)	CO_2 (% das emissões totais (2014)	Participação no VA total (2014)	CO_2 (% das emissões totais, 2014)	Participação no VA total (2014)	CO_2 (% das emissões totais (2014)
Manufatura baixa tecnologia	7.0%	3%	5.5%	3%	3.7%	3%
Manufatura média-baixa tecnologia	5.9%	32%	5.0%	28%	3.9%	15%
Manufatura alta e média alta tecnologia	6.5%	7%	8.3%	5%	6.6%	5%
Primário (Agricultura, silvicultura, produção animal e extração mineral)	9.2%	6%	7.0%	11%	3.8%	6%
Construção	6.9%	1%	5.8%	3%	5.2%	2%
Infraestrutura	3.3%	43%	3.2%	28%	2.5%	43%
Outros serviços de conhecimento intensivo (não mercado)	13.1%	2%	15.8%	3%	19.5%	5%
Serviços conhecimento intensivo (mercado e alta tecnologia)	8.3%	2%	9.0%	6%	11.8%	9%
Serviços de conhecimento pouco intensivo	35.3%	5%	35.5%	14%	36.2%	12%
Serviços financeiros	4.6%	0%	5.0%	0%	6.9%	0%

Fonte: elaborada pelos autores, com dados da WIOD (Timmer et al., 2015) e (Corsatea et al., 2019)

No período analisado, a participação de valor agregado da manufatura dos países de crescimento rápido ultrapassou a participação da manufatura nos países de crescimento lento. Com relação as emissões de CO_2, os dois grupos de países em desenvolvimento são parecidos, com uma concentração de emissões na manufatura de média-baixa tecnologia, sobretudo devido às emissões na produção metalúrgica e de produtos minerais não metálicos. Existe também uma diferença relevante na representatividade das emissões de setores de infraestrutura entre esses grupos de países, com subsetores como coleta de resíduos e distribuição de energia correspondendo a uma parcela significativamente maior das emissões totais nos países de cresci-mento rápido e desenvolvidos.

Assim como a participação do conjunto da manufatura nos países de crescimento rápido ultrapassou aquele dos de crescimento lento no período, também houve um movimento significativo na direção dos setores de serviços não financeiros. Também é interessante observar a intensidade da redução na quantidade de carbono utilizada para produzir 1 milhão de dólares em produto:

Tabela 3 – Participação do setor no VA e variação nas emissões totais de CO_2 por \$1 milhão

	Países em desenvolvimento de crescimento rápido		Países em desenvolvimento de crescimento lento		Países desenvolvidos	
	Diferença da participação no VA total (p.p. de 2014 - 2000)	Variação (%) na quantidade de CO_2 emitidas para produzir 1 milhão em output, 2000 vs. 2014	Diferença da participação no VA total (p.p. de 2014 - 2000)	Variação (%) na quantidade de CO_2 emitidas para produzir 1 milhão em output, 2000 vs. 2014	Diferença da participação no VA total (p.p. de 2014 - 2000)	Variação (%) na quantidade de CO_2 emitidas para produzir 1 milhão em output, 2000 vs. 2014
Manufatura baixa tecnologia	-2.0 p.p.	-73%	-1.8 p.p.	-65%	-1.5 p.p.	-57%
Manufatura média-baixa tecnologia	-0.2 p.p.	-69%	-0.2 p.p.	-27%	-1.4 p.p.	-56%
Manufatura alta e média alta tecnologia	0.5 p.p.	-80%	0.3 p.p.	-70%	-1.0 p.p.	-62%
Primário (Agricultura, silvicultura, produção animal e extração mineral)	-3.0 p.p.	-59%	-0.5 p.p.	-64%	-0.6 p.p.	-19%
Construção	0.8 p.p.	-80%	-0.2 p.p.	-36%	-0.8 p.p.	-61%
Infraestrutura	-0.1 p.p.	-71%	-0.1 p.p.	-70%	0.1 p.p.	-66%
Outros serviços de conhecimento intensivo (não mercado)	0.3 p.p.	-76%	0.2 p.p.	-78%	1.9 p.p.	-68%

	Países em desenvolvimento de crescimento rápido		Países em desenvolvimento de crescimento lento		Países desenvolvidos	
	Diferença da participação no VA total (p.p. de 2014 - 2000)	Variação (%) na quanti-dade de CO_2 emitidas para produzir 1 milhão em output, 2000 vs. 2014	Diferença da participação no VA total (p.p. de 2014 - 2000)	Variação (%) na quanti-dade de CO_2 emitidas para produzir 1 milhão em output, 2000 vs. 2014	Diferença da participação no VA total (p.p. de 2014 - 2000)	Variação (%) na quanti-dade de CO_2 emitidas para produzir 1 milhão em output, 2000 vs. 2014
Serviços conhecimento intensivo (mercado e alta tecnologia)	1.5 p.p.	-76%	0.9 p.p.	-86%	1.1 p.p.	-62%
Serviços de conhecimento pouco intensivo	1.5 p.p.	-69%	0.1 p.p.	-57%	2.1 p.p.	-57%
Serviços financeiros	0.5 p.p.	-61%	1.3 p.p.	-78%	0.2 p.p.	-78%

Fonte: elaborada pelos autores, com dados da WIOD (Timmer et al., 2015) e (Corsatea et al., 2019)

Todos os países e setores reduziram a quantidade de carbono emitida para produzir USD 1 milhão em *output*, mas a redução foi mais acentuada dentre os países em desenvolvimento de crescimento rápido, sugerindo que, no curso do processo de desenvolvimento econômico recente, os investimentos realizados nos meios de produção também se refletiram em maior sustentabilidade. Com relação à contribuição de cada segmento para o valor adicionado, houve também um direcionamento para o setor de serviços não financeiros nas economias de crescimento rápido – cuja participação no valor adicionado aumentou 3,9 p.p., diferentemente dos países de crescimento lento, nos quais essa mudança foi de apenas 1,2 p.p.

A análise dos impactos diretos dos diferentes setores, comparando economias de crescimento rápido, lento e de países desenvolvidos, corrobora com o direcionamento proposto pela teoria estruturalista – no período estudado, houve um movimento bastante mais acentuado na direção de setores mais sofisticado dentre os países de crescimento rápido, com uma diminuição na contribuição dos setores primários e um crescimento de representatividade dos serviços de conhecimento intensivo e da manufatura. Além disso, a diminuição na intensidade de carbono para a produção demonstra que um crescimento econômico acelerado pode ocorrer concomitantemente a uma redução nas emissões por valor adicionado.

13.3.3 Impacto indireto no desenvolvimento: encadeamento e multiplicadores

É central para o pensamento estruturalista a complementariedade entre os setores econômicos, sendo essas interdependências estruturais um dos fatores que impulsionam o desenvolvimento e diferenciam o impacto de cada setor (Rosenstein-Rodan, 1943; Hirschman, 1958; Myrdal, 1957; Kaldor, 1966). A alteração na estrutura produtiva é importante não somente por aumentar os empregos que demandam mão de obra mais qualificada, portanto com maiores salários, como também por requerer insumos produtivos que também sejam mais sofisticados, dessa forma, impactando a economia também de maneira indireta, por meio da demanda intersetorial.

Dois tipos de indicadores são utilizados para compreender esses desdobramentos do aumento da demanda por produtos e serviços de determinado setor. Um desses indicadores, chamado de multiplicador, ajuda a compreender a magnitude dos impactos diretos e indiretos que um aumento na demanda final de determinado setor exerce sobre o conjunto da economia – um aumento na demanda por automóveis, por exemplo, tem um impacto de renda e de emprego tanto no setor automotriz quanto na produção de petróleo. Setores mais complexos apresentam multiplicadores maiores, pois um aumento na demanda pelo que produz implica mais interdependências.

O modelo básico de insumo-produto, desenvolvido por Leontief (*apud* Miller & Blair, 2009), é central para o cálculo dos multiplicadores e encadeamentos[120], que utiliza essa mesma base teórica para compreender as complementariedades intersetoriais. A matriz inversa de Leontief, composta por multiplicadores econômicos representando a quantidade total de insumos necessários para a produção do setor, permite compreender como variações na demanda (ou outras variáveis incluídas na análise, como impostos) propagam-se por meio das cadeias produtivas. A partir de modificações algébricas na notação básica, é possível construir diferentes indicadores, como o cálculo de multiplicadores, que ajudam a compreender os impactos no setor *i* resultantes de um aumento na demanda do setor *j*.

Considerando os grupos de países classificados por renda e crescimento econômico, assim como os agrupamentos setoriais por sofisticação produtiva, foram calculados os seguintes multiplicadores de renda e emprego:

---

[120] O detalhamento do cálculo de multiplicadores e encadeamentos é apresentado no Anexo IV.

Tabela 4 – Multiplicadores de renda e emprego, por grupos de países

	Países em desenvolvimento de crescimento rápido		Países em desenvolvimento de crescimento lento		Países desenvolvidos	
	Multiplicador de emprego	Multiplicador de renda	Multiplicador de emprego	Multiplicador de renda	Multiplicador de emprego	Multiplicador de renda
Manufatura baixa tecnologia	2.79	2.59	2.12	2.00	2.11	2.14
Manufatura média-baixa tecnologia	3.74	2.69	4.88	2.31	2.77	2.26
Manufatura alta e média alta tecnologia	2.99	2.29	2.38	1.89	2.12	1.88
Primário (Agricultura, silvicultura, produção animal e extração mineral)	1.52	1.47	1.67	1.52	1.67	1.71
Construção	1.95	1.96	1.52	1.67	1.74	1.77
Infraestrutura	2.75	2.06	2.19	1.75	2.87	2.53
Outros serviços de conhecimento intensivo (não mercado)	1.26	1.23	1.21	1.16	1.22	1.20
Serviços conhecimento intensivo (mercado e alta tecnologia)	2.12	1.74	1.97	1.66	2.12	1.86
Serviços de conhecimento pouco intensivo	1.66	1.66	1.42	1.49	1.74	1.85
Serviços financeiros	2.01	1.72	2.24	1.75	2.10	1.80

Fonte: elaborada pelos autores, com dados da WIOD (Timmer et al., 2015)

Os artigos seminais da teoria estruturalista enfatizaram o papel central da manufatura no processo de desenvolvimento econômico (Rosenstein-Rodan, 1943; Prebisch, 1950; Nurkse, 1953; Lewis, 1954; Myrdal, 1957; Hirschman, 1958; Chenery, 1960; Furtado, 1961), apontando não apenas para a maior produtividade apresentada por esses setores quando comparados à produção primária, como também devido ao potencial único da indústria em impulsionar a produtividade, dados os impactos diretos e indiretos que a demanda por produtos manufaturados exerce sobre a economia. Esse poder multiplicador se reflete na análise das matrizes insumo-produto por meio dos agrupamentos propostos, com os setores manufatureiros apresentando multiplicadores mais altos tanto de renda quanto de emprego.

Dentre os países de crescimento rápido, cada emprego diretamente gerado no setor manufatureiro de alta e média alta tecnologia resulta em 2,99 empregos no total da economia, e cada dólar de renda gerada nesse setor resulta tem um impacto, direto e indireto, de 2,29 dólares para o conjunto da economia. A manufatura de média baixa tecnologia apresenta os multiplicadores mais altos dentre os países em desenvolvimento, devido tanto ao setor de metalurgia e de transformação de minerais não metálicos quanto ao setor de transformação de petróleo e derivados – que, embora sejam os setores com maior potencial multiplicador de renda e empregos, são também os mais poluentes, como apresentado na seção anterior.

Quanto maiores as interdependências setoriais, mais diversificada é a estrutura econômica do país e, portanto, maior será a capacidade de ocorrer um desenvolvimento sustentado. Efetivamente, no período estudado, os países de crescimento rápido passaram de 27 setores empregando, pelo menos, 0,5% do mercado de trabalho para 33 desses setores em 2014 – enquanto os que cresceram lentamente tiveram uma redução de 30 para 26 desses setores, no mesmo período. Essa diversificação nos países de crescimento rápido também incluiu setores de infraestrutura e de serviços de conhecimento intensivo de mercado e de alta tecnologia (incluindo financeiros), que apresentam multiplicadores altos, acima de 1,6 em todos os grupos de países. Os setores de serviços apresentam multiplicadores relativamente mais altos dentre os países desenvolvidos, o que se deve, ao menos em parte, às interdependências entre esses setores e a manufatura de alta tecnologia, conforme demonstrado por Marconi et al. (2017).

Os índices de encadeamento para frente e para trás são complementares aos multiplicadores, ajudando a compreender o posicionamento dos setores dentro da cadeia produtiva e estimar a capacidade dos setores para pressionar por maior produção na cadeia que o antecede (para trás) ou a interconexão com as demandas finais de diferentes setores (para frente) (Hirschman, 1958). Dessa forma, índices de produtos mais próximos do consumidor final (mais *downstream*) têm maiores valores de encadeamento para trás, sendo esses valores mais altos quanto maior a quantidade dos insumos utilizados. Já os setores mais *upstream* terão um encadeamento para frente maior e com valores mais altos quanto maior a sua contribuição para a produção de bens e serviços em outros setores. Enquanto os encadeamentos para trás representam um estímulo à produção de outros setores, os encadeamentos para frente retratam o papel que os setores desempenham no fornecimento de insumos para os demais, podendo constituir, quando ofertados em montante insuficiente, uma restrição ao crescimento. A Tabela 5 mostra os índices calculados para os diferentes grupos de países e setores:

Tabela 5 – Encadeamentos para frente e para trás, por grupos de países

	Países em desenvolvimento de crescimento rápido		Países em desenvolvimento de crescimento lento		Países desenvolvidos	
	Encadeamentos para frente	Encadeamentos para trás	Encadeamentos para frente	Encadeamentos para trás	Encadeamentos para frente	Encadeamentos para trás
Manufatura baixa tecnologia	1.17	1.45	1.11	1.38	1.11	1.39
Manufatura média-baixa tecnologia	1.28	1.28	1.24	1.32	1.20	1.27
Manufatura alta e média alta tecnologia	1.11	1.32	1.00	1.25	1.02	1.24
Primário (Agricultura, silvicultura, produção animal e extração mineral)	1.29	1.18	1.32	1.23	1.09	1.23
Construção	1.84	1.45	1.52	1.37	1.77	1.40
Infraestrutura	1.52	1.29	1.34	1.23	1.39	1.28
Outros serviços de conhecimento intensivo (não mercado)	0.90	1.14	0.94	1.08	0.99	1.07
Serviços conhecimento intensivo (mercado e alta tecnologia)	1.06	1.21	1.15	1.27	1.21	1.28
Serviços de conhecimento pouco intensivo	1.45	1.17	1.51	1.17	1.46	1.16
Serviços financeiros	1.28	1.18	1.33	1.22	1.49	1.26

Fonte: elaborada pelos autores, com dados da WIOD (Timmer et al., 2015)

Os índices de encadeamento para frente e para trás – mais altos em praticamente todos os setores no grupo de países em desenvolvimento que no conjunto dos países de crescimento lento – indicam a capacidade dos primeiros em diversificar a base produtiva. Magacho, McCombie, e Guilhoto (2018) propõem que esse comportamento possa ser explicado, ao menos em parte, pela substituição de insumos domésticos por importados. No estudo, os autores contrastam o caso do Brasil, classificado como de crescimento lento, com o de Coréia do Sul e China, ambas de crescimento rápido, sendo que, no caso brasileiro, essa substituição foi ainda maior que o impacto do aumento das exportações do país, diferentemente do ocorrido nos outros dois países.

Os encadeamentos para trás são, em geral, mais elevados nos setores associados à manufatura e à construção, enquanto os encadeamentos para frente, que se constituem fundamentalmente em insumos para a produção, são maiores nos setores de serviços pouco intensivos em conhecimento, construção e infraestrutura.

Ademais, os multiplicadores e os encadeamentos observados no grupo de países com crescimento rápido indicam que a mudança estrutural ocorrida no período foi similar à proposta pela escola estruturalista. Esse grupo de países caminhou na direção de setores que realmente apresentam maiores interdependências estruturais e que são, portanto, mais capazes de impulsionar o processo cumulativo de desenvolvimento.

13.3 Uma síntese

Não existe um conjunto único de setores ou produtos que sirva de fórmula para o crescimento da renda, dado que os países têm capacidades produtivas bastante particulares (Hidalgo, Klinger, Barabási, & Hausmann, 2007), e tais capacidades e necessidades são dinâmicas e mudam conforme o país avança no processo de desenvolvimento, sendo impossível prever uma estrutura econômica que seja "ideal" para o futuro (Chang & Andreoni, 2019). Compreender os *trade-offs* resultantes do investimento e a prevalência de cada setor pode ajudar a definir caminhos para investigações mais aprofundadas e direcionar políticas macro setoriais, reduzindo as incertezas das escolhas.

Optamos por analisar de forma mais detalhada, na próxima seção, 10 setores que estudaremos individualmente e que foram escolhidos a partir da sua *performance* em relação a um conjunto de oito dimensões, buscando identificar setores mais capazes de impulsionar o desenvolvimento econômico e emitir um menor volume de CO_2 em relação ao valor adicionado que geram. Os setores foram elencados utilizando as seguintes dimensões:

1. Participação do setor no emprego total; 2. Crescimento da participação do setor no valor adicionado; 3. Salário médio relativo do setor (em % do salário médio agregado no país em análise); 4. Multiplicador de emprego; 5. Multiplicador de renda; 6. Toneladas de CO_2 emitidos para gerar U$ 1 milhão em produção; 7. Encadeamentos para frente; 8. Encadeamentos para trás. Utilizando um *ranking* simples, com pesos iguais para cada uma das dimensões, os setores que apresentaram melhores índices foram diferentes em cada grupo de países, conforme se observa na Tabela 6:

Tabela 6 – Dez setores mais bem ranqueados nas oito dimensões, por grupo de países

Países em desenvolvimento de crescimento rápido	Países em desenvolvimento de crescimento lento	Países desenvolvidos
Fab. automóveis e caminhões	Fab. alimentos, bebidas e produtos de tabaco	Telecom
Serviços financeiros (exceto seguros)	Comércio atacadista (exceto veículo e moto)	Seguro, resseguro, pensões privadas
Fab. equip. elétricos	Fornecimento eletricidade, gás, ar cond.	Ativ. imobiliárias
Impressão e reprodução de mídia	Construção	Fornecimento eletricidade, gás, ar cond.
Arquitetura e engenharia	Serviços financeiros (exceto seguros)	Ativ. de publicação
Programação de computador, consultoria e correlatas	Fab. coque e produtos petrolíferos	Fab. alimentos, bebidas e produtos de tabaco
Fab. informática, eletrônicos e ópticos	Fab. produtos de borracha e plástico	Ativ. auxiliar de serviços financeiro e seguros
Fab. máquinas e equipamentos	Fab. automóveis e caminhões	Armazenagem e apoio ao transporte
Fab. produtos de metal (exceto máquinas)	Arquitetura e engenharia	Serviços financeiros (exceto seguros)
Fab. produtos farmacêuticos	Armazenagem e apoio ao transporte	Publicidade e pesquisa de mercado

Fonte: elaborada pelos autores, com dados da WIOD (Timmer et al., 2015) e (Corsatea et al., 2019)

Os 10 setores com melhor *performance* no conjunto de dimensões variam entre os grupos de países. Nos países de crescimento rápido, são cinco setores da manufatura de alta e média alta tecnologia, um setor da manufatura de média baixa e quatro de serviços de conhecimento intensivo. Os países de crescimento lento têm apenas um setor manufatureiro de alta e média alta tecnologia, o que reflete a estrutura econômica do período estudado, com poucas interdependências e baixa incorporação tecnológica. Já nos países desenvolvidos, o número de setores de serviços é significativamente maior, incluindo setores que ajudam a agregar valor ao produto à manufatura, como é o caso de publicidade e pesquisa de mercado. A predominância dos setores de serviços entre os países desenvolvidos é compatível com os argumentos que defendem a ocorrência de um processo de desindustrialização natural, decorrente do crescimento da renda per capita, seguindo os preceitos da chamada lei de Engel (Rowthorn & Ramaswamy, 1999)

Sendo nosso objetivo compreender a mudança estrutural nos países de crescimento rápido, são os 10 setores com melhor *performance* desse grupo – e que, portanto, aparentam ter o mais alto potencial de estimular um processo sustentado de crescimento de renda – que analisaremos de maneira desagregada na seguinte seção, apresentando os resultados dos indicadores e o *trade-off* entre as dimensões escolhidas.

13.4. Proposta para uma política industrial de desenvolvimento

13.4.1 Trade-off setorial: setores da manufatura

Hirschman (1958) identifica dois desafios para a estratégia de *big-push* proposta por Rosenstein-Rodan. O primeiro é que o desenvolvimento não ocorre de maneira simultânea, mas, sim, com determinados setores crescendo primeiro e puxando outros por meio das complementariedades, sendo um processo sujeito a incertezas; o segundo desafio, por consequência, é com relação à dificuldade para definir uma composição completa e precisa da estrutura produtiva e coordenar os diversos atores que devem implementar a estratégia (Hirschman, 1958). Em outras palavras, além de crescer em velocidades distintas, os setores também apresentam interdependências estruturais diferentes e incapazes de serem previstas em sua totalidade.

Ao desenvolver algumas indústrias primeiro, os países acabam entrando em um caminho de desenvolvimento, sendo empurrados para determinadas trajetórias de desenvolvimento tecnológico (Andreoni, Chang & Scazzieri,

2019). Portanto, a escolha setorial feita pelos países – seja pelo mercado privado, seja com coordenação estatal – influencia diretamente na velocidade e qualidade do crescimento econômico. Existe, portanto, uma dificuldade inerente em formular um caminho de mudança estrutural, já que qualquer caminho requer escolhas não somente entre as opções atuais, como também dentre o conjunto de possíveis setores que se expandem com o crescimento.

Essa formulação exige pensar sobre o próprio horizonte de possibilidades que queremos criar com as decisões no presente – a necessidade de uma visão de futuro é o principal argumento em favor de uma coordenação estatal nessas escolhas, dada a posição única do Estado para criar e implementar essa visão (Chang & Andreoni, 2019). Ainda assim, pensar em um horizonte de possibilidades multidimensional requer que sejam ponderados fatores que caminham, muitas vezes, em direções contrárias, existindo algum tipo de *trade-off* em qualquer seleção setorial.

Esta seção busca apresentar oito dimensões destes *trade-offs* para cada um dos 10 setores que apareceram com maior frequência dentre os mais importantes nos países em desenvolvimento rápido. Os dados foram normalizados para uma escala de 0 a 5, assim dimensões de diferentes magnitudes podem ser comparadas diretamente. A dimensão de emissão de carbono, toneladas por milhão de CO_2 emitido, deve ser interpretada inversamente – neste caso, maiores números significam que o setor é comparativamente mais poluente. O Gráfico 1 apresenta os dois primeiros setores:

Gráfico 1 – Comparação entre as *performances* setoriais nas oito dimensões. Fab. Automóveis e de equip. elétrico

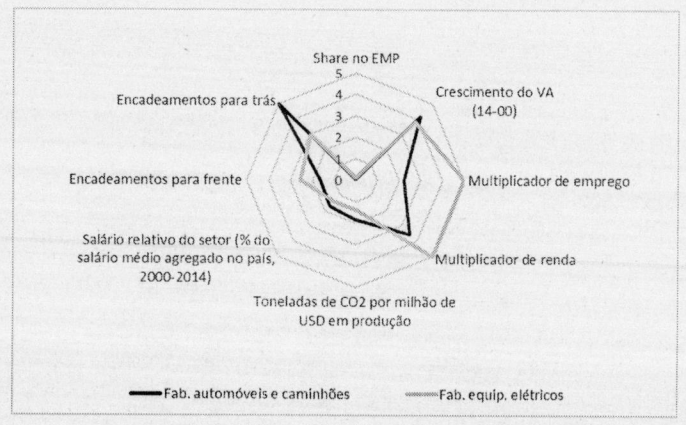

Fonte: elaborado pelos autores, com dados da WIOD (Timmer et al., 2015) e (Corsatea et al., 2019)

Os dois setores da manufatura com melhor classificação dentre as oito dimensões têm altos multiplicadores de renda e emprego, significativo crescimento do VA, além de encadeamentos para trás; porém, apresentam uma participação no emprego e um salário relativo, que não se situam dentre os maiores. São setores que poluem relativamente pouco, considerando apenas a sua respectiva cadeia produtiva – uma análise com maior granularidade poderia identificar o impacto e o potencial dos produtos desse setor em contribuir para uma economia mais sustentável. Os setores da manufatura incluídos no gráfico a seguir são os de informática, eletrônicos e ópticos, além fabricação de máquinas e equipamentos:

Gráfico 2 – Comparação entre as *performances* setoriais nas oito dimensões. Fab. informática, eletrônicos, ópticos e de máquinas e equipamentos

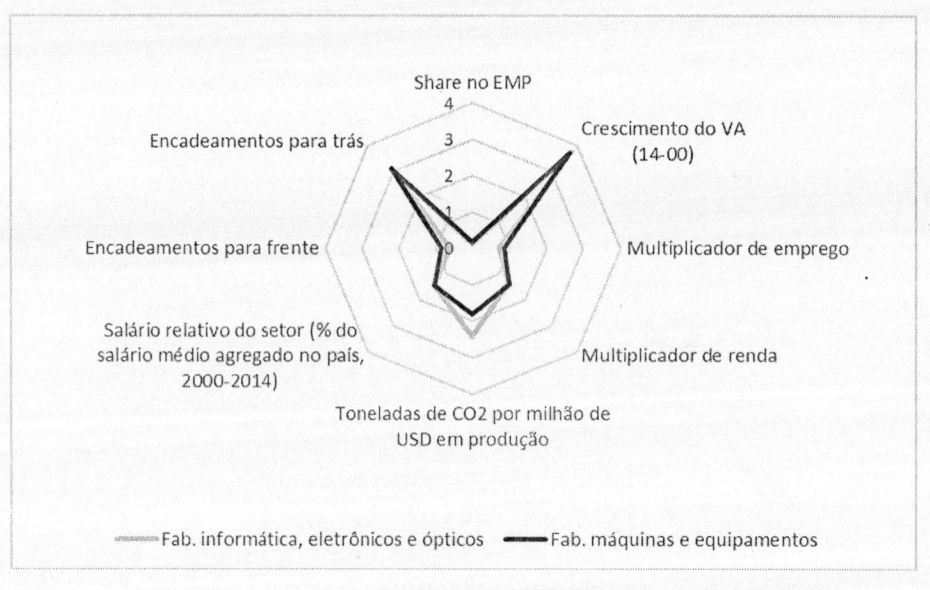

Fonte: elaborado pelos autores, com dados da WIOD (Timmer et al., 2015) e (Corsatea et al., 2019)

Ambos os setores têm alto encadeamento para trás, relativamente altas emissões de CO_2 e registram entre os mais altos crescimentos do VA. O crescimento do VA é um indicador relevante a ser considerado por países em desenvolvimento que buscam direcionar a mudança estrutural. Os últimos dois setores da manufatura dentre os 10 selecionados são a fabricação de produtos de metal e de produtos farmacêuticos:

Gráfico 3 – Comparação entre as *performances* setoriais nas oito dimensões. Fab. produtos de metal e farmacêuticos

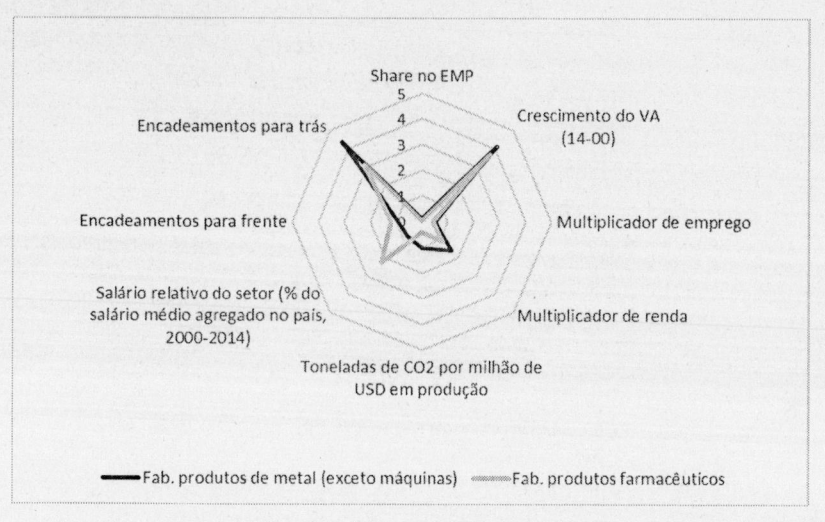

Fonte: elaborado pelos autores, com dados da WIOD (Timmer et al., 2015) e (Corsatea et al., 2019)

Ambos os setores têm encadeamentos para trás significativos, alto crescimento do VA, multiplicador de renda relativamente alto e baixas emissões. Contudo, empregam relativamente pouco, e dentre eles somente a indústria farmacêutica paga significativamente acima da média da economia. No período estudado, a proporção de trabalhadores nesses setores evoluiu em sentidos diferentes nos países de crescimento rápido e lento, aumentando no primeiro grupo e caindo no segundo.

Além dos seis setores da manufatura, outros quatro setores de serviços também estão entre os 10 selecionados e serão analisados a seguir.

13.4.2 Trade-off setorial: setores de serviços

Setores de serviços de conhecimento intensivo também figuram na lista de atividades com melhor *performance* nos países de crescimento acelerado. Eles apresentam intensa evolução do VA, altos encadeamentos para trás, salário médio relativamente alto e baixas emissões de CO_2. Porém, são setores que empregam parcelas relativamente pequenas da população e apresentam multiplicadores de renda e de emprego relativamente baixos, conforme mostram os gráficos:

Gráfico 4 – Comparação entre as *performances* setoriais nas oito dimensões. Serv. financeiros e de impressão e reprodução de mídia

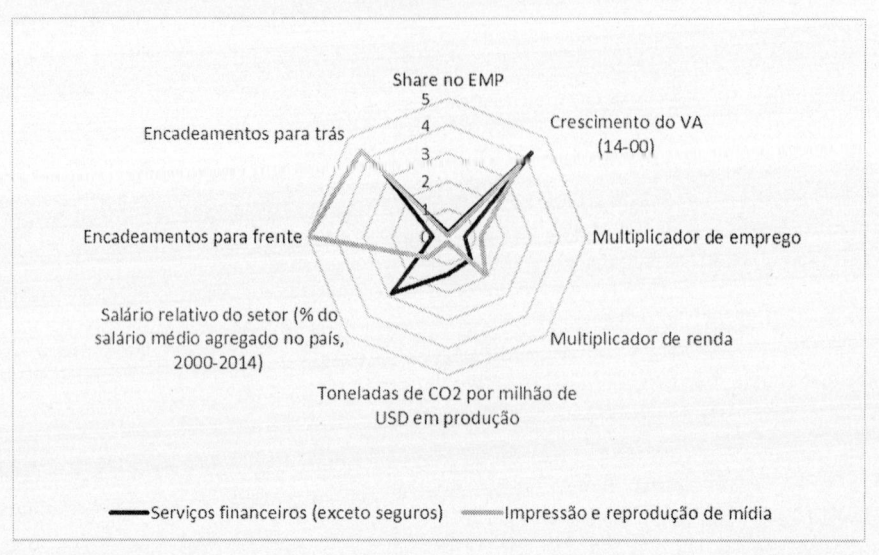

Fonte: elaborado pelos autores, com dados da WIOD (Timmer et al., 2015) e (Corsatea et al., 2019)

Gráfico 5 – Comparação entre as *performances* setoriais nas oito dimensões. Arquitetura e engenharia e programação de computadores, consultoria e correlatas

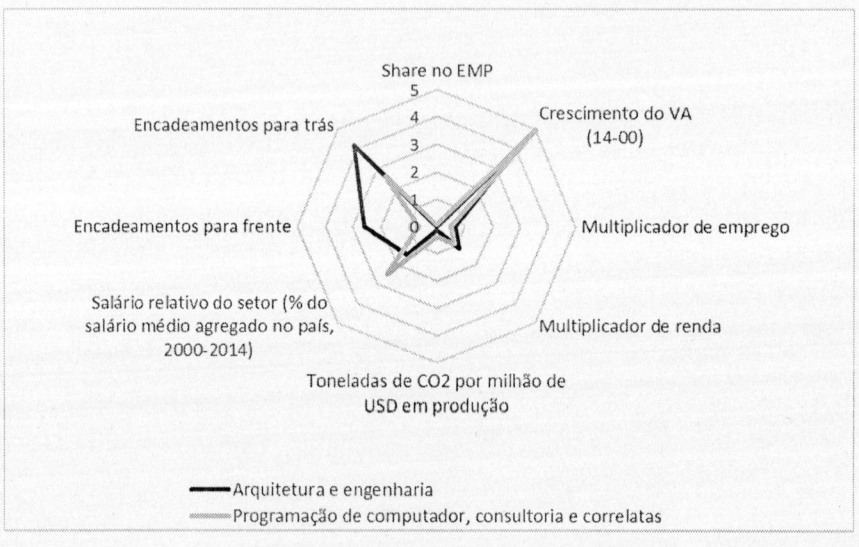

Fonte: elaborado pelos autores, com dados da WIOD (Timmer et al., 2015) e (Corsatea et al., 2019)

Estudos sobre o potencial dos serviços de conhecimento intensivo (doravante modernos), para impulsionar o crescimento da renda, apontam também para o papel que certos setores – como design, marketing, software/ programação, e logística – exercem para aumentar a competitividade do restante da economia, seja por meio da introdução de melhores processos e logística, seja por meio de diferenciação de produtos (Evangelista, Lucchese & Meliciani, 2013; McKinsey & Company, 2012; Lodefalk, 2010; Nordås & Kim, 2013). Esse impacto indireto dos serviços sobre o restante da economia, sobretudo dentre a manufatura de alta tecnologia, é um dos muitos aspectos que não está capturado pelas dimensões escolhidas para essa análise.

De toda forma, como a manufatura possui relevantes encadeamentos produtivos para trás, o aumento da produção fabril pode elevar a demanda por serviços modernos e, consequentemente, contribuir para a geração de mais empregos nestes setores, que pagam bons salários relativos, conforme pode ser observado acima.

Sintetizando os resultados, podemos observar que, para os indicadores e países escolhidos, a *performance* setorial é consideravelmente distinta. Todos os setores apresentaram crescimento satisfatório em sua participação no valor adicionado, bem como relevantes encadeamentos para trás (um pouco menores para serviços financeiros, programação de computadores e indústria farmacêutica); mas, em relação aos encadeamentos para frente, são poucos os que se destacam – como fabricação de equipamentos elétricos, impressão e reprodução de mídias e arquitetura e engenharia. A participação de cada setor no emprego, analisada individualmente, é baixa (porque a agricultura responde isoladamente por 33% do emprego nesse grupo de países e reduz a participação dos demais setores, ainda mais quando são analisados de forma fragmentada), enquanto os multiplicadores de renda e emprego são elevados apenas na fabricação de automóveis e equipamentos elétricos. Já os salários relativos são mais elevados em setores com multiplicadores menores – serviços financeiros, indústria farmacêutica e programação de computadores. Por fim, os setores com menores emissões de CO_2 por unidade de valor adicionado estão na área de serviços – impressão e reprodução de mídias, arquitetura e engenharia e programação de computadores, além da indústria farmacêutica – e apresentam multiplicadores reduzidos.

Os resultados mostram não ser possível escolher setores que atendam satisfatoriamente a todas as dimensões analisadas neste estudo e reforçam o argumento sobre a impossibilidade de definir uma composição completa e precisa da estrutura produtiva. A estratégia mais correta parece ser uma fragmentação, ou uma combinação, entre alguns setores que possuam multiplicadores de renda e emprego elevados, bem como encadeamentos produtivos relevantes – inclusive para frente, como a indústria eletrônica – e estimulem a produção em setores que sejam poupadores de CO_2 e geram ocupações que paguem bons salários. A formulação de um caminho de mudança estrutural requer escolhas que combinem diversas opções setoriais, sempre lembrando que as decisões serão tomadas em um ambiente tipicamente keynesiano, de incerteza que não pode ser totalmente eliminada.

13.5 Comentários finais

Evitar a adoção de políticas setoriais devido às incertezas e aos *trade--offs* inerentes a qualquer escolha não parece ser o caminho mais adequado para uma política efetiva de desenvolvimento econômico. Esse cenário requer que o setor público esteja atento às limitações de qualquer decisão sobre a política industrial e constantemente revise as escolhas, mas não implica que se abstenha de decidir, conforme argumentado por Chang e Andreoni (2019). Este artigo contribui para reduzir as incertezas desse processo decisório, discutindo-o em oito dimensões, todas conectadas com o potencial dos setores em impulsionar o crescimento da renda sem uma elevação na emissão de CO_2 por valor adicionado.

Nesse sentido, a discussão apresentada neste capítulo corrobora a argumentação a favor de um caminho de desenvolvimento que priorize setores com maior capacidade de impulsionar um contínuo aumento na renda, por meio da análise da mudança estrutural que ocorreu nos países de desenvolvimento de crescimento rápido. Observa-se que este grupo de países optou por um aumento da representatividade de setores com mais conhecimento agregado, com maiores multiplicadores e maior encadeamento, conforme proposto pela teoria estruturalista. Embora não seja uma receita aplicável a diferentes realidades, o artigo identifica 10 setores que tiveram uma *performance* melhor neste grupo de países, sendo investigados em pormenores com a finalidade de constituir estratégias para países em desenvolvimento – com mais dimensões e à luz de suas particularidades. São eles: os setores de fabricação de automóveis e caminhões, serviços financeiros (exceto seguros), fabricação de equipamentos elétricos, impressão e reprodução de mídia gravada, atividades de arquitetura e engenharia, programação de computador, consultoria e correlatas, fabricação de produtos de informática, eletrônicos e ópticos, fabricação de máquinas e equipamentos, fabricação de produtos de metal (exceto máquinas) e fabricação de produtos farmacêuticos básicos e preparações farmacêuticas.

Se, por um lado, observamos que esses setores pareceram contribuir para o crescimento mais acelerado deste grupo de países, por outro, também é importante ressaltar, de forma complementar à discussão que realizamos ao longo do texto, que existe um número significativo de fatores colaboradores para o sucesso destas políticas. É o caso, por exemplo, de políticas macroeconômicas que podem interferir positivamente ou condenar ao fracasso, inclusive, políticas setoriais bem executadas. Diversos autores que estudam o cenário de economias de renda média, que estão estagnadas ou em processo de desindustrialização prematura, têm apontado para o impacto que decisões macroeconômicas, sobretudo a sobreapreciação do câmbio, tem exercido sobre a capacidade dos países em acelerar o crescimento da renda (Bresser-Pereira, 2010; Oreiro & Feijó, 2010; Marconi & Rocha, 2012; Ocampo & Porcile, 2020).

Portanto, uma combinação entre políticas macroeconômicas adequadas e políticas industriais que possam ser avaliadas e revisadas ao longo do tempo (incluindo a definição de metas e a cobrança de resultados), considerando a experiência de países que obtiveram crescimento rápido no passado recente, bem como as peculiaridades do acesso e abundância de recursos naturais e humanos em cada país (como a disponibilidade de fontes alternativas de energia) e as características de suas instituições (de modo a reduzir o grau de incerteza no processo decisório), parece-nos uma estratégia que pode render bons frutos aos países em desenvolvimento que necessitam realizar seu processo de *catch-up*.

Referências

Amsden, A. H. (1992). *Asia's Next Giant: South Korea and Late Industrialization*. New York: Oxford University Press. https://www.oxfordscholarship.com/view/10.10 93/0195076036.001.0001/acprof-9780195076035

Andreoni, A., & Chang, H. J. (2019). The political economy of industrial policy: Structural interdependencies, policy alignment and conflict management. *Structural change and economic dynamics*, 48, 136-150.

Arnell, N. W., Brown, S., Gosling, S. N., Gottschalk, P., Hinkel, J., Huntingford, C., & Zelazowski, P. (2016). The impacts of climate change across the globe: a multi-sectoral assessment. *Climatic Change*, 134, 457-474.

Baldwin, R. E., & Evenett, S. J. (2015). Value creation and trade in 21st century manufacturing. *Journal of Regional Science*, 55(1), 31-50.

Berger, S. (2013). *Making in America: From innovation to market*. London: Mit Press.

Boggio, L., & Barbieri, L. (2017). International competitiveness in post-Keynesian growth theory: controversies and empirical evidence. *Cambridge Journal of Economics*, 41(1), 25-47.

Bresser-Pereira, L. C. (2010). Taxa de câmbio, doença holandesa, e industrialização. *Cadernos FGV Projetos*, 5(14), 68-73.

Bresser-Pereira, L. C., & Rugitsky, F. (2018). Industrial policy and exchange rate scepticism. *Cambridge Journal of Economics*, 42(3), 617-632. doi: 10.1093/cje/bex004.

Bresser-Pereira, L. C., Araújo, E. C., & Peres, S. C. (2020). An alternative to the middle-income trap. *Structural Change and Economic Dynamics*, 52, 294-312.

Bresser-Pereira, L., Oreiro, J. L., & Marconi, N. (2015). *Developmental Macroeconomics: new delopmentalism as a growth strategy*. Londres: Routledge.

Bresser-Pereira, L., Oreiro, J. L., & Marconi, N. (2017). *Macroeconomia desenvolvimentista: teoria e política econômica do novo desenvolvimentismo*. Rio de Janeiro: Elsevier.

Chang, H. J. (2002). *Kicking away the ladder*: An unofficial history of capitalism, especially in Britain and the United States. Challenge, 45(5), 63-97.

Chang, H. J., & Andreoni, A. (2020). *Industrial policy in the 21st century*. Development and Change, 51(2), 324-351.

Chayanov, A. V. (1966). On the theory of non-capitalist economic systems. In D. Thorner, B. H. Kerblay, & S. R. E. F. (Eds.), *The theory of peasant economy* (Vol. 2, pp. 1–28). essay, Published for the American Economic Association by R.D.

Chenery, H. B. (1960). Patterns of Industriai Growth. *American Economie Review*, 50(4), 624-65.

Chenery, H. B., Robinson, S., Syrquin, M., & Feder, S. (1986). *Industrialization and growth*. New York: Oxford University Press.

Corsatea T. D., Lindner S., Arto, I., Román, M. V., Rueda-Cantuche J. M., Velázquez Afonso A., Amores A. F., & Neuwahl F. (2019). World Input-Output Database Environmental Accounts. Update 2000-2016. Luxembourg: Publications Office of the European Union. doi:10.2791/947252, JRC116234

Davis, G. A. (1995). Learning to love the Dutch disease: Evidence from the mineral economies. *World Development*, 23(10), 1765–1779. doi: https://doi.org/10.1016/0305-750X(95)00071-J

Evangelista, R., Lucchese, M., & Meliciani, V. (2013). Business services, innovation and sectoral growth. *Structural change and economic dynamics*, 25, 119-132.

Furtado, C. (1961). *Desenvolvimento e Subdesenvolvimento*. Rio de Janeiro, RJ: Fundo de Cultura, 1965.

Gerschenkron, A. (1962). *Economic Backwardness in Historical Perspective*. Cambridge: Harvard University Press.

Gouvea, R. R., & Lima, G. T. (2010). Structural change, balance-of-payments constraint, and economic growth: evidence from the multisectoral Thirlwall's law. *Journal of Post Keynesian Economics*, 33(1), 169-204.

Guilhoto, J. J. M. (2009). *Análise de Insumo-Produto: teorias e fundamentos*. São Paulo: Departamento de Economia (FEA), Universidade de São Paulo.

Hausmann, R., & Hidalgo, C. A. (2011). The network structure of economic output. *Journal of economic growth*, 16, 309-342.

Hidalgo, C. A., & Hausmann, R. (2009). *The building blocks of economic complexity. Proceedings of the national academy of sciences*, 106(26), 10570-10575.

Hidalgo, C. A., Klinger, B., Barabási, A. L., & Hausmann, R. (2007). The product space conditions the development of nations. *Science*, 317(5837), 482-487.

Hirschman, A. O. (1958). *The Strategy of Economic development*. New Haven, Conn: Yale University Press.

Johnson, C. (1982). *MITI and the Japanese miracle: the growth of industrial policy*, 1925-1975. Stanford: Stanford University Press.

Kaldor, N. (1966). Marginal productivity and the macro-economic theories of distribution: comment on Samuelson and Modigliani. *The Review of Economic Studies*, 33(4), 309-319.

Kaldor, N. (1978). The effect of devaluation on trade in manufacturers. *Future Essays in Applied Economics*, 1(1). 99-116.

Lee, K. (2018). *The Art of Economic Catch-Up: Barriers, Detours, and Leapfrogging*. 1. ed. Cambridge: Cambridge University Press.

Leontief, W. W. (1936). Quantitative input and output relations in the economic systems of the United States. *The review of economic statistics*, 18(1). 105-125.

Lewis, W.A. (1954). Economic development with unlimited supplies of labour. In A. N. Agarwala, A. N., & Singh, S. P. (Eds.), *The economics of underdevelopment*. (pp.1-512). Oxford: Oxford University Press.

Lipton, M. (1973). Urban bias and rural planning: strategy for agriculture. in P. Strcetcn. & M. Lipton (eds). *The crisis of Indian planning. Baltimore*, Penguin books, p. 235-253.

List, F. (1885). The National System of Political Economy. London: Longmans, Green, and Company. http://files/567/List - 1885 - *The National System of Political Economy*.pdf

Lodefalk, M. (2010). Servicification of manufacturing-evidence from Swedish firm and enterprise group level data (No. 3/2010). *Working Paper*.

Magacho, G. R., McCombie, J. S., & Guilhoto, J. J. (2018). Impacts of trade liberalization on countries' sectoral structure of production and trade: A structural decomposition analysis. *Structural Change and Economic Dynamics,* 46, 70-77.

Magacho, G., Espagne, E., Godin, A., Mantes, A., & Yilmaz, D. (2023). Macroeconomic exposure of developing economies to low-carbon transition. *World Development*, 167, pp. 1-19.

Marconi, N., & Rocha, M. (2012). Taxa de câmbio, comércio exterior e desindustrialização precoce: o caso brasileiro. *Economia e sociedade*, 21, 853-888.

Marconi, N., Magacho, G. R., & de Souza, G. G. M. (2017). Complementarity between manufacturing and intra-and inter-firm modern services. Hans Böckler Stiftung. *Berlin. FMM Conference.* https://www.imk-boeckler.de/de/dokumentationen-15388-the-crisis-of-globalisation-16289.htm.

Mazzucato, M. (2011). From Crisis Ideology to the Division of Innovative Labour. In Mazzucato, M. (org.), *The Entrepreneurial State: Debunking Public vs. Private Sector Myths.* London: Demos, p. 15-86.

McCombie, J., Pugno, M., & Soro, B. (Eds.). (2002). *Productivity growth and economic performance: essays on Verdoorn's law.* New York: Springer.

McKinsey & Company (2012). *Manufacturing the future: the next era of global growth and innovation.* New York: McKinsey Global Institute.

Mealy, P., & Teytelboym, A. (2022). Economic complexity and the green economy. *Research Policy*, 51(8), 103948.

Mikesell, R. F. (1997). Explaining the resource curse, with special reference to mineral-exporting countries. *Resources Policy*, 23(4), 191-199. https://econpapers. repec.org/article/eeejrpoli/v_3a23_3ay_3a1997_3ai_3a4_3ap_3a191-199.htm

Miller, R. E., & Blair, P. D. (2009). *Input-output analysis: foundations and extensions*. Cambridge: Cambridge University Press.

Myrdal, G. (1957). *Economic Theory and Underdeveloped Regions*. New York: Harper and Row.

Nações Unidas (2009). UNSD – registry detail. https://unstats.un.org/unsd/ classifications/Econ/Registry/Detail/3463#tbl1

Nassif, A., Bresser-Pereira, L. C., & Feijó, C. (2018). The case for reindustrialisation in developing countries: towards the connection between the macroeconomic regime and the industrial policy in Brazil. *Cambridge Journal of Economics*, 42(2), 355-381. doi: 10.1093/cje/bex028.

Nordås, H. K., & Kim, Y. (2013). Interaction between goods and services trade: case studies. Paris: *OCDE, Working*.

Nurkse, R. (1953). *Problems of Capital Formation in Underdeveloped Countries*. Oxford: Oxford University Press.

Ocampo, J. A., & Porcile, G. (2020). Latin American industrial policies: A comparative perspective. Oqubay. Oxford University Press

Oreiro, J. L., & Feijó, C. A. (2010). Desindustrialização: conceituação, causas, efeitos e o caso brasileiro. *Brazilian Journal of Political Economy*, 30, 219-232.

Palma, J. G. (2005). Cuatro fuentes de desindustrialización y un nuevo concepto del síndrome holandés. In *Más allá de las reformas: dinámica estructural y vulnerabilidad macroeconómica*. (pp. 79-129). Bogotá: Alfaomega/CEPAL.

Pereira, W. M., Missio, F. J., & Jayme Jr, F. G. (2020). *O papel dos serviços no desenvolvimento econômico e a relação centro-periferia*. Belo Horizonte: Cedeplar, Universidade Federal de Minas Gerais.

Porto, T. C., Lee, K. & Mani, S. (2021). The US–Ireland–India in the catch-up cycles in IT services: MNCs, indigenous capabilities and the roles of macroeconomic variables. Eurasian Business Review, 11(1), 59-82. doi: 10.1007/s40821-020-00177-3

Prebisch, R. (1950*). The Economic Development of Latin America and its Principal Problems*. New York: United Nations.

Rodrik, D. (2013). Unconditional convergence in manufacturing. *The quarterly journal of economics*, 128(1), 165-204.

Rodrik, D. (2014). Green industrial policy. Oxford review of economic policy, 30(3), 469-491

Rosenstein-Rodan, P. (1943). Problems of Industrialisation of Eastern and Sou-th-Eastern Europe. *Economic Journal*, 53(210-211), 202-211

Rowthorn, R., & Ramaswamy, R. (1999). Growth, trade, and deindustrialization. *IMF Staff papers*, 46(1), 18-41.

Schultz, T. W. (1964). Transforming Traditional Agriculture number 3'. *Studies in Comparative Economics*. New Haven, CT: Yale University Press.

Semieniuk, G., Campiglio, E., Mercure, J. F., Volz, U., & Edwards, N. R. (2021). Low-carbon transition risks for finance. Wiley Interdisciplinary Reviews: *Climate Change*, 12(1), e678.

Singer, H. W. (1950). *The distribution of gains between investing and borrowing countries. In Milestones and Turning Points in Development Thinking*. (pp. 265-277). London: Palgrave Macmillan UK.

The World Bank (2022). World Bank Country and Lending Groups. https://datahelpdesk.worldbank.org/knowledgebase/articles/906519-world-bank-country-and-lending-groups

Timmer, M. P., Dietzenbacher, E., Los, B., Stehrer, R. & de Vries, G. J. (2015*). An Illustrated User Guide to the World Input–Output Database*: the Case of Global Auto-motive Production. Review of International Economics, 23, 575-605.

Wade, R. (1990). *Governing the Market Economic Theory and the Role of Government in East Asian Industrialization*. 2003. ed. Princeton: Princeton University Press.

Wade, R. (2015). The role of industrial policy in developing countries. *Rethinking development strategies after the financial crisis*, 1, 67-78.

Weber, I. M. (2021). *How China escaped shock therapy:* The market reform debate. London: Routledge.

World Bank (2023). World Development Indicators. https://databank.worldbank.org/source/world-development-indicators

Anexo I

Classificação de setores por conteúdo de P&D incorporado:

Setores na base de dados WIOD (ISIC Rev. 4)	Classificação utilizada: (com base na classificação proposta pela UN STAT)
Accommodation and food service activities	Serviços de conhecimento pouco intensivo
Activities auxiliary to financial services and insurance activities	Serviços financeiros
Activities of extraterritorial organizations and bodies	Serviços de conhecimento pouco intensivo
Activities of households as employers; undifferentiated goods- and services-producing activities of households for own use	Serviços de conhecimento pouco intensivo
Administrative and support service activities	Serviços de conhecimento pouco intensivo
Advertising and market research	Serviços conhecimento intensivo (mercado e alta tecnologia)
Air transport	Serviços conhecimento intensivo (mercado e alta tecnologia)
Architectural and engineering activities; technical testing and analysis	Serviços conhecimento intensivo (mercado e alta tecnologia)
Computer programming, consultancy and related activities; information service activities	Serviços conhecimento intensivo (mercado e alta tecnologia)
Construction	Construção
Crop and animal production, hunting and related service activities	Primário (Agricultura, silvicultura, produção animal e extração mineral)
Education	Outros serviços de conhecimento intensivo (não mercado)
Electricity, gas, steam and air conditioning supply	Infraestrutura
Financial service activities, except insurance and pension funding	Serviços financeiros

Setores na base de dados WIOD (ISIC Rev. 4)	Classificação utilizada: (com base na classificação proposta pela UN STAT)
Fishing and aquaculture	Primário (Agricultura, silvicultura, produção animal e extração mineral)
Forestry and logging	Primário (Agricultura, silvicultura, produção animal e extração mineral)
Human health and social work activities	Outros serviços de conhecimento intensivo (não mercado)
Insurance, reinsurance and pension funding, except compulsory social security	Serviços financeiros
Land transport and transport via pipelines	Serviços de conhecimento pouco intensivo
Legal and accounting activities; activities of head offices; management consultancy activities	Serviços conhecimento intensivo (mercado e alta tecnologia)
Manufacture of basic metals	Manufatura média-baixa tecnologia
Manufacture of basic pharmaceutical products and pharmaceutical preparations	Manufatura alta e média alta tecnologia
Manufacture of chemicals and chemical products	Manufatura alta e média alta tecnologia
Manufacture of coke and refined petroleum products	Manufatura média-baixa tecnologia
Manufacture of computer, electronic and optical products	Manufatura alta e média alta tecnologia
Manufacture of electrical equipment	Manufatura alta e média alta tecnologia
Manufacture of fabricated metal products, except machinery and equipment	Manufatura média-baixa tecnologia
Manufacture of food products, beverages and tobacco products	Manufatura baixa tecnologia
Manufacture of furniture; other manufacturing	Manufatura baixa tecnologia
Manufacture of machinery and equipment n.e.c.	Manufatura alta e média alta tecnologia

Setores na base de dados WIOD (ISIC Rev. 4)	Classificação utilizada: (com base na classificação proposta pela UN STAT)
Manufacture of motor vehicles, trailers and semi-trailers	Manufatura alta e média alta tecnologia
Manufacture of other non-metallic mineral products	Manufatura média-baixa tecnologia
Manufacture of other transport equipment	Manufatura alta e média alta tecnologia
Manufacture of paper and paper products	Manufatura baixa tecnologia
Manufacture of rubber and plastic products	Manufatura média-baixa tecnologia
Manufacture of textiles, wearing apparel and leather products	Manufatura baixa tecnologia
Manufacture of wood and of products of wood and cork, except furniture; manufacture of articles of straw and plaiting materials	Manufatura baixa tecnologia
Mining and quarrying	Primário (Agricultura, silvicultura, produção animal e extração mineral)
Motion picture, video and television programme production, sound recording and music publishing activities; programming and broadcasting activities	Serviços conhecimento intensivo (mercado e alta tecnologia)
Other professional, scientific and technical activities; veterinary activities	Serviços conhecimento intensivo (mercado e alta tecnologia)
Other service activities	Serviços de conhecimento pouco intensivo
Postal and courier activities	Serviços de conhecimento pouco intensivo
Printing and reproduction of recorded media	Manufatura média-baixa tecnologia
Public administration and defence; compulsory social security	Outros serviços de conhecimento intensivo (não mercado)
Publishing activities	Serviços conhecimento intensivo (mercado e alta tecnologia)
Real estate activities	Serviços de conhecimento pouco intensivo

Setores na base de dados WIOD (ISIC Rev. 4)	Classificação utilizada: (com base na classificação proposta pela UN STAT)
Repair and installation of machinery and equipment	Manufatura média-baixa tecnologia
Retail trade, except of motor vehicles and motorcycles	Serviços de conhecimento pouco intensivo
Scientific research and development	Serviços conhecimento intensivo (mercado e alta tecnologia)
Sewerage; waste collection, treatment and disposal activities; materials recovery; remediation activities and other waste management services	Infraestrutura
Telecommunications	Serviços conhecimento intensivo (mercado e alta tecnologia)
Warehousing and support activities for transportation	Serviços de conhecimento pouco intensivo
Water collection, treatment and supply	Infraestrutura
Water transport	Serviços conhecimento intensivo (mercado e alta tecnologia)
Wholesale and retail trade and repair of motor vehicles and motorcycles	Serviços de conhecimento pouco intensivo
Wholesale trade, except of motor vehicles and motorcycles	Serviços de conhecimento pouco intensivo

Fonte: elaborado pelos autores, com base na classificação proposta pelo departamento de estatística das Nações Unidas, disponível em: https://unstats.un.org/unsd/classifications/Econ/Registry/Detail/3463#tbl3

Anexo II

Classificação de países:

País:	Classificação por grupo de crescimento:
Australia	Desenvolvidos
Áustria	Desenvolvidos
Bélgica	Desenvolvidos
Canada	Desenvolvidos
Suíça	Desenvolvidos
Chipre	Desenvolvidos
Alemanha	Desenvolvidos
Dinamarca	Desenvolvidos
Espanha	Desenvolvidos
Finlândia	Desenvolvidos
França	Desenvolvidos
Reino Unido	Desenvolvidos
Grécia	Desenvolvidos
Irlanda	Desenvolvidos
Itália	Desenvolvidos
Japão	Desenvolvidos
Luxemburgo	Desenvolvidos
Malta	Desenvolvidos
Países Baixos	Desenvolvidos
Noruega	Desenvolvidos
Portugal	Desenvolvidos
Eslovénia	Desenvolvidos
Suécia	Desenvolvidos
Taiwan	Desenvolvidos

País:	Classificação por grupo de crescimento:
EUA	Desenvolvidos
Bulgária	Em desenvolvimento de crescimento **rápido**
China	Em desenvolvimento de crescimento **rápido**
Estônia	Em desenvolvimento de crescimento **rápido**
Indonésia	Em desenvolvimento de crescimento **rápido**
Índia	Em desenvolvimento de crescimento **rápido**
Coréia do Sul	Em desenvolvimento de crescimento **rápido**
Lituânia	Em desenvolvimento de crescimento **rápido**
Letônia	Em desenvolvimento de crescimento **rápido**
Polônia	Em desenvolvimento de crescimento **rápido**
Romênia	Em desenvolvimento de crescimento **rápido**
Rússia	Em desenvolvimento de crescimento **rápido**
Eslováquia	Em desenvolvimento de crescimento **rápido**
Turquia	Em desenvolvimento de crescimento **rápido**
Brasil	Em desenvolvimento de crescimento **lento**
Rep. Tcheca	Em desenvolvimento de crescimento **lento**
Croácia	Em desenvolvimento de crescimento **lento**
Hungria	Em desenvolvimento de crescimento **lento**
México	Em desenvolvimento de crescimento **lento**

Anexo III

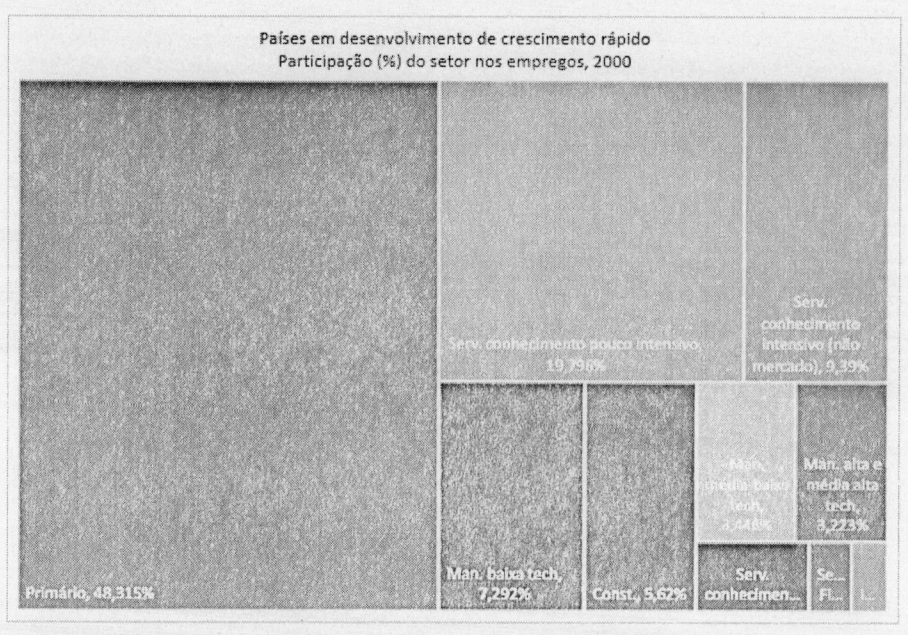

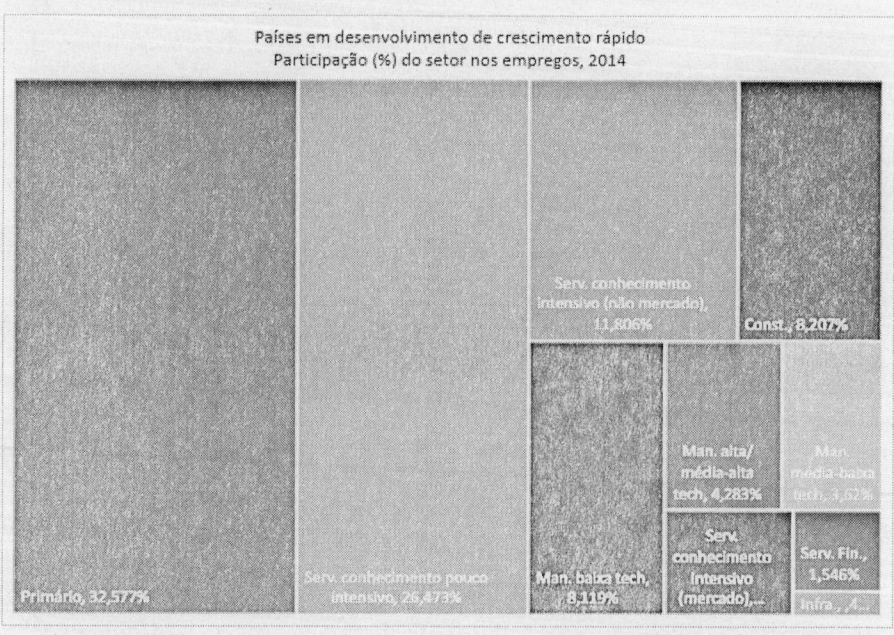

Composição setorial no emprego, por grupo de países, 2000 e 2014:

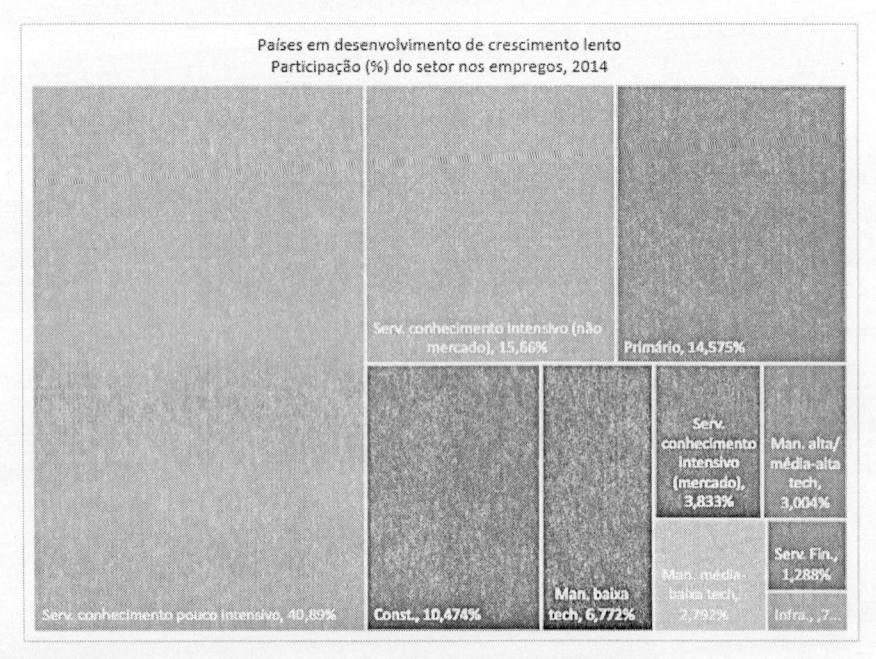

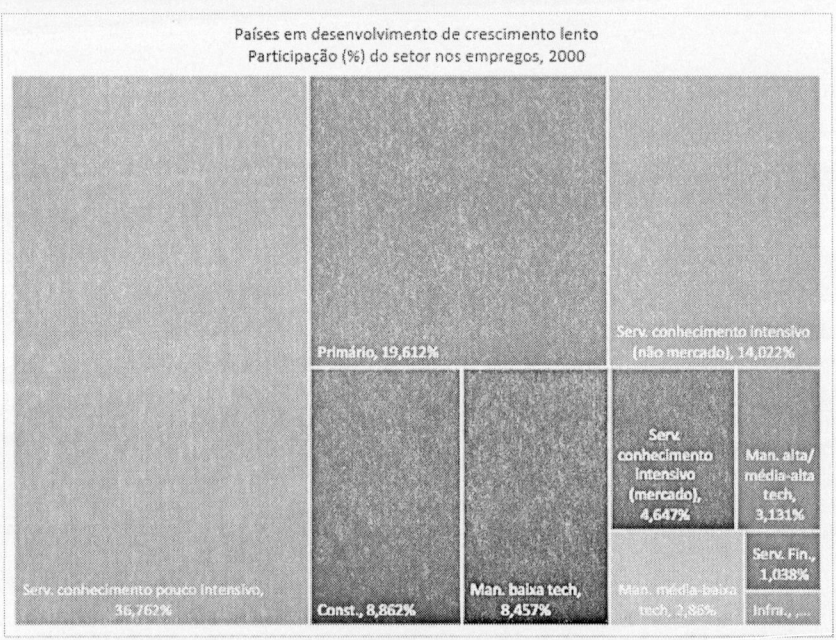

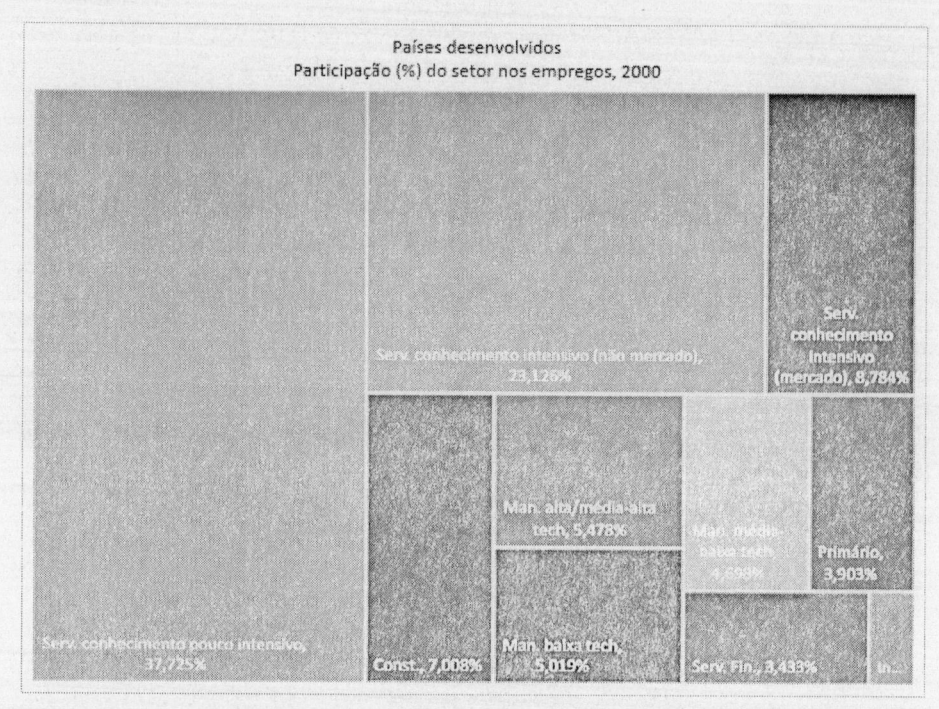

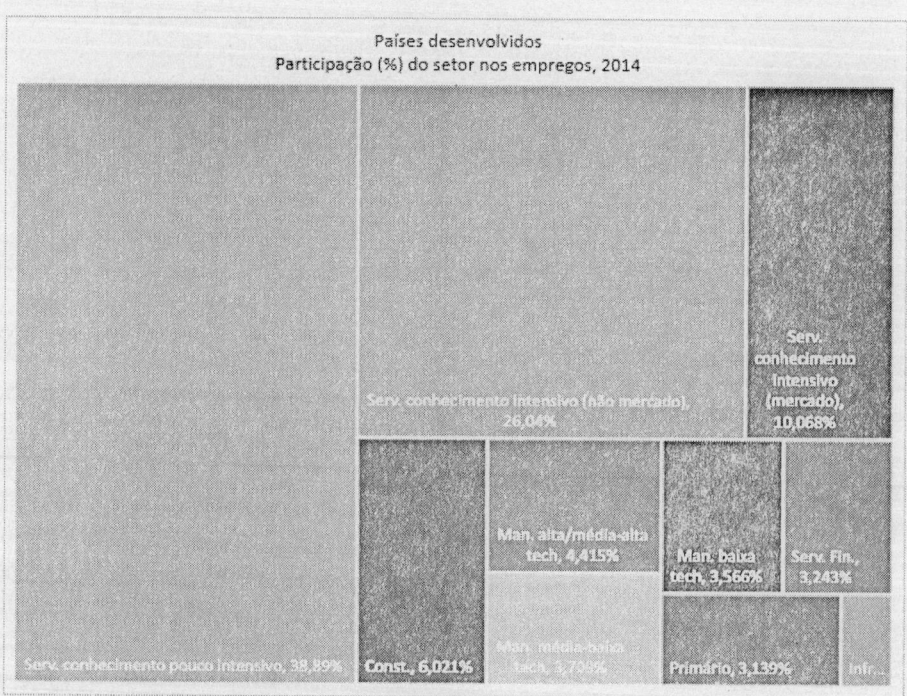

Anexo IV

Wassily Leontief, que desenvolveu a base analítica de insumo-produto, definiu a análise como "o estudo empírico da interdependência de quantidade entre atividades econômicas interrelacionadas" (Leontief, 1966, apud Guilhoto, 2009). O núcleo duro da análise é composto por matrizes insumo-produto que computam as transações entre os setores econômicos interdependentes, conectando as diversas transações intermediárias ao consumo final. O comércio entre os setores é computado na "matriz intermediária", que inclui todas as transações monetárias entre os setores econômicos.

Para analisar a totalidade de uma economia, são necessárias outras matrizes, que representam os agentes econômicos que compõem a demanda final de uma economia, ou seja, o conjunto de agentes que consome a totalidade dos produtos resultantes das transações intermediárias. São quatro esses agentes: famílias, governo (mediante impostos e subsídios), investimento e importações/exportações. Os agentes são divididos em matrizes de "demanda final" e de "valor adicionado". A conta satélite de emissões de CO_2 ajuda a compreender os impactos ambientais diretos e indiretos da demanda de cada setor. As matrizes utilizadas para este artigo são:

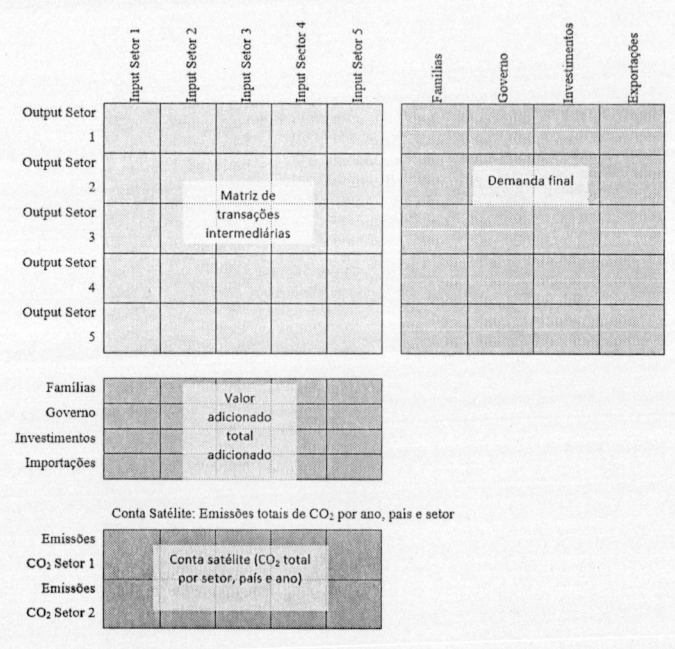

Fonte: elaborado pelos autores, com base em Guilhoto (2009)

O modelo básico de insumo-produto, desenvolvido por Leontief (1936, apud Miller & Blair, 2009), é central para o cálculo dos multiplicadores e encadeamentos, que utiliza essa mesma base teórica para compreender as complementariedades intersetoriais. A notação básica do modelo é:

$$x = Ly \tag{1}$$

em que x é a produção total da economia, com elementos x_i, onde i representa os N setores econômicos do país sendo analisado. (L) é a chamada matriz inversa de Leontief, composta por multiplicadores econômicos l_{ij}, representando a quantidade de produtos necessários do setor i, para cada unidade de demanda final do setor j, e y é a demanda final (Miller & Blair, 2009). A matriz inversa permite compreender como variações na demanda (ou outras variáveis incluídas na análise, como impostos) propagam-se através das cadeias produtivas. A partir de modificações algébricas na notação básica, é possível construir diferentes indicadores, como o cálculo de multiplicadores, que ajudam a compreender os impactos no setor i resultantes de um aumento na demanda do setor j.

Em outras palavras, os multiplicadores são uma maneira de estimar os desdobramentos por toda a economia de um aumento na demanda de determinado setor. O multiplicador simples[121] de produção do setor j é dado por (Miller & Blair, 2009):

$$m(o)_j = \sum_{i=1}^{n} l_{ij} \tag{2}$$

Para calcular os multiplicadores de renda e emprego, utiliza-se também a matriz inversa de Leontief, realizando uma pré-multiplicação desta pela matriz de coeficiente de empregos $(\tilde{C}^e)$ – sendo o coeficiente de emprego (c_j^e) o número de trabalhadores empregados no setor j para produzir o produto deste setor j (Miller & Blair, 2009). Essa pré-multiplicação forma a matriz E, conhecida como matriz geradora de empregos, sendo:

---

[121] Nesse caso, o consumo das famílias é exógeno ao modelo, são considerados apenas os efeitos multiplicadores relacionados à demanda intermediária. Endogeneizar o consumo das famílias, considerando efeitos indiretos do consumo, por exemplo, aumentaria o valor do multiplicador.

$$E = \hat{C}^e \, L \tag{3}$$

A matriz E contém a estrutura setorial da geração de emprego, com elementos e_{ij} que, somados, representam o multiplicador de emprego dado um aumento de uma unidade na demanda final – em outras palavras, esta soma apresenta o impacto total (direto + indireto) na economia, dada uma variação da demanda em cada setor, como:

$$m(e)_j = \sum_{i=1}^{n} e_{ij} \tag{4}$$

O cálculo dos multiplicadores de renda é realizado da mesma maneira, mas com a pré-multiplicação da matriz inversa de Leontief por uma matriz de coeficientes de renda ($\hat{C}^r$), que corresponde à razão entre remuneração do trabalho (renda) no setor j e o produto deste mesmo setor, formando a matriz R, chamada de matriz geradora de renda, sendo (Miller & Blair, 2009):

$$R = \hat{C}^r \, L \tag{5}$$

O multiplicador de renda é obtido da mesma maneira que os outros, utilizando os elementos da matriz R para compreender o impacto total na remuneração do trabalho, dada a variação de uma unidade na demanda final. O multiplicador de renda é dado por:

$$m(e)_j = \sum_{i=1}^{n} e_{ij} \tag{6}$$

A matriz de Leontief também serve de base para o cálculo de encadeamentos produtivos para trás. Os chamados encadeamentos para trás ("BL") medem a interconexão entre as demandas do setor j (como comprador) com os setores que produzem insumos para esse mesmo setor (que estão *upstream*, isto é, acima na cadeia produtiva). Uma das formas de calcular os encadeamentos é por meio dos chamados índices de Hirschman-Rasmussen, baseados nos trabalhos seminais dos autores, publicados em 1958 e 1956, respectivamente. O cálculo de Hirschman-Rasmussen para trás é dado por:

$$BL_j = (L_{*j}/n)/L^*$$
(7)

em que, L_{*j} é a somatória de colunas da matriz L, e L^* é a média de todos os elementos de L. O índice de encadeamento para frente (FL) é baseado no modelo insumo-produto proposto por Ghosh, que relaciona a produção total de um setor aos insumos que *entram* no sistema – sendo também conhecida como análise insumo-produto pelo lado da oferta, uma ótica diferente da de Leontief que relaciona a produção de um setor aos produtos que *saem* do sistema intersetorial (feita, portanto, sob a ótica da demanda) (Miller & Blair, 2009). A matriz inversa de Ghosh é dada por:

$$G = (I - B)^{-1}$$
(8)

Sendo B uma matriz de coeficientes de produção-direta, com elementos b_{ij} representando a distribuição dos insumos do setor i entre os setores j (que compram os insumos de i). A matriz G é composta por elementos g_{ij}, interpretados como a produção total que ocorre no setor j por unidade de insumo do setor i. O índice Hirschman-Rasmussen para frente ("FL") é calculado de maneira similar ao BL, como:

$$FL_i = (G_{*i}/n)/G^*$$
(9)

em que G_{*i} é a soma das linhas da matriz G, e G^* é a média de todos os elementos de G.

Capítulo 14

ECONOMIA VERDE E CIRCULAR: TENDÊNCIAS GLOBAIS E OPORTUNIDADES PARA O BRASIL

Lourenço Galvão Diniz Faria
Paulo César Morceiro

14.1 Introdução

Está em curso na economia mundial um movimento em direção à economia verde e sustentabilidade ambiental nos negócios e na indústria. A pandemia de Covid-19 expôs a fragilidade da economia global e a necessidade de várias políticas públicas coordenadas para reativar a atividade econômica. Entre essas medidas, investimentos "verdes" se destacam como uma janela de oportunidade. Vários países estão implementando políticas de investimento "verdes" em diversas áreas como infraestrutura e matriz energética, transporte e novas tecnologias de baixo impacto ambiental na indústria e serviços, além da descarbonização do setor de energia.

No Brasil, a transição verde pode ser um norte para a política industrial e gerar demanda via consumo e investimento, pois um de seus objetivos é a substituição contínua de bens de consumo, máquinas, equipamentos e infraestrutura existentes por alternativas mais eficientes e sustentáveis. Poucos países têm acesso a um potencial energético solar e eólico tão grande quanto o Brasil, além do potencial de produção de hidrogênio verde a partir dessas tecnologias. Além disso, o país precisa avançar na criação de estruturas de suporte – como reciclagem avançada e reaproveitamento inteligente de resíduos e adaptação frente aos efeitos das mudanças climáticas –, para aliar desenvolvimento com sustentabilidade ambiental.

O objetivo deste capítulo é apresentar um panorama abrangente do processo de transição rumo a uma economia verde, sustentável e circular atualmente em curso. Por meio de uma visão pragmática e estratégica, aponta-se também as oportunidades – bem como os riscos advindos da negligência e inércia – relacionadas a esse processo para o Brasil.

Além desta introdução, o capítulo discute as principais evidências científicas atuais acerca dos efeitos da atividade humana no clima e no meio ambiente e os principais instrumentos de política ambiental e de economia verde no mundo, bem como estratégias que alguns países adotaram no contexto da pandemia de Covid-19. A seguir, discute-se a tese de que o Brasil se encontra numa "zona de conforto" frente a esse processo de transição devido à sua posição favorável em alguns indicadores tradicionais de sustentabilidade. Em seguida, são discutidos alguns temas-chave sobre sustentabilidade: a transição energética em curso e suas oportunidades para o Brasil e sua indústria; economia circular e eficiência na utilização de recursos; e investimentos necessários para mitigar as adaptações climáticas. Com isso, o objetivo do capítulo é apresentar uma visão abrangente e atual da transição rumo a uma economia verde, sustentável e circular em curso no mundo, bem como seus desafios e oportunidades para o Brasil.

14.2 A crescente relevância da sustentabilidade e da economia verde no mundo

O conjunto de evidências científicas mais recentes corrobora de maneira bastante robusta a tese de que os impactos da atividade humana sobre o meio ambiente são significativos e vêm alterando o clima e os ecossistemas do planeta. Os relatórios do IPCC – Painel Intergovernamental sobre Mudanças Climáticas, que reúne algumas das principais comunidades científicas acerca do tema, analisam a evolução de indicadores como temperatura dos oceanos, nível de degelo na região dos polos terrestres, concentração de gás carbônico e outros gases causadores do efeito estufa na atmosfera, entre muitos outros. Esses indicadores mostram, de forma bastante consistente e inequívoca, como a evolução exponencial da atividade econômica e industrial global está correlacionada com mudanças significativas no clima em escala global nos últimos 200 anos, em especial nas últimas décadas (Intergovernmental Panel on Climate Change, 2023).

Dados recentes de temperatura global indicam que as previsões dos modelos de mudança climática de fato estão se concretizando, ou seja, as evidências acerca da interferência substancial da atividade humana no clima são robustas, e os modelos de previsão do clima vem acertando suas previsões (Kay, 2020). Na Figura 1, comparam as previsões dos modelos de mudança climática usados no 4º Relatório de Avaliação do IPCC (Painel Intergovernamental sobre Mudanças Climáticas), em 2004[122], com dados auferidos nos anos seguintes até 2017.

Nota-se visualmente o grau de precisão desses modelos climáticos em relação aos dados observados ulteriormente. Além disso, o estudo comparou 17 projeções dos principais modelos de temperatura média global, desenvolvidos entre 1970 e 2007, com mudanças reais na temperatura global observadas até o final de 2017, concluindo que 14 projeções têm resultados similares aos das observações climáticas verificadas posteriormente.

Figura 1 – Comparação das previsões do 4º relatório IPCC (2004) e dos dados mais recentes

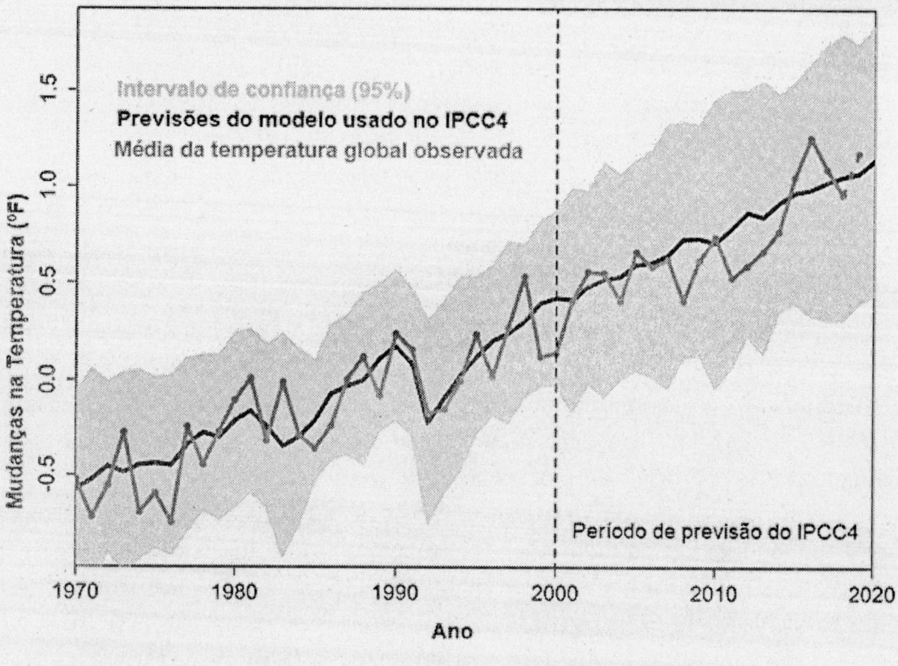

Fonte: Hausfather et al. (2020).

Ainda que exista uma série de incertezas em relação aos fatores que determinam o comportamento do clima, dos oceanos e dos biomas no longo prazo, o fato é que a humanidade se encontra num "experimento aberto"

[122] Foram utilizados dados climáticos relativos aos períodos entre 1980 e 1999, para a construção desse modelo específico, e previsões a partir do ano 2000. Os dados observacionais de temperatura vieram do Institute for Space Studies Surface Temperature Analysis (GISTEMP), do Goddard Institute for Space Studies da NASA.

em que as consequências das nossas atividades e da nossa existência terão impactos significativos sobre o planeta no futuro. Além disso, problemas ambientais, como o aumento no número de eventos climáticos extremos (como secas prolongadas, tempestades e furacões, erosão, aumento no nível dos oceanos), a poluição do ar, do solo, das águas e a destruição dos biomas têm custos sociais e econômicos elevados e são particularmente perversos sobre populações vulneráveis e em situação de pobreza extrema, em países e regiões que não possuem recursos nem infraestrutura para se adaptar às transformações causadas por esses problemas ambientais (Hallegatte & Rozenberg, 2017).

Não obstante, os efeitos serão cada vez mais sentidos também no ambiente de negócios e no funcionamento da sociedade em geral. Do ponto de vista da atividade industrial, esses problemas também se manifestam pela escassez de recursos essenciais, como recursos minerais e biológicos, recursos hídricos, e dos efeitos de eventos climáticos extremos sobre infraestrutura logística, produtiva e de geração e transmissão de energia, e em etapas essenciais das cadeias globais de valor, entre muitos outros (Ghadge, Wurtmann, & Seuring, 2020; Wenz & Willner, 2022). Além disso, existe também o custo da negligência, que será explicado mais adiante e que independe da magnitude dos impactos ambientais.

Diante de todas as questões ambientais e suas consequências, um número crescente de indivíduos, organizações e autoridades, nas mais diversas esferas da sociedade, vêm tomando consciência da importância de uma transformação profunda, contínua e imediata na economia e na sociedade. À medida que o cenário projetado de mudança climática vai se confirmando, fica cada vez mais difícil sustentar uma visão negacionista em relação à existência desse processo, especialmente nos países de renda mais alta com maior acesso à informação e educação de qualidade, aumentando-se, assim, a pressão internacional para que mudanças estruturais na economia e na sociedade sejam implementadas (Baiardi & Morana, 2021). Dessa forma, cresce a esfera de influência das questões ambientais sobre a sociedade como um todo, alterando-se a dinâmica de riscos e oportunidades para a atividade econômica, pressionando formuladores de políticas, órgãos reguladores e empresas a debater o tema e propor soluções práticas em suas respectivas esferas de atuação.

A ampla mobilização internacional em torno dos efeitos da atividade humana sobre o meio ambiente torna cada vez mais difícil para entidades expostas à opinião pública, como governos e empresas, negar esses efeitos e postergar as ações necessárias para mitigar os impactos ambientais em suas esferas de atuação. Atualmente, as preocupações ambientais são aspectos importantes na celebração de acordos internacionais de comércio, nas parcerias comerciais e produtivas, nas estratégias de investimento público e privado e nas atitudes e preferências de um número crescente de consumidores, investidores e trabalhadores.

No plano internacional, dois instrumentos se destacam por sua relevância no cenário atual para orientar a mudança em direção a uma economia mais limpa e verde: o Acordo de Paris e os Objetivos de Desenvolvimento Sustentável (ODS) da Organização das Nações Unidas (ONU). O Acordo de Paris é um tratado internacional assinado por 196 países e territórios durante a Conferência das Nações Unidas sobre as Mudanças Climáticas de 2015 (COP 15), que estabelece um compromisso para limitar o aquecimento global por meio do controle das emissões de gases causadores do efeito estufa[123]. Cada país signatário do acordo tem a tarefa de apresentar um plano nacional com ações e metas de redução de emissões – a Contribuição Nacionalmente Determinada (ou NDC, na sigla em inglês), que deverá ser revisada a cada cinco anos.

O Brasil ratificou sua NDC em 2016, estabelecendo o compromisso de reduzir suas emissões de gases do efeito estufa em 37% e 43%, em 2025 e 2030, respectivamente, tomando como base as emissões de 2005. Além disso, foi proposta uma série de metas específicas, entre elas a de promover novos padrões de tecnologias limpas e ampliar medidas de eficiência energética e de infraestrutura de baixo carbono na indústria brasileira. Entretanto, a NDC brasileira ainda carece de mecanismos de implementação e avaliação, bem como uma maior integração com as outras políticas climáticas do país, como a Política Nacional sobre Mudança do Clima – PNMC (Lei nº 12.187/2009) e o Plano Nacional de Adaptação à Mudança do Clima (PNA) Medeiros Bezerra, Sanquetta, Dalla Corte, Ruza, & de Carvalho, 2019; WRI Brasil, 2021).

O plano Objetivos de Desenvolvimento Sustentável (ODS) é composto por 17 objetivos gerais e 169 metas específicas que devem ser perseguidas pelos 193 Estados membros da ONU, por meio da Agenda 2030. Para cada uma das metas estabelecidas, foram selecionados indicadores – baseados em fontes oficiais nacionais – para acompanhar a evolução no cumprimento dos objetivos e a comparação dos esforços de cada país.

---

[123] https://unfccc.int/process-and-meetings/the-paris-agreement

Além desses dois instrumentos, é possível verificar uma influência crescente das questões ambientais em acordos internacionais e tratados comerciais (Bastiaens & Postnikov, 2017; Brandi, Schwab, Berger, & Morin, 2020). Um caso recente envolvendo o Brasil diz respeito às negociações do acordo de livre comércio entre a União Europeia e o Mercosul. A UE critica a gestão ambiental brasileira nos últimos anos e utiliza esse argumento para colocar exigências ambientais e potenciais sanções às exportações brasileiras, principalmente em relação à agricultura, exigências essas que governo brasileiro tem recebido de forma negativa[124]. Pode-se discutir se a UE está mesmo preocupada com o meio ambiente ou se seria apenas uma estratégia competitiva do bloco europeu (ou ambos). Entretanto, é certo que as questões ambientais serão cada vez mais usadas como instrumento estratégico nesses acordos internacionais, e, portanto, o país precisa estar preparado para enfrentar um cenário cada vez mais restritivo, do ponto de vista das exigências ambientais internacionais.

Além da questão das exigências do comércio internacional, a economia verde se manifesta crescentemente como uma força disruptiva do ponto de vista competitivo e tecnológico no cenário internacional. Muitos governos incluíram medidas de recuperação "verdes" em seus pacotes de políticas econômicas e industriais para lidar com os impactos socioeconômicos de curto, médio e longo prazo da pandemia (Smol, 2022). No fim de 2019, a Comissão Europeia apresentou sua nova estratégia de desenvolvimento econômico chamada *European Green Deal* (Pacto Ecológico Europeu), que se tornou a estratégia principal do bloco para estimular a atividade econômica e promover a recuperação frente aos efeitos da Covid-19. O pacto busca, por meio de instrumentos de financiamento, investimento e regulação, viabilizar o processo de transição rumo a uma economia verde nos próximos 30 anos. Estão previstos esforços em todos os setores da economia para implementar tecnologias de baixo impacto ambiental nos produtos, processos produtivos e serviços em geral, mediante apoio à geração de inovações ambientais e investimentos, além de implementar alternativas de transporte limpo e descarbonização do setor de energia.

Um exemplo de política específica no âmbito do Green Deal Europeu é o Circular Economy Action Plan (Plano de Ação para a Economia Circular)[125], que abrange uma série de ações legislativas e não legislativas que

---

[124] https://pt.euronews.com/my-europe/2023/06/13/von-der-leyen-tenta-concluir-acordo-ue-mercosul-a-te-final-do-ano

[125] https://environment.ec.europa.eu/strategy/circular-economy-action-plan_en#:~:text=The%20EU's%20transition%20to%20a,entire%20life%20cycle%20of%20products.

visavam a fazer a transição da economia europeia de um modelo linear para um modelo circular, adotado pela primeira vez em 2015 e revisado em 2020. O plano incorpora ações em diversos setores, como eletrônicos, baterias e veículos, plásticos e embalagens, no sentido de reduzir. Outro exemplo recente é o Sustainable Products Initiative (SPI)[126] (Iniciativa de Produtos Sustentáveis), apresentado em 2022, que visa a tornar todos os aspectos do design, produção, uso e venda de produtos colocados no mercado da UE mais ecológicos e circulares para cumprir os objetivos de sustentabilidade e clima. A iniciativa visa a aumentar o grau de sustentabilidade ao longo de todo o ciclo de vida dos produtos comercializados no bloco, começando na fase de design até a responsabilização dos produtores pelo descarte correto dos produtos e embalagens. De forma geral, a UE vem liderando os esforços na implementação de políticas verdes e circulares abrangentes e com objetivos ambiciosos (Mhatre, Panchal, Singh, & Bibyan, 2021). No âmbito das cadeias produtivas, o bloco lançou a European Battery Alliance[127] (EBA), que vem apoiando cerca de 70 projetos industriais com um investimento total de cerca de 20 bilhões de euros para criar uma cadeia de valor sustentável de fabricação de baterias no bloco (Li, Yu, & Li, 2022).

Com a posse de Joe Biden como presidente dos Estados Unidos, o país voltou ao Acordo de Paris e anunciou o plano Build Back Better[128] (Reconstruir Melhor, em tradução livre), que inclui a mobilização da estrutura produtiva e de pesquisa e desenvolvimento para gerar soluções verdes para a retomada do crescimento no país nos próximos anos. Além disso, é importante destacar que o plano tem como objetivo, também, a construção de cadeias de valor estratégicas para a transição verde, como é o caso da cadeia de baterias. A pandemia de Covid-19, junto a uma série de outros fatores, provocou efeitos disruptivos sobre diversas cadeias produtivas estratégicas nos EUA e no mundo, ao reduzir a oferta de componentes como chips e semicondutores (Yu et al., 2021). Esse fenômeno colocou em evidência a grande dependência dos EUA (e do restante do mundo) de componentes estratégicos, especialmente aqueles produzidos na China. Tendo em vista esse cenário, o presidente americano assinou, em fevereiro de 2021, a ordem executiva 14.017, também conhecida como *America's Supply Chains*[129] (Cadeias

---

[126] https://ec.europa.eu/info/law/better-regulation/have-your-say/initiatives/12567-Sustainable-products-initiative_en

[127] https://www.eba250.com/

[128] https://www.whitehouse.gov/build-back-better/

[129] https://www.whitehouse.gov/briefing-room/presidential-actions/2021/02/24/executive-order-on-americas-supply-chains/

de Suprimento Americanas, em tradução livre), que instruiu o governo dos EUA a realizar uma revisão abrangente das cadeias de suprimentos críticas do país para identificar riscos e oportunidades, abordar vulnerabilidades e desenvolver uma estratégia para promover a resiliência e desenvolver essas cadeias produtivas no país.

O governo americano vem debatendo políticas para preencher as lacunas nas cadeias produtivas relacionadas às baterias, aumentando sua resiliência e garantindo um suprimento estável desses componentes e de suas matérias-primas, dado seu papel fundamental para a fabricação de veículos elétricos e outras tecnologias-chave no processo de transição verde. Atualmente, os Estados Unidos têm capacidade limitada de extração e praticamente nenhuma capacidade de processamento doméstico dos principais minerais utilizados na fabricação das baterias avançadas, de modo que as matérias-primas são enviadas principalmente para o exterior para processamento. Os Estados Unidos têm menos de 10% de participação no mercado global nos principais componentes de baterias e na fabricação das células, enquanto a China detém mais de 75% da capacidade global de produção desses elementos, graças ao investimento estatal em processamento de matéria-prima, fabricação de componentes e células (The White House, 2021).

Além disso, no segundo semestre de 2021, o governo americano aprovou o *Infrastructure Investment and Jobs Act*[130], também conhecido como *Bipartisan Infrastructure Law* (BIL), um amplo pacote de infraestrutura de US$ 1,2 trilhões, que inclui recursos para infraestrutura rodoviária, programas ferroviários, acesso à internet banda larga, água potável, renovação da rede de transmissão elétrica e geração de energia limpa, infraestrutura de recarga para veículos elétricos, investimentos na fabricação de baterias e substituição de ônibus escolares por equivalentes elétricos.

A China implementou uma política industrial na última década, cujo foco são indústrias consideradas portadoras de grande potencial e importância estratégica para o país no médio e longo prazo. Nos seus planos quinquenais de desenvolvimento nacional mais recentes, o país estabeleceu diretrizes para o suporte de indústrias estratégicas emergentes relacionadas à eficiência energética e proteção ambiental, novas formas de geração de energia e propulsão para veículos entre outras, por meio de uma série de instrumentos de política industrial e de inovação, investindo pesadamente em pesquisa e desenvolvimento e estabelecendo metas para inovação no

---

[130] https://www.congress.gov/bill/117th-congress/house-bill/3684/text

setor (Stern & Xie, 2023). Um dos objetivos do 14º plano quinquenal da China, implementado em 2021, envolve liderar a difusão de tecnologias verdes como painéis solares e carros elétricos (Li et al., 2022).

Os resultados do suporte governamental chinês ao desenvolvimento de cadeias produtivas estratégicas para a transição verde podem ser exemplificados pela sua participação na cadeia global de baterias. Segundo dados da Benchmark Mineral Intelligence para 2019[131], a China detém cerca de 73% da produção global de baterias (células) de íons de lítio. A forte posição da China no mercado de baterias não decorre de vantagens naturais, ou seja, do tamanho de suas reservas de matérias-primas estratégicas como lítio, cobalto etc. Em geral, as reservas chinesas desses minerais não são superiores às de outros países. De fato, as vantagens competitivas chinesas nesse mercado podem ser atribuídas, em grande parte, aos investimentos estatais em todas as etapas da cadeia produtiva, além de acordos comerciais com países fornecedores das matérias-primas (The White House, 2021). Ademais, a participação chinesa na etapa da cadeia produtiva que diz respeito à mineração das matérias-primas é relativamente baixa (23%). Por outro lado, nas etapas intermediárias da cadeia, como refino e processamento das matérias-primas e fabricação dos cátodos e ânodos, a participação chinesa na produção global é significativamente maior (80% e 66%, respectivamente), podendo chegar a um monopólio de fato: ainda referente a 2019, 86% de todos os ânodos de grafite natural e sintético foram produzidos na China, percentual que beira os 100%, no caso dos ânodos de grafite natural.

Para as empresas, as preocupações ambientais são crescentemente incorporadas em suas atividades de pesquisa e desenvolvimento de novos produtos e processos, nos seus investimentos em bens de capital, no seu posicionamento público e estratégias de marketing, na sua visão, nos seus valores e na estrutura organizacional, na sua relação com parceiros nas cadeias de valor e na *performance* de organizações em mercados financeiros, entre outros (OECD, 2011).

A pressão pública, governamental e competitiva para que os negócios se adaptem é crescente. O custo da negligência para empresas e países que ignoram as questões ambientais pode envolver deterioração da imagem pública, perda de clientes, fornecedores, colaboradores, investidores e de oportunidades de negócio em geral, gerando uma perda significativa de receitas, além da possibilidade de arcar com elevados custos para se ade-

---

[131] https://www.mining.com/chart-chinas-grip-on-battery-metals-supply-chain/

quar às regulações ambientais, especialmente para as empresas que atuam no mercado internacional e/ou em setores ambientalmente mais sensíveis (Danso et al., 2019; Zameer, Wang, & Yasmeen, 2020).

Por último, vale destacar a perda de dinamismo tecnológico e inovativo. Em vários setores, as preocupações ambientais e a busca por produtos e serviços mais sustentáveis já dominam a corrida tecnológica, por exemplo, o carro elétrico ou híbrido no setor automotivo e a geração de energia renovável a partir de tecnologias alternativas (solar e eólica, por exemplo).

Esse processo de "esverdeamento" da economia global não será realizado por meio de uma ruptura abrupta com o sistema atual, mas de uma condução gradual da economia rumo a níveis cada vez maiores de sustentabilidade, incorporados, por exemplo, nas preferências dos consumidores, nos processos de pesquisa e desenvolvimento, nas estratégias empresariais e na condução de políticas públicas.

O Brasil precisa compreender o seu papel nessa nova fase da transição verde, algo que até o momento vem sendo colocado em segundo plano. Essa compreensão envolve uma maior conscientização e discussão acerca das oportunidades e riscos particulares ao país. A seguir, serão discutidos com maior profundidade alguns dos temas de interesse, no âmbito das estratégias sustentáveis, para que a economia – em especial, a indústria brasileira – possa preparar-se e beneficiar-se do processo de esverdeamento da economia. Para o empresariado brasileiro, estar atento a essas tendências é fundamental para formular estratégias e guiar investimentos nas próximas décadas.

14.3 A transição energética em curso

O processo de transição energética diz respeito a uma série de mudanças estruturais no sentido de descarbonizar a matriz energética global, que devem afetar profundamente a forma com que a sociedade produz e consome energia nas próximas décadas. Em termos gerais, trata-se de um processo gradual de substituição de tecnologias de geração de energia baseadas no uso de combustíveis fósseis como petróleo e gás natural – bases da matriz energética mundial atual –, por tecnologias renováveis e com baixo impacto ambiental, aliado a aumentos na eficiência energética em setores com alto consumo de energia, como transportes, bens de consumo e atividades produtivas, construção civil etc., e por meio de mudanças tecnológicas nos produtos, serviços, arquiteturas produtivas e infraestruturas de suporte, associadas a esses setores. Dessa forma, esse processo inclui uma maior interação entre várias tecnologias alternativas, conflitos de interesse entre atores-chave, como empresas de serviços públicos e associações industriais, e grandes desafios técnicos e logísticos para o funcionamento e desempenho geral do setor elétrico, que passa a incorporar fontes de energia descentralizadas e intermitentes, mas significa também o surgimento de novas oportunidades econômicas e tecnológicas e novos modelos de negócio (Markard, 2018).

Alguns exemplos de fenômenos relacionados à transição energética são o investimento em tecnologias de geração de energia alternativas (como painéis fotovoltaicos, usinas eólicas, biocombustíveis e biomassa) e da descentralização da produção de energia elétrica, com adoção de arquiteturas de geração distribuída[132], a eletrificação do transporte mediante a adoção de tecnologias de propulsão alternativas como veículos elétricos e híbridos no médio e longo prazo, a corrida tecnológica por tecnologias de armazenamento de energia mais eficientes e flexíveis, incluindo o hidrogênio verde, e a adoção de tecnologias diversas de gestão e/ou economia de energia em residências, indústrias e na própria rede de produção e transmissão de eletricidade.

A transição energética como fenômeno global está dando seus primeiros passos. De fato, a matriz energética global ainda é majoritariamente baseada em combustíveis fósseis, e essa estrutura não será alterada rapidamente. Muitos desafios ainda não foram superados, como a questão da oferta limitada de alguns dos principais materiais utilizados na fabricação dessas tecnologias, intermitência, uma das principais críticas à energia solar e eólica: a maior parte da energia é fornecida quando o sol está brilhando intensamente ou quando os ventos estão fortes, mas praticamente nenhuma é criada à noite, com uma cobertura substancial de nuvens ou quando os ventos não sopram. Outro gargalo importante é a falta de tecnologias mais eficientes de armazenamento de energia, crucial para reduzir a intermitência da geração solar e eólica e melhorar o desempenho de tecnologias de propulsão alternativas, como veículos elétricos. Também é preciso reconhecer que a adoção dessas tecnologias encontra resistência entre setores importantes da economia e da sociedade por razões de natureza competitiva e ideológica (Markard, 2018). Por último, falta financiamento para implementar essas tecnologias e suas infraestruturas de apoio, principalmente nos países de renda média e baixa.

---

[132] Atualmente, a grande maioria da eletricidade que é produzida no mundo segue uma arquitetura centralizada, na qual a eletricidade é gerada em grandes usinas, como hidroelétricas, termoelétricas e usinas nucleares, e então distribuídas por redes de transmissão. A geração distribuída segue a lógica oposta, na qual a produção é conduzida de forma atomizada por micro e pequenas unidades geradoras, geralmente próximas ao local de consumo (por exemplo, painéis fotovoltaicos em residências, indústrias e fazendas solares), e o excedente é injetado no sistema de transmissão e, então, distribuído.

Porém, dados recentes apontam que mudanças estruturais importantes estão em curso. Em 2022, os investimentos em transição energética equiparam-se aos investimentos em combustíveis fósseis (BNEF, 2023). Analisando a capacidade global de produção de energia elétrica adicionada por tipo de tecnologia (BNEF/UNEP, 2020) para o ano de 2019[133], foram criados 247 gigawatts (gW) de capacidade instalada no mundo, sendo 73% formado por usinas eólicas e fotovoltaicas, 19% por usinas termoelétricas e apenas 6% são grandes hidroelétricas. Ou seja, quase três quartos dos projetos de geração de eletricidade concluídos em 2019 são de tecnologias renováveis avançadas. Os investimentos nessas tecnologias avançadas foram quase 18 vezes maiores do que os investimentos em grandes projetos hidroelétricos no mesmo ano. Apenas em pequenos projetos de painéis fotovoltaicos distribuídos, investiu-se 52,1 bilhões de dólares, número 3,5 vezes maior do que se investiu em grandes usinas hidroelétricas. Um exemplo claro da magnitude desse processo: entre 2014 e 2019, o acréscimo da capacidade instalada de geração de energia solar da China foi de 177 gW, ou seja, grosso modo, a China criou "um Brasil inteiro movido a energia solar em cinco anos" (a capacidade instalada brasileira é de, aproximadamente ,170 gW, considerando todas as fontes, renováveis ou não). No mesmo período, o crescimento da capacidade instalada global de energia eólica e solar (987 Gigawatts) equivale a 70,5 vezes a capacidade instalada total de geração de energia elétrica da usina de Itaipu, a maior do país.

Figura 2 – Capacidade instalada adicionada de produção de eletricidade no mundo, em 2019 (em gigawatts)

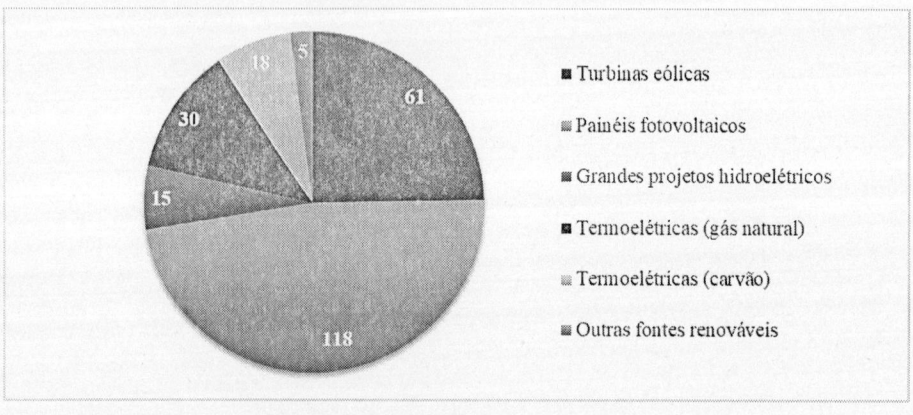

Fonte: Frankfurt School-UNEP Centre/BNEF. 2020. Global Trends in Renewable Energy Investment 2020.

---

[133] Não foram encontrados dados mais recentes disponíveis.

Tecnologias como painéis fotovoltaicos e turbinas eólicas vêm passando por um processo de evolução tecnológica substancial nos últimos 10 anos. À medida que essas tecnologias são desenvolvidas e testadas, surgem avanços em termos de eficiência técnica, redução de custos e novos modelos de negócio, que, por sua vez, reforçam sua atratividade, gerando um ciclo positivo de desenvolvimento. Esse ciclo de aperfeiçoamento tecnológico e competitivo tem proporcionado ganhos de eficiência e redução de custos consideráveis, transformando-as gradativamente em alternativas viáveis às tecnologias tradicionais (Zheng & Kammen, 2014; Zhu, Xu, & Pan, 2019).

A crescente onda de avanço tecnológico e automação industrial é considerada um dos fatores cruciais que explicam a queda nos custos de painéis fotovoltaicos. Em 2010, o custo médio global para geração de eletricidade a partir de painéis fotovoltaicos era de US$ 0,381/kWh e chegou a US$ 0,057/kWh, em 2020, uma queda de 85% no período (Irena, 2021). A tendência é que o custo das placas solares e turbinas eólicas continue a cair devido à curva de aprendizado ascendente dessas tecnologias e de seus processos produtivos, enquanto o custo das grandes hidroelétricas e da extração de combustíveis fósseis, sujeitos a rendas ricardianas e cuja tecnologia parece não oferecer muito potencial de aprimoramento, continue a aumentar.

Figura 3 – Custo médio global da geração de eletricidade a partir de fontes renováveis

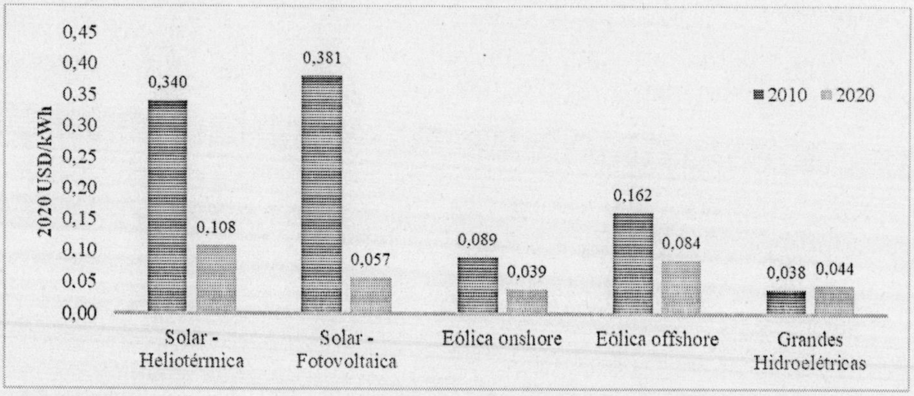

Fonte: Irena (2021).

Ainda que, em números absolutos, essas tecnologias representem uma parcela pequena do consumo energético total, a tendência é que, mantendo-se o ritmo de investimentos, essas tecnologias possam transformar a matriz energética mundial nas próximas décadas. Hoje, quando se fala em política pública e investimentos de ponta em produção de energia, é quase impossível não mencionar tecnologias alternativas de geração.

Além da redução do impacto ambiental, o processo de transição energética pode gerar diversas oportunidades de desenvolvimento econômico e social. Assim como no caso dos biocombustíveis e das usinas hidroelétricas, existem diversas vantagens para a produção de energia eólica e solar: o país possui elevadas taxas de radiação solar, variando de mais de 1.500 a quase 2.200 kWh/m2/ano (Martins, Rüther, Pereira, & Abreu, 2008), e seu litoral é bastante extenso e concentra boa parte da população e atividade econômica, facilitando a geração e transmissão de energia eólica. A partir do investimento em redes de transmissão inteligentes, a vasta estrutura de usinas hidroelétricas existentes pode ser utilizada como *backup* da produção eólica e solar, reduzindo o problema da intermitência (Gils, Simon, & Soria, 2017).

O investimento na produção de energia eólica e solar pode elevar o nível de desenvolvimento econômico de regiões com terras de menor potencial de uso agrícola[134], como a região do semiárido nordestino, região com um dos maiores potenciais eólico e solar do país, aumentando significativamente a renda de municípios que hoje sofrem com a seca e a miséria, gerando um círculo virtuoso de desenvolvimento nessas regiões (Gils et al., 2017; Nobre et al., 2019). Outro exemplo é a instalação de painéis fotovoltaicos em áreas marginalizadas e isoladas do sistema de transmissão, o que pode aumentar a qualidade e expectativa de vida local e fomentar modelos de negócios que dependem da eletricidade (Mazzone, 2019). Além disso, evita-se que a expansão da matriz energética brasileira fique refém de projetos complexos, caros, demorados e sujeitos à burocracia e a embargos, como os projetos centralizados de grandes usinas hidroelétricas, ou a expansão das termoelétricas, que tem impactos ambientais negativamente significativos.

Para a indústria, a implementação de projetos de energia distribuída e sistemas de gestão e eficiência energética em suas unidades produtivas pode reduzir significativamente os gastos com eletricidade e perdas com falhas de transmissão do sistema central, contribuindo para aumentar sua

---

[134] Países como o Marrocos já possuem investimentos significativos na construção de parques de energia solar em regiões de deserto e semiáridas.

eficiência e competitividade. Vale lembrar que poucas estruturas industriais no mundo teriam acesso a um potencial energético solar e eólico tão grande quanto as brasileiras.

A demanda por equipamentos, componentes e mão de obra necessários para produzir e instalar os painéis solares e turbinas eólicas pode gerar um impulso na economia nos setores de máquinas e equipamentos, construção civil e serviços especializados. A Associação Brasileira de Energia Solar Fotovoltaica (Absolar) estima que o setor tenha investido ao menos R$ 38,2 bilhões desde 2012, gerando mais de 224 mil empregos e R$ 11,3 bilhões em tributos arrecadados no país. Algumas empresas brasileiras já se adaptaram para usufruir das oportunidades desse setor, como é o caso da WEG, uma das maiores empresas de equipamentos elétricos do mundo, como motores elétricos, transformadores e geradores, que se tornou um dos principais fornecedores de produtos e soluções para usinas solares do país (WEG, 2021).

A busca por eficiência energética e a adoção de novas tecnologias no setor de transportes também pode aquecer o consumo e o investimento no país, se bem amparada por políticas industriais adequadas. Em muitos desses setores, como veículos elétricos, ainda existem poucas barreiras à entrada tecnológicas e de capital – os carros elétricos são muito mais fáceis de construir do que os veículos tradicionais –, e o país possui muitos elos da cadeia de produção (partes compartilhadas com os veículos convencionais), inclusive reservas significativas das matérias-primas para baterias e outros sistemas (Barassa et al., 2022; Borba, 2020). Além da fabricação de veículos e componentes, a transição para veículos elétricos ou híbridos pode gerar oportunidades em atividades de suporte. Um relatório da Associação Europeia de Empreiteiras do Setor Elétrico (*The European Association of Electrical Contractors*) estima que 200 mil de empregos nas atividades de suporte à eletromobilidade podem ser criados na Europa, caso o percentual de veículos elétricos alcance 35% dos veículos em circulação até 2030 (Perk, Concas, Skogberg, Mathieu, & Breiteig, 2018). Desse total, 39% estariam relacionados às atividades de manutenção de veículos, 17% na fabricação de baterias, 19% na instalação e operação de carregadores, 7% na fabricação dos carregadores, 8% nas atividades de conexão e aprimoramento das redes de transmissão de eletricidade, 9% na geração de eletricidade adicional demandada pelos veículos, e 1% nas vendas de equipamentos e componentes relacionados a essas atividades.

Além dos setores já mencionados, cresce também o interesse pelo hidrogênio verde, ou seja, hidrogênio produzido utilizando-se de fontes renováveis com baixo impacto na emissão de carbono, que é frequentemente citado como uma das grandes apostas para a descarbonização da indústria global. Segundo estudos recentes, o tamanho do mercado de hidrogênio verde é estimado em US$ 2,5 trilhões, em 2050, o que corresponde à metade do tamanho do mercado atual de petróleo (Bezerra, 2021). O Brasil já conta com investimentos consideráveis no setor, por exemplo, no porto de Pecém, no Ceará, e em outras localidades, e possui um alto potencial para a produção da molécula utilizando fontes renováveis, principalmente quando comparado a outros países com menor oferta dessas fontes (Oliveira, 2022).

O país conta com alguns instrumentos de política industrial que podem ser ampliados e/ou readequados para promover as diversas cadeias de produção relacionadas à transição energética. Um exemplo é o Programa de Apoio ao Desenvolvimento Tecnológico da Indústria de Semicondutores e Displays (PADIS), um conjunto de incentivos fiscais federais para a implantação industrial, produção, importação e comercialização dos equipamentos relacionados à cadeia de produção de semicondutores e displays, incluindo a produção de painéis fotovoltaicos, componentes e insumos estratégicos, como o lingote de silício e o silício purificado. Entretanto, falta coordenação entre os diferentes instrumentos e programas existentes (Corrêa, 2021).

14.4 Economia circular: reavaliando o valor e a utilização dos recursos

Quando se fala em problemas ambientais, economia verde ou sustentabilidade, geralmente o foco são conceitos como descarbonização, redução nas emissões de CO_2 e mudanças climáticas. Entretanto, o aquecimento global devido à emissão de gases do efeito estufa é apenas parte do problema, um dentre vários problemas graves de gestão de recursos que precisam ser solucionados pela humanidade. A atividade humana vem causando também outros problemas ambientais tão ou mais nocivos, como o acúmulo de objetos e partículas de plástico e outros materiais em ambientes como oceanos e rios e nos entornos de grandes centros urbanos; a superexploração do solo, da água e de outros recursos naturais; o acúmulo de lixo urbano e industrial e o uso excessivo de agrotóxicos e fertilizantes, que contaminam o ar, o solo e os reservatórios de água doce; o desmatamento e a pesca comercial em larga escala (Ellen MacArthur Foundation, 2013; Stahel, 2016).

Historicamente, a narrativa que guiou a industrialização e o crescimento econômico é a de possibilidades infinitas, em que atender às necessidades humanas (e criar necessidades) era possível por meio do controle e superação dos limites impostos pela natureza. Nesse ambiente, formula-se a ideia de crescimento econômico contínuo e irrestrito como algo inerente e necessário ao sistema.

Nesse sistema, o fluxo de recursos segue uma lógica linear, ou seja, os recursos naturais são extraídos, transformados, utilizados e descartados no ambiente. Dado que o consumo é a base do crescimento econômico e da geração de riquezas, esse processo linear forma a arquitetura básica de funcionamento e expansão da sociedade, e é a partir dele que os recursos são valorados. Esse modelo funcionou razoavelmente, mas o aumento vertiginoso na população e no nível de produção e consumo fez com que a lógica linear venha se tornando cada vez mais insustentável. Hoje, a crise de recursos é uma realidade (Desing et al., 2020). As consequências mais evidentes são a perda significativa de biodiversidade, o esgotamento de reservas de recursos naturais e a poluição excessiva presente em muitas regiões do planeta, contribuindo para o aumento na incidência de problemas de saúde para a população. Esses e outros efeitos menos visíveis, mas igualmente danosos, podem afetar significativamente o funcionamento da economia e da sociedade e, em última instância, a própria sobrevivência da espécie humana, caso não sejam enfrentados com a devida seriedade e urgência.

Um conceito que vem ganhando popularidade é o de economia circular. Ao contrário da economia linear, os fluxos de recursos, as arquiteturas produtivas e os padrões de consumo seriam redefinidos de forma a minimizar tanto a extração de recursos naturais quanto o descarte de resíduos no meio ambiente. Uma economia circular é uma economia industrial que é também restauradora ou regenerativa por intenção e design, ou seja, visa não apenas a reduzir, mas também a corrigir os efeitos da ação humana sobre os sistemas naturais (Ellen MacArthur Foundation, 2013). É importante lembrar, entretanto, que a economia circular, assim como outros conceitos como economia verde e economia sustentável, não devem ser entendidos, até o momento, como teorias econômicas próprias[135], mas, sim, como conjuntos de premissas para o funcionamento da economia global baseados no equilíbrio entre os sistemas naturais e os sistemas econômicos que são a base de funcionamento da sociedade. (Kirchherr, Yang, Schulze-Spüntrup, Heerink, & Hartley, 2023).

Figura 4 – Fluxos de processos da economia linear e circular

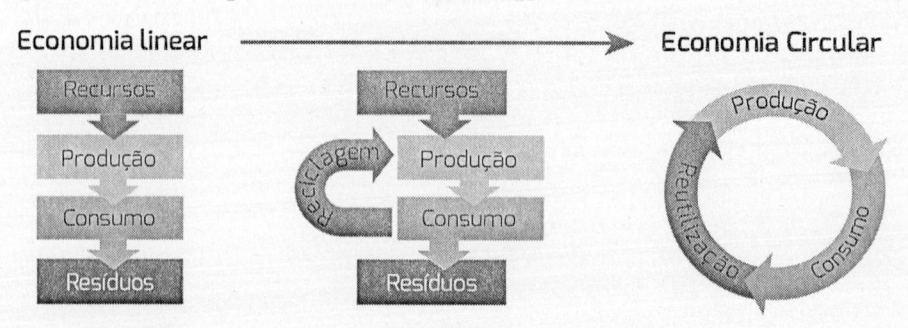

Fonte: http://gestaofinanceiracriativa.com.br/economiacircular/

Um dos aspectos fundamentais da economia circular é o aumento da eficiência na utilização de recursos pela indústria, por meio do aumento na extração de valor a partir dos resíduos. Nesse sentido, várias ideias vêm sendo discutidas e testadas, algumas com potencial para revolucionar arranjos produtivos e cadeias de valor. Uma delas é a noção de simbiose industrial, ou seja, o intercâmbio de recursos como resíduos produtivos, energia e água excedentes entre unidades produtivas de diferentes setores, mas geograficamente próximas (Chertow, 2008). Esse intercâmbio é realizado de forma planejada pelos atores, por meio do mapeamento dos fluxos de recursos (matérias-primas, energia, resíduos) e do reconhecimento das sinergias potenciais (por exemplo, o resíduo de uma indústria pode ser utilizado como matéria-prima em outra). Muitos parques industriais, em especial na Europa e na China, vêm sendo projetados de forma a maximizar essas simbioses, mediante configurações específicas de setores que possibilitem as trocas de recursos, aumentando a competitividade das empresas (Ehrenfeld & Chertow, 2002; Yu, Han, & Cui, 2015).

---

[135] De fato, do ponto de vista científico e teórico, o conceito de economia circular ainda é superficial e desordenado, sendo mais um conjunto de ideias de várias áreas do que um corpo teórico bem definido (Kirchherr, Reike, & Hekkert, 2017)..

Em muitos casos, é possível também ampliar a geração de valor para resíduos já aproveitados, com a ajuda de iniciativas de empreendedorismo e reutilização criativa (*upcycling*). Um exemplo é o dos resíduos orgânicos de indústrias alimentícias (sementes, cascas), muitas vezes usados na produção de energia, que podem ser processados e usados na fabricação de pratos e talheres descartáveis e biodegradáveis, substituindo o plástico, ou mesmo na confecção de móveis, agregando valor ao resíduo orgânico (Esposito, Sessa, Sica, & Malandrino, 2020). Como muitos setores têm que arcar com custos não negligíveis de tratamento e descarte de resíduos, iniciativas como essa podem reduzir esses custos e gerar renda extra para as empresas.

A aplicação dos princípios de economia circular também deverá impor desafios importantes às atividades manufatureiras. Em primeiro lugar, a redução da obsolescência e o aumento da qualidade e reparabilidade dos bens de consumo devem ser requisitos impostos aos fabricantes nos próximos anos como formas de reduzir a demanda por recursos (Özkan & Yücel, 2020). Por exemplo, em 2021, a França implementou um "índice de reparabilidade" aos produtos vendidos no país, similar às etiquetas de eficiência energética obrigatórias no Brasil, que informa ao consumidor a durabilidade e facilidade de reparação do produto. A possibilidade de comparação dos produtos pelo seu índice de reparabilidade abre espaço para novos parâmetros competitivos e certamente exigirá adaptações no *design*, componentes e processo produtivo desses produtos (Monciardini, Maitre-Ekern, Dalhammar, & Malcolm, 2023).

Figura 5 – Etiqueta do índice de reparabilidade adotado pela França

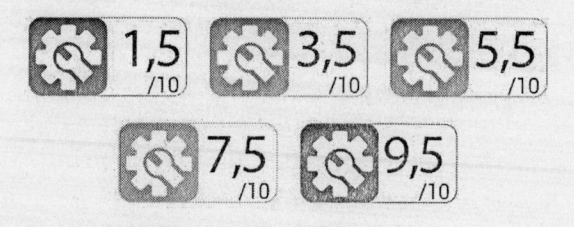

Fonte: https://www.ecologie.gouv.fr/indice-reparabilite

Em segundo lugar, cresce também a pressão da sociedade para que as empresas se responsabilizem pelos impactos ambientais causados por seus produtos, tanto em termos de uma maior transparência em relação aos impactos da extração das matérias-primas, quanto numa maior responsabilização dos produtores pelo descarte apropriado dos produtos e embalagens, o chamado EPR (*extended producer responsibility*, ou responsabilização estendida ao produtor) (Tojo, Lindhqvist, & Dalhammar, 2017). Vários países e setores já vêm adotando políticas e/ou se organizando para aumentar a responsabilização dos produtores sobre os resíduos relacionados aos seus produtos (Monier et al., 2014; Pouikli, 2020).

A indústria precisa estar preparada para enfrentar essas mudanças, adotando princípios circulares no *design* de produto (*ecodesign*), implementando estudos de ciclo de vida de produtos, bem como estudando as possibilidades de simbiose industrial entre unidades produtivas (Fankhauser et al., 2013). Por outro lado, a adoção de práticas circulares abre espaço para iniciativas empreendedoras associadas à gestão de recursos, como bens de capital adaptados a arquiteturas produtivas circulares, além das já discutidas oportunidades de *upcycling*. Também é possível pensar em oportunidades no desenvolvimento e na fabricação de novos materiais com maior grau de reciclabilidade ou outras características ambientalmente desejáveis, como materiais biodegradáveis ou mais resistentes (reduzindo a obsolescência dos produtos), que podem ser adotados em diversos setores (Suchek, Fernandes, Kraus, Filser, & Sjögrén, 2021). Muitas empresas brasileiras vêm tomando atitudes no sentido de reduzir os fluxos de materiais com maior impacto ambiental de seus produtos e processos produtivos. Um exemplo nesse sentido é a Ambev, que recentemente anunciou a meta de eliminar completamente a utilização de plástico em seus produtos até 2025[136].

14.5 Adaptação às mudanças climáticas

Um desafio adicional para a economia brasileira é a adaptação a eventos climáticos extremos, em especial as secas prolongadas e tempestades, e seus efeitos sobre a economia, a sociedade e a atividade produtiva. Como exemplo mais urgente está a crescente exposição da economia do país a irregularidades no regime anual de chuvas: o crescimento populacional e da atividade produtiva, especialmente nos grandes centros urbanos do

---

[136] https://www.ambev.com.br/plasticos/

país, pressiona a capacidade de fornecimento de água e a geração de energia elétrica (altamente dependente das fontes de energia hidroelétrica), sem que haja um aumento proporcional na oferta hídrica. Secas prolongadas, ainda que atípicas, podem ter um efeito devastador sobre a oferta hídrica. Situações como essa poderiam provocar não apenas inconvenientes, mas também paralisações na atividade econômica e produtiva. Em grandes centros urbanos ou nas regiões de alta produtividade agrícola, esses eventos poderiam afetar milhões de pessoas e uma parcela significativa da economia (Soares & Medeiros Costa, 2022).

Nos últimos 20 anos, o Brasil passou por diversas situações que testaram os limites do sistema de abastecimento de água e energia. A crise energética nacional de 2001, provocada por alterações prolongadas no regime de chuvas, reduziu ao limite os reservatórios das usinas hidrelétricas e gerou um impacto significativo na economia (Bardelin, 2004). A crise hídrica no estado de São Paulo, entre 2014 e 2016, provocou interrupções generalizadas no abastecimento de água para a região metropolitana da capital, afetando a população (pela intermitência no abastecimento das residências) e a atividade econômica, em especial nos setores intensivos na utilização do recurso, além de suas respectivas cadeias de valor (Soriano, Londe, Di Gregorio, Coutinho, & Santos, 2016).

Segundo dados da Pesquisa de Informações Básicas Municipais (MUNIC) 2017[137], do IBGE, 49% dos municípios brasileiros foram atingidos pela seca entre 2013 e 2017. Dentre eles, 81% reportaram perdas financeiras significativas, e 8% reportaram perdas humanas significativas. Esse não é um problema majoritariamente concentrado no Nordeste do país: no Sudeste, 28% dos municípios com mais de 500.000 habitantes foram afetados pelas secas entre 2013 e 2017, contra 9% na região Nordeste, ressaltando o risco para as grandes regiões metropolitanas e seu impacto sobre os recursos hídricos, mesmo nas regiões com maior índice de chuvas. Atualmente, o estado do Paraná passa por uma das maiores crises hídricas de sua história, principalmente a região Metropolitana de Curitiba.

No outro extremo, tempestades e chuvas torrenciais, aliadas a falhas de planejamento urbano, também provocam impactos socioeconômicos significativos, degradando infraestruturas logísticas, produtivas e de serviços básicos, além de colocar em risco a vida da população. Ainda segundo

---

[137]   Último ano em que as questões relativas ao meio ambiente foram abordadas na pesquisa. Fonte: https://www.ibge.gov.br/estatisticas/sociais/saude/10586-pesquisa-de-informacoes-basicas-municipais.html

a pesquisa MUNIC 2017, do IBGE, 29% dos municípios brasileiros foram atingidos por enxurradas e inundações abruptas entre 2013 e 2017. Entre os municípios com mais de 500 mil habitantes, esse número chega a 57%.

O risco de uma crise hídrica grave no Brasil deve aumentar nos próximos anos, não apenas pelo aumento da demanda e consequente sobreutilização das reservas, mas também devido ao efeito das alterações climáticas sobre o ritmo de chuvas, intensificando a quantidade de eventos climáticos extremos, sua magnitude e duração (Giulio et al., 2019). Portanto, os riscos associados a esses fenômenos devem ser considerados pelas empresas, pelo governo e pela sociedade em geral.

O aumento da eficiência na gestão de recursos hídricos pelo setor produtivo – dentro do arcabouço da economia circular discutida anteriormente – pode reduzir os impactos de secas extremas sobre a atividade industrial, por exemplo, por meio de reaproveitamento e armazenamento da água utilizada no processo produtivo, adoção de tecnologias mais eficientes, bem como da criação e gestão de simbioses entre unidades produtivas (Delgado, Rodriguez, Amadei, & Makino, 2021).

Do ponto de vista dos riscos energéticos, alguns dos processos associados à transição energética, como o aumento da geração distribuída e a adoção de tecnologias de geração, que reduzam a dependência da energia hidroelétrica, podem aumentar a resiliência do parque produtivo brasileiro, sem aumentar a emissão de gases do efeito estufa.

14.6 A "zona de conforto" brasileira no contexto da economia verde e a necessidade de uma política industrial verde

Diante das tendências no cenário internacional, um desafio importante para o Brasil advém justamente de sua posição relativamente confortável em diversas esferas do debate ambiental e dos efeitos dessa "zona de conforto" sobre os esforços demandados para que o país mantenha sua competitividade no processo de transição rumo a uma economia verde. Historicamente, o Brasil possui uma participação bastante significativa de fontes renováveis em sua matriz energética, com destaque especial para os biocombustíveis (etanol e biodiesel) utilizados no transporte e a geração de eletricidade via hidroelétricas. Segundo dados mais recentes, a participação de fontes renováveis na oferta primária de energia brasileira é de cerca de 46%, porcentagem muito superior à de todos os outros países do G20[138].

Figura 6 – Participação de fontes renováveis na oferta primária de energia (%)

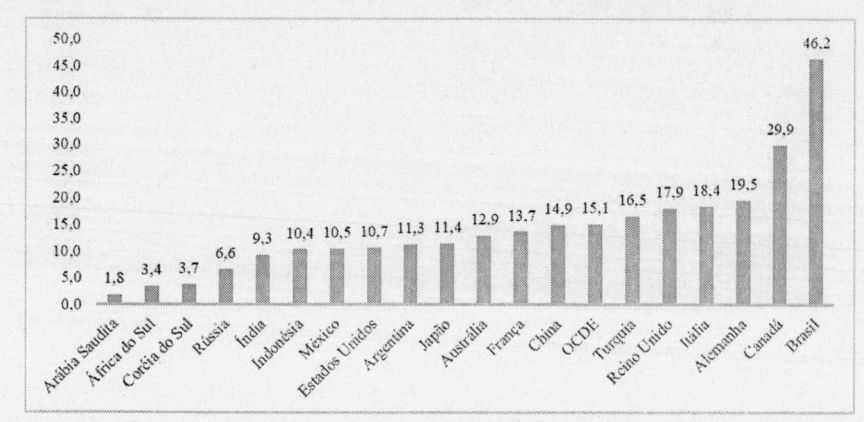

Fonte: BP Statistical Review of World Energy. Dados referentes a 2021. https://www. bp.com/content/dam/bp/business-sites/en/global/corporate/pdfs/energy-economics/ statistical-review/bp-stats-review-2021-full-report.pdf

Ainda que nenhuma das duas grandes componentes renováveis da matriz energética – biocombustíveis e energia hidroelétrica – tenha sido, a princípio, projetada com o intuito de reduzir impactos ambientais, elas são de fato conquistas importantes para o país e ajudaram a amortecer os impactos ambientais do crescimento das últimas décadas, além de reduzir a dependência de insumos como carvão e petróleo (Dester, 2018; Gazzoni, 2014), ainda que o caráter sustentável dos grandes projetos hidroelétricos recentes sejam contestados (Atkins, 2020; Bratman, 2014). No entanto, não se trata de um processo de transição contínuo nem uma tendência recente: em 1990, o percentual de energias renováveis na oferta primária energética do país já era de 45,3%. Entre 2001 e 2021, o crescimento anual desse percentual foi de 0,4% ao ano para o Brasil, enquanto, nos países do G20, essa taxa de crescimento foi de 5,6% a.a.

Além da composição da matriz energética brasileira, o tamanho e visibilidade das nossas reservas naturais e sua biodiversidade conferiram ao país uma posição de relativo conforto no debate ambiental global,

---

enquanto outros países precisam aumentar seu grau de sustentabilidade. Em outras palavras, enquanto países tradicionalmente vistos como poluidores "correm atrás do prejuízo", o Brasil se encontra estagnado em uma "zona de conforto", que o impede de avançar no processo de transição para uma economia verde (Oliveira, McKay, & Plank, 2017). Essa situação pode ser notada, por exemplo, por meio da análise da emissão de gás carbônico (CO_2) por unidade de valor adicionado pela indústria em cada país. Grosso modo, essa é uma medida de eficiência energética da produção industrial.

Figura 7 – Emissão de CO_2 por unidade de valor adicionado pela indústria

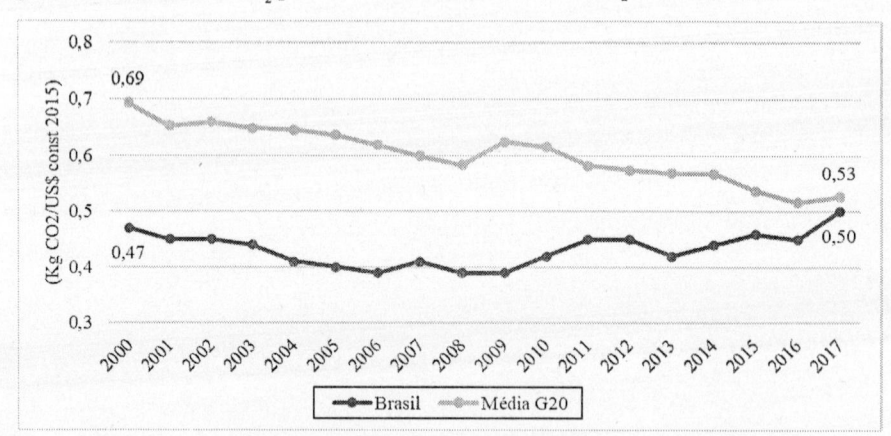

Fonte: elaborada pelos autores, a partir de dados da UNIDO.

Enquanto a média dos países do G20 vem caindo num ritmo constante, indicando uma maior eficiência na transformação de energia em valor (mesmo utilizando um percentual de energia renovável muito menor), o Brasil segue estagnado, com uma leve tendência de alta nos últimos anos, indicando uma piora na capacidade da indústria nacional em gerar valor sem aumentar sua pegada de carbono. Esse movimento de aumento das emissões por valor adicionado ocorre ao mesmo tempo que o país enfrenta uma queda significativa do valor adicionado da indústria como proporção no PIB (Morceiro & Guilhoto, 2023).

Vale destacar, também, que o fato de o Brasil possuir uma das maiores áreas de floresta preservada e a maior biodiversidade do planeta não o torna automaticamente sustentável. Longe de ser um atributo intrínseco do país, a sustentabilidade está relacionada à capacidade de preservar esses recursos ao longo do tempo, o que inclui a redução drástica do desmatamento dos principais biomas e a elaboração de modelos de negócio que permitam a exploração sustentável da nossa biodiversidade. Distante de representar um objetivo unicamente altruísta, a preservação das áreas de floresta nativa e sua enorme biodiversidade é de interesse nacional e global também do ponto de vista da utilização desses recursos para a geração de valor.

Pode-se questionar por que outros países que já devastaram suas reservas naturais agora cobram que o Brasil preserve as suas, ou invocar a soberania do país sobre seu território. Esse é um argumento bastante utilizado pelo Brasil e por outros países do Sul Global (Faccer, Nahman, & Audouin, 2014; Herman, 2021). Mas, analisando de forma pragmática, esses elementos não mudam o fato de esses países do Norte possuírem influência suficiente para, individual ou conjuntamente, aplicar sanções econômicas, reduzir o aporte de recursos e investimentos para o Brasil em diversas áreas estratégicas por questões ambientais ou eventual falta de compromisso com a transição verde.

A capacidade de um país em se tornar ou se manter competitivo frente a mudanças estruturais na economia global depende dos esforços de acumulação de conhecimento e de coordenação e estruturação das cadeias de valor (Cantwell, 2005; Freeman & Soete, 1997; Lundvall, 1992). O Brasil, ancorado em sua posição relativamente confortável no debate ambiental, corre o risco de não ser capaz de acompanhar os rápidos avanços que estão sendo obtidos no processo de transição verde, perdendo, assim, a chance de construir competências nas bases tecnológicas que vêm orientando essa mudança de paradigma tecno-econômico, num cenário que lembra a trajetória brasileira diante da mudança paradigmática imediatamente anterior, relacionada à difusão da microeletrônica e de tecnologias de informação e comunicação (Carneiro, 2002; Araújo & Diegues, 2019).

Do ponto de vista da atividade industrial, o Brasil enfrenta problemas estruturais graves, como a desindustrialização e a perda de dinamismo nas cadeias de valor, problemas logísticos, Custo Brasil, baixa produtividade, demanda, entre outros (Morceiro & Guilhoto, 2023). As questões ambientais certamente impõem desafios para a indústria do país, mas também oferecem oportunidades: se bem coordenado, o processo de transição verde pode auxiliar no combate a todos esses problemas, configurando-se como um norte para a política industrial e colocando o Brasil numa posição de destaque nesse novo movimento global (Alvarenga Junior, Costa, & Young, 2022; Corrêa & Cario, 2021; Mathias, Young, Couto, & Alvarenga Jr, 2021). Segundo estimativas incluídas em um estudo liderado pelo instituto WRI Brasil[139], uma trajetória

---

[139] https://wribrasil.org.br/pt/publicacoes/nova-economia-brasil-eficiente-resiliente-retomada-verde

sustentável para a economia brasileira poderia levar a ganhos acumulados de R$ 2,8 trilhões para o PIB brasileiro e a geração de 2 milhões de empregos, entre 2020 e 2030, em relação ao cenário normal (BAU – *business as usual*).

As oportunidades de ganhos estão relacionadas à introdução de novos produtos, serviços, modelos de negócio, além do aumento na eficiência produtiva da estrutura produtiva como um todo. Consequentemente, novos empregos podem ser criados a partir de um cenário de transição para uma economia verde (UNEP/ILO/ITUC & UNEP, 2008). De acordo com estimativas da *International Energy Agency,* podem ser criados 7,8 milhões de empregos anuais no mundo relacionados à transição para uma economia verde, sendo 1,9 milhão de empregos para dar suporte à construção de prédios eficientes e 1,2 milhão ligados à geração e distribuição de energia solar e eólica. Vale lembrar que essa estimativa leva em consideração, principalmente, as mudanças relacionadas à descarbonização e, portanto, não considera outras transformações igualmente abrangentes relacionadas à economia circular, como novos arranjos produtivos circulares, novos materiais substitutos do plástico, novas técnicas agrícolas sustentáveis, entre muitos outros.

Figura 8 – Estimativa de criação anual de empregos num cenário de transição global para uma economia verde (em milhões por ano)

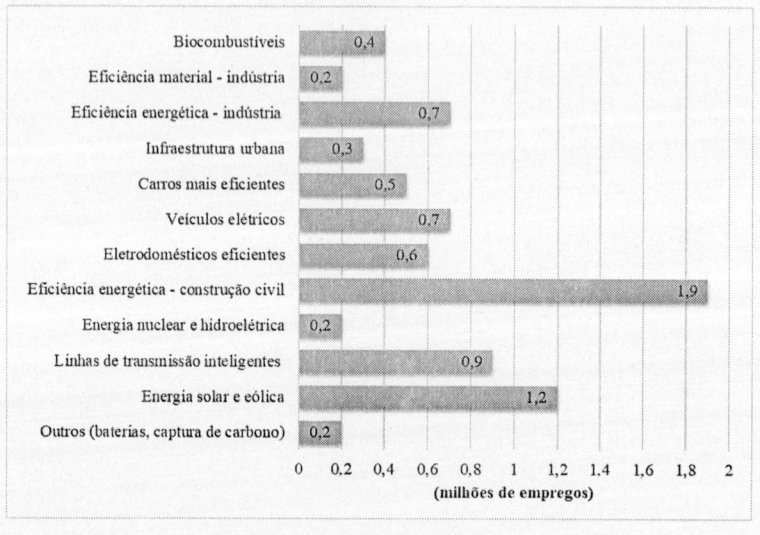

Fonte: IEA (2020) - A sustainable recovery plan for the energy sector.

Por exigirem profundas transformações estruturais na organização da atividade produtiva global como um todo, bem como em diversos aspectos do consumo das famílias e das infraestruturas de serviços, essas adaptações têm um efeito que poderá ser comparável ao de outras grandes revoluções tecno-econômicas recentes, como a difusão das tecnologias relacionadas à microeletrônica e comunicação digital (Andersen, 2010; Perez, 2013). Para que o país consiga colocar-se de forma competitiva nesse novo paradigma, é essencial que seja aplicada uma política industrial verde, que se constitui na utilização dos instrumentos "tradicionais" de política industrial, porém voltados para a criação e o adensamento de cadeias produtivas e de serviços cujas atividades estejam relacionadas à transição rumo a uma economia verde (Altenburg & Assmann, 2017; Rodrik, 2014), de forma similar aos exemplos das políticas recentes dos EUA, da China e da União Europeia, descritos na seção anterior. Dessa forma, o país pode aproveitar-se das janelas de oportunidade abertas por essa mudança paradigmática, janelas estas que estão abertas não apenas para os países mais industrializados, mas também para os do Sul Global (Lema, Fu, & Rabellotti, 2021).

Referências

Altenburg, T., & Assmann, C. (2017). *Green industrial policy: Concept, policies, country experiences* (T. Altenburg & C. Assmann (Eds.)). UN Environment; German Development Institute / Deutsches Institut für Entwicklungspolitk (DIE).

Alvarenga Junior, M., Costa, L. de A. N. da, & Young, C. E. F. (2022). Um Green New Deal para o Brasil. *GV Executivo*.

Andersen, M. M. (2010). On the faces and phases of eco-innovation on the dynamics of the greening of the economy. *Opening up Innovation: Strategy, Organization and Technology*.

Atkins, E. (2020). Contesting the 'greening' of hydropower in the Brazilian Amazon. *Political Geography*, *80*, 102179. https://doi.org/10.1016/J.POLGEO.2020.102179

Baiardi, D., & Morana, C. (2021). Climate change awareness: Empirical evidence for the European Union. *Energy Economics*, *96*, 105163.

Barassa, E., Ferreira da Cruz, R., Galvão Diniz Faria, L., Marques do Prado Tanure, T., Bermúdez Rodríguez, T., & Rigon, V. (2022). *Oferta de ônibus elétrico no Brasil em um cenário de recuperação econômica de baixo carbono*. CEPAL. https://repositorio.cepal.org/handle/11362/47833

Bardelin, C. E. A. (2004). *Os efeitos do racionamento de energia elétrica ocorrido no Brasil em 2001 e 2002 com ênfase no consumo de energia elétrica.* Universidade de São Paulo.

Bastiaens, I., & Postnikov, E. (2017). Greening up: The effects of environmental standards in EU and US trade agreements. *Environmental Politics, 26*(5), 847-869.

Bezerra, F. D. (2021). *Hidrogênio verde: nasce um gigante no setor de energia.*

BNEF/UNEP. (2020). *Global Trends in Renewable Energy Investment 2020.* https://www.fs-unep-centre.org/wp-content/uploads/2020/06/GTR_2020.pdf

BNEF. (2023). *Energy Transition Investment Trends - January 2023.* https://about.bnef.com/energy-transition-investment/

Borba, B. (2020). *Big Push para a Mobilidade Sustentável: cenários para acelerar a penetração de veículos elétricos leves no Brasil.*

Brandi, C., Schwab, J., Berger, A., & Morin, J.-F. (2020). Do environmental provisions in trade agreements make exports from developing countries greener? *World Development, 129*, 104899.

Bratman, E. (2014). Passive revolution in the green economy: activism and the Belo Monte dam. *International Environmental Agreements: Politics, Law and Economics, 15*(1), 61-77. https://doi.org/10.1007/s10784-014-9268-z

Cantwell, J. (2005). Innovation and competitiveness. *The Oxford Handbook of Innovation.* http://globalbusiness.rutgers.edu/Working_papers/jc_ohib.pdf

Carneiro, R. (2002). *Desenvolvimento em crise: a economia brasileira no último quarto do século XX.* Unesp.

Chertow, M. R. (2008). "Uncovering" Industrial Symbiosis. *Journal of Industrial Ecology, 11*(1), 11-30. https://doi.org/10.1162/jiec.2007.1110

CMA. (2019). *AVALIAÇÃO DA POLÍTICA NACIONAL SOBRE MUDANÇA DO CLIMA.* https://legis.senado.leg.br/sdleg-getter/documento/download/be24ff00-0608-4f8b-9d57-804c33097882

Corrêa, L. (2021). *Transição energética, políticas de inovação e desenvolvimento econômico: uma análise das iniciativas em energias eólica e solar fotovoltaica no Brasil.*

Corrêa, L., & Cario, S. A. F. (2021). As transições entre paradigmas tecno-econômicos e as janelas de oportunidade: o emergente caso das energias renováveis. *Pesquisa & Debate, 33*(1 (59)).

Danso, A., Adomako, S., Amankwah-Amoah, J., Owusu-Agyei, S., & Konadu, R. (2019). Environmental sustainability orientation, competitive strategy and financial performance. *Business Strategy and the Environment*, *28*(5), 885-895.

Araújo, C. G., & Diegues, A. C. (2019). Uma análise dos processos de catching up Chinês e falling behind Brasileiro na perspectiva da integração às cadeias globais de valor de valor. *Brazilian Journal of Development*, *5*(1), 814-847.

Oliveira, G., McKay, B., & Plank, C. (2017). How biofuel policies backfire: Misguided goals, inefficient mechanisms, and political-ecological blind spots. *Energy Policy*, *108*, 765-775.

Medeiros Bezerra, M. H., Sanquetta, C. R., Dalla Corte, A. P., Ruza, M. S., & de Carvalho, M. do C. D. (2019). A Implementação da iNDC brasileira à luz do Acordo de Paris e seus desafios. *Holos Environment*, *19*(1), 42-59.

Delgado, A., Rodriguez, D. J., Amadei, C. A., & Makino, M. (2021). *Water in Circular Economy and Resilience*.

Desing, H., Brunner, D., Takacs, F., Nahrath, S., Frankenberger, K., & Hischier, R. (2020). A circular economy within the planetary boundaries: Towards a resource-based, systemic approach. *Resources, Conservation and Recycling*, *155*, 104673.

Dester, M. (2018). A Hidroeletricidade: uma fonte de energia essencial na matriz de energia elétrica do Brasil. *Planejamento e Políticas Públicas*, *51*.

Ehrenfeld, J. R., & Chertow, M. R. (2002). 27. Industrial symbiosis: the legacy of Kalundborg. *A Handbook of Industrial Ecology*, 334.

Ellen MacArthur Foundation. (2013). *Towards the Circular Economy*. https://doi.org/10.1162/108819806775545321

Esposito, B., Sessa, M. R., Sica, D., & Malandrino, O. (2020). Towards circular economy in the Agri-food sector. A systematic literature review. *Sustainability*, *12*(18), 7401.

Faccer, K., Nahman, A., & Audouin, M. (2014). Interpreting the green economy: Emerging discourses and their considerations for the Global South. *Https://Doi.Org/10.1080/0376835X.2014.933700*, *31*(5), 642-657. https://doi.org/10.1080/0376835X.2014.933700

Fankhauser, S., Bowen, A., Calel, R., Dechezleprêtre, A., Grover, D., Rydge, J., & Sato, M. (2013). Who will win the green race? In search of environmental competitiveness and innovation. *Global Environmental Change, 23*, 902-913. https://doi. org/10.1016/j.gloenvcha.2013.05.007

Freeman, C., & Soete, L. (1997). *The economics of industrial innovation*. MIT Press.

Gazzoni, D. L. (2014). *Balanço de emissões de CO_2 por biocombustíveis no Brasil: histórico e perspectivas.*

Ghadge, A., Wurtmann, H., & Seuring, S. (2020). Managing climate change risks in global supply chains: a review and research agenda. *International Journal of Production Research, 58*(1), 44-64.

Gils, H. C., Simon, S., & Soria, R. (2017). 100% renewable energy supply for Brazil—The role of sector coupling and regional development. *Energies, 10*(11), 1859.

Giulio, G. M. Di, Torres, R. R., Vasconcellos, M. da P., Braga, D. R. G. C., Mancini, R. M., & Lemos, M. C. (2019). Eventos extremos, mudanças climáticas e adaptação no estado de São Paulo. *Ambiente & Sociedade, 22*.

Hallegatte, S., & Rozenberg, J. (2017). Climate change through a poverty lens. *Nature Climate Change, 7*(4), 250-256.

Hausfather, Z., Drake, H. F., Abbott, T., & Schmidt, G. A. (2020). Evaluating the performance of past climate model projections. *Geophysical Research Letters, 47*(1), e2019GL085378.

Herman, K. S. (2021). Green growth and innovation in the Global South: a systematic literature review. *Https://Doi.Org/10.1080/2157930X.2021.1909821*. https://doi. org/10.1080/2157930X.2021.1909821

Intergovernmental Panel on Climate Change. (2023). *Synthesis Report of the IPCC Sixth Assessment Report (AR6)*. https://www.ipcc.ch/report/ar6/syr/

Irena. (2021). *Renewable Power Generation Costs in 2020.*

Kay, J. E. (2020). Early climate models successfully predicted global warming. *Nature, 578*, 45-46. https://doi.org/10.1038/d41586-020-00243-w

Kirchherr, J., Reike, D., & Hekkert, M. (2017). Conceptualizing the circular economy: An analysis of 114 definitions. *Resources, Conservation and Recycling, 127*, 221-232. https://doi.org/10.1016/J.RESCONREC.2017.09.005

Kirchherr, J., Yang, N. H. N., Schulze-Spüntrup, F., Heerink, M. J., & Hartley, K. (2023). Conceptualizing the Circular Economy (Revisited): An Analysis of

221 Definitions. *Resources, Conservation and Recycling, 194,* 107001. https://doi.org/10.1016/J.RESCONREC.2023.107001

Lema, R., Fu, X., & Rabellotti, R. (2021). Green windows of opportunity: latecomer development in the age of transformation toward sustainability. *Industrial and Corporate Change, 29*(5), 1193-1209. https://doi.org/10.1093/ICC/DTAA044

Li, Q., Yu, X., & Li, H. (2022). Batteries: From China's 13th to 14th Five-Year Plan. *Etransportation, 14,* 100201.

Lundvall, B.-Å. (1992). National Systems of Innovation: Towards a Theory of Innovation and Interactive Learning. In *National systems of innovation Towards a theory of innovation and interactive learning.*

Markard, J. (2018). The next phase of the energy transition and its implications for research and policy. *Nature Energy, 3*(8), 628-633.

Martins, F. R., Rüther, R., Pereira, E. B., & Abreu, S. L. (2008). Solar energy scenarios in Brazil. Part two: Photovoltaics applications. *Energy Policy, 36*(8), 2865-2877.

Mathias, J. F. C. M., Young, C. E. F., Couto, L. C. C. B., & Alvarenga Jr, M. (2021). Green New Deal como estratégia de desenvolvimento pós-pandemia: lições da experiência internacional. *Revista Tempo Do Mundo, 26,* 145-174.

Mazzone, A. (2019). Decentralised energy systems and sustainable livelihoods, what are the links? Evidence from two isolated villages of the Brazilian Amazon. *Energy and Buildings, 186,* 138-146.

Mhatre, P., Panchal, R., Singh, A., & Bibyan, S. (2021). A systematic literature review on the circular economy initiatives in the European Union. *Sustainable Production and Consumption, 26,* 187-202.

Monciardini, D., Maitre-Ekern, E., Dalhammar, C., & Malcolm, R. (2023). 13 Circular Economy regulation: an emerging research agenda. *Handbook of the Circular Economy: Transitions and Transformation,* 219.

Monier, V., Porsch, L., Hestin, M., Cavé, J., Laureysens, I., Watkins, E., & Reisinger, H. (2014). *Development of Guidance on Extended Producer Responsibility (EPR) - Final Report.* EcoLogic: Ecologic Institute US.

Morceiro, P. C., & Guilhoto, J. J. (2023). Sectoral deindustrialization and long-run stagnation of Brazilian manufacturing. *Brazilian Journal of Political Economy, 43,* 418-441.

Nobre, P., Pereira, E. B., Lacerda, F. F., Bursztyn, M., Haddad, E. A., & Ley, D. (2019). Solar smart grid as a path to economic inclusion and adaptation to climate change in the Brazilian Semiarid Northeast. *International Journal of Climate Change Strategies and Management, 11*(4), 499-517.

OECD. (2011). *Towards Green Growth: Monitoring Progress* (OECD Green Growth Studies). OECD Publishing. https://doi.org/10.1787/9789264111356-en

Oliveira, R. C. de. (2022). *Panorama do hidrogênio no Brasil.*

Özkan, P., & Yücel, E. K. (2020). Linear economy to circular economy: Planned obsolescence to cradle-to-cradle product perspective. In *Handbook of Research on Entrepreneurship Development and Opportunities in Circular Economy* (pp. 61-86). IGI Global.

Perez, C. (2013). Unleashing a golden age after the financial collapse: Drawing lessons from history. *Environmental Innovation and Societal Transitions, 6*, 9-23. https://doi.org/10.1016/j.eist.2012.12.004

Perk, A., Concas, G., Skogberg, J., Mathieu, L., & Breiteig, O. (2018). *Powering a New Value Chain in the Automotive Sector: The Job Potential of Transport Electrification.* The European Association of Electrical Contractors. https://download https://europe-on.org/wp-content/uploads/2020/02/EuropeOn-Powering-a-new-value--chain-in-the-automotive-sector-the-job-potential-of-transport-electrification.pdf

Pouikli, K. (2020). Concretising the role of extended producer responsibility in European Union waste law and policy through the lens of the circular economy. *ERA Forum, 20*(4), 491-508. https://doi.org/10.1007/S12027-020-00596-9/METRICS

Rodrik, D. (2014). Green industrial policy. *Oxford Review of Economic Policy, 30*(3), 469-491.

Smol, M. (2022). Is the green deal a global strategy? Revision of the green deal definitions, strategies and importance in post-COVID recovery plans in various regions of the world. *Energy Policy, 169*, 113152.

Soares, M., & Medeiros Costa, H. K. (2022). O segmento de distribuição de energia elétrica no Brasil: uma avaliação das crises hídricas enfrentadas em 2001 e 2021. *Conjecturas, 22*(2), 307-321.

Soriano, É., Londe, L. de R., Di Gregorio, L. T., Coutinho, M. P., & Santos, L. B. L. (2016). Crise hídrica em São Paulo sob o ponto de vista dos desastres. *Ambiente & Sociedade, 19*, 21-42.

Stahel, W. R. (2016). The circular economy. *Nature, 531*(7595), 435-438. https://doi.org/10.1038/531435a

Stern, N., & Xie, C. (2023). China's new growth story: Linking the 14th Five-Year Plan with the 2060 carbon neutrality pledge. *Journal of Chinese Economic and Business Studies, 21*(1), 5-25.

Suchek, N., Fernandes, C. I., Kraus, S., Filser, M., & Sjögrén, H. (2021). Innovation and the circular economy: A systematic literature review. *Business Strategy and the Environment, 30*(8), 3686-3702. https://doi.org/10.1002/BSE.2834

The White House. (2021). *Building Resilient Supply Chains, Revitalizing American Manufacturing, and Fostering Broad-Based Growth*. http://www.whitehouse.gov/wp-content/uploads/2021/06/100-day-supply-chain-review-report.pdf

Tojo, N., Lindhqvist, T., & Dalhammar, C. (2017). Extended producer responsibility as a driver for product chain improvement. *Governance of Integrated Product Policy*, 224-242. https://doi.org/10.4324/9781351282604-16

UNEP/ILO/ITUC, & UNEP. (2008). Green jobs: towards decent work in a sustainable, low-carbon world. *New Solutions : A Journal of Environmental and Occupational Health Policy : NS, 19*(2), 1-36. https://doi.org/10.2190/NS.19.2.v

WEG. (2021). *Mobilidade Elétrica*.

Wenz, L., & Willner, S. N. (2022). 18. Climate impacts and global supply chains: an overview. *Handbook on Trade Policy and Climate Change*, 290.

WRI Brasil. (2021). *Nova NDC do Brasil: entenda por que a meta climática foi considerada pouco ambiciosa*.

Yu, F., Han, F., & Cui, Z. (2015). Evolution of industrial symbiosis in an eco-industrial park in China. *Journal of Cleaner Production, 87*, 339-347. https://doi.org/10.1016/J.JCLEPRO.2014.10.058

Yu, Z., Razzaq, A., Rehman, A., Shah, A., Jameel, K., & Mor, R. S. (2021). Disruption in global supply chain and socio-economic shocks: a lesson from COVID-19 for sustainable production and consumption. *Operations Management Research*, 1-16.

Zameer, H., Wang, Y., & Yasmeen, H. (2020). Reinforcing green competitive advantage through green production, creativity and green brand image: implications for cleaner production in China. *Journal of Cleaner Production, 247*, 119119.

Zheng, C., & Kammen, D. M. (2014). An innovation-focused roadmap for a sustainable global photovoltaic industry. *Energy Policy*, *67*, 159-169. https://doi.org/10.1016/j.enpol.2013.12.006

Zhu, L., Xu, Y., & Pan, Y. (2019). Enabled comparative advantage strategy in China's solar PV development. *Energy Policy*, *133*, 110880.

SOBRE OS AUTORES

Alexandre de Queiroz Stein
Graduado em Economia pela Universidade Federal do Rio Grande do Sul (UFRGS/2016), estre em Economia pelo Centro de Desenvolvimento e Planejamento Regional da Universidade Federal de Minas Gerais (CEDEPLAR/UFMG/2019) e doutorando em Economia no CEDEPLAR/UFMG.
Orcid: 0000-0002-9978-6917

Ana Cristina Lima Couto
Graduação (1998) e mestrado (2003) em Economia pela Universidade Federal da Bahia e doutorado em Economia pela Universidade Estadual de Maringá (2014). Atualmente, é Professora Associada do Departamento de Economia e do Programa de Pós-Graduação em Economia da Universidade Estadual de Maringá. Atua, principalmente, nos temas ligados à Economia Social, ao Mercado de Trabalho e à Economia Brasileira.
Orcid: 0000-0002-8401-5909

André Nassif
Professor-associado do Departamento de Economia e do Programa de Pós-graduação em Economia (PPGE) da Universidade Federal Fluminense (UFF). Sua pesquisa acadêmica concentra-se em Macroeconomia, Desenvolvimento Econômico e Economia Internacional. Doutor em Economia pelo Instituto de Economia da Universidade Federal do Rio de Janeiro (UFRJ, 2003), mestre em Economia pela Universidade Federal Fluminense (UFF, 1995) e com pós-graduação lato sensu em Políticas Públicas pelo ILPES--CEPAL (Santiago do Chile, 1991). Foi economista do Banco Nacional de Desenvolvimento Econômico e Social (BNDES) – aposentou-se em 2016. É consultor de instituições nacionais e estrangeiras, com artigos publicados em livros e revistas acadêmicas brasileiras e internacionais.
Orcid: 0000-0001-9456-0372

Carlos Eduardo Caldarelli
Graduado em Economia pela Universidade Estadual de Londrina (UEL/2006), doutor em Economia Aplicada pela Universidade de São Paulo (ESALQ-USP/2010) e possui estágio pós-doutoral pela Uni-

versidade da Califórnia, Berkeley (UC Berkeley/2017-18). Professor Associado do departamento de Economia da Universidade Estadual de Londrina (UEL).

Orcid: 0000-0002-6739-7183

Carmem Feijó

Tem pós-doutorado na Columbia University (2015-16), doutorado em Economia pela University College London (1988). Atualmente, é professora titular da Universidade Federal Fluminense e bolsista de produtividade do Conselho Nacional de Pesquisa (CNPq). Foi secretária executiva da Associação Nacional de Pós-Graduação em Economia (ANPEC), no biênio 2008-2009, representante da área de Economia na Coordenação de Aperfeiçoamento de Pessoal de Nível Superior (CAPES), no triênio 2011-2013, vice-presidente da Associação Keynesiana Brasileira (AKB), no biênio 2018-19, e membro do comitê de Economia do Conselho Nacional de Pesquisa (CNPq), no triênio 2021-23. Foi editora dos Cadernos do Desenvolvimento do Centro Internacional Celso Furtado de 2015-2020.

Orcid 0000-0002-6376-4599

Cinthia Santos Silva

Graduada em Economia pela Universidade Federal do Tocantins (UFT/2018), mestre em Desenvolvimento Regional e Agronegócio pela Universidade Estadual do Oeste do Paraná (UNIOESTE/2021) e doutoranda em Economia pelo Centro de Desenvolvimento e Planejamento Regional da Universidade Federal de Minas Gerais (CEDEPLAR).

Orcid: 0000-0002-9798-0492

Eliane Araujo

Possui doutorado em Economia na Universidade Federal do Rio de Janeiro (2009) e pós-doutorado na Universidade de Cambridge e na Fundação Getúlio Vargas se São Paulo. Atualmente, é professora do Departamento de Economia da Universidade Estadual de Maringá e do Programa de Pós-Graduação em Economia da Universidade Federal do Rio Grande do Sul e bolsista produtividade em pesquisa nível 1 do CNPQ. Foi presidente da Associação Keynesiana Brasileira (AKB), no biênio 2018-19, e é membro do comitê de Economia do Conselho Nacional de Pesquisa (CNPq), no triênio 2023-25.

Orcid: 0000-0001-5104-2508

Elisangela Luzia Araujo

Economista pela Universidade Estadual de Maringá (UEM) e mestre em Economia pelo Programa de Pós-Graduação em Economia da UEM. Doutora em Economia do Desenvolvimento pela Universidade Federal do Rio Grande do Sul (PPGE/UFRGS), com doutorado-sanduíche na Universidade de Illinois (USA). É professora e pesquisadora, lecionando nos cursos de graduação e pós-graduação da UEM. Atua como avaliadora de cursos de graduação do Banco de Avaliadores do SINAES (CGACGIES-DAES/INEP) e é coeditora do periódico *A Economia em Revista*, do Departamento de Economia da UEM.

Orcid: 0000-0001-7456-1693

Fábio Henrique Bittes Terra

Economista pela Universidade Federal de Uberlândia, mestre em desenvolvimento econômico pela Universidade Federal do Paraná e doutor em economia pela Universidade Federal do Rio Grande do Sul. Fez estágio pós-doutoral na Universidade de Cambridge, no Reino Unido, e foi professor da Universidade Federal de Uberlândia (UFU). Atualmente, é professor associado da Universidade Federal do ABC (UFABC), ex-presidente da Associação Keynesiana Brasileira e bolsista produtividade do CNPq.

Orcid: 0000-0002-2747-7744

Fábio Neves Peracio de Freitas

Possui graduação, mestrado e doutorado em Economia pela Universidade Federal do Rio de Janeiro (UFRJ). Atualmente, é diretor e professor associado do Instituto de Economia da UFRJ. Foi presidente da Associação Nacional dos Centros de Pós-Graduação em Economia (ANPEC, 2014-16), membro do Conselho Diretor da Sociedade Brasileira de Econometria (SBE, 2014-16), diretor da Sociedade Brasileira de Economia Política (SEP, 2014-16) e diretor da Associação Keynesiana Brasileira (AKB, 2017-19). Tem experiência na área de Economia com ênfase na Análise do Crescimento e Desenvolvimento Econômicos.

Orcid: 0000-0001-8499-111X

Fabrício Míssio

Graduado em Economia pela Universidade Federal de Santa Maria (UFSM/2002), mestre em Desenvolvimento Econômico pela Universidade Federal do Paraná (UFPR/PPGDE/ 2006), doutor em Economia Aplicada pela Universidade Federal de Minas Gerais (UFMG/CEDEPLAR/2012). Atualmente, é professor da Faculdade de Ciências Econômicas da Universidade Federal de Minas Gerais.

Orcid: 0000-0003-1515-6086

Fernando Ferrari Filho

É graduado em Economia na Universidade do Estado do Rio de Janeiro, possui mestrado em Economia na Universidade Federal do Rio Grande do Sul (UFRGS) e obteve seu doutorado em Economia na Universidade de São Paulo. Realizou pós-doutorado na University of Tennessee/EUA e na University of Oxford/Inglaterra. Professor Titular aposentado da UFRGS e professor visitante das Washington and Lee University/EUA e Meiji University/Japão. Ex-bolsista nível 1 do CNPq e ex-presidente da Associação Keynesiana Brasileira. Possui publicações, nacionais e internacionais, nas áreas de Macroeconomia Aberta, Economia Brasileira e Teoria Pós-Keynesiana.

Orcid: 0000-0001-5600-7058

Gustavo Britto

Professor Associado do Departamento de Ciências Econômicas da Universidade Federal de Minas Gerais, pesquisador do Centro de Desenvolvimento e Planejamento Regional (Cedeplar-UFMG). Graduado em Ciências Econômicas pela UFMG (1998), mestre pela Universidade Estadual de Campinas (2002) e doutor pelo Land Economy Department, University of Cambridge (2008). Foi vice-diretor do Cedeplar-UFMG, editor da revista Nova Economia, chefe do Departamento de Ciências Econômicas e Subcoordenador de Pós-Graduação em Economia do Cedeplar-UFMG. Tem pesquisas, orientações e publicações nas áreas de Crescimento e Desenvolvimento Econômico, Desenvolvimento e Planejamento Regional, Economia da Ciência e Tecnologia e Complexidade Econômica.

Orcid: 0000-0002-5285-3684

Helis Cristina Zanuto Andrade Santos

Graduada em Ciências Econômicas pela Universidade Estadual de Maringá (UEM/2014), mestra em Teoria Econômica pela Universidade Estadual de Maringá (UEM/2017 - bolsista CNPq) e doutora em Economia da Indústria e da Tecnologia pela Universidade Federal do Rio de Janeiro (UFRJ/2023 - bolsista Capes); pesquisadora associada ao Observatório do Banco Central (https://www.observatoriodobancocentral.com.br/). Atualmente, é docente temporária na Universidade Estadual de Maringá.

Orcid: 0000-0002-9705-1124

Hugo Carcanholo Iasco Pereira

Graduado em Economia pela Universidade Federal de Uberlândia (UFU/2013), mestre em Desenvolvimento Econômico pela Universidade Federal do Paraná (UFPR/PPGDE/2016), doutor em Economia Aplicada pela Universidade Federal de Minas Gerais (UFMG/CEDEPLAR/2021). Atualmente, é professor do Departamento de Economia da Universidade Federal do Paraná.

Orcid: 0000-0003-1161-959X

João Prates Romero

Professor Adjunto do Departamento de Economia da UFMG e pesquisador do Centro de Desenvolvimento e Planejamento Regional (Cedeplar). Como doutor pelo Land Economy Department da Universidade de Cambridge (2015), sua tese foi vencedora do prêmio BRICS Economic Research Award, em 2016, promovido pelo Exim Bank da Índia. Foi também vencedor do Prêmio CNI, em 2009 e 2015, e do Prêmio ABDE, em 2017. É membro do Cambridge Centre for Economic and Public Policy (CCEPP) e coordenador do Grupo de Pesquisa em Políticas Públicas e Desenvolvimento (GPPD). Possui publicações nas áreas de complexidade econômica, desenvolvimento e comércio internacional.

Orcid: 0000-0003-1254-0074

Lourenço Galvão Dinis Faria

Graduado em Ciências Econômicas pela Universidade Federal de Uberlândia (UFU/2009), mestre em Economia pela Universidade do Estado de São Paulo (UNESP/2011) e Ph.D em Gestão tecnológica e da inovação pela Technical University of Denmark (DTU/2016).

Orcid: 0000-0002-9845-3432

Mara Lucy Castilho

Graduada em Ciências Econômicas pela Universidade Estadual de Maringá (UEM/1995), mestra em Economia Rural pela Universidade Federal de Viçosa (UFV/2000) e doutora em Economia Aplicada também pela Universidade Federal de Viçosa (UFV/2003). Atualmente, é Professora Associada do Departamento de Economia da Universidade Estadual de Maringá/PR.

Orcid: 0000-0003-3029-2772

Marília Bassetti Marcato

Doutora em Economia pela Universidade Estadual de Campinas (Unicamp), atua como professora adjunta do Instituto de Economia da Universidade Federal do Rio de Janeiro (UFRJ), coordenadora na Empresa Brasileira de Pesquisa e Inovação Industrial (EMBRAPII) e diretora da Associação Keynesiana Brasileira (AKB).

Orcid: 0000-0001-5014-3112

Marta dos Reis Castilho

É economista e professora do Instituto de Economia da UFRJ. Fez doutorado em economia internacional na Universidade de Paris I Panthéon-Sorbonne, após mestrado e graduação em economia na UFRJ. É editora da revista de Economia Contemporânea e coordenadora do Grupo de Indústria e Competitividade (GIC-IE/UFRJ). É bolsista de Produtividade do CNPq e Cientista do Nosso Estado da FAPERJ. Já colaborou com instituições como Cepal, IPEA e ITC-UNCTAD/WTO. Foi pesquisadora visitante no Instituto Complutense de Estudios Internacionales e lecionou em universidades estrangeiras, como Université de Paris Dauphine, Universidad Autónoma de Mexico, Université de Paris XIII e Sciences Po-Poitiers. Possui pesquisas nas áreas de Comércio internacional, Política Comercial e Integração Regional, em suas diferentes dimensões, inclusive associadas às relações de gênero.

Orcid 0000-0002-1483-4597

Matheus Terentin

Doutorando em Administração Pública e Governo na EASP-FGV e pesquisador associado ao Centro de Estudos do Novo Desenvolvimentismo da mesma instituição. Mestre em Administração Pública, com major em Análise de Política Econômica, pela Columbia University e bacharel em Relações Internacionais pela ESPM. Atuou como analista de mercado em uma agência governamental de desenvolvimento econômico e promoção comercial e trabalha atualmente com empresas em processo de internacionalização.

Orcid: 0000-0003-1538-7677

Murilo Florentino Andriato

Graduado em economia e mestre em teoria econômica pela Universidade Estadual de Maringá (UEM/2023).

Orcid: 0000-0001-7066-8194

Natália Izelli Doré

Graduada em Engenharia Civil pela Universidade Estadual de Maringá (UEM/2010), pós-graduada em Gestão de Projetos pela FAE Business School, Curitiba, e doutora em Economia pela Faculdade de Economia da Universidade do Porto (FEP/2022), Portugal.

Orcid: 0000-0002-5058-816X

Nelson Marconi

É Professor Adjunto de Economia nos cursos de Administração Pública da EAESP-FGV. Foi pesquisador visitante no Center for International Development da Kennedy School of Government na Universidade de Harvard e na Sloan School, no MIT. É coordenador do Fórum de Economia da FGV e do CND – Centro de Estudos do Novo Desenvolvimentismo, vinculado à EAESP-FGV. Foi coordenador do programa de governo de Ciro Gomes, nas eleições de 2018 e 2022.

Orcid: 0000-0002-1399-5305

Paulo César Morceiro

Graduação em Economia (Unesp, 2008), mestrado em Economia (Unesp, 2012) e doutorado em Economia (USP, 2018). Atualmente, é pesquisador na Universidade de Utrecht.

Orcid: 0000-0002-9548-0996

Pedro Dias de Oliveira

Graduado em Economia pela Universidade Federal do Rio de Janeiro (UFRJ) e pesquisador colaborador do Grupo de Indústria e Competitividade (GIC-UFRJ).

Orcid: 0009-0006-0976-6231

Rinaldo Aparecido Galete

Graduado pela Universidade Estadual de Maringá (UEM/1994), especialista em Estatística Aplicada pela Universidade Estadual de Maringá (UEM/1996), mestre em Economia Social e do Trabalho pela Universidade Estadual de Campinas (UNICAMP/1999), doutor em Desenvolvimento Econômico pela Universidade Estadual de Campinas (UNICAMP/2018) e professor da Universidade Estadual de Maringá.

Orcid: 0009-0006-8855-9766

Roberto Rodrigues

Graduado em Economia, especialista em Economia Social e do Trabalho pelo Instituto de Economia da Universidade Estadual de Campinas (IE/UNICAMP/2009), possui certificações de Planejador Financeiro (CFP) e de Especialista em Investimentos (CEA/ANBIMA) e é mestre em teoria econômica pela Universidade Estadual de Maringá (UEM/2023).

Orcid: 0009-0008-1651-0546

Samuel Costa Peres

Bacharel em Economia pela Universidade Estadual de Maringá (UEM/2011), mestre em Economia pela Universidade Estadual de Maringá (UEM/2014), doutor em Economia pela Universidade Federal do Rio Grande do Sul (UFRGS/2019), com pós-doutorado na Universidade do Vale do Rio dos Sinos (UNISINOS/2021).

Orcid: 0000-0002-1278-8259

Tiago Couto Porto

Doutorando em Administração Pública e Governo na EAESP-FGV e pesquisador associado ao Centro de Estudos do Novo Desenvolvimentismo da mesma instituição. Atualmente, é editor assistente da revista Brasileira de Economia Política, consultor da Unctad das Nações Unidas e coordenador de Complexidade Econômica do Young Scholar Initiative do Institute for New Economic Thinking. Foi Visiting Scholar do Institute of Latin American Studies da Universidade de Columbia e na Universidade Nacional de Seoul. Graduado em Ciências Econômicas pela PUC-SP e mestre em economia pela Universidade de Paris 13 – Sorbonne Paris Cite.

Orcid: 0000-0003-0023-7801